Martina Geigle

Konzepte zum fächerübergreifenden Unterricht

Eine historisch-systematische Analyse ihrer Theorie

Verlag Dr. Kovač

Hamburg
2005

VERLAG DR. KOVAČ

Arnoldstraße 49 · 22763 Hamburg · Tel. 040 - 39 88 80-0 · Fax 040 - 39 88 80-55

E-Mail info@verlagdrkovac.de · Internet www.verlagdrkovac.de

Bibliografische Information Der Deutschen Bibliothek
Die Deutsche Bibliothek verzeichnet diese Publikation
in der Deutschen Nationalbibliographie;
detaillierte bibliografische Daten sind im Internet
über http://dnb.ddb.de abrufbar.

ISSN 1435-6538
ISBN 3-8300-1814-2

Zugl.: Dissertation, Pädagogische Hochschule Freiburg, 2004

Umschlaggestaltung: Anne Klug

Printed in Germany

Gedruckt auf holz-, chlor- und säurefreiem Papier Munken Book. Munken Book ist alterungsbeständig und erfüllt die Normen für Archivbeständigkeit ANSI 3948 und ISO 9706.

Vorwort

Die vorliegende Untersuchung ist das Ergebnis einer intensiven Auseinandersetzung mit Schulreformbestrebungen. Schon während meines Studiums und meiner Tätigkeit als Grundschullehrerin hat mich die Frage beschäftigt, wie Schule konstruktiv verändert bzw. verbessert werden kann. Nach einer Analyse umfassender Schulreformkonzepte richtete sich mein Interesse auf fächerübergreifendes Lehren und Lernen und damit auf einen spezifischen Aspekt der Veränderung von Unterricht. Ich wollte sowohl die Chancen als auch die Grenzen dieses Ansatzes aufarbeiten. Die Vielzahl an unterschiedlichen, sich zum Teil widersprechenden historischen und aktuellen Vorschlägen zur Überschreitung von Fachgrenzen ließ diese Aufgabe interessant erscheinen.

Danken möchte ich Prof. Siegfried Thiel, der diesen Prozess mit zahlreichen Anregungen begleitet hat. Die Gespräche mit ihm führten zu manchen interessanten Perspektiven auf die Problematik der Interdisziplinarität. Prof. Dr. Alfred Holzbrecher hat sich zur Erstellung des Zweitgutachtens bereit erklärt. Dafür und für seine differenzierte Rückmeldung zu einzelnen Aspekten der Untersuchung möchte ich ihm danken. Nicht zuletzt gilt mein Dank Prof. Dr. Rolf Winkeler, der diese Arbeit bis zu seinem Tod betreut hat. Seine Unterstützung, seine Fachkompetenz und seine konstruktive Kritik waren für mich gerade in der Anfangsphase bei der Konzeption dieser Untersuchung sehr wichtig.

Schwäbisch Gmünd, im Juli 2004 Martina Geigle

Inhaltsverzeichnis

1 Einleitung

1.1 Gegenstand der Untersuchung

In die *Reformdiskussion*, die gegenwärtig auf der Ebene der Gesellschaft, der Politik und der Erziehungswissenschaft geführt wird, werden zahlreiche Vorschläge zur Veränderung bzw. Verbesserung von Schule eingebracht. Unter anderem werden Konzeptionen zum fächerübergreifenden Unterricht erörtert.[1] Interdisziplinarität soll, so die Erwartung, die Modernität des Unterrichts von der Primarstufe bis zur Sekundarstufe II gewährleisten. In diesem Zusammenhang wird häufig Kritik am Fachunterricht geübt und als Ausgangspunkt für Reformvorschläge genommen. Die traditionelle Strukturierung von Inhalten könne einerseits die Schülerinnen und Schüler einschließlich ihrer nicht fachgebundenen Lebenswelt nur unzureichend berücksichtigen und andererseits aktuellen Anforderungen seitens der Schule und der Gesellschaft nicht gerecht werden.[2] Empfohlen wird eine Ergänzung oder Ersetzung der Fächer durch fächerübergreifendes Lehren und Lernen.

Was auf den ersten Blick als einheitliches Konzept erscheint, erweist sich bei genauerer Betrachtung als eine *Vielzahl unterschiedlicher, teilweise divergenter Ansätze*. Bereits die Begriffe, die sowohl als Synonyme als auch als Bezeichnungen für eigenständige Konzepte verwendet werden, deuten dies an. Neben fächerübergreifendem Unterricht wird unter anderem von fächerverbindendem, vorfachlichem, überfachlichem, projektorientiertem, mehrperspektivischem, ganzheitlichem, fachüberschreitendem und interdisziplinärem Unterricht gesprochen.[3]

Zu diesen Ansätzen liegen zahlreiche *Publikationen* vor. Der Schwerpunkt liegt bei Unterrichtsbeispielen sowie Beiträgen, die – im Allgemeinen mit Bezug auf die Unterrichtspraxis – Elemente einer Theorie entwickeln (vgl. z.B. GRÖMMINGER/SCHWANDER 1995; 1997; PETERSEN 1996 und die Sammelbände DUNCKER/POPP 1997; 1998). Daneben finden sich auch Monografien mit einer

[1] Zur Einordnung des fächerübergreifenden Unterrichts in die aktuelle Schulreformdiskussion vgl. WOLTERS 2000, 97-99; DUNCKER/POPP 1997a, 7; KLAFKI 1998a, 41.
[2] Zur Kritik am Fachunterricht vgl. Kap. 3.3.5.
[3] Zu den unterschiedlichen Begriffen vgl. Kap. 1.4.

eigenen Konzeption des interdisziplinären Lehrens und Lernens (vgl. z.B. PETERßEN 2000; MOEGLING 1998). Eine systematische Darstellung einzelner Aspekte, beispielsweise der historischen Wurzeln oder der Begründungen, wird teilweise integriert oder gesondert veröffentlicht (vgl. z.B. WOLTERS 1989). Jedoch steht eine umfassende Aufarbeitung der Konzepte im Kontext der aktuellen Schulreformdiskussion noch aus.

Die vorliegende Arbeit unternimmt den Versuch einer historisch-systematischen Analyse der unterschiedlichen Ansätze zum interdisziplinären Lehren und Lernen. Es soll der *spezifische Beitrag der fächerübergreifenden Konzepte zur pädagogischen Schulentwicklung*[4] *als Aspekt der aktuellen Schulreformdiskussion* auf der Grundlage folgender Fragen eruiert werden:

- *Welche Konvergenzen und Divergenzen lassen sich innerhalb der aktuellen Konzepte zum fächerübergreifenden Unterricht feststellen?*[5]
- *Welche zentralen Merkmale charakterisieren die Konzepte zum fächerübergreifenden Unterricht? Lassen sich im Hinblick auf diese Merkmale implizit oder explizit Bezüge zwischen historischen und aktuellen Konzepten aufzeigen?*[6]
- *Inwieweit nehmen die aktuellen Konzepte Bezug auf die Didaktik des fächerübergreifenden Gegenstandsbereichs Sachunterricht?*[7]

Der Fokus der Untersuchung wird auf den *Primarbereich* gerichtet. Dies ermöglicht eine Schwerpunktsetzung innerhalb der zahlreichen Veröffentlichungen zum interdisziplinären Lehren und Lernen, wobei die Eingrenzung auf eine Schulstufe nur geringen Einfluss auf die Theorie hat und darüber hinaus Vergleiche stärker schulpraktisch orientierter Beiträge erleichtert. Außerdem kann für die Primarstufe ein besonderer Bezug zu fächerübergreifenden Arbeitsweisen konstatiert werden:

> „Die Prinzipien und Beispiele des fächerübergreifenden Lehrens und Lernens sind von Anbeginn an mit der Geschichte der Grundschule eng verknüpft" (DUNCKER/POPP 1998a, 7).

---

[4] Konzepte zur pädagogischen Schulentwicklung werden von BASTIAN in der Tradition der inneren Schulreform gesehen und von der schulischen Organisationsentwicklung abgegrenzt, die ihre Wurzeln in pädagogisch-sozialpsychologischen Ansätzen hat (vgl. 1997, 8f.).
[5] Vgl. Kap. 4.1.
[6] Vgl. Kap. 4.2.
[7] Vgl. Kap. 4.3.

Publikationen mit anderem Stufenschwerpunkt werden dann berücksichtigt, wenn sie nicht nur stufenspezifische, sondern auch allgemeine Aspekte des fächerübergreifenden Unterrichts thematisieren.

Nicht aufgegriffen werden Konzeptionen, die sich sowohl auf den Fachunterricht als auch auf den fächerübergreifenden Unterricht beziehen können. Dies trifft beispielsweise auf exemplarisches Lernen, genetisches Lernen, handlungsorientierten Unterricht, entdeckendes Lernen, Freiarbeit oder problemlösenden Unterricht zu.[8] Die vorliegende Arbeit bezieht sich auf *Ansätze, für die Interdisziplinarität konstitutiv ist.*

Historische Konzepte werden ebenfalls in die Untersuchung aufgenommen. Bei deren Auswahl sind sowohl grundlegende theoretische als auch grundschulspezifische Gesichtpunkte zu berücksichtigen. DUNCKER und POPP weisen auf den *Gesamtunterricht OTTOs*[9] und den *Projektunterricht* als reformpädagogische Konzeptionen hin, die einen wesentlichen Einfluss auf die Grundschule im Allgemeinen und den fächerübergreifenden Unterricht im Besonderen ausgeübt haben (vgl. DUNCKER/POPP 1998a, 7). Beide Konzepte stellen darüber hinaus Bezugspunkte der aktuellen Diskussion dar. Im Rahmen der vorliegenden Arbeit wird die Konzeption DEWEYS als historische Grundlage des Projektunterrichts thematisiert.[10] Der *Gesamtunterricht des Leipziger Lehrervereins*, der wegen seines Einflusses auf die Reichsgrundschulrichtlinien von 1921 eine besondere Bedeutung für die Primarstufe hat,[11] soll ebenfalls untersucht werden. Außerdem

---

[8] JANK und MEYER führen beispielsweise die Öffnung der Schule nach innen und außen als Merkmal des handlungsorientierten Unterrichts an und zählen die Ausweitung fächerübergreifender Arbeitsweisen zu den Maßnahmen einer Öffnung nach innen (vgl. 1994, 358). Dennoch kann auch im Fachunterricht handlungsorientiert gearbeitet werden.

[9] Eine ausführliche Darstellung der unterschiedlichen Gesamtunterrichtsströmungen findet sich bei VILSMEIER 1967; MUTHIG stellt grundschulspezifische Gesamtunterrichtskonzeptionen vor (1978). Zum Gesamtunterricht OTTOs vgl. Kap. 2.1.

[10] Ein Überblick über die aktuelle Diskussion zum Projektunterricht findet sich beispielsweise bei HÄNSEL 1999; BASTIAN u.a. 1997; BASTIAN/GUDJONS 1991. Die projektartigen Vorhaben REICHWEINs werden nicht in die Untersuchung aufgenommen, da sie in aktuellen Publikationen zum fächerübergreifenden Unterricht kaum rezipiert werden. Zur Konzeption DEWEYS vgl. Kap. 2.3; zu den aktuellen Beiträgen mit Bezug zum fächerübergreifenden Unterricht vgl. Kap. 3.8.2.

[11] Auch wenn der Leipziger Lehrerverein alle Klassen der Volksschule in seiner Arbeit berücksichtigt, sind die ersten beiden Schuljahre von besonderer Bedeutung. Hierfür liegen ausführliche Dokumentationen von Schulversuchen vor (vgl. Methodische Abteilung 1920). Deren Ziel ist eine vom Elementarbereich ausgehende Reform des gesamten Volksschulwesens (vgl. Kap. 2.2.1).

wird der *Mehrperspektivische Unterricht* als fächerübergreifende Grundschulkonzeption der Bildungsreform der 60er und 70er Jahre des zwanzigsten Jahrhunderts, die als kritische Reaktion sowohl auf die traditionelle Heimatkunde als auch auf den wissenschaftsorientierten Fachunterricht entwickelt wurde, analysiert und in den Vergleich mit einbezogen.[12]

1.2 Methodologische Überlegungen

Die vorliegende Untersuchung bedient sich *hermeneutischer Methoden*, wobei der Begriff *hermeneutisch* in einem weiten Sinn verstanden wird und damit auch ideologiekritische Fragestellungen umfasst (vgl. KLAFKI 2001, 125). Sie verbindet *ein systematisches und ein historisches Erkenntnisinteresse*. Während KLAFKI eine Verbindung dieser Ansätze für möglich und sinnvoll erachtet, ist sie für HÜLLEN notwendigerweise gegeben. Seiner Meinung nach haben alle aktuellen Fragestellungen eine historische Dimension und können daher nicht rein systematisch bearbeitet werden (vgl. KLAFKI 2001, 127-129; HÜLLEN 1982, 51-53; 58; s. auch DANNER 1998, 98).[13]

BETTIs erster Richtlinie der Auslegung folgend, dem Kanon der hermeneutischen Autonomie des Objekts, der die Forderung enthält, „daß die sinnhaltigen Formen in ihrer Eigengesetzlichkeit verstanden werden müssen" (1962, 14), werden die unterschiedlichen Ansätze in einem deskriptiven Teil zunächst dargestellt. Eine kritische Einschätzung findet jeweils im Anschluss an diese Darstellung statt. Um Vergleiche im Sinne einer komparativen Interpretation zu erleichtern, erfolgt die Deskription systematisch, auf der Grundlage von *Kategorien*, die aus allgemeindidaktischen Modellen und Schultheorien entwickelt werden (vgl. RITTELMEYER/PARMENTIER 2001, 56f.). Kategorien werden dabei nicht klassisch-philosophisch als ontologische Grundbegriffe, sondern als Ordnungsbegriffe aufgefasst, die eine strukturierte Darstellung der Konzeptionen ermöglichen (vgl. KRON 1999, 47-54).

KRON sieht die Ordnungsfunktion von Kategorien vor allem als Element sozialwissenschaftlicher, d.h. empirischer Methoden. Kategorien, die vor jeder Erfahrung liegen, sollen der Ordnung von Erfahrung dienen (vgl. a.a.O., 48; 52f.).

---

[12] Zum Mehrperspektivischen Unterricht vgl. Kap. 2.4.

[13] Zur historisch-systematischen Methode in der Allgemeinen Pädagogik vgl. W. FLITNER 1997, 22; 1966, 30.

Dass auch die traditionelle Hermeneutik ein kategoriengeleitetes Vorgehen kennt, verdeutlicht MERKENS. Er zeigt auf,

> „daß schriftliche Arbeiten herausragender Pädagogen immer von neuem auf ihren Sinngehalt abgefragt wurden, wobei die Interpreten unterschiedliche Fragestellungen anlegten. Die Grundidee war dabei, zunächst den Text für sich sprechen, ihn auf sich einwirken zu lassen und ihn dann mittels analytischer Kategorien besser verstehen zu lernen. Das sollte bis zu einem besseren Verständnis als das des Autors selbst reichen, indem die Texte systematisch auf eine bestimmte Deutung hin befragt wurden" (MERKENS 1996, 629).

Die Analyse der aktuellen und der historischen Konzepte basiert auf demselben Kategoriensystem, sodass Zusammenhänge aufgezeigt werden können. Weil die Aufarbeitung der Entstehungsbedingungen ein wichtiges Element hermeneutischer Verfahren ist, werden zunächst der geistesgeschichtliche bzw. biografische Kontext der Konzepte sowie die dem fächerübergreifenden Lehren und Lernen übergeordneten Vorstellungen von Schule und Unterricht dargestellt (vgl. DANNER 1998, 51; 1981, 110f.; RITTELMEYER/PARMENTIER 2001, 44-46).

Die Kategorien der systematischen Analyse sollen einerseits die pragmatische Ausrichtung zahlreicher Beiträge zum fächerübergreifenden Unterricht berücksichtigen und somit Aspekte umfassen, die auf Lehr- und Lernprozesse bezogen, d.h. allgemeindidaktischer Natur sind. Sie werden nicht *einem* didaktischen Modell entnommen, das als Ganzes zur Anwendung kommen soll. Ihre Grundlage sind mehrere Theorien, schwerpunktmäßig die kritisch-konstruktive Didaktik, das Hamburger Modell und die kommunikative Didaktik. Eine solche Verbindung unterschiedlicher Positionen kann nicht nur mit der Komplexität des zu untersuchenden Gegenstandes und der Notwendigkeit einer differenzierten Betrachtungsweise begründet werden, sondern auch damit, dass die bildungs- und lerntheoretischen Theorien nach einer Phase der strikten Abgrenzung modifiziert worden sind, sich aufeinander zubewegt haben und keine grundsätzlichen Unterschiede mehr aufweisen.[14] Sie haben außerdem Elemente der kommunikativen Didaktik integriert (vgl. PETERßEN 1996, 77-81).

Andererseits sollen die Kategorien gesellschaftliche Implikationen von Schule und Unterricht thematisieren. Insbesondere sind die der Schule zugeschriebenen Funktionen, d.h. die gesellschaftlichen und die primär pädagogischen Aufgaben, zu eruieren. Dieser Teil der Analyse wird sowohl didaktisch als auch durch struktur-funktionale Schultheorien begründet.

---

[14] Vgl. beispielsweise die Einschätzung KLAFKIs in GUDJONS/WINKEL 1997, 128.

Folgende Aspekte werden untersucht:

Der legitimatorische Aspekt:
Die Untersuchung soll aufzeigen, wie die Konzepte zum fächerübergreifenden Unterricht legitimiert werden. Eine differenzierte Darstellung der einzelnen Argumente kann die Unterschiedlichkeit der Begründungen verdeutlichen, die beispielsweise auf Situationsanalysen beruhen, d.h. vom schulischen und gesellschaftlichen Status quo und den damit zusammenhängenden Anforderungen ausgehen, oder aus primär pädagogischen Überlegungen resultieren und dadurch eine potenziell kritische Distanz zur Realität implizieren.[15] Es muss in diesem Zusammenhang verdeutlicht werden, welcher Art die pädagogischen Begründungen sind, inwieweit sich die Argumente direkt auf fächerübergreifenden Unterricht beziehen oder auf übergeordnete Intentionen pädagogischen Handelns rekurrieren, auf eine zentrale Kategorie, die dazu beitragen soll, dass die Vorschläge „nicht in ein unverbundenes Nebeneinander oder gar Gegeneinander von zahllosen Einzelaktivitäten auseinanderfallen“ (KLAFKI 1996, 44).

Der anthropologische Aspekt:
Eine Analyse der Ausgangsbedingungen der Lernenden und Lehrenden bleibt konkreten Unterrichtsentwürfen vorbehalten und kann nicht Bestandteil einer Aufarbeitung des theoretischen Hintergrundes von Unterrichtskonzepten sein. Zu berücksichtigen sind jedoch grundlegende Annahmen über das Menschsein, die in alle pädagogischen Überlegungen eingehen und, selbst wenn sie nicht expressis verbis genannt werden, die jeweilige Vorstellung von Schule und Unterricht beeinflussen. Eine Aufarbeitung der anthropologischen Grundhaltungen erfolgt auch, weil gerade pädagogische Reformbewegungen häufig von einer veränderten Sicht der Schülerinnen und Schüler ausgehen. So wurde Anfang des 19. Jahrhunderts in unterschiedlichsten Ausprägungen die Forderung einer Pädagogik vom Kinde aus gestellt (vgl. REBLE 1987, 284-287). Einige der aktuellen Reformansätze berücksichtigen die Lernenden mit ihren Interessen und Fähigkeiten sowie ihren Bedürfnissen und Defiziten ebenfalls in besonderem Maße und machen sie zum Ausgangspunkt ihrer Überlegungen.

---

[15] Beispiele für diese unterschiedlichen Argumentationsweisen können der aktuellen Schulreformdiskussion entnommen werden. So leitet STRUCK zahlreiche Funktionen, die er der Schule neu zuschreibt, aus der Ausgangslage ab, d.h. aus den Problemen, mit denen Schulen konfrontiert sind, während HENTIG seine Überlegungen auf den Bildungsbegriff gründet (vgl. STRUCK 1996; HENTIG 1996).

Der interpersonelle Aspekt:

Mit einer veränderten anthropologischen Grundhaltung geht häufig eine veränderte Sicht unterrichtlicher Interaktions- und Kommunikationsprozesse einher, wobei sich der Interaktionsbegriff in einem umfassenden Sinn auf das wechselseitig beeinflusste Denken, Fühlen und Handeln und der Kommunikationsbegriff in einem engeren Sinn auf durch Zeichen vermittelte Verständigungsprozesse bezieht (vgl. SCHAUB/ZENKE 2002, 277f.; 324). Vor allem die kommunikative Didaktik hat diesen Aspekt unter Rückgriff auf die Kommunikationstheorie in die Diskussion eingebracht und eine Berücksichtigung der Beziehungsdimension gefordert, die ihrer Meinung nach im Unterricht der Sachdimension gleichberechtigt ist, jedoch von der traditionellen Didaktik vernachlässigt wurde (vgl. SCHÄFER/SCHALLER 1973, 125). Von besonderer Bedeutung ist in diesem Zusammenhang das von WATZLAWICK, BEAVIN und JACKSON beschriebene fünfte Kommunikationsaxiom, das auf die Ungleichheit bzw. Gleichheit einer Beziehung zurückzuführende komplementäre und symmetrische Kommunikationsabläufe unterscheidet und von SCHÄFER und SCHALLER auf Unterrichtsprozesse übertragen wurde (vgl. WATZLAWICK/BEAVIN/JACKSON 1974, 68-70; SCHÄFER/SCHALLER 1973, 194). Eine differenziertere Betrachtungsweise, die über die grundsätzliche Abgrenzung komplementärer und symmetrischer unterrichtlicher Kommunikationsformen hinaus Entwicklungs- und Veränderungsmöglichkeiten berücksichtigt, findet sich bei WINKEL, der stellvertretende Entscheidungen, behutsame Partizipation, regressiv-komplementäres und symmetrisches Agieren unterscheidet (vgl. 1997, 99).[16]

Der intentionale Aspekt:

Die Untersuchung umfasst die Fragestellung, welche Zielsetzungen mit den einzelnen Konzeptionen zum fächerübergreifenden Unterricht verbunden werden. Dabei erscheint eine Fokussierung auf allgemeine, übergeordnete Intentionen sinnvoll, die sich nicht auf spezifische Themen und Klassen beziehen, sondern Elemente einer Theorie des fächerübergreifenden Unterrichts sind. Aus inhaltlichen und methodischen Gründen werden – in Anlehnung an SCHULZ – sach-, personen- und gruppenbezogene Ziele unterschieden. Dieses Vorgehen verdeutlicht zum einen unterschiedliche Schwerpunktsetzungen im Bereich der einzelnen Zieldimensionen und erleichtert zum anderen Vergleiche zwischen den

[16] Diese Unterscheidung wird im Rahmen der systematischen Analyse nicht präskriptiv im Sinne des Anspruchs der kommunikativen Didaktik, sondern deskriptiv verstanden.

Konzeptionen. Hierbei wird nicht auf die von SCHULZ gewählten Begriffe Kompetenz, Autonomie und Solidarität rekurriert, die im Kontext der übergeordneten Zielsetzung des emanzipatorisch relevanten Unterrichts zu sehen sind und somit die Orientierung an einer übergeordneten Norm implizieren (vgl. SCHULZ 1980, 35f.). Mit den neutraleren Formulierungen Sach-, Personen- und Gruppenbezug wird eine Struktur für die systematische Analyse vorgegeben, die jedoch keine generelle Ablehnung einer solchen allgemeinen Zielvorstellung enthält. Die zu untersuchenden Konzepte sollen im Rahmen des deskriptiven Teils der Untersuchung mit ihren eigenen Zielkategorien dargestellt und nicht an bestimmten Leitvorstellungen gemessen bzw. durch sie bewertet werden.[17]

Der inhaltliche Aspekt:

Konzeptionen zum fächerübergreifenden Arbeiten messen mit der Forderung, dass Schule komplexe Themen behandeln soll, die den Rahmen des traditionellen Fächerkanons sprengen, aber dennoch aktuell und für die Schüler von Interesse sind, dem Inhaltsaspekt eine große Bedeutung bei. Bei der systematischen Analyse geht es jedoch nicht primär um die Fragen, welche konkreten Themen bzw. Themenbereiche in den einzelnen Beiträgen vorgeschlagen oder welche Fächer in welchem Umfang beteiligt werden. Vielmehr sind die Kriterien für die Auswahl fächerübergreifender Inhalte, d.h. die damit zusammenhängenden Begründungen bei der Aufarbeitung des theoretischen Hintergrundes von Interesse. Eine mögliche Unterscheidung und somit auch Strukturierung dieser Kriterien beruht auf dem Gedanken, dass die Inhaltsauswahl zum einen von der Sache her und zum anderen von den Schülerinnen und Schülern her erfolgen kann.

Der methodische Aspekt:

Das der systematischen Analyse zu Grunde gelegte Methodenverständnis bezieht sich sowohl auf die Vermittlung als auch auf die Aneignung der materialen und symbolischen Wirklichkeit, umfasst folglich den gesamten Lehr- und Lernprozess und grenzt sich dadurch von einseitigen, auf das Lehren bezogenen Definitionen ab. Mit dem methodischen Handeln wird somit ein umfangreiches

---

[17] Die Begriffe Sach-, Personen- und Gruppenbezug finden sich ebenfalls bei SCHULZ, der unter Rückgriff auf die Themenzentrierte Interaktion COHNs vorschlägt, die Unterrichtsplanung und den Unterrichtsprozess so zu gestalten, dass eine Balance zwischen den drei Bereichen hergestellt wird. JANK und MEYER führen in diesem Zusammenhang aus, dass das Nahverhältnis dieser Begriffe zu den Intentionen Kompetenz, Autonomie und Solidarität offensichtlich sei (vgl. 1994, S. 226f.).

Feld in die Untersuchung aufgenommen, das einer weiteren Strukturierung bedarf. In Anlehnung an SCHULZ' im Rahmen des Berliner Modells vorgenommene Differenzierung[18] werden von MEYER Handlungssituationen, Handlungsmuster, Unterrichtsschritte, Sozialformen und methodische Großformen als Ebenen des methodischen Handelns unterschieden, die jedoch nicht isoliert, sondern nur in ihren Wechselwirkungen betrachtet werden können (vgl. 1990, 109-153; 219-221). Bei einer Analyse theoretischer Grundlagen sind Handlungssituationen[19], Unterrichtsschritte[20] und Sozialformen[21], die jeweils auf den konkreten Unterrichtsprozess bezogen sind, von geringerer Bedeutung. Hingegen sind Handlungsmuster als „historisch gewachsene, von Lehrern und Schülern mehr oder weniger fest verinnerlichte Formen der Aneignung von Wirklichkeit" (a.a.O., 127) sowie methodische Großformen als „*komplexe*, historisch gewachsene und institutionell verankerte feste Strukturen der zielbezogenen Organisation *thematisch zusammenhängender schulischer Aufgabenkomplexe*" (a.a.O., 146; Hervorhebung durch die Verfasserin)[22] als sich hinsichtlich ihrer Komplexität und ihres Umfangs unterscheidende methodische Dimensionen zu berücksichtigen. Eine besondere Bedeutung kommt der methodischen Großform Projekt zu, da fächerübergreifender Unterricht häufig projektartig konzipiert wird.

Der gesellschaftliche Aspekt:

Eine Untersuchung zur Theorie des fächerübergreifenden Unterrichts kann sich nicht auf die schulische Binnenperspektive beschränken, sondern muss darüber hinaus den gesellschaftlichen Bezug eines jeden Unterrichts berücksichtigen (vgl. KLAFKI 1996, 110). Es stellt sich die Frage, inwieweit die gesellschaftliche

---

[18] SCHULZ unterscheidet Methodenkonzeptionen, Artikulationsschemata, Sozialformen, Aktionsformen des Lehrens und Urteilsformen (vgl. 1972, 30-34).

[19] MEYER versteht unter Handlungssituationen „*zeitlich begrenzte, strukturierte*, vom Lehrer und den Schülern bewußt gestaltete und mit Sinn und Bedeutung belegte Interaktionseinheiten" (1990, S. 116).

[20] Der Begriff Unterrichtsschritte wird auf die zeitliche Gliederung des Unterrichts bezogen, beschreibt dessen methodischen Gang und umfasst Verlaufsformen sowie Stufen- und Phasenschemata (vgl. MEYER 1990, 129-135).

[21] Sozialformen gliedern die unterrichtliche Beziehungsstruktur. Neben der äußeren, der räumlich-personal-differenzierenden Seite wird die innere, die Kommunikations- und Interaktionsstruktur regelnde Seite berücksichtigt (vgl. MEYER 1990, 138). Diese wird im Rahmen des interpersonellen Aspekts thematisiert.

[22] Hervorhebungen im Original werden in Zitaten prinzipiell übernommen. Besonders gekennzeichnet werden nur eigene Hervorhebungen. Gesperrt gedruckte Hervorhebungen werden kursiv wiedergegeben.

Bedingtheit des Unterrichts in den Konzeptionen zum fächerübergreifenden Lehren und Lernen thematisiert wird, welche Sichtweise der Gesellschaft und des Verhältnisses von Schule und Gesellschaft vorherrscht, ob Schule dabei einseitig als Funktion der Gesellschaft oder mit eigenen Einflussmöglichkeiten verstanden wird. Die systematische Darstellung gesellschaftsbezogener Aussagen dient außerdem als Grundlage für eine ideologiekritische Betrachtungsweise, die das Aufzeigen unreflektierter gesellschaftlicher Interessen in den einzelnen Konzeptionen ermöglicht. Zu berücksichtigen sind in diesem Zusammenhang neben didaktischen Modellen auch Schultheorien, die gesellschaftliche Implikationen der Institution Schule – genauer gesagt *„[d]as Verhältnis zwischen der Institution Schule und dem gesamtgesellschaftlichen System“* (TILLMANN 1993a, 8) – erörtern und aus unterschiedlichen Perspektiven darstellen.[23] Für die Untersuchung sind vor allem strukturell-funktionale Theorien relevant. Diese diskutieren gesellschaftliche Funktionen und Aufgaben der Schule, die sich, auch wenn sie nicht explizit genannt werden, in Ausführungen zu Ziel-, Inhalts- und Methodenentscheidungen widerspiegeln können. Es ist zu eruieren, welche Funktionen der Schule im Zusammenhang mit fächerübergreifendem Lehren und Lernen zugeschrieben werden.[24] Darüber hinaus ist darzustellen, ob bei den Funktionszuschreibungen allein gesellschaftliche Erfordernisse zum Tragen kommen oder pädagogische Argumente im Zentrum stehen und gesellschaftliche Anforderungen kritisch reflektiert werden.[25]

---

[23] Für die Untersuchung von nachgeordneter Bedeutung sind historisch-materialistische, interaktionistische oder psychoanalytische Theorien (vgl. TILLMANN 1993).

[24] Von FEND werden mit der Qualifikations-, der Selektions- und der Legitimationsfunktion drei klassische gesellschaftliche Aufgaben des Schulsystems beschrieben. Diese beziehen sich auf die Reproduktion der zur Ausübung von Arbeit und zur gesellschaftlichen Teilhabe erforderlichen Fertigkeiten und Kenntnisse, die Reproduktion der Sozialstruktur sowie die Reproduktion der Normen, Werte und Interpretationsmuster, die zur Sicherung der Herrschaftsverhältnisse beitragen (vgl. FEND 1980, 15f.).

[25] TILLMANN weist auf den pädagogischen Aspekt von Schultheorien hin: „Eine Theorie der Schule darf [...] nicht bei einer allein soziologischen Funktionsbestimmung stehenbleiben, sondern muß bis zum Kern der pädagogischen Tätigkeit, muß zu Erziehungs- und Unterrichtsprozessen vordringen, um dort die Auswirkungen des gesellschaftlichen Implikationsverhältnisses aufzuspüren“ (TILLMANN 1993a, 9). Auch FEND betont im Rahmen seiner Ausführungen zur normativen Dimension einer Theorie der Schule die Notwendigkeit einer solchen pädagogischen Sichtweise, wenn er darlegt, „daß die Erfüllung gesellschaftlicher Aufgaben durch das Schulsystem, gemessen an den individuellen Funktionen, nur sekundären Charakter hat“ (FEND 1980, S. 379).

Die Kategorien ermöglichen eine strukturierte Darstellung der Konzepte, die als Grundlage für Vergleiche dient. Überschneidungen können dennoch auftreten, da die einzelnen Faktoren der Interdependenzthese gemäß zusammenhängen.[26]

1.3 Aufbau der Untersuchung

Auf der Grundlage der allgemeindidaktischen und schultheoretischen Kategorien werden zunächst *historische Konzepte zum fächerübergreifenden Unterricht* systematisch erfasst. Neben dem Gesamtunterricht OTTOs (Kap. 2.1), dem Gesamtunterricht des Leipziger Lehrervereins (Kap. 2.2) und der Erziehungskonzeption DEWEYs (Kap. 2.3), die einen reformpädagogischen Ursprung haben, wird auch der Mehrperspektivische Unterricht der CIEL-Gruppe[27] (Kap. 2.4) dargestellt, der während der Bildungsreform der 60er- und 70er-Jahre des zwanzigsten Jahrhunderts entstanden ist.

Anschließend findet eine Untersuchung *aktueller Ansätze zum interdisziplinären Lehren und Lernen* statt, die auf demselben Kategoriensystem basiert. Dieses wird jedoch nicht auf jeden Text bzw. jeden Autor gesondert angewendet, da überwiegend einzelne Aspekte thematisiert werden und weniger umfassende Konzeptionen vorliegen. Die Darstellung der Ergebnisse enthält bereits eine Zusammenschau der Beiträge, die ähnliche Positionen bündelt und Unterschiede in der Argumentation aufzeigt (Kap. 3).

Die systematische Analyse der historischen und der aktuellen Konzepte dient als Basis für die Auswertung und damit für die Beantwortung der übergeordneten Frage nach dem *spezifischen Beitrag des fächerübergreifenden Unterrichts zur pädagogischen Schulentwicklung*. Durch synchrone Vergleiche sollen zunächst Konvergenzen und Divergenzen innerhalb der aktuellen Ansätze aufgezeigt werden, um grundlegende Vorstellungen von fächerübergreifendem Lehren und Lernen zu verdeutlichen (Kap. 4.1). In einem zweiten Schritt erfolgt die Eruierung zentraler Merkmale der untersuchten Konzepte, wobei diachrone Vergleiche darlegen sollen, welche Elemente der historischen Ansätze in der aktuellen Diskussion implizit oder explizit übernommen werden. Forschungsergebnisse

---

[26] KLAFKI, der die Interdependenzthese bei der Weiterentwicklung seines bildungstheoretischen Ansatzes von der lerntheoretischen Didaktik übernommen hat, betont, dass es sich nicht um gleichartige, sondern um qualitativ unterschiedliche Beziehungen handelt (vgl. 1996, 117). Zur Interdependenzthese vgl. auch JANK/MEYER 1994, 193-197.

[27] CIEL steht für Curriculum für institutionalisierte Elementarerziehung.

der Erziehungswissenschaft und ihrer Nachbardisziplinen, der Psychologie und der Soziologie, können eine Einordnung der unterschiedlichen Positionen ermöglichen. Dabei wird im Sinne eines integrativen Verständnisses von Erziehungswissenschaft nicht nur auf hermeneutische, sondern auch auf empirische Untersuchungen rekurriert (Kap. 4.2). Abschließend sollen Bezüge zwischen fächerübergreifendem Unterricht und dem Gegenstandsbereich Sachunterricht, für den Interdisziplinarität konstitutiv ist, verdeutlicht werden (Kap. 4.3).

Die Auswertung soll zeigen, ob die Konzepte zum fächerübergreifenden Lehren und Lernen einen genuin neuen Aspekt in die gegenwärtige Schulreformdiskussion einbringen und folglich einen eigenständigen Ansatz zur Veränderung von Unterricht bilden oder nur ein Konglomerat unterschiedlicher Vorschläge darstellen bzw. wesentliche Elemente anderer Konzeptionen übernehmen.

1.4 Begriffsklärung

Im Rahmen der vorliegenden Untersuchung wird unter *fächerübergreifendem Unterricht* Folgendes verstanden:

Fächerübergreifender Unterricht ist eine Organisationsform, die – bezogen auf die traditionellen Schulfächer – eine andere Strukturierung schulischen Lehrens und Lernens durch Koordination oder Integration ermöglicht. Koordination bedeutet die gegenseitige Abstimmung verschiedener Fächer. Unter Integration versteht man zum einen die Einbeziehung in einen größeren Kontext, wodurch Bezüge hergestellt werden, die über das Fach hinausweisen. Zum anderen versteht man darunter die Wiederherstellung einer Einheit, die durch die Aussetzung bereits existierender Fachgrenzen erfolgen kann.[28]

Die Definition ist deskriptiver Art. Sie beschreibt, was fächerübergreifender Unterricht ist, nicht wie fächerübergreifender Unterricht sein soll. Damit werden präskriptive Setzungen vermieden. Zugleich folgt daraus, dass fächerübergrei-

---

[28] Andere Definitionen fächerübergreifenden Unterrichts finden sich beispielsweise bei NORTHEMANN 1970, 837-839; NEUHAUS 1977, 9; GRÖMMINGER/SCHWANDER 1995, 4; KLAUTKE 2000, 65; SCHAUB/ZENKE 2002, 201. Teilweise sind diese Definitionen von großer Allgemeinheit wie bei SCHAUB und ZENKE, die sich allein auf „eine Überwindung der starren Grenzen des traditionellen Fachunterrichts" beziehen (2002, 201). Teilweise findet schon eine Festlegung auf eine spezifische Form der Überschreitung der Fachgrenzen statt. Bei GRÖMMINGER und SCHWANDER ist ein „Nebeneinander der einzelnen Fächer" Kennzeichen des fächerübergreifenden Unterrichts (1995, 4).

fender Unterricht auch als Element der gegenwärtigen Schulreformbewegung nicht per se guter Unterricht ist.

Fächerübergreifender Unterricht setzt nach dieser Definition Fachunterricht voraus bzw. nimmt darauf Bezug. Dies bedeutet nicht, dass die Schülerinnen und Schüler Fachunterricht als Voraussetzung für fächerübergreifenden Unterricht haben müssen. Fächerübergreifender Unterricht kann auch zu Fachunterricht führen oder diesen ergänzen und dadurch einen Zusammenhang herstellen.

Fächer strukturieren sowohl den Schulalltag als auch die Unterrichtsinhalte und die mit ihnen verbundenen Ziele und Methoden. Fächer werden beispielsweise als unhinterfragte „Größen der Lernorganisation“ (DUNCKER 1997, 121) gesehen, die einer zeitlichen Ordnung der Schularbeit dienen (vgl. GIEL 1997, 37). Sie werden als „besondere Zugriffsformen auf das in der Gesellschaft produzierte und in Umlauf gesetzte Wissen“ (a.a.O., 33), als „Raster für die Gliederung der Wirklichkeit“ (DUNCKER 1997, 121) oder als „Ordnungsschemata für die sozial geregelte Aneignung von Wissen“ bezeichnet (BRACHT 1996, 578; im Original hervorgehoben). Fächerübergreifender Unterricht weiß um diese Ordnungen und ermöglicht in diesem Wissen andere Ordnungen in lernorganisatorischer und inhaltlicher Hinsicht.

> „Im fächerübergreifenden Lernen geht es darum, *die gewohnte Ordnung eines Schulfachs vorübergehend außer Kraft zu setzen* und statt dessen neue Verbindungs- und Trennlinien zu schaffen. Im interdisziplinären Unterricht wird das System der Fächer wieder aufgelöst, um neue Möglichkeiten des Sortierens zu gewinnen.“ (DUNCKER 1997, 126)

Die Fachstruktur ist nicht statisch, sondern historisch und gesellschaftlich bedingt und damit veränderbar. Insbesondere in Schulreformdiskussionen wird die Frage nach Auswahl und Anordnung der Unterrichtsinhalte neu gestellt.[29] Dies ist auch in der gegenwärtigen Reformdebatte zu beobachten. Dabei kommen neben fächerübergreifendem Unterricht zahlreiche andere Begriffe vor, die jedoch weder einheitlich verwendet werden noch eindeutig definiert sind. Der vorfachliche, der fächerverbindende, der mehrperspektivische, der projektartige

[29] Zur Begründung des fächerübergreifenden Unterrichts aus der aktuellen gesellschaftlichen Situation vgl. Kap. 3.3.1.

oder der interdisziplinäre Unterricht beispielsweise führen mit je unterschiedlichen Akzentuierungen zu einer Überschreitung von Fachgrenzen.[30]

Wird fächerübergreifender Unterricht als Organisationsform definiert, die eine andere Strukturierung schulischen Lehrens und Lernens durch Koordination oder Integration ermöglicht, so umfasst dies mehrere Typen von Interdisziplinarität. Fächerübergreifender Unterricht wird dann als Oberbegriff verstanden, der unterschiedliche Formen der Überschreitung der Fachgrenzen zulässt. Eine Differenzierung erfolgt durch die Merkmale *Koordination* und *Integration.* Mit Koordination und Integration werden nicht graduelle, sondern prinzipielle Unterschiede bezeichnet: die Zusammenarbeit mehrerer Fächer und die Herstellung von Bezügen, die über das Fach hinausweisen, bzw. die Aussetzung bereits existierender Fachgrenzen. So können Unklarheiten in der Zuordnung vermieden werden, die sich durch weitere Untergliederungen ergeben.[31]

---

[30] Dass gegenwärtig zahlreiche Begriffe Verwendung finden, verdeutlicht FEES: „Offenbar sind die Phantasie wie auch der Wortreichtum unerschöpflich in dem Bemühen, die Fachgrenzen zu überschreiten, was die folgende Reihe von Begriffen belegen mag: fächerübergreifender, fachüberschreitender, ‚fachunabhängiger', ‚überfachlicher', fächerintegrierender, fächerverbindender, verbundener, abgestimmter, vernetzter Unterricht, Lernen in Zusammenhängen oder mit allen Sinnen. Häufig wird dies alles noch mehr oder weniger eindeutig mit Projektunterricht und Freiarbeit zusammengebracht" (FEES 1996, 277). Auch LAMMERS hat eine große Anzahl von Begriffen vorgefunden: fächerübergreifender, fächerverbindender, fächerintegrierender, fächerüberschreitender, vorfachlicher, überfachlicher und projektorientierter Unterricht, Projektunterricht, lernbereichsübergreifendes Lernen, ganzheitliches Lernen, Lernen mit allen Sinnen, Lernen in Zusammenhängen und Lernen in Verschränkung. „Trotz der Begriffsvielfalt bleibt letztlich der eigentlich gemeinte Sinn merkwürdig verschwommen" (LAMMERS 1998, 195). Im Rahmen der vorliegenden Arbeit werden die Begriffe fächerübergreifend und interdisziplinär synonym verwendet. Bei der Darstellung der einzelnen Konzepte und Ansätze werden deren Bezeichnungen aufgegriffen.

[31] Zur Gliederung des fächerübergreifenden Unterrichts vgl. beispielsweise POPP 1997, 149-151; HUBER/EFFE-STUMPF 1994, 64f.; BAUMERT 1998, 221f.; KLAFKI 1998a, 50-54; MOEGLING 1998, 66; 128; 158; 173; HILLER-KETTERER/HILLER 1997, 179-185.

2 Historische Konzepte

Die Frage nach der Fachstruktur ist eng mit der Geschichte der Schule verbunden. Im Laufe der Zeit haben sich unterschiedliche organisatorische Regelungen und Möglichkeiten der Fachgliederung herauskristallisiert, die historisch-gesellschaftlich bedingt und daher veränderbar sind. Das Problem der Auswahl und Anordnung von Unterrichtsinhalten lässt, wie MEMMERT feststellt, verschiedene Lösungen zu:

> „Unterrichtsfächer gibt es, seit es Schulen gibt, wann immer man den historischen Beginn ansetzt. Aber der jeweilige Fächerkanon zeigt doch eine sehr unterschiedliche Ausprägung in den einzelnen Epochen der Geschichte des Schulwesens und lässt auch mannigfaltige Versuche erkennen, die Mängel der Fächerung aufzuheben, zu mildern oder zu kompensieren." (MEMMERT 1997, 15)[32]

Insbesondere in Schulreformdiskussionen werden Konzepte zum fächerübergreifenden Lehren und Lernen als Reaktion auf die Kritik an der und als Alternative bzw. Ergänzung zu der jeweils gültigen Fachgliederung entworfen. Als reformpädagogische Konzeption, die zu Beginn des zwanzigsten Jahrhunderts entstanden ist, ist der Gesamtunterricht zu nennen. Er nimmt mit dem Konzentrationsgedanken ein Prinzip auf, das schon während der Reformation und bei COMENIUS als Orientierung des gesamten Unterrichts an einer biblischen Mitte, aber auch bei den Herbartianern als Ausrichtung aller Fächer auf den Gesinnungsunterricht relevant war (vgl. MEMMERT 1997, 17-20; VILSMEIER 1967, 10).[33] Mit dem Gesamtunterricht als ungefächertem Unterricht, „in dem die

---

[32] MEMMERT unterscheidet mit dem Nacheinander-statt-Nebeneinander der Sieben Freien Künste, der Ausrichtung auf eine Mitte in der Reformation und bei COMENIUS, dem Teamwork der Unterrichtsfächer in der Arbeitsschule und bei der Projektarbeit, dem Hüpfen von Fach zu Fach bei OTTO, dem Rotationsprinzip des Epochalunterrichts in der Waldorfschule und dem Abschied von den Fächern in MEYERs Lebensschule sechs historische Modelle der Fachgliederung (vgl. MEMMERT 1997). Einen umfassenden Überblick über die Entwicklung des abendländischen Lehrplans von der Antike bis ins 19. Jahrhundert gibt DOLCH (vgl. 1959).

[33] Für VILSMEIER ist der Konzentrationsunterricht der Herbartianer durch folgende Hauptmerkmale charakterisiert: „in der Zielsetzung durch den Vorrang der Moralität vor der Utilität, im ‚natürlichen Gang der Charakterbildung' durch die Überordnung der planmäßigen intellektuellen Bildung über die Erziehung durch mitmenschlichen Umgang, in der Lehrplangestaltung durch die Konzentration der Unterrichtsfächer um den Gesinnungsunterricht zwecks Ausbildung eines nach allen Seiten innig verknüpften religiös-sittlichen Gedankenkreises und den Aufbau des Gesinnungsunterrichts in kulturhistorischen Stufen" (VILSMEIER

Einzelgegenstände zu einer für die Schüler lebensnahen Ganzheit zusammengefügt sind" (BÖHM 2000, 209), wird allerdings keine einheitliche Vorstellung verbunden. Die Konzeptionen OTTOs und des Leipziger Lehrervereins, die beide für die Grundschule relevant sind, sind nur zwei der zahlreichen Ansätze.[34] Ebenfalls als reformpädagogische Konzeption ist der Projektunterricht zu verstehen. Dabei leisten die unterschiedlichen Fächer einen Beitrag zur Lösung eines umfassenden Problems (vgl. MEMMERT 1997, 21f.). Konstitutiv für die Begründung des Projektunterrichts ist die philosophisch legitimierte Erziehungskonzeption DEWEYs, die jedoch über den Projektgedanken hinaus auch andere wichtige Aspekte des interdisziplinären Lehrens und Lernens aufzeigt. Während der Bildungsreform der sechziger und siebziger Jahre des zwanzigsten Jahrhunderts ist mit dem Mehrperspektivischen Unterricht von der CIEL-Gruppe eine eigene fächerübergreifende Konzeption entwickelt worden, die sich sowohl vom traditionellen Gesamt- und Heimatkundeunterricht, d.h. von OTTO und dem LLV, als auch vom wissenschaftsorientierten Fachunterricht abgrenzt.

Im Folgenden werden diese historischen Konzepte auf der Basis des der Untersuchung zu Grunde liegenden Kategoriensystems dargestellt.[35]

2.1 Der Gesamtunterricht Berthold Ottos

2.1.1 Kontext

Aus den Erfahrungen im Umgang mit seinen eigenen Kindern entwickelte OTTO (1859 – 1933) mit dem Gesamtunterricht ein fächerübergreifendes Unterrichtsverfahren, das für ihn die Basis aller weiteren schulischen Unterweisung bildete. Der Gesamtunterricht stellt jedoch nur ein Element seines umfangreichen, über pädagogische Fragestellungen hinausreichenden Schaffens dar, das nicht isoliert betrachtet werden kann. OTTOs Lebenswerk ist VILSMEIER zufolge „einem organischen Gebilde vergleichbar", dessen Glieder zusammenhängen und daher Umformungen erleiden, wenn sie aus dem Kontext gerissen werden (1967, 14).

1967, 10). Eine ausführliche Darstellung des Konzentrationsprinzips unter Einbeziehung der historischen Entwicklung findet sich bei LINDE 1984, 24-65.

[34] Zu den unterschiedlichen Gesamtunterrichtskonzepten vgl. ausführlich VILSMEIER 1967 und MUTHIG 1978.

[35] Vgl. Kap. 1.2.

Als Grundlage bzw. als Ausgangspunkt theoretischer Überlegungen fungieren bei OTTO *eigene Erfahrungen.*[36] Bedingt durch Versetzungen seines Vaters besuchte OTTO mehrere Schulen. Prägend waren unter anderem mangelndes Verständnis von Lehrern an einer öffentlichen Schule in Rendsburg, die dort auf Grund einer Krankheit erlebte Möglichkeit und Wirksamkeit eines lehrplanunabhängigen Selbstunterrichts, aber auch wertvolle Anregungen durch Lehrer an einem Gymnasium in Schleswig (vgl. KREITMAIR 1963, 257f.; RÖHRS 1998, 235). Wichtig ist in diesem Zusammenhang das durch den Unterricht geweckte Interesse an klassischen Sprachen, die neben Hebräisch, Arabisch, Völkerpsychologie, Sprachwissenschaft, Ethnologie, Pädagogik, Volkswirtschaft und Staatsrecht Teil seines in Kiel begonnenen und in Berlin fortgeführten umfangreichen Studiums waren. Außerdem beeinflusste ein Hinweis auf die von STEINTHAL und LAZARUS herausgegebene *Zeitschrift für Völkerpsychologie und Sprachwissenschaft* OTTOs wissenschaftliches Denken und Arbeiten grundlegend (vgl. OTTO 1963a, 33f., 1963e, 234; RÖHRS 1998, 235f.).[37]

Von zentraler Bedeutung waren für OTTO eigene Unterrichtserfahrungen bei Nachhilfestunden, als Hauslehrer, insbesondere jedoch als Lehrer seiner eigenen fünf Kinder. Da er sich wegen seiner Berufstätigkeit als Redakteur nicht vollzeitlich um deren Unterweisung kümmern konnte, musste er den Unterricht während seiner freien Zeit, bei Spaziergängen und vor allem in Form von Tischgesprächen bei Mahlzeiten erteilen, aus denen sich letztlich der Gesamtunterricht entwickelte. Der Wunsch, die Erfahrungen eines solchen geistigen Verkehrs mit Kindern weiterzugeben, führte zur Gründung der Zeitschrift *Der Hauslehrer*, die wiederum die Entstehung der Hauslehrerschule in Berlin-Lichterfelde nach sich zog.

---

[36] A. FLITNER weist darauf hin, dass die Bezugnahme auf eigene Erfahrungen kennzeichnend für die Reformprogrammatik ist. Die Pädagogik des 20. Jahrhunderts ist seiner Meinung nach eine „aus autobiographischen Erfahrungen schöpfende Disziplin" (FLITNER, A. 1996, 33).

[37] Die *Zeitschrift für Völkerpsychologie und Sprachwissenschaft* wurde 1859 von STEINTHAL und LAZARUS gegründet. STEINTHAL (1823-1899), ein Philosoph und Linguist, wurde 1863 Professor für Sprachwissenschaft in Berlin und gilt als wichtiger Vorläufer der Psycholinguistik (vgl. BONIN 1983, 302). LAZARUS (1824-1903) war seit 1860 Professor für Philosophie in Bern, seit 1868 Lehrer der Philosophie in Berlin und seit 1873 Professor an der Universität Berlin. Er lehrte Psychologie, Völkerpsychologie, Erkenntnistheorie, Psychologie des Staatslebens sowie Pädagogik. „Der ‚Volksgeistgedanke' war Lazarus noch selbstverständlich" (a.a.O., 192). Dies ist vor allem für OTTOs Theorie des volksorganischen Denkens von Bedeutung (vgl. Kap. 2.1.3 und 2.1.10).

> „Und in diesem Sinne ist meine Schule eine Einrichtung, die ganz aus ihrem eignen inneren Drange heraus gewachsen und erwachsen ist. Die Schüler sind mir zuerst von den Eltern aufgedrängt worden. Ihnen ist von den Eltern gesagt worden, daß sie es bei mir gut haben würden, und ich habe mich nun zunächst mit ihnen an einen Tisch gesetzt und abgewartet, was sie von mir verlangen würden. Ich habe eine Unterhaltung mit ihnen begonnen, ganz so, wie ich es im gewöhnlichen Verkehr auch getan haben würde; und wir haben lebhaft miteinander gesprochen, wie es die Kinder am Familientisch tun; und so war der Gesamtunterricht geschaffen. Die Schüler brachten von selbst allerlei Wünsche vor, auch was sie lernen wollten, und so entstanden die einzelnen Kurse." (OTTO 1925b, 225f.)

Neben dem Rückgriff auf eigene Erfahrungen ist ein starker *Bezug zur Sprache* für OTTOs Denken und Wirken charakteristisch. Es kann eine Entwicklung von der griechischen bzw. lateinischen zur deutschen und von der geschriebenen zur gesprochenen Sprache festgestellt werden.

Während der Schulzeit in Schleswig erwachte OTTOs Interesse an klassischen Sprachen, die er nach dem Abitur an der Universität in Kiel zu studieren begann. Enttäuscht von der pedantischen Arbeitsweise in den dortigen Seminaren wechselte er nach Berlin, unter anderem um sich dort bei STEINTHAL und LAZARUS mit Sprachwissenschaft auseinander zu setzen (vgl. KREITMARIR 1963, 258f.). Außerdem machte er als Lehrer die Erfahrung, dass sich die Grundkategorien des Denkens, d.h. der formalen Bildung, durch die Muttersprache vermitteln lassen und es dazu des Lateinischen nicht bedarf.

War OTTO noch während seiner Schulzeit von Texten begeistert, erkannte er, auch durch seine sprachwissenschaftlichen und psychologischen Studien, die Bedeutung der gesprochenen Sprache und die dadurch ermöglichten Einblicke ins Geistesleben eines Menschen (vgl. OTTO 1963e, 233-236). Die Schriftsprache wurde als „erstarrende Form der jeweilig herrschenden Sprechsprache" wahrgenommen (OTTO 1905, 32). Schon in der von ihm geplanten Dissertation, mit der er das Ziel verfolgen wollte, „den Liberalismus so darzustellen, wie ich ihn der Hauptsache nach im lebendigen Gespräch an anderen und an mir selber beobachtet und dann auch in Zeitungsartikeln, in Versammlungsreden, Reichstagsreden usw. wiedergefunden hätte", spiegelt sich diese Auffassung wider (OTTO 1925a, 112). Dass das Vorhaben von PAULSEN, einem von ihm hoch geschätzten Pädagogikprofessor, in dieser Form abgelehnt, jedoch als Analyse von Leitartikeln in Zeitungen, d.h. von Schriftsprache, für sinnvoll erachtet wurde, zählte zu den großen Enttäuschungen in OTTOs Leben und führte ihn zu einer Reflexion, aber auch zu einer Bestätigung seines bisherigen Denkens (vgl. a.a.O., 112-114). Im pädagogischen Kontext zeigt sich die

Bedeutung der gesprochenen Sprache vor allem in der Achtung der Altersmundarten, der nicht zu korrigierenden Sprache der Kinder, der ein eigener Wert beigemessen wird, sowie im Gespräch als vorherrschender Methode des Gesamtunterrichts.[38]

Für OTTOs Werk ist weiterhin ein *organischer Gesamtzusammenhang* charakteristisch. Er geht in der Theorie des volksorganischen Denkens davon aus, dass der Einzelne Element eines übergeordneten Volksganzen ist. Der so genannte Volksgeist dient dabei nicht nur als abstraktes Denkmodell, das den vor allem sprachlich vermittelten Geisteszusammenhang in einer größeren Gemeinschaft oder einem Volk illustriert, sondern nimmt die Gestalt eines überindividuellen Gesamtwesens an (vgl. OTTO 1925a; 1925b; 1925c; 1926). Im Gesamtunterricht, der dem Einzelnen zum Aufbau seines Weltbildes dient, kommt nach OTTO letztlich dieser Volksgeist zum Ausdruck.[39]

2.1.2 Vorstellung von Schule und Unterricht

Vor dem Hintergrund der *Kritik am traditionellen Schulwesen* entwickelt OTTO eine eigene Unterrichtskonzeption. Mit scharfen Worten wird die Schule als Gefängnis bezeichnet, „in dem das Kind die rechte Zucht zum Wissen und zum richtigen Handeln erhalten soll", und durch die „Zucht des Stillsitzens" sowie die „Zucht des Stilldenkens in vorgeschriebenen Bahnen" charakterisiert (OTTO 1914, 49). In besonderem Maße beanstandet OTTO, dass es nur darum gehe, bestimmte Formulierungen zu wiederholen, um sie jederzeit wiedergeben zu können (vgl. a.a.O., 52). Gerade das Gymnasium verhindert seiner Ansicht nach das selbstständige Denken.[40] Für problematisch erachtet er außerdem, dass grundlegende anthropologische Gegebenheiten nicht berücksichtigt werden, weil die Schule das Kind von der instinktiven Ausgestaltung seines Weltbildes ablenkt und zu Gebieten hinlenkt, zu denen es keinen inneren Drang hat (vgl.

---

[38] Vgl. Kap. 2.1.5 und 2.1.8.

[39] Eine ausführliche Darstellung des volksorganischen Denkens findet sich in Kap. 2.1.3. Zur Kritik vgl. Kap. 2.1.10.

[40] Dabei ist hervorzuheben, dass OTTO selbst nicht nur negative Erinnerungen an seine Schulzeit hat. Er beschreibt seine eigene Entwicklung folgendermaßen: „Ich bin also zum Gegner des Gymnasialunterrichts nicht etwa durch *den* Unterricht geworden, den ich empfangen habe; an den habe ich namentlich für die Oberklassen eigentlich nur angenehme und zum Teil herzerhebende Erinnerungen. Ich bin zum Gegner des Unterrichts dadurch geworden, daß ich ihn selbst erteilt und ihn beim Erteilen psychologisch geprüft habe" (OTTO 1928, X).

OTTO 1963c, 124). Konsequenz ist eine Be- bzw. Verhinderung der natürlichen Entwicklung des Geistes.

Grundsätzlich sind die Schüler[41] für OTTO Ausgangs- und Mittelpunkt theoretischer Überlegungen – er wird als typischer Vertreter einer *Pädagogik vom Kinde aus* bezeichnet[42] – und eben diese Priorität vermisst er im öffentlichen Schulwesen:

> „Ganz besonders aber muß man dann absehen von solchen Einrichtungen, die die Schule naturgemäß nur um der Schule willen getroffen hat, und dazu gehört in erster Linie die Einteilung in Fächer und Pensen, die vorherige Überlegung eines Unterrichtszieles und der zur Erreichung dieses Zieles erforderliche Zwang." (OTTO 1965, 32)

Die reformpädagogische Kritik an der Fachstruktur ist somit auch Bestandteil der Auseinandersetzung OTTOs mit den traditionellen Schulen.

Von OTTO liegen differenzierte Überlegungen zur Gestaltung des Schulwesens vor, die jedoch in ihrer Gesamtheit für das Verständnis des Gesamtunterrichts nicht relevant sind.[43] Einen Überblick über seine Vorstellungen kann der *Entwurf einer Fantasieschule* vermitteln:

> „Erschaffen Sie, bitte, in Ihrer *Phantasie* die folgende *Einrichtung*. In einem weiten Komplex von Gärten, Rasen- und Sandplätzen liegt eine Anzahl von Gebäuden, in denen Sammlungen aller Art enthalten sind. Den ersten Hauptbestandteil bilden Spielsachen aller Art, wie sie überhaupt nur zu haben sind; aber physikalische Kabinette, chemische Laboratorien fehlen ebensowenig wie Abbildungen und Nachbildungen von Antiken [sic] und mittelalterlichen Waffen, Geräten und Gebäuden; Herbarien und Sammlungen von Gerippen und ausgestopften Tieren werden ergänzt durch einen botanischen Garten und durch eine Anzahl lebendiger Tiere. Zu allen diesen Dingen denken Sie sich Leute, die nicht nur von diesen Dingen etwas verstehen, sondern auch von der Psychologie des Kindeslebens und

---

[41] Die Autoren der historischen Konzepte verwenden nur die männliche Form der Substantive. Dies wird im deskriptiven Teil der Untersuchung übernommen, der sich auf die Wiedergabe der jeweiligen Positionen bezieht.

[42] Vgl. beispielsweise REBLE 1987, 284-289 und A. FLITNER 1996, 30-38.

[43] In den *Volksorganischen Einrichtungen der Zukunftsschule* beschreibt OTTO ausführlich drei unterschiedliche Schultypen: die einklassige Dorfschule, die Kreisschule, in der alle Jugendlichen eines Kreises als Lebensgemeinschaft zusammengefasst werden und die mit ihren unterschiedlichen Ausbildungsstätten als Modell der Gesellschaft zu gestalten ist, sowie die Großstadtschule als pädagogische Provinz für alle Kinder und Jugendlichen einer Stadt, die in einzelne Dörfer und Städte zu unterteilen ist und wie die Kreisschule als Abbild der Gesellschaft fungieren soll. Der utopische Charakter der Kreis- und der Großstadtschule wird allein an deren Größe – sie sollen bis zu 10 000 Schüler umfassen – und den damit verbundenen organisatorischen Regelungen, die detailliert ausgeführt werden, ersichtlich (vgl. OTTO 1914).

des Unterrichts; Leute, die keine andere Aufgabe haben, als einmal die Sammlungen in Ordnung und Vollständigkeit zu erhalten und zweitens den Kindern auf Verlangen jedes Stück zu zeigen und auf ihre Fragen so zu antworten, wie es der Sache einerseits und dem Alter und der Ausbildung des Fragenden andererseits entspricht; denken wir uns dazu je einen Vertreter jeder fremden Sprache, deren Erlernung für die Kinder erwünscht ist, und auch dieser streng verpflichtet, den Kindern niemals etwas aufzuzwingen, sondern nur freundlich ihre Fragen zu beantworten und sie so viel zu lehren, als die Kinder Lust haben. Denken wir uns nun noch, daß kein Kind gezwungen werde, diese Anstalt zu besuchen, daß jedes nach Belieben jeden Tag wegbleiben oder kommen kann, so haben wir doch wohl ziemlich genau das Gegenteil dessen hergestellt, was jetzt Schule genannt wird." (OTTO 1963a, 31f.)

Fächerübergreifendes Vorgehen in Form des *Gesamtunterrichts*, der sich aus dem natürlichen Umgang der Eltern mit ihren Kindern entwickelt hat und eine Übertragung dieses Verfahrens auf die Schule darstellt (vgl. OTTO 1963c, 126), kennzeichnet OTTOs Konzeptionen, sowohl die utopischen Zukunftsentwürfe als auch den konkreten Unterricht an der Hauslehrerschule. Die Erörterung der von den Schülern eingebrachten Themen ist konstitutiv für diesen Gesamtunterricht, das „Rückgrat alles Unterrichts" (a.a.O., 131), aus dem den Interessen der Schüler entsprechend einzelne Fachkurse entstehen.[44]

2.1.3 Legitimatorischer Aspekt

Für das pädagogische Denken im Allgemeinen sowie den Gesamtunterricht im Besonderen finden sich bei OTTO unterschiedliche Begründungsansätze, die auf grundlegende anthropologische Überzeugungen, die gesellschaftliche Situation, Unterrichtserfahrungen sowie einen übergeordneten Gesamtzusammenhang Bezug nehmen.

Im Rahmen seiner *anthropologischen Begründung* verweist OTTO auf den natürlichen Unterricht, der dem Umgang der Mutter mit ihren Kindern entspricht. Dies ist für ihn eine Methode, die „gleichsam mit der Natur des Menschen gegeben zu sein scheint" (1928, 2) und somit seiner Meinung nach keiner weiteren Begründung bedarf bzw. als anthropologische Grundgegebenheit nicht

[44] Einen Einblick in den Ablauf der Gesamtunterrichtsstunden vermittelt ALBERTS, der unter anderem Gesprächsprotokolle aus der Hauslehrerschule mit OTTO als Gesprächsleiter publizierte (vgl. ALBERTS 1925). Dass diese reformpädagogische Vorstellung von Schule und Unterricht einen weit reichenden Einfluss ausübte, zeigen Berichte über die Umsetzung der OTTO'schen Ideen, beispielsweise von KRETSCHMANN über den freien Gesamtunterricht an einer Dorfschule (vgl. o.J.). Detailliert stellt BERGNER die Entwicklung der Berthold-Otto-Schulen in Magdeburg von 1920-1950 dar (vgl. 1999).

hinterfragt werden kann. Ebenso findet sich bei ihm die den Gesamtunterricht konstituierende Vorstellung von einem „Menschengeist“, der von Natur aus sein Denken nicht in Fächer absondert, sondern universell ist und von Anfang an ein Interesse an der ganzen Welt hat (OTTO 1914, 233). Die freie Vorgehensweise im Unterricht wird außerdem durch die Notwendigkeit einer freien Entfaltung der Anlagen und des Erkenntnistriebes legitimiert, die der anthropologischen Grundüberzeugung entspricht.[45]

Wenn OTTO davon spricht, in einem „Zeitalter der Trennung“ zu leben (1925a, 190), das durch eine Isolierung der einzelnen Wissensgebiete charakterisiert ist, kritisiert er die aktuelle *gesellschaftliche Situation* und begründet die Notwendigkeit einer Vermittlung allgemeiner Grundbegriffe, die diese Separierung überwinden und vor allem im Gesamtunterricht erfolgen soll (vgl. a.a.O., 190f.). Die Kritik an einer zu starken Spezialisierung muss im Kontext der Bildungsvorstellung OTTOs gesehen werden, die von einer Geschlossenheit des Denkens und von einem übergeordneten, organischen Gesamtzusammenhang ausgeht (vgl. OTTO 1914, 232; 1925a; 1925b; 1925c; 1926).

Der Bildungsbegriff wird nicht als eine dem pädagogischen Denken vorgeordnete Kategorie verstanden, sondern aus konkreten Unterrichtserfahrungen gewonnen und ist somit ein wichtiges Element einer *erfahrungsbezogenen Legitimation*. OTTO beschreibt die traditionelle Auffassung von formaler Bildung durch den Lateinunterricht am Gymnasium, von der er zunächst selbst überzeugt war, die er jedoch durch seine eigene Lehrtätigkeit nicht bestätigen konnte (vgl. 1912, 54f.). Der Unterricht in der Muttersprache führte ihn zu einer grundlegenden Kategorientafel, die er als Vereinfachung empfand und auf die man letztlich hinarbeiten müsse. Dies sei die mühsam gesuchte, aber nirgends gefundene formale Bildung (OTTO 1928, 188).[46]

> „Unter formaler Bildung, das sucht der ‚Lehrgang‘ [der Zukunftsschule] zu beweisen, ist nie etwas anderes verstanden worden als die Bearbeitung des vorhandenen Anschauungsmaterials mit Hilfe ganz weniger Kategorien; und ganz

---

[45] Vgl. Kap. 2.1.4.

[46] Ausführlich wird der Weg zu dieser Kategorientafel geschildert. Im Lateinunterricht wurde ein Satz behandelt, den die Schüler nicht verstanden: „Sparsamkeit ist die Ursache des Reichtums.“ OTTO versuchte zunächst, im muttersprachlichen Unterricht den Sinn dieser Aussage zu thematisieren, klärte daraufhin die Bedeutung der Substantive, entwickelte ein Verständnis für so genannte Dingworte und deren Merkmale und gelangte schließlich zu einer Klassifizierung. Durch den Elementarunterricht konnte somit eine nach OTTOs Ansicht „der Kantischen sehr ähnliche Kategorientafel“ hergestellt werden (OTTO 1963d, 211f.).

> besonders nennt man die Anwendung dieser Kategorien auf die geistigen Vorgänge formale Bildung. Wie sich diese Anwendung bei Betrachtung der Muttersprache in vollendeter Weise gestalten läßt, das weist der ‚Lehrgang' für jeden, der die Versuche richtig wiederholt, überzeugend nach. Aber damit ist zugleich der Nachweis erbracht, daß die Unsumme von Fächern, aus der man jetzt formale Bildung zusammenrezeptieren will, eine Sache für sich sind und mit wirklicher Geistesbildung nur wenig zu tun haben." (OTTO 1965, 27f.)

Eine so verstandene formale Bildung ermöglicht die Strukturierung sowohl von Erfahrungen als auch von Wissensgebieten und hat folglich Grundintention eines jeden Unterrichts zu sein, vor allem jedoch des fächerübergreifenden Gesamtunterrichts, in dem die entsprechenden Kategorien zu entwickeln sind. Demgegenüber wird die Aneignung materialer Kenntnisse von OTTO für sekundär erachtet und „ganz in unser und unserer Kinder Belieben gestellt" (1928, 180f.).

Wichtig für das Verständnis der OTTO'schen Konzeption ist die Gleichwertigkeit von sprachlicher, mathematischer und naturwissenschaftlicher Bildung. Demnach steht derjenige Mensch geistig am höchsten, der sich seiner natürlichen geistigen Begabung entsprechend entwickelt (vgl. OTTO 1907, 8). Nicht die Übernahme tradierter Bildungsinhalte, sondern die individuelle Entfaltung seiner Möglichkeiten charakterisiert den Gebildeten. Das Bildungsideal OTTOs kann dennoch nicht als individualistisch bezeichnet werden, da die „*Herstellung einer geistigen Einheit* des ganzen Volkes" konstitutiver Bestandteil ist (OTTO 1912, 139).

Das gesamte Werk OTTOs, nicht nur das pädagogische, erfährt seine letzte Legitimation nicht durch den Bildungsbegriff, sondern durch das volksorganische Denken als *übergeordneten Gesamtzusammenhang* (vgl. OTTO 1925a; 1925b; 1925c; 1926).[47] Der so genannte Volksgeist und seine individuelle Realisation im Einzelgeist stellen dabei mehr als einen geistig-kulturellen Gesamtzusammenhang dar, durch den der Einzelne eine Prägung erfährt und der ihn in seinem Denken und Handeln bestimmt. Indem OTTO Termini wie „Allseele" bzw. „Weltseele" verwendet (1925c, 208; 1926, 210), transzendiert er beobachtbare Gemeinsamkeiten und ordnet seine Überlegungen in einen metaphysischen Gesamtkontext mit durchaus religiösem Charakter ein. Begründet wird die Beziehung zu einer übergeordneten Größe wie folgt:

---

[47] Zur Kritik am volksorganischen Denken vgl. Kap. 2.1.10.

> „Wenn wir in dieser Weise rückwärts und vorwärts denkend alle Lebewesen betrachten, dann kommen wir unabweisbar zu der Folgerung, daß das ‚Leben' eine einzige unabsehbar große, aber durchweg in sich selbst zusammenhängende Erscheinung ist, von der alle einzelnen Lebewesen nur Teile sind. Unser ‚Ich' ist weiter nichts als das Gefühl, daß auch in unserem Sonderleben dieses vor unabsehbarer Zeit beginnende und unabsehbare Zeit fortlebende All-Leben in Erscheinung tritt. [...] Wenn wir nun die Ureinheit des Lebens und uns selbst als Teile dieses ureinen Lebens fühlen, dann liegt es nahe, auch an ein ureinheitliches Denken zu glauben, von dem unser individuelles Denken nur einen winzigen Bruchteil darstellt." (OTTO 1926, 141)

Allerdings wird keine willenlose Integration des Einzelnen in ein größeres Ganzes intendiert. OTTO betont, dass das Geistesleben in der geistigen Gesamtströmung nicht nur mitfließe, sondern sie mitfließend mache. Man sei folglich zugleich Teil und selbstständiges Ganzes, sozusagen bewusster Teil des Volksgeistes (vgl. OTTO 1925a, 170f.). Durch dessen Einfluss entstehen Gedanken, Ideen, Meinungen mit jeweils unterschiedlichen Akzentuierungen zugleich in mehreren Individuen. Obwohl eine völlige Gleichheit der Geister auszuschließen sei, liege eine hohe Übereinstimmung vor. Die „Gleichheit der Geistesentwicklung" wird als „eine Art Durchschnittsoberfläche des Volksgeistes" dargestellt, über die sich Einzelgeister erheben, der sie jedoch nicht entkommen können (a.a.O., 44).

OTTO konstatiert nicht nur eine geistige Verbundenheit unter den Einzelwesen. Die Auflösung körperlicher Grenzen – der Leib umfasst bei ihm auch Werkzeuge, Kleidung, Wohnung, Gebrauchsgegenstände, da er „soweit reicht, wie mir durch Veränderung des Stofflichen Schmerz zugefügt werden kann" (OTTO 1925b, 105) – hat letztlich eine Vereinigung der Einzelwesen zur Folge:

> „Wir haben uns früher klar gemacht, daß wir durch diese Vorstellungen über unseren Körper hinaus in die Außenwelt hineinwachsen und dadurch wiederum mit denen, die ebenso in dieselbe Außenwelt hineinwachsen, seelisch zusammenwachsen, was am deutlichsten an gemeinsamem Schmerz erkannt wird." (OTTO 1926, 189)

Eine räumliche Trennung der Einzelgeister gebe es außerhalb des menschlichen Denkens nicht, wenn Raum und Zeit nur Anschauungs- und Denkformen seien (vgl. OTTO 1926, 148). In letzter Konsequenz führt diese Position OTTO dazu, Gemeinschaften von der Familie über das Volk bis hin zur Menschheit, einschließlich der sie umgebenden tierischen, pflanzlichen und stofflichen Welt, organisch als konkrete Gesamtwesen zu betrachten, denen auf Grund eines gemeinsamen Trieblebens und gemeinsamer geistiger und körperlicher Tätigkeit eine Seele zugeschrieben werden kann (vgl. a.a.O., 63f.).

Dass sich der so genannte Volksgeist für OTTO in erster Linie in der gesprochenen Sprache betätigt (vgl. 1925a, 156f.), verweist auf die Bedeutung des volksorganischen Denkens für den Gesamtunterricht bzw. den geistigen Verkehr mit Kindern und deren Begründung. OTTO sieht „in der Verständigung verschiedener Altersschichten untereinander ein neues Mittel des Volksgeistes, über sich selbst zur Klarheit zu gelangen“ (a.a.O., 173). Indem der Austausch von Kindern, Jugendlichen und Erwachsenen in den Kontext eines übergeordneten Gesamtwesen eingebunden wird, wird er letztlich als dessen Ausdruck interpretiert und von ihm her legitimiert. So lässt sich sowohl die Besprechung einzelner Themen im Gesamtunterricht als auch die daraus folgende Entwicklung der Fachkurse begründen, die als durch den Volksgeist vermittelte Notwendigkeiten gesehen werden können.

2.1.4 Anthropologischer Aspekt

Dass OTTO als Vertreter einer *Pädagogik vom Kinde aus* bezeichnet wird, verweist auf die Notwendigkeit, die Gesamtunterrichtskonzeption vor dem Hintergrund seiner Auffassung von Kindsein bzw. von Menschsein zu sehen.[48] Zunächst ist eine grundsätzliche „Achtung vor der *Kindheit*, und damit vor der *Menschheit*“ zu konstatieren (OTTO 1908, 139). OTTO grenzt sich scharf dagegen ab, Kindheit nur als Vorbedingung für etwas später Bedeutsames zu sehen, d.h. ihren Eigenwert zu bestreiten, und betont die Würde des menschlichen Lebens von Anfang an (vgl. a.a.O., 95f.). Dabei ist jedoch hervorzuheben, dass Kindsein nicht als dem Erwachsensein gleichwertig, sondern als qualitativ höherwertig betrachtet wird. Kindheit wird zum „Ideal“, zur „höchste[n] und edelste[n] Form der Menschheit“ (OTTO 1905, 60), sogar zum „Abglanz des Himmelreiches auf Erden“, zur „einzige[n] Zeit, in der das Leben seinen Wert in sich selber trägt“ (OTTO 1928, 217f.).[49] Eine besondere Bedeutung spricht OTTO neben der Kindheit im Allgemeinen auch dem Kind als Einzelwesen zu, wenn er

---

[48] Zur Kritik an der reformpädagogischen Idealisierung der Kindheit vgl. Kap. 2.1.10 und 4.2.1.1.

[49] Hierfür findet OTTO, indem er sich auf das Wort Jesu „Wahrlich ich sage euch, so ihr nicht werdet wie die Kinder, werdet ihr nicht in das Himmelreich kommen“ bezieht, eine theologische Begründung. Allerdings wird das Bibelwort in Mt 18, 3 im Zusammenhang mit Rangstreitigkeiten innerhalb des Jüngerkreises Jesu verwendet und richtet sich primär gegen Geltungssucht. Letztlich wird mit dem Kindsein, wie z.B. Lk 18, 15-17 zeigt, nicht die Höherwertigkeit der Kindheit gegenüber dem Erwachsenenalter betont, sondern die besondere kindliche Fähigkeit und Bereitschaft, sich beschenken zu lassen.

dessen grundsätzliche Genialität feststellt: „Jedes Kind, jedes ohne Ausnahme, ist bis zum sechsten Lebensjahr ein Genie“ (1903, 300). Er ist davon überzeugt, dass alle genialen Gedanken eines Menschen auf dessen Kindheit, das „eigentliche Alter des schöpferischen Denkens“, zurückzuführen sind (OTTO 1926, 17) und dort vorbereitet bzw. vorgedacht werden.

Am Beispiel des geistigen Verkehrs mit seinen eigenen Kindern beschreibt OTTO, dass es weniger um die „eigentliche Förderung“ als um die „Beseitigung aller Hemmungen“ gehe (1925a, 173) und damit um die freie Entwicklung der Anlagen.[50] Ungehindert entfalten können muss sich unter anderem der natürliche Erkenntnistrieb, der nach OTTO allen Kindern zu eigen ist und „sie ausnahmslos dazu führt, die dem Kindesalter gestellte Aufgabe, sich in der Erkenntniswelt zurecht zu finden und sich darin einzuleben, zu lösen“ (1925c, 279). Dieser Trieb befähigt Kinder zur *eigenständigen Weltaneignung* und ist in letzter Konsequenz auf die Konstruktion eines Weltbildes ausgerichtet:

> „Das Kind arbeitet – das kann man bei strenger psychologischer Beobachtung auf das Entschiedenste feststellen – mit einer instinktiven Sicherheit, die der Planmäßigkeit eigentlich überlegen ist, auf die Ausgestaltung eines Weltbildes hin.“ (OTTO 1963c, 124)

Dabei wird das Neu-, nicht das Nachbilden intendiert. OTTO führt aus, dass das Kind die Kultur nicht von außen in sich hineinzwingen könne, sondern sie von innen heraus neu zu schaffen habe. Es gebe keine Möglichkeit, einem Menschen fremde Gedanken beizubringen. Jedes Kind wolle alles selbst erdenken und erfinden (OTTO 1905, 45). Dass es sich hier nicht um einen subjektiven Konstruktivismus handelt, wird vor dem Hintergrund des volksorganischen Denkens verständlich. Die Verschiedenheit der Vorstellungen entstehe durch unterschiedliche Beobachterstandpunkte; ihr müsse eine „wenn auch für uns immer rätselhaft bleibende Einheit zugrunde liegen“, die sich auch außerhalb des Bereichs menschlichen Denkens befinden könne (OTTO 1925b, 192f.).

Den Vorgang des *Erkennens* erklärt OTTO unter Rückgriff auf die Apperzeptionslehre STEINTHALS und LAZARUS’. Durch Vorstellungsgruppen, d.h. durch die Verbindung einzelner Vorstellungen aus einem bestimmten Bereich der Außenwelt, wird eine Strukturierung der Wahrnehmungen ermöglicht (vgl.

[50] Damit wird letztlich eine negative Erziehung im Sinne ROUSSEAUs intendiert, die möglichst wenig Einfluss auf die kindliche Entwicklung ausüben soll.

OTTO 1925a, 60).[51] Hervorzuheben ist, dass sich diese Ordnung nicht an einer Fachgliederung orientiert. OTTO betont, dass der Menschengeist von Natur aus sein Denken nicht in Fächer absondere, dass er universell sei und ihn vom ersten Lebensjahr an die ganze Welt interessiere (vgl. 1914, 233). Alle Vorstellungen, zu deren Ausbildung ein junger Mensch Gelegenheit hat, sind letztlich – darin besteht für OTTO im Kontext der Theorie des volksorganischen Denkens das Wesen der Bildung – „zu einem möglichst widerspruchslosen Ganzen zu vereinigen" (OTTO 1925a, 62).

2.1.5 Interpersoneller Aspekt

Die schulischen Interaktionsformen sollen nach OTTOs Vorstellung die familiären zum Vorbild haben und sich so von dem damals üblichen, von einer autoritären Lehrerhaltung geprägten Umgang mit Schülern abheben. Er geht davon aus, dass man in Unterricht und Erziehung an das *natürliche Verfahren der Familie*, vor allem der Mutter, anknüpfen und dieses fortsetzen könne (vgl. OTTO 1914, 102; 1928, 1-4). Das natürliche Verhältnis besteht für ihn darin,

> „daß die Kinder sich in der Welt zurecht zu finden suchen und daß sie das zunächst mit Hilfe ihrer eigenen Sinne tun, daß sie durch ihren eigenen Forschertrieb sich überall hinführen und hinleiten lassen und kombinieren, was vor ihnen liegt, daß sie aber überall dann, wenn ihre eigene Kombinationsfähigkeit sie im Stich läßt, wenn ihnen etwas durch die Sinne kommt, was sie sich nicht erklären können, sich fragend an die Eltern wenden und dann von Eltern oder älteren Geschwistern oder von anderen Verwandten bereitwillig Auskunft erhalten." (OTTO 1963c, 121)

Als Grundprinzip des so genannten *geistigen Verkehrs* gilt, dass alle, sowohl Erwachsene als auch Kinder, die gleichen Rechte haben, „daß jeder fragen und jeder antworten darf, was ihm fragens- und antwortenswert erscheint" (OTTO 1965, 20). Insbesondere wird dem uneingeschränkten Fragerecht der Kinder eine große Bedeutung beigemessen. Ein solcher gleichberechtigter Umgang ist für OTTOs Selbstverständnis als Lehrer charakteristisch. Er betont, dass er sich

---

[51] Zu unterscheiden ist die transzendentale Apperzeption der Logik oder Erkenntnistheorie, unter der seit LEIBNIZ und KANT die urteilende Auffassung verstanden wird, von der psychologischen Apperzeption, die sich vor allem bei WUNDT auf das willensmäßig aufmerksame Erfassen bezieht. Hierbei geht es um „das aktive seelische bzw. erkennende Verhalten neu auftretenden Bewußtseinsinhalten gegenüber, die Eingliederung neuer Kenntnisse und Erfahrungen in das System des schon vorhandenen Wissens, die Auslese, Bereicherung und Gliederung des Gegebenen gemäß der Struktur des Bewußtseins" (Philosophisches Wörterbuch 1991, 36).

seinen Schülern gegenüber nicht als ein höheres Wesen betrachte, sondern als jemand, der die Bereitschaft habe, sie ihren eigenen Bedürfnissen entsprechend zu fördern (vgl. OTTO 1908, 36).

Die in OTTOs anthropologischen Vorstellungen zum Ausdruck kommende *grundsätzliche Wertschätzung für Kinder* kennzeichnet somit auch die interpersonellen Beziehungen und lässt, ohne Unterschiede zu nivellieren, Bemühungen um Symmetrie erkennen :

> „Beginnen muß aber diese Verständigung unbedingt mit der gegenseitigen Achtung, die sich am schwersten herstellen läßt zwischen Gebildeten und Ungebildeten oder zwischen Erwachsenen und Kindern. In diesen beiden Fällen haben wir eine Schicht, die sich der anderen vollkommen überlegen dünkt und die deshalb von einer Gleichberechtigung der anderen Schicht in keiner Weise etwas hören will. Ja der Gebildete ist bereit zum Ungebildeten, der Erwachsene ist bereit zum Kind ‚hinabzusteigen'. Das ist aber eine gänzliche Verkennung der Höhenverhältnisse. *Der Erwachsene steht nicht über dem Kinde, er steht seitwärts von dem Kinde.*" (OTTO 1925a, 175; Hervorhebung durch die Verfasserin)

Erwachsene sind nach Ansicht OTTOs Kindern wesensgleich, sollen ihnen folglich nicht mehr feindlich gesonnen sein, sondern mit ihnen gemeinsam als Suchende der Welt begegnen (vgl. a.a.O., 21).

Diese Grundeinstellung hat konkrete *Auswirkungen auf den Unterricht.* Intendiert wird keine traditionelle Belehrung, sondern ein Verfügbarsein, eine Bereitschaft, auf Fragen einzugehen und verständlich zu antworten, d.h. ein geistiger Verkehr, wie er für die Familie typisch ist (vgl. OTTO 1903, 317f.). Dabei könne der Lehrer, wie OTTO ausführt, seinen Kenntnissen entsprechend antworten und müsse, da er nicht vorgebe, ein komplettes Weltbild zu haben, keine Allwissenheit heucheln (vgl. 1963c, 127). Es ist ihm auf der Grundlage einer veränderten Einstellung zu seinen Schülern auch möglich, eigene Kompetenzen abzugeben. So können die Schüler beispielsweise im Gesamtunterricht, der in diesem Fall als „Volksversammlung" anzusehen ist (OTTO 1912, 115), Gesetze beschließen, die ihr Miteinander regeln, und darüber hinaus ein Schülergericht einrichten. OTTO legt Wert darauf, dass sich Lehrer bei diesen Abstimmungen nicht beteiligen und als Leiter unparteiisch verhalten (vgl. ebd.). Wichtig ist außerdem die Freiheit der Schüler in Bezug auf den Schulbesuch, der nach OTTOs

Einschätzung unter der Aufhebung des in öffentlichen Schulen üblichen Zwangs nicht leidet (vgl. 1907, 46).[52]

Von besonderer Relevanz ist für OTTO Kommunikation, wobei er die gesprochene Sprache für ursprünglicher und lebendiger als die Schriftsprache hält (1905, 32). Diese Einschätzung spiegelt sich in seinem Umgang mit Kindern wider, deren Ausdrucksweise, die so genannte *Altersmundart*,[53] von ihm nicht nur akzeptiert, sondern im privaten wie im schulischen Kontext aufgegriffen wird. Als sittliche, nicht nur als sprachliche Pflicht wird die Achtung vor der Mundart der Kinder bezeichnet, da deren Sprache sonst „als etwas gänzlich Wertloses, ja als etwas möglichst bald Wegzuwerfendes" gelte, d.h. abgewertet werde (OTTO 1908, 97). Grundlegende Motivation für die Auseinandersetzung mit der kindlichen Sprache war für OTTO zunächst der Wunsch, sich verständlich zu machen (vgl. 1905, 30), der schließlich zu der Erkenntnis führte, dass die Komplexität der Ausdrucksweise altersspezifisch ist.

> „Die Kindermundart umfaßt und benennt nur einfache wirkliche Dinge und Vorgänge materieller und seelischer Art. Man muß also alles in die einfachsten Bestandteile zerlegen, wenn man es in der Kindermundart ausdrücken will." (OTTO 1908, 81f.)

Erst das Erlernen der Altersmundart, die Fähigkeit, sich als Erwachsener auf dem jeweiligen Sprachniveau der kindlichen Kommunikationspartner ausdrücken zu können, ermöglicht nach OTTO den geistigen Verkehr, der dann jedoch auch Themen tangieren kann, die üblicherweise von Kindern und Erwachsenen nicht besprochen werden. Als Beispiele werden politische und wirtschaftliche Fragestellungen genannt (vgl. OTTO 1907, 28f.). Der Erwachsene wird durch die Altersmundarten gezwungen, eigene so genannte Scheinbegriffe zu hinterfragen, die auf einer Scheinerkenntnis beruhen und denen somit kein wirkliches Verständnis zu Grunde liegt (vgl. OTTO 1905, 22). War anfänglich der Gebrauch der Altersmundart bei OTTO auf den mündlichen Umgang in der eigenen Familie und im Unterricht beschränkt, wurde er mit der Gründung der Zeitschrift *Der Hauslehrer*, die bezeichnenderweise den Untertitel *Wochenzeit-*

---

[52] Dass Freiheit nicht mit Disziplinlosigkeit zu verwechseln ist, wird deutlich, wenn man OTTOs Ausführungen zur Schülerselbstverwaltung, aber auch zur Aufgabe des Lehrers an einer einklassigen Dorfschule, ein „gut Regiment" aufrecht zu erhalten, berücksichtigt (1914, 101).

[53] Der Begriff Mundart wird von OTTO auf Grund von Zusammenhängen mit Dialekten, d.h. regionalen Mundarten, verwendet.

schrift für den geistigen Verkehr mit Kindern trägt, einem breiten Publikum zugänglich und sollte zur Nachahmung anregen.

Das pädagogische Wirken OTTOs zeichnet sich durch eine enge Verbindung von Theorie und Praxis aus, wobei die Realisation der einzelnen Ideen, auch bezüglich der Interaktion und Kommunikation, in einem besonderen Maße im fächerübergreifenden *Gesamtunterricht* erfolgt. Dieser findet in der Hauslehrerschule sowohl in altersheterogenen Gruppen in Form einer Versammlung der gesamten Schule als auch in altershomogenen Gruppen statt (vgl. OTTO 1963c, 127f.). Der Grundintention des geistigen Verkehrs entsprechend, wird eine solche Unterrichtsstunde als „*Gesellschaft für wissenschaftliche Unterhaltung*“ bezeichnet (OTTO 1963b, 105). Man dürfe den Schülern kein Wissen vorheucheln, müsse sich ihnen als Suchender bekennen, sie als „Genossen im Suchen begrüßen und dann gemeinsam mit ihnen in der Welt weiter suchen“ (OTTO 1912, 142f.). Die Schüler können sich unter Beachtung der Regel, dass immer der jüngste mit dem Sprechen beginnen darf, in ihrer eigenen Altersmundart äußern. Da der Inhalt der Äußerungen Priorität hat, wird prinzipiell nicht korrigiert, sondern bei fehlender Klarheit nur nachgefragt. Diese negative Spracherziehung findet ihre Entsprechung in der auf der freien Entfaltung der Anlagen beruhenden, von OTTO grundsätzlich angestrebten negativen Erziehung (vgl. 1963d, 227 f.).[54] Toleranz wird jedoch nicht nur in formalen, sondern auch in inhaltlichen Fragen geübt. OTTO betont, dass er die Gespräche nicht in der Absicht leitet, von einer bestimmten Meinung zu überzeugen, dass ihm stattdessen die Achtung vor dem jeweils anderen Standpunkt wichtig ist (vgl. 1925a, 66).

2.1.6 Intentionaler Aspekt

Eine differenzierte Begründung konkreter Unterrichtsziele findet sich bei OTTO nicht. Vielmehr orientiert er sich in seinem pädagogischen Denken und Handeln allein an der übergeordneten, auf seiner anthropologischen Grundhaltung basierenden Intention der *freien, ungehinderten Entwicklung*. Diese zieht als Konsequenz das Aufgeben sachbezogener Ziele für die einzelne Unterrichtsstunde nach sich:

> „Wenn ich in die Stunde hineingehe, habe ich keine Ahnung, was das Ziel der Stunde sein wird; ja, ich weiß auch noch nicht mit einiger Sicherheit, was überhaupt zur Sprache kommen wird. Wohl habe ich mir im Anschluß an die früheren

[54] Vgl. Kap. 2.1.4.

> Stunden das eine oder andere vorgenommen, was ich vorbringe, wenn aus dem Kreise der Schüler keine andere Anregung erfolgt. Aber diese Anregung aus dem Kreise der Schüler fehlt meistens nicht, und woher sie kommen und worauf sie sich richten wird, kann ich niemals im voraus wissen. So scheint es also ein plan- und zielloser Unterricht zu sein, kaum verschieden von dem, was wir sonst Gesamtunterricht nennen.
>
> [...] Und das ist denn auch tatsächlich so; alle Unterrichtsstunden auf meiner Schule tragen den Charakter des Gesamtunterrichts [...]. Wir haben bei dem ganzen Unterricht nur das eine Ziel unverrückbar im Auge, das eigene triebmäßige Wachstum der Kindergeister niemals zu hemmen, immer zu beobachten und, wenn es ohne Schaden geschehen kann, zu fördern. Wir wünschen es dahin zu bringen, daß die Wachstumsanlagen, die jedem Geiste angeboren sind, sich aufs Beste entwickeln können." (OTTO 1925b, 57)

OTTO fordert eine Freiheit des Denkens für alle Schüler (vgl. 1914, 236), die letztlich einen Abbau der Unterschiede zwischen allgemeiner und höherer Schule impliziert (vgl. 1903, 220). Keiner, weder der Volksschüler noch der Gymnasiast, darf in seiner geistigen Entfaltung behindert werden. Dass das freie Kind frei zum freien Menschen emporwachse, ist sein primäres pädagogisches Anliegen (vgl. OTTO 1963e, 238). Obwohl im Grunde genommen jeder Unterricht den Geist in seinem natürlichen Streben fördern solle, sei der Gesamtunterricht dafür am Besten geeignet (vgl. OTTO 1925a, 63), der sich somit auch bezüglich der Intentionen als Ort der eigentlichen Realisierung der schulischen Vorstellungen OTTOs erweist.

Eine Reflexion *sachbezogener Zielsetzungen* wird im Zusammenhang mit der einzelnen Unterrichtsstunde für problematisch, grundsätzlich jedoch für wichtig erachtet, wobei allerdings der Bezug zum Schüler gemäß einer Pädagogik vom Kinde aus stets gewährleistet sein muss. Die Kritik an Scheinbegriffen verweist auf die Intention, dass der Einzelne eigene Vorstellungen entwickeln, nicht nur fremde Definitionen übernehmen soll. OTTO hat die Absicht, bei den Kindern als Basis für weiteren Unterricht „eine große Anzahl von Anschauungen wirklich gut auszubilden" (1903, 214) und durch deren begriffliche Verarbeitung zur formalen Geistesbildung, zur Weltanschauung zu gelangen (vgl. 1928, 27). Unter Begriffen werden nicht nur Bezeichnungen, sondern elementare Kategorien verstanden, die zunächst für den Sprachunterricht, darüber hinaus auch für alle Wissenschaften konstitutiv sind. Wird auf eine solche begriffliche Fundierung, d.h. auf eine formale Bildung, hingearbeitet,[55] kann, wie OTTO meint, der Gefahr der Zersplitterung des Unterrichts entgegengewirkt werden,

[55] Vgl. Kap. 2.1.3 und 2.1.6.

die mit der Konzentration auf die Interessen der Schüler verbunden ist (vgl. 1903, 308). Außerdem soll so, insbesondere im Gesamtunterricht, eine Flexibilität im Denken erreicht werden, die in einem Zeitalter der Separierung der einzelnen Wissensgebiete dazu befähigt, „den Weg von einer Wissenschaft zur anderen zu finden" bzw. auch anderen Wissenschaften als der eigenen gerecht zu werden (OTTO 1925a, 190f.).

Auch wenn mit der Entwicklung des einzelnen Kindes individuelle Aspekte im Zentrum der Konzeption OTTOs stehen, werden im Gesamtunterricht, der durch das Zusammensein aller Schüler eine gegenseitige Verständigung unabdingbar macht, *gruppenbezogene Ziele* nicht vernachlässigt. Die altersheterogene Gruppe sei, so OTTO, ein Abbild des geistigen Verkehrs von Menschen bei der Erforschung der Welt, die mit ihren jeweiligen Standpunkten Verständigungsschwierigkeiten haben könnten. Der Gesamtunterricht bereite darauf sowie auf unterschiedliche Interessen, Toleranz, gegenseitige Achtung und Duldung vor (vgl. OTTO 1963c, 128). Damit werden zugleich Ziele für den Umgang der Schüler untereinander aufgezeigt. OTTO führt die möglichst allseitige Ausbildung des Geistes innerhalb einer natürlichen Geistesgemeinschaft einschließlich der Kenntnis und Anerkennung der geistigen Leistungen anderer sowie der Beziehungen dieser Leistungen zueinander als wichtige Intention an (vgl. 1925b, 225). Im Kontext der Beschreibung der Kreisschule wird die Einfügung in die Gemeinschaft als „das Beste und Höchste, was der Mensch lernen muß", bezeichnet (OTTO 1914, 173) und in Form einer militärischen (!) Jugenderziehung, die allerdings in den Gesamtunterrichtsstunden zu reflektieren ist, den schulischen Aufgaben zugeordnet.[56]

2.1.7 Inhaltlicher Aspekt

Auf Grund der Interdependenz von Intentionen und Inhalten findet das Fehlen konkreter Zielvorstellungen seine Entsprechung im Bereich der Unterrichtsthemen. So betont OTTO, dass es in seinem Lehrgang *keine Fächer und Lehrgegenstände im herkömmlichen Sinn* gebe, dass dies jedoch keinen Verzicht auf die Vermittlung positiver, d.h. materialer Kenntnisse zur Folge habe. Diese seien aber vom Wollen der Schüler abhängig (vgl. OTTO 1928, 197). Außerdem wird

---

[56] In dieser Intention spiegelt sich die politische Einstellung OTTOs wider, der militärische Stärke als Voraussetzung für ein starkes Deutschland für notwendig erachtet.

von ihm die aus der „Zersplitterung der Wissenschaft" (OTTO 1912, 12) resultierende Problematik der Fächerauswahl auf Grund der vermuteten zukünftigen Nützlichkeit thematisiert. Es sei Selbstüberhebung zu sagen, dass Schüler bestimmte Fächer in ihrem weiteren Leben brauchen würden (vgl. a.a.O., 12-14). Folglich kann weder ein Kanon einzelner Fächer festgelegt werden, noch können bestimmte Inhalte verbindlicher Bestandteil des Unterrichts sein. Wenn OTTO in seiner Schule trotz dieser Vorbehalte einen Stundenplan akzeptiert, so intendiert er damit nur eine zeitliche Strukturierung, um als Lehrer den unterschiedlichen Anforderungen der Schüler gerecht werden zu können (vgl. 1903, 314f.).

Gemäß dem Prinzip, dass im Gesamtunterricht die Initiative grundsätzlich von den *Schülern* ausgeht, können diese neben Dauer, Reihenfolge und Methode auch Inhalte festlegen (vgl. OTTO 1912, 84). Allein ausschlaggebend ist ihr *Interesse an einem bestimmten Thema.* Dabei macht OTTO die Erfahrung, dass die traditionell in den Fächern vermittelten Inhalte, einschließlich der lateinischen Sprache, in seinem Unterricht, der das freie „Wachsen der Geister" zur Grundlage hat, keinesfalls zu kurz kommen (1907, 26). Es werden darüber hinaus Themen aufgegriffen, die üblicherweise nicht Bestandteil schulischer Unterweisung sind. So reagiert OTTO beispielsweise auf den Vorwurf, er unterhalte sich mit Kindern über Politik und publiziere diese Gespräche sogar im *Hauslehrer*, mit dem Hinweis, dass dies nicht auf seine Initiative, sondern allein auf die der Kinder zurückzuführen sei (vgl. 1963c, 122). Da nicht nur der Gesamtunterricht auf den Interessen der Schüler basiert, sondern auch die einzelnen Fächer als eine Vertiefung der angesprochenen Themen daraus hervorgehen, kann man bei OTTO eine grundsätzliche Offenheit in inhaltlichen Fragen konstatieren.

Der Verzicht auf jegliche materiale Festlegung hängt mit der *formalen Grundlegung des Unterrichts durch ein Kategoriensystem* zusammen, das nach OTTO eine Strukturierung beliebiger Inhalte, sogar ganzer Wissenschaften ermöglicht.

> „Wieweit wir aber dabei in der Aneignung positiver Kenntnisse gehen wollen, ist ganz in unser und unserer Kinder Belieben gestellt. Den Ertrag an formaler Bildung ernten wir schon durch Aufstellung verhältnismäßig weniger Kategorien." (OTTO 1928, 180f.)

Zu diesen Grundbegriffen, die in Analogie zu den KANT'schen Kategorien gesehen werden, gelangt OTTO durch eigene Unterrichtserfahrungen: von der lateinischen Grammatik zur deutschen Grammatik und schließlich zu den „Grundbegriffe[n] der Weltanschauung“ als Voraussetzung (1925a, 20). Ein Kind kann beispielsweise bestimmte Wortarten wie „Dingwort und Eigenschaftswort“ erst dann erkennen, wenn es ein konkretes Verständnis für Dinge und Eigenschaften entwickelt hat, weshalb zunächst die entsprechenden Denkformen vermittelt werden müssen (OTTO 1926, 147). Als Kategorien, durch die ein Verständnis für die Sprachlehre generiert werden kann und an Hand derer alle zugänglichen Anschauungen durchzuarbeiten sind, werden „Ding, Eigenschaft, Vorgang, Zeit, Ort, Ganzes, Teile, Gattung, Stoff und Form, Ursache und Wirkung“ genannt (OTTO 1963a, 39f.).

Die Bedeutung der Kategorien liegt für OTTO erstens darin, dass der Umgang mit ihnen „dem Urtrieb der menschlichen Erkenntnis am meisten entspricht“, weshalb sie auch ohne planmäßige unterrichtliche Einwirkung von selbst ausgestaltet werden (1925a, 20) und folglich Element der natürlichen geistigen Entwicklung sind. Zweitens kann durch sie der dem Gesamtunterricht innewohnenden Gefahr der Zersplitterung und der Zufälligkeit entgegengewirkt werden, weshalb dem Lehrer in diesem Zusammenhang von OTTO eine steuernde Funktion zugestanden wird. Er soll, falls sich die Grundbegriffe nicht von selbst einstellen, durch eine Umgestaltung der äußeren Verhältnisse auf sie hinwirken (vgl. OTTO 1903, 308f.). Weil alle Themen eine exemplarische Anwendung dieser Kategorien darstellen, kann dem Unterricht, auch wenn ihm ausschließlich die Interessen der Kinder zu Grunde liegen, nicht der Vorwurf der Beliebigkeit gemacht werden. Drittens erwirbt der Schüler „solche Begriffe, die nicht allein für sein Fach gelten, sondern die auch die Zusammenhänge zwischen seinem Fach und den anderen Fächern herstellen, das, was man wohl gelegentlich das Philosophische an den Fächern nennt“ (OTTO 1925a, 201) und wird dadurch zur selbstständigen Aneignung ihn interessierender Themen im Besonderen sowie der Wissenschaften im Allgemeinen befähigt.

Wie OTTO im *Lehrgang der Zukunftsschule* zeigt, sind die Kategorien von allen Schülern zunächst in der Muttersprache zu erwerben, womit jedoch keine grundsätzliche Ablehnung des Fremdsprachenunterrichts, sondern nur eine veränderte Schwerpunktsetzung in Bezug auf die traditionelle Gymnasialpädagogik verbunden ist. Wichtig ist, dass diese Aneignung ausschließlich mündlich erfolgt, da sich auch der Zeitpunkt des Lesen- und Schreibenlernens nach den Interessen der Schüler zu richten hat. So wird beispielsweise Lesen als „für Kinder durchaus unnatürliche Kunst, die dem sieben- und achtjährigen Kinde ansteht, wie dem Bären das Tanzen“, bezeichnet (OTTO 1928, 161). Erst im elften Lebensjahr entsteht nach OTTO ein natürliches Interesse dafür (vgl. a.a.O., 5).

2.1.8 Methodischer Aspekt

Seine methodischen Vorstellungen fasst OTTO in der Antwort auf die Frage, wie er seine Kinder unterrichte, mit einfachen Worten zusammen: „Wir reden miteinander, wir spielen miteinander und gelegentlich lernen wir miteinander, solange die Kinder Lust haben und meine Zeit es irgend zuläßt“ (1903, 309). Er lässt sich in seinem unterrichtlichen Vorgehen im Wesentlichen von seinen anthropologischen Grundüberzeugungen leiten. Daher sind die *Interessen der Kinder und der ihnen eigene Erkenntnistrieb* auch bezüglich der Methoden von zentraler Bedeutung. Konsequenterweise soll die Form der Aneignung den Schülern überlassen werden, soll ohne Zwang und ohne Appell an das Pflichtgefühl unterrichtet werden (vgl. OTTO 1912, 84; 1963a, 36). Forderungen wie diese implizieren eine Kritik an herkömmlichen Unterrichtsverfahren, eine Abgrenzung von den Zwangsmaßnahmen der traditionellen Schule und verdeutlichen somit den reformerischen Impetus der Konzeption OTTOs.

Die wichtigste und für den Gesamtunterricht charakteristische Methode ist das *Gespräch*. OTTO beschreibt die Vorgehensweise und seine Aufgabe als Lehrer bzw. Versammlungsleiter folgendermaßen:

> „Ich erkläre also, daß wir ‚in die Tagesordnung eintreten' und erbitte mir Meldungen zur Tagesordnung. [...] Dann, wenn alle Meldungen erfolgt sind, gebe ich dem ersten das Wort. Er bringt irgend etwas vor, einerlei ob er etwas erzählt oder ob er eine Frage stellt. In beiden Fällen wird die Diskussion eröffnet. Die Frage lasse ich womöglich zuerst von den Schülern beantworten. Es ist meistens nicht nötig, sie dazu zu ermuntern. Sie tun es ganz von selbst. Erst wenn von dort keine Antwort erfolgen kann, springe ich ein, soweit meine Kenntnisse reichen. Reichen diese nicht aus, so wende ich mich an andere anwesende Lehrer – deswegen ist es sehr wünschenswert, daß mehrere Fachlehrer dabei sind – und bitte dort um Auskunft. Öfter haben uns auch schon Gäste die gewünschte Auskunft erteilt. Ist auch das nicht möglich, so bekenne ich eben, daß wir die Frage im Augenblick nicht beantworten, die Sache im Augenblick nicht entscheiden können und verheiße, wenn es danach angetan ist, mich weiter nach der Sache zu erkundigen. Die Erörterung des Themas wird solange fortgesetzt, wie das Interesse dafür rege genug ist. [...] Sobald das Interesse an dem Thema erschöpft ist, gehen wir zum nächsten Gegenstand der Tagesordnung über, der genau in derselben Weise behandelt wird.“ (OTTO 1912, 84-86)

Mit diesen auf familiären Tischgesprächen beruhenden Diskussionen findet OTTO eine Methode, die, abgesehen von einer formalen Steuerung durch den

Lehrer, den Schülern eine aktive und zentrale Rolle zuweist. Sie sind durch ihr uneingeschränktes Frage- und Rederecht nicht nur am Beginn des Unterrichts beteiligt, sondern auch während der gemeinsamen Suche nach einer Antwort.

Für die einzelnen Fachkurse, die auf Wunsch der Kinder aus dem Gesamtunterricht hervorgehen, finden sich bei OTTO ebenfalls methodische Vorschläge, die jedoch im Hinblick auf fächerübergreifenden Unterricht von nachgeordneter Bedeutung sind.[57]

2.1.9 Gesellschaftlicher Aspekt

Die Ausführungen OTTOs zu Gesellschaft und Staat sowie seine Bestimmung des Verhältnisses von Gesellschaft und Schule können nicht aus dem Kontext des *volksorganischen Denkens* herausgelöst werden.[58] Grundlegend hierfür ist der so genannte Volksgeist, der den Einzelnen in seinem Denken und Handeln bestimmt und von dem sich niemand absondern kann. Wenn OTTO dabei von einem beseelten Gesamtwesen ausgeht bzw. von einem organischen Zusammenhang spricht, der immer gewahrt bleibt, wird deutlich, dass nicht Unterschiedlichkeit oder Meinungsvielfalt und die daraus resultierende Notwendigkeit einer diskursiven Verständigung gesellschaftlicher Gruppen, sondern Einheitsvorstellungen im Zentrum seiner Überlegungen stehen. Folgerichtig können

---

[57] Exemplarisch seien hier einige der methodischen Vorschläge OTTOs genannt. Grundlegend für ihn ist das Prinzip der Isolierung der Schwierigkeiten, das vor allem im Sprachunterricht zur Anwendung kommen soll (vgl. OTTO 1963a, 38). Um Scheinbegriffe bzw. Scheinwissen zu vermeiden, ist es wichtig, dass echte Anschauungen ausgebildet werden. Dies kann nur auf der Grundlage der Begegnung mit konkreten Gegenständen, die den Begriffen zu Grunde liegen, erfolgen (vgl. OTTO 1903, 142-144; 214). Eine Erarbeitung anhand von Abbildungen, aber auch anhand von Büchern wird abgelehnt. Man könne Vorstellungen durch Bücher niemals erzeugen, nur aneinander reihen, d.h. strukturieren, und müsse es daher aufgeben, aus ihnen lernen zu wollen (vgl. OTTO 1914, 26). Für Übungs- und Wiederholungsstunden z.B. in Mathematik, Geschichte, Geografie oder Grammatik werden auf dem sportlichen Interesse der Schüler beruhende Spiele vorgeschlagen (vgl. OTTO 1963a, 35f.).
Bei KRETSCHMANN, der OTTOs Ideen aufgriff und in einer Dorfschule umsetzte, finden sich differenziertere Ausführungen zu Unterrichtsmethoden. Er bezeichnet den freien Gesamtunterricht und das spielende Lernen, zu dem zahlreiche Ideen beschrieben werden, als Elementarformen des Unterrichts (vgl. KRETSCHMANN 1948, 18). Darüber hinaus sind vor allem die Vorhaben als methodische Großform von Bedeutung. Probleme oder Fragen, die sich aus dem Gesamtunterricht ergeben, dort aber nicht gelöst werden können, werden zunächst in einem Vorhaben-Merkbuch gesammelt und dann von einzelnen Schülergruppen zur Bearbeitung aufgegriffen. Aus ihnen kann aber auch ein größeres gemeinsames Werk, ein Projekt, entstehen, das die ganze Klasse über mehrere Tage hinweg beschäftigt (vgl. a.a.O. 127-131).

[58] Vgl. Kap. 2.1.3 und 2.1.10.

Abweichungen vom Volksgeist als Krankheitserscheinungen bezeichnet und verurteilt werden (vgl. OTTO 1925a, 192). Dem einzelnen Volk kommt als „leicht erkennbare[r] straffe[r] und entschiedene[r] Einheit“ eine besondere Bedeutung zu (OTTO 1910, 428).

Diese Überzeugung spiegelt sich in OTTOs Verständnis von Schule und Unterricht wider. Auf der Basis des volksorganischen Denkens verdeutlicht er die Relevanz *einer dem Volksgeist entsprechenden „deutsche[n] Erziehung“*, die eine freie Entfaltung der im Volkstum wurzelnden Kultur ermöglicht (OTTO 1907, 20; Hervorhebung durch die Verfasserin). Dies impliziert zunächst keine Missachtung fremder Kulturen:

> „Uns also, die wir verlangen, daß das deutsche Volk seine Ausbildung aus eigenen Mitteln bestreitet, liegt es ganz fern, den Wert anderer Völker und ihrer Kultur herabzusetzen. Wir haben große Hochachtung vor der französischen, der englischen, der amerikanischen, der römischen, der griechischen Kultur, auch vor der japanischen und chinesischen. Ja, für mich besonders gibt es keine Kultur, vor der ich nicht Hochachtung hätte. Ich sehe wirklich nicht ein, weshalb diese Hochachtung mich zwingen soll mein eigenes Volk und seine geistige Entwicklung geringer zu achten.“ (OTTO 1907, 9)

Im Rahmen seiner Erörterung einer spezifisch deutschen Erziehung konstatiert OTTO eine Gleichwertigkeit, keine Höherwertigkeit der deutschen Kultur und distanziert sich damit von der Gymnasialpädagogik seiner Zeit mit ihrer Hochachtung der Antike und Geringschätzung des Deutschen. Allerdings finden sich bei ihm durchaus auch einer solchen Gleichwertigkeit widersprechende nationalistische Tendenzen, wenn er beispielsweise von der Geschichte der Menschheit, in der sein Volk mitzureden habe wie kaum ein anderes, von der Notwendigkeit der Entwicklung aller Kräfte als Voraussetzung eines Sieges angesichts des beginnenden Weltstreites der Völker und von dem Glauben an die Lebenskraft des deutschen Volkes spricht (vgl. OTTO 1912, 140f.). Diese Diskrepanz wird auch durch eine gelegentliche Bezugnahme auf die Menschheit als eine dem einzelnen Volk übergeordnete Größe nicht aufgehoben.

Das Eintreten OTTOs für die *Monarchie* kann ebenfalls nur als Element des volksorganischen Ansatzes richtig interpretiert werden. Für ihn ist der Monarch Willenszentrum des ganzen Volkes, in dem sämtliche Willensimpulse zusammenwirken, wobei die erbliche Monarchie den zusätzlichen Vorteil hat, dass der Volkswille im Monarchen auf Grund einer längeren Regierungszeit reiner zum Ausdruck kommen kann (vgl. OTTO 1910, 464f.; 1925c, 65f.). Obwohl OTTO sich gegenüber der Demokratie als Staatsform skeptisch zeigt und diese aus seiner volksorganischen Perspektive für problematisch hält, befürwortet er *demokratische Elemente in der Schule*, bleibt jedoch auch dabei seiner monarchischen Grundhaltung verhaftet:

> „Die Demokratie als Urgestaltung kleiner Gemeinwesen ist an meiner Schule durch einen gänzlich einwandfreien Versuch erwiesen. Aber man muß bedenken, daß es sich eben um ein sehr kleines Gemeinwesen handelt, und ein solches, das sich selbst nach außen hin nicht zu schützen braucht, da es, wie gesagt, eben unter meinem Schutze heranwuchs. So war es durch meine einfache Anwesenheit doch eigentlich eine latente Monarchie, bei der nur der Monarch im Interesse der Gemeinschaft von seiner unzweifelhaft vorhandenen Gewalt so gut wie niemals Gebrauch machte." (OTTO 1925b, 226)

Auch hinsichtlich des *Verhältnisses von Schule und Gesellschaft* wird der Volksgeist als eigentlich bestimmende Kraft gesehen. Deshalb ist die Schule in dieser Beziehung keine eigenständige Größe mit einer potenziell kritischen Funktion, sondern lediglich Ausdruck eines übergeordneten Gesamtwillens. Dies verdeutlicht OTTO am Beispiel der Lehr- und Stundenpläne, der seiner Meinung nach am meisten kritisierten Einrichtungen. Diese werden, wie er ausführt, „geschaffen von Vorstellungsgängen und Willensrichtungen des ganzen Volkes, und die einzelnen, die sie ausgestalten, tun das nur als Organe des gesamten Volkswillens" (OTTO 1914, 10).

Schulreformbestrebungen sind vor einem solchen Hintergrund ebenfalls nur Ideen, die zunächst in Einzelnen entstehen und sich allein dann, wenn sie der Stimmung des gesamten Volkes entsprechen oder sich eine entsprechende Veränderung vollzieht, bei Schulleitern, Lehrern und Eltern immer stärker ausbreiten bis sie schließlich zur Realisation gelangen (vgl. OTTO 1912, 146f.). In letzter Konsequenz wird Schule somit auch als Reformschule ausschließlich als Funktion des Volksgeistes bzw. der Gesellschaft gesehen.

Dennoch kann OTTO eine kritische Haltung gegenüber der gesellschaftlichen Situation nicht vollständig abgesprochen werden, wie die aus seiner Bildungsvorstellung resultierende *Aufhebung der Unterschiede zwischen Gebildeten und Ungebildeten* zeigt. Formale Bildung könne in Zukunft – sofern sie sich auf die Vermittlung der grundlegenden Kategorien in der Muttersprache konzentriert – jedem Tagelöhnerkind vermittelt, an jeder Volks- und Dorfschule ermöglicht werden (vgl. OTTO 1903, 239; 1963d, 213). Damit schwinde der fundamentale Unterschied zwischen der allgemeinen und der höheren Schule. Jede Schule könne zum selbstständigen Denken ausbilden (vgl. OTTO 1903, 220).

> „Also formale Bildung ist ohne Fremdsprache möglich! Und daraus ergibt sich wiederum: Formale Bildung ist in jeder Dorfschule möglich! Und daraus folgt weiter: Sobald die Wissenschaft sich allgemein zu dieser Erkenntnis durchgerungen hat, fällt der Unterschied zwischen Ungebildeten und Gebildeten! Dann haben wir ein vollkommen durchgebildetes Volk, ein wirkliches Volk der Denker!" (OTTO 1925b, 43)

Kritisch beurteilt OTTO die mit dem Berechtigungswesen zusammenhängende *selektive Funktion* der Schule. Er hält es für „Unfug" (OTTO 1912, 28), Berechtigungen mit bestimmten Zeugnissen zu verbinden, eine Anmaßung der Behörden, die keine pädagogischen Kenntnisse haben und die Klassen zur „gesellschaftliche[n] Klassifizierung" missbrauchen (ebd.). Das Examen wird folglich als „Mißtrauensvotum des Staates gegen die pädagogische Kunst der Lehrer" bezeichnet (a.a.O., 29).

Allerdings werden von OTTO nur schichtspezifische und keine geschlechtsspezifischen Benachteiligungen thematisiert, wie die Ausführungen zur Schulpflicht der Mädchen zeigen. Deren Ausbildung an der Kreisschule soll zwei oder drei, nicht jedoch vier Jahre wie bei Jungen dauern, da für die übrige Zeit eine besondere Unterweisung durch die Mütter vorgesehen ist. Dennoch dürften die Mädchen in der Kreisschule, in der es keine Dienstboten gebe, nicht völlig fehlen. Zwar seien auch die Jungen in häusliche Arbeit einzubeziehen, beispielsweise bei der Reinigung ihrer Zimmer, aber das Kochen oder die Wäsche bleibe doch „ganz und gar Sache der Mädchen" (vgl. OTTO 1914, 121f.). OTTO bleibt damit typischen Rollenzuschreibungen seiner Zeit verhaftet.

Mit einer in zweifacher Hinsicht wissenschaftlichen Aufgabe beschreibt OTTO konkrete *gesellschaftliche bzw. gesamtorganische Funktionen der Schule*. Einerseits wird diese als wissenschaftliches Erkenntnisorgan des Volkes bezeichnet, dem in seinem jeweiligen Bereich spezifische Forschungsaufgaben zufallen. Die Dorfschule kann beispielsweise auf ihr Gebiet bezogene botanische, zoologische, geologische und meteorologische Beobachtungen durchführen und somit zur Gesamterkenntnis beitragen (vgl. OTTO 1914, 74-76). Andererseits hat die Schule durch die wissenschaftliche Arbeit der Lehrer, d.h. durch die psychologische Beobachtung der Entwicklung der Schüler, einen Beitrag zur Entwicklung der Geisteswissenschaft zu leisten, die nach OTTO eine wirkliche „Wissenschaft vom Seelenleben" zu sein hat (a.a.O., 77).[59]

Neben dem volksorganischen Denken beeinflusst auch die konsequente Ausrichtung auf das Kind die gesellschaftlichen Funktionen der Schule. Gegenüber der Aufgabe der Vorbereitung auf das Leben nimmt OTTO eine kritische Haltung ein. Er stellt im Hinblick auf bestehende Schuleinrichtungen nicht ohne Ironie fest, dass durch Übungen, die dem Schüler lästig sind, eine Vorbereitung auf die zeitweise als lästig empfundene Notwendigkeit erfolgt, als Erwachsener bestimmte Tätigkeiten ohne Unterlass ausüben zu müssen (vgl. OTTO 1914, 23f.). Seiner Meinung nach soll die Schule der Zukunft *keine qualifikatorische Funktion im Sinn einer gezielten Vorbereitung auf die Teilhabe am gesellschaftlichen Leben* durch die Vermittlung dafür benötigter Fähigkeiten haben, da sie nicht die „gedächtnismäßige Übermittlung des fertigen Wissens", d.h. der durch die Gesellschaft für wichtig befundenen Inhalte, sondern das „Nachwachsenlassen neuen Wissens" intendiert (a.a.O., 73f.; im Original hervorgehoben). Somit steht der einzelne Schüler im Zentrum der Überlegungen und der Schule wird, wie die passivische Wendung „lassen" verdeutlicht, eine primär begleitende bzw. unterstützende pädagogische Aufgabe zugewiesen.

2.1.10 Kritische Einschätzung

Die *Bedeutung der Gesamtunterrichtskonzeption OTTOs* für die aktuelle Auseinandersetzung mit Interdisziplinarität liegt vor allem in der unterrichtlichen Thematisierung von Schülerinteressen. Die Fragen der Lernenden werden konsequent zum Ausgangspunkt des Unterrichts gemacht, wodurch die häufig am traditionellen Fachunterricht kritisierte Distanz zur Lebenswirklichkeit reduziert wird. Dies ist im Allgemeinen mit einer Überschreitung der Fachgrenzen verbunden, sodass von fächerübergreifendem Lehren und Lernen gesprochen werden kann. Kritisch zu sehen sind insbesondere die Legitimation des Konzeptes durch das so genannte volksorganische Denken und die für die Reformpädagogik charakteristische Idealisierung des Kindes. Dies schließt eine unreflektierte und unkritische Übernahme des OTTO'schen Gesamtunterrichts in

---

[59] Von OTTO werden hierbei aus den Naturwissenschaften stammende kausale Erklärungsmodelle auf die Geisteswissenschaft übertragen, die auf eine empirische Psychologie reduziert wird.

der aktuellen Reformdiskussion aus.[60] Im Folgenden werden die einzelnen *Kritikpunkte* differenziert dargestellt.

Hintergrund des *volksorganischen Denkens*[61] ist der auf die Romantik zurückgehende Gedanke einer Volksseele, die sich auf das Überindividuelle eines Volkes bezieht. Die Bezeichnung Volksgeist wurde erstmals von HERDER verwendet, von HEGEL in historischen und sozialphilosophischen Überlegungen aufgegriffen sowie von den Brüdern GRIMM und von GOETHE in sprachwissenschaftlicher Richtung weiterentwickelt. Von W.V. HUMBOLDT wurde der Begriff Völkerpsychologie eingeführt. Letztlich ist deren Bekanntheit jedoch auf LAZARUS und STEINTHAL zurückzuführen, die von 1859 bis 1890 die *Zeitschrift für Völkerpsychologie und Sprachwissenschaft* herausgaben und auch OTTO maßgeblich beeinflussten (vgl. SCHMIDBAUER 1976, 901).[62]

> „Diese Völkerpsychologie ist streng rational orientiert; sie versteht sich als Lehre vom ‚Volksgeist', die alles umfaßt, was im menschlichen Gemeinschaftsleben geistiger Natur ist – vor allem die Sprache, aber auch Mythologie, Kunst, Religion, Sitte, Bräuche, Recht usw. Dieser Volksgeist ist Ursache und Folge gesellschaftlicher psychischer Vorgänge zugleich. [...] Faktisch blieb die Völkerpsychologie Programm – sie konnte nicht mehr tun als allgemeine Gesichtspunkte aufstellen und nebenher sprachwissenschaftlich und mythologisch (mit einer vorwiegend historischen Methode) forschen." (SCHMIDBAUER 1976, 901).

Die Kritik am volksorganischen Denken OTTOs bezieht sich im Wesentlichen auf die biologische bzw. organische Sichtweise. Für VILSMEIER ist dabei die Bestimmung des Verhältnisses von Einzelgeist und Volksgeist unbefriedigend. Nicht die Vorordnung eines überindividuellen Geisteszusammenhangs, sondern die gliedhafte Einordnung kennzeichne diese Beziehung, der ein organologisches Denkmodell zu Grunde liege. Der Volksgeist werde zu einer Art überindividuellem Lebewesen erhoben und die Personalität menschlichen Seins gliedhaft aufgehoben. Das Verhältnis von Einzelmensch und Volk könne jedoch nicht in Analogie zu dem Verhältnis von Glied und Organismus gesehen werden (vgl. VILSMEIER 1967, 17f.). Die Auffassung von einem Volksgeist als realer Wesenheit wird von SCHMIDBAUER unter Rekurs auf LUKASZCYK als theoretisch

---

[60] Vgl. hierzu den aktuellen Ansatz von GÖTZ, die Elemente des Gesamtunterrichts OTTOs ohne dessen volksorganische Begründung aufnimmt, in Kap. 3.8.1 und 4.2.1.1. In neueren Publikationen zur Reformpädagogik findet man jedoch auch eine unkritische Rezeption des OTTO'schen Gedankenguts einschließlich des volksorganischen Denkens (vgl. RÖHRS 1998, 236-239; POTTHOFF 1994, 77f.).

[61] Vgl. Kap. 2.1.3.

[62] Vgl. Kap. 2.1.1.

schwächster Punkt der Völkerpsychologie bezeichnet (vgl. SCHMIDBAUER 1976, 901). Das volksorganische Denken stellt letztlich eine metaphysische Überhöhung geistiger und kultureller Gemeinsamkeiten mit religiösem Charakter dar.

Die Identifikation von Gemeinschaft und Organismus ist für OELKERS Kennzeichen einer politischen Romantik, die seiner Meinung nach eine „Ästhetisierung des Sozialen“ zur Folge hat (1996, 227). Am Beispiel des romantischen Staatstheoretikers MÜLLER verdeutlicht er seine Einschätzung, die auch im Hinblick auf das Verständnis der Legitimation der Gesamtunterrichtskonzeption durch das volksorganische Denken bei OTTO relevant ist.

> „Möglich wird dies [die Ästhetisierung des Sozialen] durch die Gleichsetzung von ‚Gemeinschaft' mit *Organismus*, also einem lebendigen System, das wie ein Naturkörper angeschaut werden kann. Beides zusammen, der natürliche Organismus und seine ästhetische Anschauung, macht die Brisanz der politischen Romantik aus. Ihr ist *Gemeinschaft* nicht einfach pragmatische Vereinigung, auch nicht vertragliche Vereinbarung oder das soziale Medium der Idee der Menschheit; sie denkt weder ökonomisch noch idealistisch, sondern benutzt die biologische Theorie des Organismus, um ästhetische Vorstellungen der schönen und harmonischen Sozialordnung zu entwickeln, die sich aus sich selbst heraus vollenden kann.“ (OELKERS 1996, 229)

Die romantische Gemeinschaftstheorie wird laut OELKERS früh mit Volksbegriffen in Verbindung gebracht (vgl. 1996, 230). Dies gilt auch für OTTO, der – neben einer allgemeinen Bezugnahme auf die Menschheit und einer Hochachtung fremder Kulturen – auf das deutsche Volk und dessen Überlegenheit verweist. In diesen Zusammenhang ist seine Präferenz für die Monarchie einzuordnen, die er damit begründet, dass im Monarchen der Volkswille auf eine besondere Art zum Ausdruck kommen kann.[63] Problematisch ist diese Haltung und damit zugleich die Begründung des Gesamtunterrichts durch das volksorgani-

---

[63] Vgl. Kap. 2.1.9. Dass OTTO mit seiner aus dem volksorganischen Denken resultierenden kritischen Haltung zur Demokratie im reformpädagogischen Kontext keine Ausnahme bildet, wird von OSTERWALDER in Bezug auf die Konzeptionen von KERSCHENSTEINER, NATORP, GANSBERG, GURLITT und WYNEKEN aufgezeigt: „Für Politik und für Erziehung wird immer auf eine vorgelagerte, gegebene Einheit verwiesen, die jeder Form von Demokratie übergeordnet bleibt, die Einheit, von der aus das einzelne Individuum Kind und die Summe der Individuen sich entwickeln und damit mehr werden können, als die Addition ergibt, Gemeinschaft.“ (OSTERWALDER 1995, 148) Für die Reformpädagogik der Weimarer Republik kann letztlich eine nicht unproblematische und durchaus folgenreiche „Erziehung jenseits von Demokratie“ konstatiert werden (a.a.O., 149).

sche Denken, weil sie zumindest nicht im Widerspruch zur nationalsozialistischen Ideologie mit ihrer Ausrichtung auf Volk und Führer steht.[64]

Kritisch zu sehen ist weiterhin die *idealisierende Kindorientierung* OTTOs, der dem Kind über eine grundsätzliche Achtung hinaus die Rolle eines Erlösers der Menschheit zuweist und damit auf einen zentralen Inhalt des christlichen Glaubens zurückgreift. Allerdings nimmt dabei das Kind die Stelle Christi ein, wodurch sich OTTO trotz seiner teilweise theologischen Argumentation grundsätzlich von der christlichen Religion unterscheidet.[65]

Dass Kindorientierung für reformpädagogisches Denken im Allgemeinen typisch ist, wird von OELKERS aufgezeigt (vgl. 1996, 95-110). Er spricht in diesem Zusammenhang nicht nur von einer Idealisierung, sondern von einer Mythisierung der Kindheit, „die Unschuld und Leiden kombinieren und auf den Gegensatz Natur und Gesellschaft beziehen kann" (a.a.O., 96) und verdeutlicht damit ebenfalls eine religiöse Überhöhung. Sowohl die Reinheit der Seele des Kindes als auch die Unterdrückung ihrer Potenziale werden dabei thematisiert. Letzteres zeigt sich bei OTTO, wenn er Schulen als Gefängnisse bezeichnet, in denen Kinder gezüchtigt werden, ersteres, wenn er von Kindheit als der höchsten Stufe der Menschheit spricht.[66] Für ihn ist das Kind laut OELKERS ein Gegenstand grenzenloser, wissenschaftlich nicht kontrollierbarer Erwartungen. Es gebe nur Emphase, jedoch keinen objektiven Beweis (vgl. a.a.O. 97f.).

Neben diesen Einwänden gegen die Theorie des Gesamtunterrichts ist noch auf *mit der praktischen Umsetzung verbundene Probleme* hinzuweisen. Die Analyse von Unterrichtsprotokollen führt OELKERS zu weiteren Kritikpunkten. Er zeigt die nur lockere Verknüpfung der einzelnen Themen einer Gesamtunterrichtsstunde. Der Lehrer OTTO wird von ihm als enzyklopädisches Medium bezeichnet, das wichtige Informationen einbringt und letztlich Verbindungen aufzeigt (OELKERS 1996, 174).

> „An keiner Stelle protokolliert OTTO die Ueberlegenheit des Wissens der *Kinder*, und fast immer gibt *seine* Erklärung den Ausschlag für die Plausibilität einer Problemlösung. Hinzukommt, dass keine Frage stehenbleibt, vielmehr jede beantwortet wird, überwiegend durch OTTO selbst, der von Frageanlässen ausgeht

---

[64] Die vier Bände zum volksorganischen Denken wurden 1925 und 1926 veröffentlicht, d.h. kurz vor der Machtergreifung der Nationalsozialisten.

[65] Vgl. Kap. 2.1.4. OELKERS beschreibt die Analogie des leidenden Kindes und des leidenden Christus bei MONTESSORI (vgl. OELKERS 1996,98-100).

[66] Vgl. Kap. 2.1.2 und 2.1.4.

und aber auf möglichst jede Frage eine Antwort weiss [sic]. Die Methode setzt das Panorama des richtigen Wissens voraus, liberal ist lediglich der Zugang." (OELKERS 1996, 174f.)

Entgegen dem Anspruch des Gesamtunterrichts, dass sich der Erwachsene auf einer Ebene mit den Kindern befindet,[67] ist somit eine starke, überlegene Rolle des Lehrers in der Praxis zu konstatieren.

Weiterhin wird der Objektivismus dieser Didaktik beanstandet, nach der jedes von den Kindern vorgeschlagene Thema in den Gesamtunterricht aufgenommen wird. Beispielsweise werden militärische Inhalte ebenso „lakonisch-lexikalisch diskutiert" (OELKERS 1996, 175) wie Fragen zum Kalender. Damit unterbleibt jedoch eine bewusste Auswahl der einzelnen Themen, die den Kindern bei einer Strukturierung ihrer Erfahrungen und bei einer Orientierung in der komplexen Lebenswelt Unterstützung bieten kann.

2.2 Der Gesamtunterricht des Leipziger Lehrervereins

2.2.1 Kontext

Der fächerübergreifende *gebundene Gesamtunterricht*[68] des Leipziger Lehrervereins (LLV) ist ein Resultat der intensiven Bemühungen Leipziger Lehrer um eine vom Elementarbereich ausgehende Reform des Volksschulwesens. Sowohl die theoretische Fundierung in der Arbeitsschulkonzeption als auch die praktische Umsetzung bei Schulversuchen sind dabei von Bedeutung. Neben der Auseinandersetzung mit schulpraktischen und wissenschaftlichen Fragestellungen in eigens dafür gegründeten Abteilungen, Kommissionen und Instituten gehört das Engagement für die Belange der Lehrerschaft zu den Intentionen des LLV.

Die *Entstehung von Lehrervereinen* ist einerseits vor dem Hintergrund der problematischen Lebens- und Arbeitsbedingungen der Volksschullehrer im 19. Jahrhundert und ihren Bemühungen um eine Verbesserung der eigenen Situation

---

[67] Vgl. Kap. 2.1.5.

[68] Die begriffliche Unklarheit, die für die aktuelle Diskussion des fächerübergreifenden Unterrichts charakteristisch ist, findet ihren Vorläufer in den Beiträgen zur Gesamtunterrichtsfrage. Die Unterscheidung von freiem und gebundenem Gesamtunterricht geht auf OTTO zurück, der damit seine eigene, von ihm als frei bezeichnete Konzeption von der aus dem Konzentrationsprinzip abgeleiteten und unter anderem vom LLV vertretenen gebundenen Variante abgrenzt (vgl. VILSMEIER 1967, 9).

zu sehen (vgl. HEROLD 1998, 35-48).[69] Andererseits spielt dabei – im Kontext der Märzrevolution von 1848 – das Interesse an einer in der Aufklärung wurzelnden Volksbildung eine Rolle, das beispielsweise DIESTERWEGS pädagogische und politische Tätigkeit sowie seinen Einsatz für die Volksschullehrerschaft und den damit verbundenen Aufruf zum organisierten Zusammenschluss kennzeichnet (vgl. REBLE 1987, 261-263; TAUBERT-STRIESE 1996, 23f.).

Bei der *Gründung des LLV* im Jahr 1846 stand jedoch zunächst der Wunsch nach Geselligkeit im Vordergrund, der erst nach und nach durch den pädagogischen Gedankenaustausch und den Einsatz für die Verbesserung der sozialen Lage der Lehrer ergänzt wurde (vgl. TAUBERT-STRIESE 1996, 25). Die einzelnen Aktivitäten des LLV können hinsichtlich einer praktischen, politischen und wissenschaftlichen Schwerpunktsetzung unterschieden werden.[70]

Die *praktische Bedeutung* des LLV ist in erster Linie auf die Arbeit der Methodischen Abteilung zurückzuführen, die 1885 mit dem Ziel der Verbesserung des Volksschulunterrichts gegründet und ab 1905 von jungen, engagierten Elementarlehrern wie VOGEL, ERLER, SIEBER und RÖßGER geleitet wurde (vgl. TAUBERT-STRIESE 1996, 157).[71] Im Zentrum der Tätigkeit der Methodischen Abteilung stand die Entwicklung und Konkretisierung der Arbeitsschulidee, die über Leipzig hinaus Aufmerksamkeit erregte, sowie deren Umsetzung als fächerübergreifender Gesamtunterricht im 1. und 2. Schuljahr. Um die Reformideen besser in der Schulpraxis realisieren zu können, wurden in Schulbuchkommissionen mit *Guck in die Welt*, dem *Leipziger Lesewerk* und *Nun rechne!* im LLV eigene Unterrichtswerke konzipiert. Wichtige Prinzipien wie Kind- und Heimatgemäßheit konnten dabei durch die grafische, inhaltliche und methodische Gestaltung berücksichtigt werden.[72]

Das *politische Engagement* des LLV konzentrierte sich schwerpunktmäßig darauf, von den Leipziger Behörden die Konzession zur Erprobung pädagogi-

---

[69] Einen Einblick in Leben und Arbeit der Lehrer im 19. Jahrhundert geben SCHIFFLER/WINKELER (vgl. 1998, 120-126).

[70] Ein umfassender Überblick über die historische Entwicklung des LLV und seine pädagogischen Leistungen findet sich bei TAUBERT-STRIESE 1996.

[71] Die Vielzahl der Mitglieder und Mitarbeiter des LLV bedingt, dass in den zahlreichen Veröffentlichungen jeweils unterschiedliche Aspekte in den Vordergrund gestellt werden. Dennoch ist in Bezug auf die grundlegenden Aussagen eine einheitliche Linie zu erkennen.

[72] Eine differenzierte Beschreibung der durch den LLV entwickelten Schulbücher findet sich bei TAUBERT-STRIESE (vgl. 1996, 331-402). Ziele, Inhalte und Methoden werden ausführlich dargestellt.

scher Reformideen in Schulversuchen zu erhalten. Intensive Bemühungen führten schließlich 1911 zu einer Einrichtung von insgesamt 24 Reformversuchsklassen an 21 Schulen.[73] Der Versuch erhielt 1913 zwar eine Genehmigung für weitere zwei Jahre, wurde jedoch durch den Ausbruch des ersten Weltkrieges stark beeinträchtigt (vgl. TAUBERT-STRIESE 1996, 57f.). Darüber hinaus versuchte der LLV durch die Gründung einer Lehrplan- und einer Schulgesetzkommission auch die Rahmenbedingungen des Unterrichts zu gestalten bzw. zu verändern. Sein Einfluss spiegelt sich sowohl in den Leipziger Lehrplänen von 1920 als auch in den Reichsgrundschulrichtlinien von 1921 wider:

> „Die Erfahrungen, die in den Leipziger Versuchsklassen in den Jahren 1911-1914 gewonnen worden waren, fanden ihren Niederschlag in dem Ostern 1920 für alle Schulen Leipzigs eingeführten Lehrplan und gingen sinngemäß auch ein in die [...] *Richtlinien des Reiches* über die Grundschule vom Jahre 1921, denen in den zwanziger Jahren entsprechende *Bestimmungen der Länder* folgten, wobei sich allerdings eine gradweise Abstufung der von den Leipzigern entwickelten Auffassung des Gesamtunterrichts ergab." (VILSMEIER 1967, 22)

Die 1906 erfolgte Einrichtung des Instituts für experimentelle Pädagogik und Psychologie bringt das Interesse des LLV an einer *wissenschaftlichen Fundierung* des Lehrerhandelns im Allgemeinen sowie der Reformvorschläge im Besonderen zum Ausdruck. Unter anderem wurden Kurse für Lehrer zur Vermittlung eines wissenschaftlichen Verständnisses für pädagogische Fragen, aber auch umfassendere Einführungen in wissenschaftliches Arbeiten organisiert und zahlreiche experimentelle Untersuchungen durchgeführt (vgl. TAUBERT-STRIESE 1996, 50f.). Bereits 1871 wurde die Comenius-Bibliothek des LLV gegründet, die nicht nur eine Sammlung pädagogischer Schriften darstellte, sondern darüber hinaus auch der qualifizierten Weiterbildung der Volksschullehrer diente, die damals keine akademische Ausbildung hatten.[74] Durch die Einführung der Fernleihe ergab sich ein Wirkungskreis weit über Leipzig hinaus (vgl. a.a.O., 40f.).

Die gesamte Arbeit des LLV, auch im wissenschaftlichen Bereich, ist durch einen starken *Bezug zur Schulpraxis* und somit durch eine konsequente pragmatische Ausrichtung gekennzeichnet. Nicht der Entwurf von Utopien, sondern die

---

[73] In der Veröffentlichung *Gesamtunterricht im ersten und zweiten Schuljahr. Zugleich ein Bericht über die Leipziger Reformklassen* wurden die Ergebnisse dieser Arbeit von der Methodischen Abteilung des LLV dokumentiert (vgl. Methodische Abteilung 1920).

[74] Die Übernahme der Ausbildung der Volksschullehrer durch die Technische Hochschule Dresden und die Universität Leipzig in den Jahren 1923 und 1924 geht auch auf das Engagement des LLV zurück (vgl. TAUBERT-STRIESE 1996, 97-99).

konkrete Umsetzung der Reformvorschläge in Leipziger Volksschulen wurde intendiert, wie VOGEL und RÖßGER im Rahmen ihrer Ausführungen zur Reform des Elementarunterrichts verdeutlichen:

> „Wir haben unseren Plan auf die bestehenden Leipziger Schulverhältnisse im besonderen zugeschnitten. Wir berücksichtigten ihre Organisation und Ziele. Daß wir nicht fordern konnten, diese völlig umzugestalten, ist klar." (VOGEL/RÖßGER 1910, 153)

Dies erforderte die Bereitschaft, in der Zusammenarbeit mit den Schulbehörden Kompromisse einzugehen, auch wenn diese den eigentlichen pädagogischen Intentionen widersprachen. Exemplarisch sei auf die Beschränkung des Schulversuchs zum Gesamtunterricht auf das erste und zweite Schuljahr und die damit verbundene Notwendigkeit hingewiesen, früher als vorgesehen mit der Einführung der Kulturtechniken zu beginnen.

Der LLV konnte seine Arbeit bis 1933 fortführen, wurde dann jedoch im Zusammenhang mit der Machtergreifung der NSDAP aufgelöst, da der Vorstand nicht bereit war, sich den Vorstellungen der neuen Machthaber unterzuordnen. Der Auflösung ging eine vorübergehende Übernahme der Vereinsleitung durch einen vom nationalsozialistischen Lehrerbund beauftragten Lehrer voraus (vgl. TAUBERT-STRIESE 1996, 145-147).

2.2.2 Vorstellung von Schule und Unterricht

Die Mitglieder des LLV waren Praktiker, die auf Grund eigener Erfahrungen im Volksschulwesen und der daraus resultierenden *Kritik* konkrete Reformvorschläge entwickelten. An der traditionellen Lernschule für problematisch erachtet wurden unter anderem die fehlende Entwicklungsgemäßheit des Unterrichts, die Verfrühung vor allem bei der Einführung der Kulturtechniken, die einseitig formale Ausrichtung der gesamten Arbeit, die Konzentration auf das Wort, die fehlende Förderung der Selbsttätigkeit sowie die zu starke Zukunftsorientierung. Eine zusammenfassende Darstellung der Kritikpunkte und der Forderungen in Bezug auf die ersten Schuljahre findet sich bei VOGEL und RÖßGER:

> „I. Durch den gegenwärtigen Betrieb des Elementarunterrichts mit seinem verfrühten Einsetzen und Vorherrschen einer einseitig geistig formalen Bildung (Lesen, Schreiben, schulmäßiges Rechnen), sowie die von ihm beanspruchte hohe Stundenzahl wird die körperliche und geistige Entwickelung der Kinder gestört. Darunter hat auch aller folgende Unterricht zu leiden.
>
> II. Um eine ruhige, gesunde Entwickelung der Kinder zu sichern, ist Lesen und Schreiben aus dem Betriebe des ersten Unterrichtsjahres völlig zu entfernen, das

Rechnen nur als Anschauungsform beizubehalten und die Stundenzahl auf zwölf zu ermäßigen.

Zu fordern ist ein alle Geistes- und Körperkräfte dieser Entwickelungsstufe beschäftigender Gesamtunterricht im Freien und im Zimmer, der zugleich die spätere Schularbeit am besten vorbereitet." (VOGEL/RÖßGER 1910, 156f.)

Unterricht hat nach den Vorstellungen des LLV in erster Linie *Arbeitsunterricht* zu sein, bei dem die unterschiedlichen Formen der menschlichen Arbeit sowie das Darstellen im Zentrum stehen und der Kenntniserwerb durch Sehen, Beobachten und Experimentieren aktiv im Sinne einer Verbindung von geistiger und körperlicher Arbeit erfolgt (vgl. SIEBER 1910a, 29). Dementsprechend müssen auch die Schulanlagen und die Einrichtung der Schulräume gestaltet werden, wobei Werkstätten und geeignete Arbeitsplätze von besonderer Bedeutung sind. Ausgangspunkt aller Arbeit sind die örtlichen Gegebenheiten und der damit verbundene Bezug zur Lebenswelt der Schüler: „Der Inhalt der Schularbeit ist Heimatkunde im vollsten Sinne des Wortes" (ERLER 1921, IV). Die Konzentration um eine Sacheinheit, in die das Üben formaler Fähigkeiten wie z.B. Lesen, Schreiben, Rechnen oder Zeichnen organisch integriert werden kann, hat dabei die Fachgliederung zu ersetzen. Ein solcher fächerübergreifender *Gesamtunterricht*, der im Rahmen der Arbeitsschule auf allen Stufen, nicht nur im Elementarbereich, durchgeführt werden soll, ist charakteristisch für die Konzeption des LLV (vgl. SIEBER 1910a, 42f.; VOGEL 1920a, 2).

2.2.3 Legitimatorischer Aspekt

Die Mitglieder des LLV beziehen sich bei der Begründung der Arbeitsschulkonzeption und des Gesamtunterrichts im Wesentlichen auf die *Kategorie der Entwicklung*, greifen jedoch auch andere Argumente auf. So wird beispielsweise vereinzelt auf die *Rahmenbedingungen* des Unterrichts verwiesen. Man müsse, wie SIEBER ausführt, das gesamte umgebende Leben, die umgebende Kultur berücksichtigen, da das moderne Leben komplizierter, die Welt des Kindes jedoch einseitiger geworden sei. Stoffauswahl und Erziehungsform der Arbeitsschule seien stark durch die wirtschaftlichen und sozialen Verhältnisse bedingt (vgl. SIEBER 1910a, 40). Außerdem werden eigene *Unterrichtserfahrungen* zur Begründung herangezogen. RÖßGER weist beispielsweise darauf hin, dass der Leistungsstand unterschiedlicher, von ihm geführter Klassen im Schreiben am Ende des zweiten Schuljahres unabhängig vom Zeitpunkt der Einführung gewesen sei, und sieht dies als hinreichenden Beweis für die Möglichkeit eines verzögerten Beginns des Schreiblernprozesses an (vgl. 1921b, 62).

Bei der pädagogischen bzw. psychologischen Legitimation des Konzeptes steht der *Entwicklungsbegriff* als grundlegende Kategorie im Zentrum der Überlegungen. Vom LLV wird die Forderung aufgestellt,

> „daß sich die Erziehung auf die Entwickelung gründen soll. Es soll alles aus der Notwendigkeit geschehen, die von der Entwickelung selbst gegeben ist, mit anderen Worten: das gegenwärtige Bedürfnis des Kindes soll herrschen. Damit weisen wir für die Schule alle Forderungen ab, die sich auf künftige Notwendigkeiten begründen oder sich aus anderen außerhalb der Entwickelung liegenden Quellen herleiten." (SIEBER 1910a, 16)

Der LLV ist um eine wissenschaftliche Fundierung seiner Argumentation bemüht, wie sowohl der Hinweis auf die Notwendigkeit einer „fortlaufende[n] Beschäftigung mit der wissenschaftlichen Forschung" und die Berufung auf entsprechende Versuche (RÖßGER 1921a, 98; vgl. auch SIEBER 1910b, 56; 76) als auch die Gründung des Instituts für experimentelle Pädagogik und Psychologie zeigen.[75] Beispielsweise rekurrieren die Mitglieder des LLV auf entwicklungspsychologische Erkenntnisse, die für die Unterrichtsgestaltung maßgebend sein sollen (vgl. z.B. VOGEL 1911, 31).

Auch die Begründung des fächerübergreifenden Gesamtunterrichts nimmt auf den Entwicklungsstand der Schüler Bezug. Die Gliederung in Fächer sei für die Wissenschaft zwar notwendig, komme aber für das Kind nicht in Betracht. Dieses habe bis zum dreizehnten Lebensjahr mit der einzelnen Erscheinung zu tun und weder die Fähigkeit zur Zusammenfassung und Ordnung noch das Bedürfnis danach (vgl. SIEBER 1910a, 35).

In engem Zusammenhang mit der Begründung durch den aktuellen Entwicklungsstand steht der Hinweis auf die Bedürfnisse und Interessen der Schüler, die für den Gesamtunterricht des LLV maßgebend sind. „Dem Interesse des Kindes

---

[75] Die Entstehung einer empirischen Kinderpsychologie wird von ULLRICH auf das ausgehende 19. Jahrhundert datiert. In deren Zentrum steht der Entwicklungsbegriff und damit die Auffassung von einer Analogie der Gesetzmäßigkeiten im Bereich des Seelischen und im Wachstum des organischen Lebens. Quantitativ ist unter Entwicklung ein Prozess der Steigerung, der fortschreitenden äußeren Differenzierung sowie der Zunahme an innerer Komplexität zu verstehen, qualitativ eine Abfolge von sich in ihrer Beschaffenheit voneinander unterscheidenden Stadien bzw. Stufen. Hintergrund dieser Entwicklungsvorstellung ist der biologische Evolutionsbegriff (vgl. ULLRICH 1999, 259-261). In diesem Zusammenhang ist auch die Gründung des Instituts für experimentelle Pädagogik und Psychologie zu sehen.

müssen wir nicht nur in der Wahl unserer Objekte folgen, sondern auch in der Behandlung“ (a.a.O., 46).

Entwicklungsgemäßheit wird, wie der Hinweis auf größere Effizienz zeigt, nicht nur unter pädagogischen bzw. psychologischen Gesichtspunkten betrachtet. Die Gründe für die Konzentration um eine Sacheinheit, d.h. für den Gesamtunterricht, seien auch ökonomischer Natur. Die Integration formaler Übungsfächer in den Sachunterricht – dies wird an Hand der Orthografie exemplarisch ausgeführt – komme sowohl dem Interesse als auch dem Bedürfnis des Kindes entgegen, verspreche daher aus psychologischer Perspektive den größten Erfolg und sei darüber hinaus gegenüber anderen Verfahren zeitsparend (vgl. VOGEL 1920a, 3). Dieser Aspekt ist für den LLV nicht entscheidend, wird aber in der Auseinandersetzung mit Kritik an den Reformvorhaben für wichtig erachtet.

Das *Arbeitsprinzip* ist konstitutiv für die Konzeption des LLV und begründet vor allem im methodischen Bereich zahlreiche Reformvorschläge. Es ist jedoch, wie SIEBER betont, abgeleitet und kann nur im Kontext der Legitimation durch die Kategorie der Entwicklung richtig interpretiert werden, die für den LLV Priorität hat (vgl. 1910a, 29).

> „Setzen wir Arbeitsschule gleich Entwicklungsschule, so haben wir den einen und wohl hauptsächlichsten Grundgedanken der psychologisch-biologisch gerichteten Denkweise unserer Zeit zur Grundlage genommen und knüpfen an an Rousseau, Pestalozzi, Goethe, Fröbel, Darwin, Nietzsche. Die pädagogische Endforderung muß die schon früher angedeutete sein: alle Erziehung hat sich der natürlichen Entwicklung anzupassen.“ (RÖßGER 1921a, 17)

Der LLV nimmt, wie die Berufung auf pädagogische Klassiker zeigt, auch die historische Dimension seines Begründungsansatzes wahr. VOGEL verweist in diesem Zusammenhang unter anderem auf die PESTALOZZI'sche Trias von Kopf, Herz und Hand und die Intention einer harmonischen Entwicklung aller inneren Kräfte sowie auf FRÖBELs Kritik an einer die Entwicklung der „Menschenkraft“ nicht berücksichtigenden Erziehung und den daraus resultierenden Vorschlag, „Arbeitsstunden“ einzuführen (VOGEL 1910, 10). Gegenüber der einseitig kognitiven Ausrichtung der traditionellen Lernschule werden vor allem die Handlungsgrundlage des Lernens und die Aktivität der Schüler betont, die als ein wesentliches Charakteristikum der Arbeitsschule anzusehen sind (vgl. SIEBER 1910b, 66).

Auch die *Bildungsvorstellung* des LLV nimmt auf den Entwicklungsbegriff Bezug. Intendiert wird, wie SIEBER ausführt, die Bildung des ganzen Menschen, d.h. für ihn die entwicklungsgemäße Entfaltung aller Kräfte, die in einer ganzheitlichen, Intellekt, Gefühl und Willen nicht unterscheidenden Weltsicht begründet ist (vgl. 1910a, 16; 1910b, 55). Mit dem geistigen, ästhetischen und sittlichen Aspekt werden unterschiedliche Dimensionen des Bildungsbegriffs als Zielkategorien auf- und in ihrem Bezug zu Individuum und Gesellschaft wahrgenommen. Die Kräfte und Anlagen jedes Kindes seien so auszubilden, dass es sie als vollwertiges Glied der Kulturgemeinschaft und zu deren Wohl betätigen könne (vgl. SIEBER 1910a, 30; 42-44; ERLER 1921, 1; 1923b, 1). Von RÖßGER werden einseitige Bildungskonzeptionen kritisiert. Das „Ideal der allgemeinen, der abgeschlossnen, der harmonischen Bildung“ (RÖßGER 1921a, 14), die vor allem die spätere „Anschlußfähigkeit“ (ebd.) gewährleisten soll und somit nicht die gegenwärtige Entfaltung der Kräfte in den Mittelpunkt stellt, sowie der „verwandte utilitaristische Gedanke der spätern Brauchbarkeit“ (ebd.) widersprechen der Position des LLV ebenso wie die Konzentration auf die praktische „Ausbildung der Sinne und der Hand“ (ebd.).

Nach SIEBER ist die ideale Seite der Geistesbildung in einer entwicklungsgemäßen Volksschule gegenüber der realen sekundär, wird aber dennoch genügend berücksichtigt. Ideale Momente seien durch eine Betonung des Gefühls schon in der Auseinandersetzung mit konkreten Unterrichtsgegenständen gegeben, beispielsweise in der Natur, nicht erst in der Dichtung über die Natur. Die Bildung solle eine wahrhaft humane werden, aber das Menschliche solle nicht in Büchern, sondern im Leben gegeben sein (vgl. SIEBER 1910b, 85-86).

Die Bedeutung, die dem Realen zugemessen wird, spiegelt sich in der Bewertung von materialen und formalen Bildungsaspekten wider.

> „Unsere Schule legt einen großen Wert auf die materiale Seite der Bildung, auf das ‚Was‘, das sie dem Kinde mitgibt. Wir sind weit davon entfernt, die Bedeutung des Materialen zu verkennen, dürften doch die Ausführungen deutlich gezeigt haben, wie uns das Formale der Bildung von dem Materialen abhängig erscheint. Das Materiale der Bildung ist keineswegs gleichgültig, uns bestimmt gerade die Abhängigkeit des Formalen vom Materialen in der Auswahl desselben.“ (SIEBER 1910b, 84)

Vor allem die Einseitigkeit der formalen Bildung und die damit zusammenhängende Dominanz der Kulturtechniken im Elementarunterricht werden vom LLV als nicht entwicklungsgemäß kritisiert (vgl. VOGEL/RÖßGER 1910, 144; 148).

2.2.4 Anthropologischer Aspekt

Das der Gesamtunterrichtskonzeption zu Grunde liegende Menschenbild wird von den Mitgliedern des LLV nicht explizit erörtert, kann jedoch ihren Publikationen zumindest ansatzweise entnommen werden. Die Ausführungen konzentrieren sich im Wesentlichen auf eine Beschreibung des Kindes- und Jugendalters und nehmen auf die grundlegende Kategorie der Entwicklung Bezug.[76] Damit verbunden ist die Vorstellung von einem Phasenmodell, von aufeinander folgenden, einander bedingenden Entwicklungsabschnitten.[77]

Als Konsequenz der *Orientierung an der kindlichen Entwicklung* ist beispielsweise die Vermeidung von Verfrühungen, d.h. die Beachtung so genannter sensibler Phasen, zu nennen die insbesondere in der Forderung zum Ausdruck kommt, die Einführung der Kulturtechniken hinauszuzögern. In diesem Zusammenhang wird die Entwicklung natürlicher, nicht das Aufpfropfen fremder Triebe als Intention beschrieben (vgl. SIEBER 1910a, 28; VOGEL/RÖßGER 1910, 149).

> „Lesen, Schreiben und schulmäßiges Rechnen sind für das sechsjährige Kind entschieden verfrüht. Der Prozeß des Lesenlernens erfordert eine einseitige Inanspruchnahme des psychischen Mechanismus. Er wendet sich in der Hauptsache an Gedächtnis und Aufmerksamkeit. Da aber das Kind der Unterstufe mit seinem ganzen Sinnen und Denken auf das Lebendige, das Anschaulich-Konkrete der Umwelt gerichtet ist, so arbeiten sein Gedächtnis und seine Aufmerksamkeit für all die Symbole und toten Zeichen des Lesens und Schreibens nur unter dem Aufgebot der größten Anstrengung und steten Anstachelung durch den Lehrer. Der Unterricht bekommt dadurch für das Kind etwas Totes, Eintöniges und zweifellos Uninteressantes." (VOGEL 1911, 20).

Außerdem wird durch die für notwendig erachtete Weiterentwicklung – RÖßGER bezeichnet den natürlichen Entwicklungsgang als „Weg vom Chaos zum Kosmos" (1921a, 17) – eine einseitige Idealisierung der Kindheit vermieden, die für viele reformpädagogische Positionen charakteristisch ist.[78]

---

[76] Hinter der empirischen Kinderpsychologie des ausgehenden 19. und beginnenden 20. Jahrhunderts steht der biologische Evolutionsbegriff. Damit rückt, auch in den Ausführungen des LLV, die biologische Dimension des Menschseins in den Vordergrund. Weiter gehende Fragestellungen, die beispielsweise die Ichhaftigkeit oder Sinnverwiesenheit des Menschen thematisieren, werden nicht oder nur am Rande erörtert.

[77] Ausführlichere Darstellungen der kindlichen Entwicklung finden sich beispielsweise bei SIEBER (vgl. 1910a, 23-28) und RÖßGER (vgl. 1921a, 31-57).

[78] Vgl. die Ausführungen zum anthropologischen Aspekt bei OTTO in Kap. 2.1.4 und die Kritik in Kap. 2.1.10.

SIEBERS Ausführungen zu den Bedingungen der Entwicklung verweisen unter anderem auf den Einfluss der Umwelt. Indem er die Kultur als äußere Bedingung bezeichnet, zeigt er auf, dass Entwicklung nicht nur ein endogen gesteuerter Reifungsprozess ist, sondern auch von vielfältigen exogenen Faktoren abhängt (vgl. SIEBER 1910a, 19). Unter inneren Bedingungen werden die individuellen Anlagen eines Kindes verstanden, die nicht veränderbar sind, weshalb ihnen eine größere Bedeutung beigemessen wird als den äußeren, veränderbaren Einflüssen.

Auch wenn die allgemeinen Aspekte der Entwicklung für SIEBER wichtiger sind als die spezifischen – „Das Kind ist in erster Linie Kind und erst in zweiter Linie Individuum“ (a.a.O., 20) – fordert er, „daß die Erziehung, die sich auf das Gemeinsame derselben [Entwicklung] gründet, so gestaltet sein muß, daß sie den Besonderheiten gerecht wird und ihnen in jeder Weise die Möglichkeit voller Entfaltung gewährt“ (ebd.). Die Individualität der Schüler wird folglich erkannt und gefördert. Darin zeigt sich die Achtung vor der Persönlichkeit eines jeden Menschen.

2.2.5 Interpersoneller Aspekt

Die Reformen des LLV haben trotz ihres methodischen Schwerpunktes auch Veränderungen im zwischenmenschlichen Bereich zur Folge, die jedoch weniger mit dem fächerübergreifenden Gesamtunterricht als mit der Arbeitsschulkonzeption begründet werden. Sie führen zu einer *anderen Sicht der Lehrer-Schüler-Beziehung*, die als Vertrauens- oder Freundschaftsverhältnis beschrieben wird und sich so von den für die damalige Zeit typischen, durch einen autoritären Leitungsstil gekennzeichneten schulischen Interaktionsformen abhebt (vgl. VOGEL 1920a, 8; SCHNABEL 1920c, 118).

> „Außerdem muß sich bei dieser Unterrichtsart das Verhältnis zwischen Lehrer und Schülern ändern. Es wird enger, denn der Lehrer ist nicht mehr allein der Lehrende, viel mehr der Mitarbeitende, Mithelfende, Mitversuchende. Er lernt auch von den Schülern, zu ihrer Genugtuung. Damit wird das Verhältnis freier und inniger, werden die unmittelbaren Erziehungsmöglichkeiten immer stärker.“ (RÖßGER 1921b, 107)

Obwohl eine Reduktion komplementärer Verhaltensweisen angestrebt wird, kommt dem Lehrer, wie zahlreiche Beispiele aus dem Unterrichtsalltag verdeutlichen, auch weiterhin eine stark steuernde Funktion zu (vgl. u.a. RÖßGER 1921c; ERLER 1923a; 1923b; 1924). SIEBER spricht von der grundsätzlichen Notwendigkeit, Autoritäten anzuerkennen und sich von ihnen leiten zu lassen. Zugleich jedoch – dies zeigt die Verurteilung blinden Gehorsams sowie die Intention einer (relativen) geistigen Selbstständigkeit – soll eine kritische Haltung zumindest ansatzweise aufgebaut werden (vgl. SIEBER 1910b, 75).

Die Förderung kommunikativer und sozialer Kompetenzen hat nach Vorstellung des LLV vor allem in *Arbeitsgruppen bzw. Arbeitsgemeinschaften* zu erfolgen, in denen „[a]n Stelle des ‚Ich' [...] das ‚Wir'" tritt (RÖßGER 1921b, 94). Dieser Form der Gruppenarbeit, bei der die gemeinschaftliche Arbeit im Mittelpunkt steht, wird eine stark motivierende Wirkung zugeschrieben, sodass die zur Zeit des LLV übliche Rangordnung nach Durchschnittszensuren innerhalb der Klasse abgeschafft werden kann. Darüber hinaus ergibt sich die Möglichkeit der inneren Differenzierung, da sich die Schüler ihren Fähigkeiten und Interessen entsprechend einbringen können. Die Arbeitsgemeinschaft ist nicht nur für das Produkt, sondern auch für die Ordnung während der Arbeit verantwortlich. ERLER betont in diesem Zusammenhang ausdrücklich, dass so auf die körperliche Züchtigung vollkommen verzichtet werden könne (vgl. 1921, 7). Dies bringt eine Veränderung der unterrichtlichen Beziehungen mit sich. Die Arbeitsgemeinschaften haben darüber hinaus, indem sie auf die menschliche Kulturarbeit vorbereiten, die in der Regel auf Kooperation angewiesen ist, eine über die Schule hinausweisende gesellschaftliche Dimension.

Der LLV misst der *Kommunikation* eine große Bedeutung bei. Der sprachliche Austausch hat im Unterricht einen breiten Raum einzunehmen, wobei nicht die Lehrerfrage, sondern die Schülerfrage und die freie Rede im Vordergrund stehen sollen. Als der Arbeitsschulkonzeption entsprechende Unterrichtsformen werden die Unterhaltung, die gegenseitige Belehrung sowie die gegenseitige Befragung unter Leitung des Lehrers bezeichnet (vgl. ERLER 1908, 285; 1921, 2). Von besonderer Bedeutung sind dabei Interaktionsformen, die sich aus der Arbeitssituation ergeben und nicht vom Lehrer gesteuert werden: „Die Kinder sollen im Unterrichte *miteinander* sprechen, ihre Gedanken und Erfahrungen austauschen, sich Rat geben, Entwürfe, Pläne, Probleme diskutieren" (SIEBER 1910b, 109).

Der LLV zeichnet sich durch eine Achtung vor den sprachlichen Fähigkeiten der Schüler einschließlich der individuellen Ausprägungen und Besonderheiten aus. Das Ziel der Ausdrucksfähigkeit hat eine freie, ungehemmte sprachliche Betätigung und eine entsprechende Atmosphäre zur Voraussetzung (vgl. VOGEL 1920d, 82). Zum einen ist der jeweilige Entwicklungsstand zu berücksichtigen;

zum anderen werden sowohl Dialektausdrücke als auch Sprachfehler zunächst nicht verbessert, um die Schüler nicht zu verunsichern. Ist eine Vertrauensbasis hergestellt, können und sollen behutsam Korrekturen vorgenommen werden, die zu einer lautreinen und deutlichen Sprache führen (vgl. VOGEL 1911, 33f.; 1920d, 88f.).[79]

2.2.6 Intentionaler Aspekt

Der LLV hat dezidierte Vorstellungen davon, welche Bedeutung Unterrichtszielen zukommt und wie Lehrer damit umgehen sollen.

> „Der Lehrer aber muß sich klar sein, was er wollen muß und was die Kinder wollen können. Das bedeutet für ihn, daß er sich über die unterrichtlichen und erziehlichen Werte klar werden muß, die er gerade aus diesem Stoffe heben kann und will, und weiterhin darüber, welche natürlichen Anknüpfungspunkte für die Kinder gegeben sind." (RÖßGER 1921a, 99)

Dies hat jedoch keine differenzierte Festlegung einzelner Ziele für bestimmte Einheiten zur Folge – diese auszuarbeiten bleibt eine Aufgabe der Lehrer –, sondern eine Konzentration auf allgemeine Ziele, die einen eher formalen Charakter haben und auf größere Zeiträume bezogen sind (vgl. SIEBER 1910a, 49f.). Im Unterricht wird ein flexibler Umgang mit diesen Zielen angestrebt, sodass auch Ereignisse, die spontan die Aufmerksamkeit der Schüler erregen, thematisiert werden können (vgl. ERLER 1910b, 207).

Als *übergeordnete Intention*, die sach-, personen- und gruppenbezogene Aspekte umfasst, ist „das Hineinführen unsrer Schüler in die Kultur, das Heranbilden tätiger Mitglieder der Kulturgemeinschaft" zu sehen (RÖßGER 1921a, 7; vgl. auch ERLER 1921, 5), d.h. die Aneignung der kulturellen Umwelt und ihre Gestaltung als Individuum, aber auch als Teil einer größeren Gemeinschaft. Nach RÖßGER sollen jedoch nicht nur Traditionen im Sinne einer Anpassung

---

[79] Hier ist ein Gegensatz zur Position OTTOs festzustellen, der die Altersmundarten ohne Verbesserungen akzeptiert. Allerdings kommen die Schülerinnen und Schüler der Hauslehrerschule aus einem anderen, anregungsreicheren Umfeld und haben größtenteils Eltern, die sich bewusst um ihre Erziehung kümmern. VOGEL beschreibt die Ausgangsbedingungen der Leipziger Volksschulen folgendermaßen: „Ein hoher Prozentsatz unserer Volksschüler entstammt Kreisen, in denen auf Sprache wie überhaupt auf eine überlegte Erziehung des Kindes kaum geachtet wird. Von einer lautreinen, klaren Aussprache kann keine Rede sein. In Industriebezirken leiden nicht wenige der Kinder an Spracharmut und außerdem an allerlei Sprach- und Sprechfehlern" (VOGEL 1911, 21).

übermittelt, sondern die Schüler als Träger der Kultur zu deren „Höherentwicklung" befähigt werden (1921a, 8).

Als typischer Vertreter der Reformpädagogik stellt der LLV nicht die Sache, sondern den Schüler ins Zentrum seiner Überlegungen und misst folglich den *personenbezogenen Zielen* einen hohen Stellenwert bei. So betont ERLER, dass es darum gehe, das Kind als Individuum zu sehen, und es die erste Aufgabe der Arbeitsschule sei, seine Entwicklung zu einem „geistig und körperlich gesunden, tatkräftigen, sittlich tüchtigen Menschen" zu unterstützen (1921, 1). Von besonderer Bedeutung ist die allseitige Entfaltung der Schüler und ihrer Anlagen, beispielsweise die körperliche, vor allem manuelle Geschicklichkeit, sowie Gesundheit, Geschmack, intellektuelle Fähigkeiten und Wahrnehmung. Jeder könne sich seiner Individualität gemäß ohne Gängelung durch den Lehrer und ohne Überforderung entfalten. Die Arbeitsschule habe den Willen der Schüler als Grundlage und erziehe daher selbstständige Charaktere (vgl. SIEBER 1910a, 43f.). Die Erziehung gründe zwar auf dem Gemeinsamen der Entwicklung, müsse aber dennoch den Besonderheiten gerecht werden (vgl. a.a.O., 20). Somit wird keine vordergründige Homogenität im Sinne von Gleichheit angestrebt, sondern eine Homogenität, „die sich als natürliches Ergebnis der Gemeinschaft darstellt" und darin besteht, „daß die Verständigungsmittel in genauerem Grade Gemeingut der Gruppe werden" (RÖßGER 1921a, 12).

Mit Selbsttätigkeit, die in der Arbeitsschule des LLV durch die handelnde Erarbeitung der Unterrichtsgegenstände eine besondere Förderung erfährt, wird letztlich Selbstständigkeit intendiert. Voraussetzung hierfür ist, wie SIEBER betont, die Entwicklungsgemäßheit der jeweiligen Arbeit, sodass das Kind auf sich selbst gestellt werden und ohne Angst vor Irrtümern bzw. Fehlern selbst sehen, nachdenken und versuchen kann. Dabei wird nicht nur mechanisches Können oder manuelle Geschicklichkeit angestrebt. Der Arbeitsunterricht soll zur geistigen Selbstständigkeit führen (vgl. SIEBER 1910b, 75).[80]

Darüber hinaus soll Selbstbestimmungsfähigkeit zumindest ansatzweise erreicht werden. Dies zeigt die Kritik an der von Elternwünschen, d.h. von Standesrück-

---

[80] In der Arbeitsschuldiskussion wurde der Stellenwert der manuellen Tätigkeit grundsätzlich erörtert. So hat beispielsweise KERSCHENSTEINER unter anderem auf Grund der Kritik GAUDIGs an der vermeintlich einseitigen, handwerklichen Ausrichtung seiner Konzeption diese verändert und die selbstständige, selbsttätige Erarbeitung der Bildungsgüter, in die handwerkliche Tätigkeiten integriert sind, als übergeordnete Intention gewählt (vgl. RÖHRS 1998, 218).

sichten und Arbeitsverhältnissen abhängigen Berufswahl sowie die daraus resultierende Aufgabe der Arbeitsschule, die Voraussetzungen für eine freie, auf Fähigkeiten und Neigungen beruhende Entscheidung zu schaffen (vgl. ERLER 1921, 5). Allerdings charakterisiert ein solcher emanzipatorischer Ansatz die Zielsetzungen der Arbeitsschule bzw. des Gesamtunterrichts nicht durchgängig.

Ausführlich begründet wird das Ziel der Erziehung „zur freien, selbstgewollten Sittlichkeit" (ERLER 1921, 11; im Original hervorgehoben), da der LLV sowohl den konfessionell-dogmatischen Religionsunterricht als auch den Moralunterricht ablehnt, aus denen sich kein wahres sittliches Handeln entwickeln könne. Wenn ERLER konstatiert, dass eine Sittenlehre erst in Verbindung mit der Arbeitsschule fruchtbar sein und das Kind erst durch das Zusammenwirken von Lehre und Tun in seiner sittlichen Lebensentfaltung wirksam gefördert werden könne, verweist er auf die Möglichkeit, bei der Arbeit und im Umgang mit den Mitschülern das eigene Wollen umzusetzen und somit sittlich zu handeln (vgl. a.a.O., 10f.).[81] Diese Erfahrung, nicht die Belehrung, ist für die Mitglieder des LLV Voraussetzung dafür, dass das „Wollen auch über größere Zeiträume hinaus wirkt" (SIEBER 1910c, 129), d.h. Sittlichkeit bewirkt.[82]

Eine weitere wichtige Intention des LLV ist die „Pflege des Ausdrucks" durch Wort und Schrift, Zeichnung, Nachbildung mit Materialien sowie mimische Darstellung (ERLER 1921, 2), die als Aspekt der ästhetischen Bildung zu sehen ist. Nicht der gelehrte, sondern der künstlerische Mensch, der Schaffende sei das Ideal, wie SIEBER betont (vgl. 1910a, 42).[83] Darüber hinaus wird die Entwicklung von Freude an Natur und Kunstwerken intendiert sowie die „Erziehung zu edlem Genuß" als „äußerst wichtige Aufgabe" der Schule bezeichnet (ERLER 1921, 2).

Der Zusammenhang von *personen- und gruppenbezogenen Zielen* wird vom LLV als doppelte Notwendigkeit beschrieben:

---

[81] Auch KERSCHENSTEINER sieht einen Zusammenhang von Sittlichkeit und Arbeit. Bei seinem sachlich orientierten Arbeitsschulbegriff geht es „vor allem um den werkgerechten Unterricht, um die Sachgerechtigkeit, weil eben alle Sachlichkeit schon Sittlichkeit ist und in der Selbstprüfung ihren Wert aktualisiert" (RÖHRS 1998, 220).

[82] Mit diesen Überlegungen zur Sittlichkeit wird ein pädagogisches Grundproblem aufgegriffen, der Übergang vom Wissen zum Handeln. Unterschiedliche Lösungsansätze werden von SCHALLER im Rahmen seiner Ausführungen zur kritischen Erziehungswissenschaft dargestellt (1973, 61-74).

[83] Ein Überblick über die Kunsterziehungsbewegung, die ebenfalls dieses Ideal hat, findet sich beispielsweise bei RÖHRS 1998, 102-133.

„1. die möglichst höchste Entwicklung des Einzelnen,
2. die möglichste Anpassung der verschiednen Einzelnen untereinander zum gegliederten Gefüge.
Die höchste Entwicklung des Einzelnen ist nur möglich in der Richtung seiner natürlichen Anlagen. [...] Alle bewußte Erziehung hat daher die erste Aufgabe, die natürliche Richtung – dazu das natürliche Zeitmaß – der Entwicklung des zu Erziehenden zu erfahren und sich in ihrer Einwirkung danach zu richten. Die bleibt also Individualpädagogik. Das ist zugleich sittliches als wirtschaftliches Gebot: nur so vermag sie Sozialpädagogik zu werden, d.h. die Anpassung des Einzelnen an den andern Einzelnen und die Gesamtheit zu erreichen." (RÖßGER 1921a, 11)

Das soziale Lernen hat sich auf das Zusammenleben in der Gemeinschaft zu beziehen, in der Verträglichkeit, Rücksichtnahme, Unter- und Einordnung sowie Hilfsbereitschaft eingeübt werden können. „Die Arbeitsschule ist eine soziale Gemeinschaft, die jetzige Schule ist nur eine Zusammenfassung von Individuen" (SIEBER 1910a, 44). Gerade die gemeinsame Arbeit, die nach Vorstellung des LLV vor allem in Arbeitsgemeinschaften erfolgen soll, gibt die Gelegenheit, zu Verantwortungsgefühl und Pflichtbewusstsein zu erziehen, sich an entsprechende Verhaltensweisen im Umgang mit den Mitschülern zu gewöhnen. Letztlich wird nach Ansicht ERLERs durch die gemeinsame Arbeit auch das Problem der staatsbürgerlichen Erziehung gelöst, da die Arbeitsweise selbst staatsbürgerliche Erziehung sei. Am wichtigsten sei die Einsicht und Gewöhnung, die eigene „Arbeit als Teil der Gesamtarbeit zu betrachten", die Erziehung zu „hingebender Pflichterfüllung im Dienste der Gesamtheit" (ERLER 1921, 8).[84]

Zu den *sachbezogenen Zielen* des LLV gehören die Klärung, Ordnung und Entwicklung der Vorstellungen im Rahmen einer anschaulichen Erarbeitung der konkreten Umwelt sowie das Bewusstmachen von Beziehungen zwischen diesen Vorstellungen. Die Schüler sollen dadurch sowohl eine Methode der Betrachtung als auch eine Grundlage der Beobachtung ihres Lebensraumes erhalten (vgl. VOGEL 1912, 38; RÖßGER 1921a, 69). Insbesondere ein über den herkömmlichen Fachunterricht hinausreichender Gesamtunterricht ermöglicht das Aufzeigen von Zusammenhängen. Dabei hat neben der Darstellung die begriffliche Erarbeitung der Umgebung stattzufinden, sodass die Schüler zu einem klaren, d.h. der Sache angemessenen, aber auch individuellen Ausdruck befähigt werden (vgl. VOGEL 1911, 40; 1920d, 82). Bei der Arbeit können über die

[84] Auch KERSCHENSTEINER sieht die staatsbürgerliche Erziehung als wichtige Aufgabe an, wenn er im Rahmen seiner Ausführungen zur Arbeitsschule darlegt, dass es Zweck der öffentlichen Schule und damit der Erziehung überhaupt sei, brauchbare Staatsbürger zu erziehen (vgl. 1979, 29).

äußerlichen Merkmale hinaus die den Dingen innewohnenden Zwecke erfasst werden, die letztlich ein vertieftes Verstehen der Lebensumwelt ermöglichen (vgl. SIEBER 1910b, 107). „Das Hauptziel des Gesamtunterrichts ist nicht Wissen, sondern Erkenntnis, Verständnis, Einsicht" (ERLER: Bilder aus der Praxis der Landschule. Leipzig: Klinkhardt 1926, S. 7; zit. nach TAUBERT-STRIESE 1996, 208).

2.2.7 Inhaltlicher Aspekt

Im Zentrum der schulischen Arbeit des LLV, nicht nur im Elementarbereich, sondern auch auf der Oberstufe der Volksschule,[85] steht der *Gesamtunterricht*, in den möglichst viele Fächer im Sinne der *Konzentration um eine Sacheinheit* organisch integriert werden sollen. So sind beispielsweise Lese- und Schreibaufgaben des Deutschunterrichts auf aktuelle Sachthemen zu beziehen. Nur der Lese- und Schreiblernprozess verlangt teilweise gezielte und daher getrennte Übungsphasen (vgl. VOGEL 1912, 41). Auch Zählübungen, Berechnungen und geometrische Aufgabenstellungen ergeben sich größtenteils aus der Arbeit und können folglich als Sachrechnen in den Gesamtunterricht integriert werden (vgl. SIEBER 1910a, 37f.; SCHNABEL 1920c, 123; ERLER 1923b, 2). Wo sich jedoch keine natürlichen Beziehungen ergeben – als Beispiele werden „Körperbildung, Übungs- und Kunstfächer" genannt (SIEBER 1910a, 41) –, ist auch ein Abweichen von der Konzentrationsidee möglich. Besonderen Wert legen die Mitglieder des LLV darauf, dass auch der Religionsunterricht einzugliedern ist, und beschreiben in diesem Zusammenhang Gelegenheiten für die sittlich-religiöse Einwirkung sowie positive Erfahrungen im Anfangsunterricht (vgl. VOGEL 1912, 41; 1920e, 111).

Konstitutiv für die Auswahl von Inhalten sind die Überlegungen von RÖßGER zu der *Unterscheidung von elementarem und exaktem, wissenschaftlichem Wissen*,

---

[85] Dass die Inhalte auf der Volksschuloberstufe nach dem Prinzip des Gesamtunterrichts miteinander zu verbinden sind, führt SIEBER aus: „Die Stoffe sind der jeweiligen Stufe des Kindes angemessen, zunächst einfacher und naheliegend (nicht räumlich zu verstehen), auf der Oberstufe immer komplizierter werdend. Zu einem wesentlichen Teile stehen auch Arbeiten im Mittelpunkte. Der Gesamtunterricht vermittelt Erkenntnis aus allen Gebieten der Naturwissenschaften, der allgemeinen Kultur und aus der geographischen Heimatkunde. Besonders auf der Oberstufe wird oft ein Blick auf die Entwickelung der Dinge und Kulturverhältnisse auch historisches Verständnis vorbereiten. Rechnen, Geometrie, Zeichnen und Sprachunterricht treten in *natürlicher* Verknüpfung mit dem Gesamtunterrichte auf" (SIEBER 1910a, 42).

die zu einer „Doppelauffassung von ‚Element' und ‚elementar'" führt (1921a, 2). Beiden gemeinsam sei zunächst die Vorstellung von einem Elementaren als Voraussetzung für ein Weiteres, ein Zusammengesetztes. Dieses Elementare habe im Sinne der exakten Wissenschaft unteilbar zu sein – Hintergrund dieser Ausführungen ist die Definition von Atom als kleinste, nicht mehr zerlegbare Einheit –, nicht jedoch in der Elementarschule (vgl. ebd.). Dort sind elementare Inhalte nicht unteilbar, sondern grundlegend. Folglich müsse die psychologische Pädagogik zur Bestimmung dieser Unterrichtsinhalte die „Baustoffe des wachsenden Geistes" untersuchen (a.a.O., 6):

> „Da genügt's nicht zu fragen: was sind die Elemente unseres Kulturgutes? Da genügt's ebensowenig zu fragen: wie beschneide und gliedre ich die Kulturstoffe, um sie elementar, d.h. zur Aufnahme geeignet zu machen? Notwendig ist die Fragestellung: welche Nahrungsstoffe, welche Nahrungsmenge, welche Nahrungsform *bedarf der menschliche Geist um die Zeit, da wir bewußt an seine Ernährung herantreten, also zur Zeit des ersten Unterrichts?* Das, was wir so finden, ist das Elementare." (RÖßGER 1921a, 6.; die Gliederung in Abschnitte wurde nicht übernommen)

Weiterhin kann der Gegenstand des Unterrichts, vor allem des Primarunterrichts, als das *Konkrete* beschrieben werden, zunächst in einem absoluten Sinn als „das unmittelbar den Sinnen Gegebene", darüber hinaus jedoch auch in einem relativen Sinn als „Begriffe, Beziehungen, Gedankenkreise, in denen die konkreten Elemente überwiegen" (SIEBER 1910b, 57f.). Nicht das, was an sich unmittelbar auf einer konkreten Grundlage ruhe, sondern wofür das Kind eine konkrete Grundlage habe, sei das Arbeitsgebiet. Damit wird zum einen die Bedeutung des Sachunterrichts als Kern aller schulischen Unterweisung und zum anderen die Notwendigkeit des Heimat- bzw. Lebensweltbezugs der Inhalte angedeutet.

Soll das Konkrete Gegenstand der Arbeitsschule sein, so liegt es nahe, den *Lebensbereich des Kindes*, seine Heimat im engsten Sinne des Wortes als „alles das, wo das Kind daheim ist" (ERLER 1908, 286) zum Ausgangspunkt des Unterrichts zu machen, d.h. die Unterrichtsinhalte in erster Linie vom Schüler her zu begründen. RÖßGER betont, dass es wichtig sei, die Schule nicht vom Leben abzuschließen und dadurch ein eigenes Fachleben zu konstruieren. Die Umwelt an sich sei der Stoff des gesamten Unterrichts (vgl. RÖßGER 1921a, 69). In besonderem Maße sind dabei aktuelle Erlebnisse und Erfahrungen der Schüler zu berücksichtigen, sodass sich ein natürlicher Bezug zu den Unterrichtsinhalten ergibt. Der Lebensbezug der Inhalte ist in engem Zusammenhang mit dem

Interesse des Kindes zu sehen, aus dem sich somit eine intrinsische Motivation ergibt (vgl. ERLER 1908, 285; SIEBER 1910a, 46). Dies hat zunächst am Beginn des ersten Schuljahres einen Gelegenheitsunterricht zur Folge, der jedoch sukzessive in einen planmäßigen Unterricht überzugehen hat (vgl. VOGEL 1912, 42; 1920c; 28f.).

> „Auch die Arbeitsschule erfordert planmäßige Arbeit. Reiner Gelegenheitsunterricht erfüllt die Aufgaben nicht, die sich die Arbeitsschule stellt, genügt nicht, alle im Kinde schlummernden Kräfte, Anlagen und gute Neigungen zu wecken." (ERLER 1923a, 1; im Original Hervorhebungen)

Die *Arbeitspläne* enthalten, unter anderem auf Grund des Heimatbezugs, keine detaillierte Festlegung in inhaltlichen und methodischen Fragen, die einfach übernommen werden kann, sondern sind, wie ERLER ausführt, „Maximalpläne, mehr jedoch einfach [...] Ratgeber, Wegweiser" (1923b, 3). Sie beziehen sich in der Unterstufe der Volksschule auf Einzelvorgänge und Einzelerscheinungen aus dem Erfahrungsbereich des Kindes, in der Oberstufe auf die planmäßige Einführung in die unterschiedlichen Arbeiten des Menschen. Dabei wird eine Einschränkung der Fachgliederung intendiert (vgl. ERLER 1921, 6). Vorgeschlagen werden für den Elementarunterricht Themen wie Garten, Straße, Schule und Haus, ab dem fünften Schuljahr zunächst Fragestellungen aus Handwerk, Acker- und Gartenbau, dann aus Industrie, Technik, Handel, Verkehr sowie der Kultur- und Volksgeschichte (vgl. RÖßGER 1921a, 74, ERLER 1924, 1).[86]

Ein wichtiges Kriterium für die Auswahl von Inhalten ist die *Entwicklung des Kindes*, nicht die „Notwendigkeit des späteren Lebens" (SIEBER 1910a, 34), d.h. ihre Gegenwarts-, nicht ihre Zukunftsbedeutung. Aus dem Prinzip der Entwicklungsgemäßheit ergeben sich die Forderungen, Verfrühungen zu vermeiden und als Stoffgebiet das Konkrete zu wählen. Ein zentrales Element der Reformen des LLV ist das Hinausschieben der formalen Fächer Lesen, Schreiben und Rechnen ins zweite Schuljahr, da sie psychologisch betrachtet eine Überforderung und somit eine „pädagogische Versündigung" darstellen (VOGEL/RÖßGER 1910, 149). So soll genügend Zeit für vorbereitende Übungen im Rahmen des

[86] Ausführliche Beispiele zu allen Volksschulklassen finden sich in den von ERLER herausgegebenen Arbeitsplänen für den Gesamtunterricht in der Arbeitsschule (vgl. 1923a, 1923b, 1924).

Anschauungsunterrichts zur Verfügung stehen (vgl. SIEBER 1910b, 87f.; ERLER 1908, 294).[87]

Neben einer schülerbezogenen Auswahl der Inhalte ist auch eine methodenbezogene zu finden, die sich aus dem übergeordneten *Arbeitsschulprinzip* und der damit zusammenhängenden *Handlungsorientierung* ergibt. Das Wesentliche des Arbeitsplanes sei die Art der Erarbeitung. Was bloß besprochen werden könne, gehöre nicht in die Arbeitsschule. Grundlage des Unterrichts seien sinnliche Anschauung und selbstständige Verarbeitung (vgl. ERLER 1921, 20).[88]

2.2.8 Methodischer Aspekt

Auf den hohen Stellenwert der Methoden verweist die Konzeption der Schule als *Arbeits*schule, die schon in ihrer Bezeichnung auf die im Unterricht vorherrschende Tätigkeit Bezug nimmt und im Übrigen von der *Methodischen* Abteilung des LLV entwickelt wurde.

> „*Die Organisationsform der Schule* [...] *wird am besten durch das Schlagwort ‚Arbeitsschule' charakterisiert.* [...] *Es besagt, daß die verschiedensten Formen der menschlichen Arbeit und das Darstellen den breitesten Raum einnehmen und auch der Erwerb von Kenntnis weniger durch Mitteilung, sondern aktiv, durch eigenes Sehen, Beobachten und Experimentieren erfolgt.* Es kann sich aber für uns nicht darum handeln, ein Prinzip (Arbeitsprinzip), das zwar weite Geltung hat, aber *doch erst abgeleitet ist*, auf Gebiete zu übertragen, wo es deren Natur nach nicht anzuwenden ist. Wir wollen auch nicht *ein* Prinzip dadurch herrschend machen, daß wir alle Gebiete ausschließen, auf die es nicht anzuwenden ist. Unser Ausgangspunkt ist die Entwickelung des Kindes und deren höchste und allseitige Entfaltung. Wo dabei andere Grundsätze sich ergeben, müssen eben diese Richtschnur sein. Für den größten Teil der Schularbeit gilt aber, wie wir aus der Psychologie des Kindes begründet haben, daß das Kind bei der geistigen Tätigkeit gleichzeitig äußerlich tätig sein soll; und der ganzen Schule wird dadurch ihr besonderes Gepräge aufgedrückt. Ich betone, daß es *sich für uns nicht um die rein äußerliche Aktivität handelt*, sondern um die *Verbindung geistiger und körperlicher Tätigkeit.*" (SIEBER 1910a, 29)

---

[87] Da der Schulversuch von den zuständigen Behörden nicht für drei, sondern nur für zwei Schuljahre genehmigt wurde, mussten die beteiligten Lehrer entgegen ihrer Überzeugung schon im Laufe des ersten Schuljahres mit der Einführung der Kulturtechniken beginnen, um Leistungsdefizite im Vergleich zu Regelklassen zu vermeiden.

[88] Dass über die Vorstellungen des LLV bezüglich der Unterrichtsinhalte auch innerhalb der Reformpädagogik kein Konsens besteht, zeigen die Kritik GAUDIGS an der verzögerten Einführung der Kulturtechniken, die in besonderem Maße eine Förderung der Selbstständigkeit ermöglichten und daher so früh wie möglich vermittelt werden müssten, sowie die Kritik KERSCHENSTEINERS an der Konzentration um eine Sacheinheit, die eine für die Charakterbildung notwendige Klarheit verhindere (vgl. TAUBERT-STRIESE 1996, 298f.).

Mit dem *Arbeitsschulprinzip* verbundene Grundsätze wie Handlungsorientierung und Selbsttätigkeit werden von SIEBER in diesen grundsätzlichen Überlegungen zum methodischen Vorgehen herausgestellt, jedoch nicht verabsolutiert. Dies zeigt die übergeordnete Orientierung an der Entwicklung des Kindes.

Als Grundlage der Arbeitsschule werden die drei Prinzipien „Wahrnehmen statt Mitteilung, Wahrnehmen mit Darstellen verbunden, Arbeiten" angeführt (SIEBER 1910a, 30). Zunächst wird ein aktives Erkennen intendiert, das Schöpfen von Erkenntnissen aus der Wahrnehmung, die darüber hinaus, wenn möglich, mit der Darstellung zu verbinden ist. Dabei bedingen sich Wahrnehmung und Darstellung wechselseitig: Die Wahrnehmung ermöglicht die Darstellung und wird zugleich von ihr korrigiert (vgl. a.a.O., 30f., SIEBER 1910b, 71). Als konkrete Darstellungsformen, d.h. als unterrichtliche Handlungsmuster, werden unter anderem „Pantomime, Basteln, Formen, Legen, Falten, Ausschneiden, Zeichnen" genannt (BÄR 1920b, 92). Sie haben eine Klärung und Vertiefung von Vorstellungen zum Ziel und dienen in diesem Sinne der Wahrnehmungskorrektur. Durch die einzelnen Tätigkeiten können Erlebnisse in geistigen Besitz transformiert werden (vgl. a.a.O., 96).

Eng mit der Darstellung verwandt, aus ihr allmählich hervorgehend, ist die Arbeit, bei der jedoch nicht die Nachahmung, sondern der hergestellte Gegenstand oder der Arbeitsprozess im Vordergrund stehen. Von größerer Bedeutung als die technische Perfektion ist für den LLV dabei die auch geistig selbstständige Durchführung einer Arbeit (vgl. SIEBER 1910a, 32f.). Folglich werden die einzelnen Techniken, die benötigt werden, in der Regel nicht um ihrer selbst willen geübt, sondern als Mittel zum Zweck im Unterricht eingesetzt mit der Intention, die Beziehung zwischen ihnen und dem zu erschließenden Neuen zu zeigen. Sie zu üben, dient somit der Förderung von Methodenkompetenz (vgl. RÖßGER 1921b, 1).

Als Vorteil der Arbeit wird von SIEBER ein anschauliches, handelndes Lernen mit allen Sinnen genannt, bei dem sich dem Kind Eigenschaften, Sinn und Zweck des herzustellenden Gegenstandes, aber auch größere Zusammenhänge erschließen. Wichtig ist die Abgrenzung von der Erwerbsarbeit und der ausschließlichen Handarbeit, auch wenn bestimmte Fertigkeiten Voraussetzung für eine sinnvolle Tätigkeit sind (vgl. SIEBER 1910b, 60-65).

> „Auf keiner Stufe, von der untersten bis zur obersten, handelt es sich um rein mechanische Tätigkeit, sondern um die innige Verbindung von körperlicher und

> geistiger Arbeit. Nur die Arbeit, die von Bedeutung für die geistige und körperliche Entwicklung des Kindes ist, aus der sich vor allem Werte für seine geistige Bildung ergeben, findet in der Arbeitsschule ihren Platz. Aber ebenso bestimmt – und auch das muß hervorgehoben werden – wird auch die rein geistige Arbeit, vor allem die bloße Übung des Denkens und des Gedächtnisses, abgelehnt." (ERLER 1921, 1; im Original Hervorhebungen)

In den Veröffentlichungen des LLV finden sich zahlreiche Beispiele, die das methodische Vorgehen dokumentieren, jedoch nur als Anregung und nicht als Plan fungieren. So weist SIEBER darauf hin, dass der Lehrer bei der Gestaltung des Planes sowie der Wahl der Methoden völlige Freiheit haben solle (vgl. 1910a, 51). Allerdings wird eine klare Abgrenzung von der fragenden Methode der traditionellen Lernschule vorgenommen. Diese sei insbesondere für die Volksschule zu verwerfen, da viel Fragen die Kinder unfrei mache (vgl. SIEBER 1910b, 76; BÄR 1920a, 34). Kriterium für die Auswahl der Methoden ist die *Kind- bzw. Entwicklungsgemäßheit*, die sich im Sinne einer inneren Differenzierung auch in der Berücksichtigung der Individualität zeigt und eine Variabilität in Bezug auf „Tempo, Intensität und Richtung der Arbeit" erfordert (SIEBER 1910a, 44; vgl. auch SCHNABEL 1920a, 57).

Obwohl sie nicht explizit als solche bezeichnet werden, sind einzelne *Vorhaben*, d.h. methodische Großformen, Bestandteil der Arbeitsschulkonzeption. Gerade das Bauen komplexerer Modelle, beispielsweise einer Puppenstube oder eines Dorfes, kann als ein solches Vorhabens interpretiert werden (vgl. RÖßGER 1921a, 95; ERLER 1910a, 194-202). Dabei ist jedoch zu berücksichtigen, dass der LLV die Leitungsfunktion des Lehrers betont, der die einzelnen Schritte zum Teil initiiert und kontrolliert, sodass nicht im eigentlichen Sinn von Projekten gesprochen werden kann, die vor allem der Eigeninitiative der Schüler Raum geben.

2.2.9 Gesellschaftlicher Aspekt

Obwohl ein Großteil der Publikationen des LLV Ausführungen zu schulpraktischen Fragen und konkrete Unterrichtsbeispiele umfasst, werden auch die unterrichtlichen Rahmenbedingungen thematisiert und in Bezug auf die Arbeitsschulkonzeption reflektiert. Dabei steht der gesellschaftliche Status quo, d.h. die realen Arbeitsbedingungen der Leipziger Volksschullehrer und das Lebensumfeld ihrer Schüler, im Vordergrund der Überlegungen und des daraus resultierenden politischen Engagements.[89] Im Hinblick auf die Thematik des fächerübergreifenden Unterrichts sollen jedoch nicht einzelne Aktivitäten und Forderungen, sondern das der Konzeption zu Grunde liegende Gesellschaftsbild dargestellt werden, das vor allem in Publikationen zum Ausdruck kommt, die nach dem ersten Weltkrieg erschienen sind.[90]

Im Rahmen seiner Ausführungen zur staatsbürgerlichen Erziehung expliziert ERLER, dass er im schulischen Kontext einen *weiten Staatsbegriff im Sinne von Gemeinschaft* bevorzugt und unter Staat auch eine Gemeinde oder das Reich, letztlich „jede Organisationsform der Kulturgemeinschaft überhaupt, die den Zweck verfolgt, ihre Glieder gut, tüchtig und dadurch glücklich zu machen“ versteht (1920, 689), d.h. den Staat zunächst in seiner Funktion für den Einzelnen sieht. Um diesen Zweck erreichen zu können, müsse sich der Einzelne jedoch engagieren, sich den Gesetzen des Gemeinschaftslebens unterordnen, sich selbst einordnen. Dass sich dies auch auf eine aktive Gestaltung des gemeinschaftlichen Miteinanders bezieht, verdeutlicht die Kritik an einer gleichgültigen Pflichterfüllung ohne Beteiligung an Aufbau und Entwicklung (vgl. ebd.). Allerdings betonen die Mitglieder des LLV die Pflichten des Einzelnen gegenüber der Gesellschaft wesentlich stärker als seine Rechte und Gestaltungsmöglichkeiten.

Eine besondere Rolle spielen in diesem Zusammenhang *Arbeitsgemeinschaften* als kleine, auch in der Schule zu realisierende Organisationseinheiten, die ein wesentliches Charakteristikum der Arbeitsschule sind:

> „Für die staatsbürgerliche Erziehung ist die gemeinsame Arbeit in Arbeitsgemeinschaften von größter Bedeutung, weil den Kindern durch diese Arbeit im besonderen die Gemeinschaftsgesinnung, also die staatsbürgerliche Gesinnung in unserem Sinne anerzogen wird. Denn nicht vom ersten Tage an sind sie zu solcher Arbeit

---

[89] Ein Überblick zur geschichtlichen Entwicklung des LLV, der auch gesellschaftliche und politische Aspekte berücksichtigt, findet sich bei TAUBERT-STRIESE 1996.

[90] In der Weimarer Reichsverfassung von 1919 erfolgte eine Regelung der Rahmenbestimmungen des Bildungswesens. Festgelegt wurden beispielsweise „die achtjährige Volksschule und die allgemeine Fortbildungsschulpflicht bis zum 18. Lebensjahr, das allgemeine Schulziel sowie die Forderung einer staatsbürgerlichen Erziehung und eines ‚Arbeitsunterrichts‘“ (REBLE 1987, 310). Auch die Gestaltung der für alle gemeinsamen Schule als Simultanschule wurde beschlossen, wobei bekenntnis- und weltanschauungsgebundene Volksschulen auf Antrag von Erziehungsberechtigten einzurichten waren. Über eine allgemeine vierjährige Grundschule hinaus, die 1920 in entsprechenden Gesetzen geschaffen wurde, kam jedoch auf Grund großer weltanschaulicher Gegensätze im Volk keine weiter reichende Reform des Schulwesens zustande (vgl. a.a.O., 311).

> fähig. Sie bedürfen der jahrelangen Gewöhnung daran; nach und nach aber erkennen sie, wie jedes von ihnen seinen rechten Wert erst innerhalb der Arbeitsgemeinschaft entfalten kann.“ (ERLER 1920, 692)

Der Mensch ist auf fast allen Gebieten der Kulturarbeit, die für den LLV ein konstitutives Element der Gesellschaft ist, auf Kooperation in Arbeitsgemeinschaften angewiesen, die sowohl Einordnung und Unterordnung als auch Pflicht und Verantwortlichkeit fördern. Indem die Arbeitsschule das Kind an gemeinsame Arbeit gewöhnt, versucht sie, es zugleich zu Verantwortungsgefühl und Pflichtbewusstsein gegenüber der Gemeinschaft zu erziehen (vgl. ERLER 1921, 6f.). ERLER spricht von einer hingebenden „Pflichterfüllung im Dienste der Gesamtheit“ (a.a.O., 8). Somit wird die schulische Arbeitsgemeinschaft zum Modell für die menschliche Kulturarbeit und damit für einen zentralen gesellschaftlichen Bereich.

Die *Aufgaben*, die der LLV der Schule zuschreibt, sind primär pädagogischer Art, haben jedoch als solche gesellschaftliche Konsequenzen, sodass man von mittelbaren gesellschaftlichen Funktionen sprechen kann. Zunächst ist wegen der Begründung der Erziehung in der Entwicklung eine *Abgrenzung von der traditionellen Qualifikationsfunktion* im Sinne einer utilitaristischen Vermittlung von Fertigkeiten und Kenntnissen, die nicht in der Gegenwart, sondern in der Zukunft benötigt werden, zu konstatieren:

> „Es soll alles aus der Notwendigkeit geschehen, die von der Entwickelung selbst gegeben ist, mit anderen Worten: das gegenwärtige Bedürfnis des Kindes soll herrschen. Damit weisen wir für die Schule alle Forderungen ab, die sich auf künftige Notwendigkeiten begründen oder sich aus anderen außerhalb der Entwickelung liegenden Quellen herleiten.“ (SIEBER 1910a, 16).

Ausschlaggebend für die Gestaltung des Unterrichts sind allein die entwicklungsgemäßen, gegenwärtigen Bedürfnisse der Schüler. Da jedoch die Entwicklung des Menschen für SIEBER darin besteht, in die Kultur hineinzuwachsen, ist mit der Förderung der Entwicklung zugleich eine Vorbereitung auf die Anforderungen dieser Kultur verbunden. Ziel der Arbeitsschule ist der tätige, produktiv schaffende Mensch, der sich an der Kulturarbeit beteiligen kann und will (vgl. a.a.O., S. 44f.). Als Aufgabe der neuen Schule wird folglich die Ausbildung der „geistigen und körperlichen Kräfte und Anlagen jedes Kindes“ genannt mit der Absicht, „diese Kräfte und Anlagen als vollwertiges Glied der Kulturgemeinschaft und zum Wohle derselben“ zu betätigen (ERLER 1923b, 1). Dabei wird über die Tradierung der Kultur hinaus deren Weiterentwicklung angestrebt – der Schüler soll nicht Epigone, sondern „Träger der Kultur“ sein

(RÖßGER 1921a, 8). Man kann folglich von einer *Enkulturationsfunktion* sprechen, muss jedoch einschränkend berücksichtigen, dass der LLV Kultur vor allem unter dem Aspekt der Kulturarbeit betrachtet.

Auch die Aufgabe der *staatsbürgerlichen Erziehung* wird im Kontext der Entfaltung der individuellen Anlagen und Fähigkeiten gesehen, da der demokratische Staat keinen blinden Gehorsam gebrauchen kann. Grundlage seines Bestehens ist nach ERLER die Arbeit aller arbeitsfähigen Glieder, weshalb er zum einen die Pflicht zu arbeiten als höchste Bürgerpflicht bezeichnet und zum anderen die Befähigung zur Arbeit durch bestmögliche Förderung intendiert. Die Arbeitsgemeinschaften der Arbeitsschule eignen sich für die staatsbürgerliche Erziehung in besonderem Maße. Sie entwickeln mit der Gemeinschaftsgesinnung zugleich die staatsbürgerliche Gesinnung (vgl. ERLER 1920, 691f.).[91]

Obwohl sich der LLV primär am Status quo orientiert, findet sich in seinem Engagement für die Einheitsschule und seiner Ablehnung schicht- bzw. standesspezifischer Benachteiligung auch *Kritik an den gesellschaftlichen Verhältnissen.* Zwar wird die Einrichtung einer „allgemeinen Volksschule" begrüßt (ERLER 1920, 689), aber nicht für ausreichend befunden, da die höhere Schule trotz dieser Reform eine „fast reine Standesschule" geblieben sei (a.a.O., 690). Es wird jedoch nicht nur die Umgestaltung der höheren Schulen zu allgemeinen, für alle zugänglichen Bildungseinrichtungen, sondern die Realisierung einer Einheitsschule intendiert (vgl. a.a.O., 689f.), d.h. die Ausweitung der 1920 im Reichsgrundschulgesetz festgelegten einheitlichen Grundschule. Gesellschaftliche Benachteiligungen werden dennoch nicht in allen Bereichen wahrgenommen, wie die Ausführungen des LLV zur Mädchenbildung zeigen. So erfolgt durch eine geschlechtsspezifische Themenwahl und Aufgabenverteilung in den Unterrichtsbeispielen eine Festlegung auf die traditionelle Mädchen- bzw. Frauenrolle (vgl. ERLER 1923a, 15; 1924, 7). Darüber hinaus werden die intellektuellen Fähigkeiten von Jungen höher bewertet, wenn festgestellt wird,

---

[91] Auch KERSCHENSTEINER setzt sich intensiv mit der staatsbürgerlichen Erziehung auseinander. „Indem ich dann den Menschen, der dem gegebenen Staat [...] dient, *einen brauchbaren Staatsbürger nenne*, bezeichne ich in aller Kürze als Zweck der öffentlichen Schule des Staates und damit als Zweck der Erziehung überhaupt, brauchbare Staatsbürger zu erziehen. Aus diesem Zweck ergeben sich die Aufgaben der Schule, aus den Aufgaben folgen gewisse sachliche Richtlinien oder Normen für die Organisation der Schule überhaupt und demgemäß auch die Organisation der Schule, die wir mit dem Begriff ‚Arbeitsschule' bezeichnen" (KERSCHENSTEINER 1979, 29; vgl. REBLE 1987, 292-297).

dass zumindest ihnen eine tiefere, nach Ursache und Wirkung fragende Einsicht in die Unterrichtsgegenstände möglich sei, da sie den Dingen gern auf den Grund gingen (vgl. ERLER 1924, 23).

2.2.10 Kritische Einschätzung

Die Mitglieder des LLV haben sich engagiert und konstruktiv mit den problematischen schulischen Bedingungen ihrer Zeit auseinander gesetzt. Mit dem Gesamtunterricht ist dabei ein fächerübergreifendes Konzept entstanden, das eine weit reichende Reform der Grundschule ermöglicht hat.

> „So erschöpft sich ihr Gesamtunterricht nicht in einer veränderten Fächeranordnung, sondern schließt stoffliche, methodische, curriculare und erziehliche Veränderungen ein. Letzten Endes kündigen sich in ihrer Reform wichtige Ansätze einer Grundschulpädagogik an.“ (MUTHIG 1978, 27)

Durch die Berücksichtigung der Leipziger Erfahrungen in den Reichsgrundschulrichtlinien von 1921 kann ein Einfluss weit über die Stadtgrenzen hinaus konstatiert werden.

Im Hinblick auf die aktuelle Diskussion zum fächerübergreifenden Lehren und Lernen ist eine kritische Auseinandersetzung mit dem Reformkonzept des LLV erforderlich. Dabei sollen die Art und Weise der Verbindung von Inhalten, das Prinzip der Kindgemäßheit und das zu Grunde liegende Weltbild diskutiert werden.

Charakteristisch für den Gesamtunterricht des LLV ist die Konzentration der Inhalte um eine Sacheinheit, die eine *Verbindung unterschiedlicher Fächer* ermöglichen soll. Durch den Begriff wird eine gewisse Nähe zur Idee der Konzentration signalisiert. LINDE zeigt auf, dass der LLV in dieser Tradition steht, wobei die Sacheinheit Konzentrationskerne wie Gesinnung, Christentum oder Kultur abgelöst hat und somit eine andere Akzentuierung festzustellen ist (vgl. 1984, 46f.; 86).[92] Auch wenn dies eine Unterordnung der Inhalte unter moralische oder religiöse Kategorien ausschließt, die weder dem entsprechenden Konzentrationskern noch dem eigentlichen Thema gerecht wird, bleibt die Gefahr der so genannten Klebekonzentration. Darunter sind die „oft sehr vordergründig formal-organisatorischen Stoffklitterungen“ zu verstehen (a.a.O., 61), die keinen inneren Zusammenhang zwischen den einzelnen Aspekten einer

[92] Eine ausführliche Darstellung des Konzentrationsprinzips unter Einbeziehung der historischen Entwicklung findet sich bei LINDE 1984, 24-65.

Unterrichtseinheit aufweisen und häufig nur auf sprachliche Gedankenverbindungen zurückzuführen sind.

Der LLV hebt zwar explizit hervor, dass die Verbindung unterschiedlicher Inhalte nicht durch beliebige Aneinanderreihungen, sondern auf Grund natürlicher Beziehungen erfolgen soll, und grenzt sich dadurch von der Klebekonzentration ab. Dennoch sind insbesondere bei der Integration formaler Übungen der Fächer Deutsch und Mathematik nicht ausschließlich sachlogische Gründe entscheidend. Eine an dem jeweiligen Thema orientierte Gestaltung ermöglicht die Einbindungen von Aufgaben unabhängig von der grammatikalischen, orthografischen oder mathematischen Struktur. So besteht die Gefahr, dass der Zusammenhang über die „Verpackung" hergestellt wird. Im Vordergrund stehen dem Thema entsprechend gestaltete Übungen, was dazu führen kann, dass die Entwicklung sprachlicher oder mathematischer Einsichten vernachlässigt wird. Sollen hingegen diese Einsichten im Rahmen des Gesamtunterrichts gefördert werden, trägt dies häufig nur wenig zur inhaltlichen Erarbeitung der jeweiligen Sacheinheit bei.

MUTHIG verweist auf die ungeklärte Verbindung von einzelnen Themen und dem übergeordneten Thema einer Unterrichtseinheit. Es bestehe Unsicherheit darüber, was man unter den Begriff Gesamtheit subsumieren dürfe. Der LLV gebe kein Prinzip für die Auswahl einzelner Themen innerhalb einer Einheit an. Die Einheitsthemen ließen ebenfalls keine Rückschlüsse darauf zu. Für MUTHIG stellt sich daher die Frage, ob es letztlich darum gehe, die Gegenstände umfassend zu erarbeiten und sämtliche Denk- und Ausdrucksmöglichkeiten auszuschöpfen.

> „Dann besteht die Gefahr, daß sich ein schablonenhafter Arbeitsmechanismus herausschält und daß Tätigkeiten angehängt werden, nur weil sie gerade passen, ohne Befragung darauf, was sie für die Sacherfassung hergeben. Die Leipziger sind dieser Gefahr selbst nicht entgangen [...]. Stoffüberlastung und Entwertung mancher Tätigkeiten als Anschlußstoffe können sich einstellen. Kindgemäßheit und Anschaulichkeit können nicht ein Prinzip ersetzen, das angeben müßte, welche Tätigkeiten sich in welcher Weise an welchen Sacheinheiten ablösen müßten." (MUTHIG 1978, 42)

Die Erarbeitung durch unterschiedliche Tätigkeiten kann wie die Integration formaler Übungsaufgaben folglich ebenfalls zu nicht sachgemäßen gesamtunterrichtlichen Verbindungen führen. Über Aktivitäten werden dabei Inhalte im Sinne einer Klebekonzentration aneinander gereiht.

Das Prinzip der *Kindgemäßheit*, das zahlreiche reformpädagogische Konzepte kennzeichnet, ist ebenfalls differenziert zu betrachten.[93] Der LLV versucht, sich durch eine durchgängige Orientierung an der Entwicklung der Kinder und damit an deren Interessen und Bedürfnissen von der damals üblichen Lernschule abzugrenzen.[94] KAHLERT zeigt im Hinblick auf die Heimatkunde die Chancen und Risiken dieses Prinzips auf, die auch auf den Gesamtunterricht übertragen werden können.

> „Das Bemühen, dem Kind gerecht zu werden, seine Erfahrungen und Vorstellungsmöglichkeiten zu berücksichtigen, förderte zum einen Entwicklungen, die sich um freiere, offenere und anschauungsorientierte Lernformen bemühten. [...] Auf der anderen Seite besteht dabei das Risiko der Kindertümelei. Unterrichtsinhalte werden bis zur Banalität vereinfacht und verfälscht." (KAHLERT 2002, 164)

Folglich ist nicht das Prinzip der Kindgemäßheit zu beanstanden, sondern auf die Gefahr der Simplifizierung aufmerksam zu machen, der allerdings durch eine ergänzende Orientierung an den sachlichen Anforderungen eines Themas begegnet werden kann. Wird das Spannungsfeld von Schüler- und Sachorientierung in Theorie und Praxis bewusst wahrgenommen, können Einseitigkeiten vermieden werden.

Der Gesamtunterricht des LLV ist, wie entsprechende Unterrichtsbeispiele zeigen, insbesondere in den Anfangsklassen auf örtliche Gegebenheiten bezogen (vgl. z.B. ERLER 1923a). Laut ERLER ist der „Inhalt der Schularbeit [...] Heimatkunde im vollsten Sinne des Wortes" (1921, IV). Das damit verbundene *Weltbild* ist jedoch kritisch zu sehen. Der Aufbau der Welt in konzentrischen Kreisen, verbunden mit den Unterrichtsprinzipien „vom Nahen zum Fernen, vom Einfachen zum Komplexen, vom Unmittelbaren zum Abstrakten" (KAHLERT 2002, 166), wird der Realität nicht gerecht. Die unmittelbare Umgebung unterliegt zahlreichen Einflüssen von außen und kann nicht aus ihrem Kontext gelöst werden. Wird dies im Unterricht nicht beachtet, kann daraus – wie aus dem Prinzip der Kindgemäßheit – eine zu starke Vereinfachung komplexer Inhalte resultieren. Außerdem besteht die Gefahr einer harmonisierenden Darstellung der Heimat, die potenzielle Konflikte ausgrenzt und sich auf eine unkritische Abbildung des jeweiligen Realitätsausschnitts beschränkt.

---

[93] Zur Kritik an OTTOs Auffassung von Kindgemäßheit vgl. Kap. 2.1.10.

[94] Vgl. Kap. 2.2.3.

2.3 Die Erziehungskonzeption John Deweys[95]

2.3.1 Kontext

Der Name DEWEY (1859 – 1952) wird im schulpädagogischen Kontext häufig mit der fächerübergreifenden Projektmethode in Verbindung gebracht. OELKERS spricht in diesem Zusammenhang allerdings von einer „verunglückten Rezeption“ (2000c, 497), da der Projektgedanke nur einen Aspekt der pädagogischen Überlegungen DEWEYs darstellt, die wiederum Element eines umfangreichen philosophischen Werkes sind.[96] DEWEY wird dem amerikanischen Pragmatismus zugerechnet, der auch die Grundlage seiner Ausführungen zu Erziehung, Schule und Unterricht bildet.

Nach SCHREIER lassen sich in DEWEYs Wirken drei *Hauptphasen* unterscheiden, die jeweils geographischen Räumen entsprechen (vgl. SCHREIER 1986, 17). In *Neuengland* wuchs DEWEY auf, beeinflusst von den Lebensbedingungen des ländlichen Raumes, der puritanischen Bewegung, dem geistigen Klima nach dem amerikanischen Bürgerkrieg sowie den Ideen des Darwinismus.[97] Nach Abschluss der Highschool studierte er, arbeitete als Lehrer und begann ein zweites Studium im Fach Philosophie (vgl. a.a.O., 9-11). Im Vordergrund stand die Auseinandersetzung mit den klassischen Überlieferungen, unter anderem mit HEGEL und KANT, d.h. mit „den importierten Denkmustern der Vergangenheit“ (a.a.O., 17). Mit dem Wechsel in den *Mittleren Westen*, zunächst an die Universität von Michigan in Ann Arbor, und der Übernahme einer Dozentur für Philosophie begann 1884 die zweite Phase. 1894 erfolgte dann die Berufung an die Universität von Chicago, die neu gegründet und von einer innovativen Atmosphäre geprägt war. Außergewöhnlich waren vor allem die engen Beziehungen zwischen Universität und Stadt, die mit ihren katastrophalen Verhältnissen als „Untersuchungslabor“ fungierte (SUHR 1994, 13). Sie bot, wie SUHR darlegt, „das ideale Klima für die pragmatistische Philosophie der Praxis, für die Wissenschaft im Dienste der Sozialreform“ (ebd.). Exemplarisch sei hier auf die

---

[95] Der umfassende Ansatz DEWEYs wird bewusst nicht auf den Projektunterricht reduziert. Mit dem Begriff Erziehung wird auf sein pädagogisches Hauptwerk *Demokratie und Erziehung* (DEWEY 2000) Bezug genommen.

[96] BOHNSACK weist darauf hin, dass DEWEY in einem Zeitraum von 70 Jahren 40 Bücher und insgesamt ungefähr 900 Titel publizierte (vgl. BOHNSACK 1976, 19).

[97] Das Hauptwerk DARWINs über die Entstehung der Arten *On the origin of species by means of natural selection* erschien 1859, im Geburtsjahr DEWEYs.

Gründung einer Versuchsschule, der *laboratory school*, verwiesen. Während der zweiten Phase entwickelte sich neben der pragmatistischen auch die gesellschaftskritische Komponente in DEWEYS Denken. Zentrale Überlegungen bezogen sich auf Entwürfe des zukünftigen Schulwesens und der zukünftigen Gesellschaft. Charakteristisch für die dritte Phase, die 1904 mit der Berufung an die Columbia Universität von *New York* begann, waren pädagogische und politische Aktivitäten – aus erziehungswissenschaftlicher Perspektive ist in diesem Zusammenhang vor allem die Verbindung zur Bewegung der *progressive education* zu nennen –, aber auch ethische, logische, ästhetische, religions- und naturphilosophische Interessen. Die internationale Sicht der Dinge, die zunehmend DEWEYS Denken kennzeichnete, resultierte unter anderem aus zahlreichen Auslandsaufenthalten und Gastprofessuren (vgl. SCHREIER 1986, 16f.).

Der Durchbruch zur *pragmatistischen Philosophie* – DEWEY wird neben PEIRCE, JAMES und MEAD als einer der wichtigsten Repräsentanten dieser Richtung genannt – erfolgte während der zweiten Phase. Der Pragmatismus kann als handlungstheoretische Auffassung von Wissenschaft bezeichnet werden, die die Bedeutung wissenschaftlicher Theorien „für praktische, sachbezogene, soziale und sprachliche Handlungsprozesse in konkret-geschichtlichen Umfeldern" thematisiert (SCHÄFER 1997, 1264). Von zentraler Bedeutung sind nicht Materie oder Geist, sondern die Handlung als Ursprung aller Dinge sowie der Prozesscharakter der Wirklichkeit. Die Schaffung der Welt wird von Pragmatisten als gegenwärtiger Vorgang wahrgenommen. Die Welt sei noch nicht und nirgends im Sinne eines Seienden, sie werde vielmehr, sei ein unaufhörlicher Entstehungsprozess (vgl. SCHREIER 1986, 24f.).

Der Pragmatismus fragt, wie SCHÄFER ausführt, nach der Bedeutung von Begriffen, nicht nach der Wahrheit. Dennoch werde der Begriffssinn nicht einfach auf Sinnesdaten oder Handlungen reduziert. PEIRCE beispielsweise erkenne die konstruktive Leistung der Intelligenz und wisse, dass rohe Sinnesdaten bei der Begriffsentstehung intellektuell verarbeitet werden müssten. Es finde eine Gleichsetzung der Begriffe der Dinge mit den Begriffen der Wirkungen der Dinge statt. Die Bedeutung eines Begriffs werde durch die gedachten Wirkungen enthüllt (vgl. SCHÄFER 1997, 1265f.).

Grundsätzlich wird die Existenz absoluter Wahrheit, vorgegebener Normen und letztgültiger Werte im Pragmatismus negiert, wobei allerdings bei seinen Vertretern unterschiedliche Akzentuierungen festzustellen sind. PEIRCE vertritt die

Idee einer unendlichen Gemeinschaft der Forschenden, der es möglich ist, im Prozess Wahrheit zu erkennen, und führt „die Entwicklung konkreter Vernünftigkeit als die dem Prozeß innewohnende Hoffnung“ an (SCHREIER 1986, 39). Hingegen stellt JAMES die „unmittelbare Nützlichkeit für die Lebenserfüllung des einzelnen“ (ebd.) in den Vordergrund seiner Überlegungen und benennt dabei nicht Grundwerte, sondern zahlreiche einzelne Befriedigungen.

DEWEY beschreibt seine Auffassung von Wahrheit folgendermaßen:

> „*Wenn* Ideen, Bedeutungen, Konzeptionen, Begriffe, Theorien, Systeme Instrumente für eine aktive Reorganisation der gegebenen Umgebung sind, für die Beseitigung eines bestimmten Problems und einer spezifischen Verwirrung, dann liegt die Überprüfung ihrer Gültigkeit und ihres Wertes in der Verrichtung dieser Aufgabe. Sind sie in dieser Funktion erfolgreich, dann sie sind verläßlich, haltbar, gültig, gut, wahr. Gelingt es ihnen nicht, die Verwirrung zu beseitigen, Mängel zu beheben, steigern sie die Konfusion, Ungewißheit und das Übel sogar noch, wenn man ihnen gemäß handelt, sind sie falsch. Bestätigung, Vergewisserung, Verifikation liegt in den Werken, den Konsequenzen. Schön ist, wer schön handelt. An ihren Früchten sollt ihr sie *erkennen*. Das, was uns zuverlässig (truly) führt, ist wahr – die bewiesene Fähigkeit zu solcher Anleitung ist genau das, was mit Wahrheit gemeint ist.“ (DEWEY 1989, 199f.)

Der Pragmatismus soll nach Auffassung seiner Vertreter zu einer Überwindung des Gegensatzes zwischen Realismus und Idealismus führen, die, wie SCHÄFER darlegt, in einer dialektischen Argumentation beschrieben werden kann. Die These des Realismus, die von der Widerständigkeit der Realität ausgeht, und die Antithese des Idealismus, die eine in der Vorstellung gegebene Realität „als Ergebnis eines konstitutiven Erkenntnisprozesses“ annimmt (SCHÄFER 1997, 1266), werden von PEIRCE in der unbegrenzten Experimentier- und Interpretationsgemeinschaft der Forschenden, die sowohl den Widerstand der Realität akzeptieren als auch Realität definieren, als Synthese aufgehoben. Allerdings werde so der Konvergenzpunkt von Realität und Wahrheit, von Realismus und Idealismus der Gegenwart entzogen und in eine ferne Zukunft verlegt (vgl. ebd.).

DEWEYs theoretische und praktische Auseinandersetzung mit *pädagogischen Fragestellungen* ist sowohl der zweiten als auch der dritten Phase zuzuordnen. In Michigan entwickelte er, auch auf Grund der Beobachtung seiner eigenen sechs Kinder, ein Interesse an Erziehungsfragen und verfasste gemeinsam mit einem Kollegen die ersten Bücher über Erziehung. Sein Wechsel an die Universität von Chicago war unter anderem in dem dortigen Zusammenschluss der Fächer Pädagogik, Philosophie und Psychologie begründet. In Chicago war es ihm durch die finanzielle Unterstützung einer Gruppe von Eltern möglich, die *laboratory school* als Versuchsschule zu gründen (vgl. SUHR 1994, 14). Mit den Schriften, die aus dieser Arbeit entstanden, gewann DEWEY Einfluss auf die Bewegung der *progressive education*,[98] die sich in den zwanziger Jahren über Nordamerika ausbreitete. In New York hatte er neben seiner Tätigkeit an der Columbia Universität zunächst einen zusätzlichen Lehrauftrag an der Pädagogischen Hochschule, dem *Teacher's College*, das mit der Zeit zu einer Hochburg dieser Bewegung wurde und an dem später KILPATRICK, ein Schüler DEWEYS, als Professor lehrte. 1926 wurde DEWEY zum Ehrenpräsidenten der *Progressive Education Association* ernannt und bekleidete diese Position bis zu seinem Tode (vgl. SCHREIER 1986, 14f.). Dennoch stand er den konkreten Veränderungen, die in den fortschrittlichen Schulen auf der Grundlage der Kritik am traditionellen Schulwesen durchgeführt wurden, teilweise kritisch gegenüber.

> „Hiermit ist bereits angedeutet, daß die allgemeinen Prinzipien der neuen Erziehung aus sich selbst heraus die Probleme der Struktur und Organisation der fortschrittlichen Schulen nicht zu lösen vermögen. Vielmehr stellen sie uns vor Fragen, die wir auf der Grundlage einer neuen Philosophie der Erfahrung bearbeiten müssen. Die Probleme werden nicht einmal erkannt, ganz zu schweigen von ihrer Lösung, wenn angenommen wird, es genüge, die Ideen und Praktiken der alten Erziehung abzulehnen und dann zum anderen Extrem weiterzugehen." (DEWEY 1963, 36)

OELKERS weist zudem darauf hin, dass DEWEY keine der radikalen Positionen der *child-centeredness* vertritt, die sich entweder „auf eine obsolete Anthropologie der ‚natürlichen Entwicklung'" berufen oder die Wissensbedingungen, d.h. den Zusammenhang von Bildung und Demokratie, unterlaufen (OELKERS 2000b, 312).

2.3.2 Vorstellung von Schule und Unterricht

In der *Kritik am traditionellen Schulwesen* stimmt DEWEY mit der Bewegung der *progressive education* überein, auch wenn er selbst mit seiner philosophischen Grundlegung der Erziehung wesentlich differenziertere Vorstellungen von Schule und Unterricht entwickelt, die weit über die Ablehnung des Alten

[98] Wie SCHREIER ausführt, steht der Name *Progressive Erziehung* „für den Versuch, das öffentliche Schulwesen planvoll zu einem Instrument derartigen Fortschritts zu machen, der mit der Erfahrungsentfaltung eine Vertiefung und Erweiterung, eine Bereicherung und Durchdringung des gesamten Prozesses zu befördern anstrebte" (1986, 74). Der Schwerpunkt der ersten Phase dieser Bewegung liegt bei den Interessen des Kindes; in der zweiten Phase stehen gesellschaftliche und politische Fragen im Vordergrund (vgl. a.a.O., 74f.).

hinausreichen. Kritikpunkte sind unter anderem, dass die systematische schulische Belehrung „lebensfern und tot, abstrakt und buchmäßig“ sei (DEWEY 2000, 24), dass der Lehrstoff von der außerschulischen Lebenserfahrung getrennt werde und man die Interessen der Gesellschaft aus den Augen verliere (vgl. ebd.), dass es zu häufig darum gehe, sich Wissen zur Wiedergabe bei Prüfungen anzueignen – DEWEY spricht in diesem Zusammenhang vom „‚Speicher'-Ideal des Wissens“ (a.a.O., 211) –, nicht jedoch im Sinne von wirklicher Erkenntnis. Für problematisch erachtet werden weiterhin die schulischen Rahmenbedingungen, der fehlende Raum zum praktischen Arbeiten und die hohe Schülerzahl in den einzelnen Klassen sowie die Gleichförmigkeit der Methoden und Inhalte. Der Schwerpunkt der traditionellen Erziehung liege außerhalb des Kindes (vgl. DEWEY 1905, 21-23).

In einer Vorlesung über den „Ausweg aus dem pädagogischen Wirrwarr“ (vgl. DEWEY 1935a) setzt sich DEWEY mit der traditionellen Schule auseinander, die Wissen in Schulfächern klassifiziert und es im Unterschied zu den Wissenschaften nicht vermag, Zusammenhänge zwischen den einzelnen Fächern aufzuzeigen. In diesem Kontext entwickelt DEWEY eine eigene *Vorstellung von Schule und Unterricht*:

> „Für einen Widersacher ist es recht und billig zu fragen, was der Ersatz, die Alternative für die Organisierung der Fächer auf der Grundlage des Festhaltens an traditionellen Einteilungen und Klassifikationen des Wissens ist. Die Antwort, die am weitesten in die Opposition geht, findet man in der Bezugnahme auf die sogenannte ‚Projekt'-, ‚Problem'- oder ‚Situations'methode, die jetzt zur Probe in viele Elementarschulen aufgenommen worden ist. Ich werde später andeuten, daß ich nicht glaube, daß dies die einzige Alternative ist. Aber die Methode hat gewisse Charakteristika, die bezeichnend für jeden beliebigen Plan zum Wechseln sind, der angenommen werden mag, und demgemäß werde ich die Aufmerksamkeit auf diese Züge lenken.“ (DEWEY 1935a, 96f.)

Es sei möglich, Probleme und Projekte mit Bezug zu den Fähigkeiten und Erfahrungen der Lernenden zu finden, die neue Fragen aufwerfen und Verlangen nach neuem Wissen hervorrufen. Dabei gehe es nicht um feststehendes, isoliertes Wissen, sondern um Inhalte, die je nach Bedarf unterschiedlichen Bereichen entnommen werden könnten, d.h. um fächerübergreifendes Lernen. Wichtiger als die formalen Beziehungen innerhalb eines Gebietes ist für DEWEY die Beobachtung des Einflusses und der Wirksamkeit des Erworbenen. Charakteristisch ist außerdem die sowohl geistige als auch praktische Aktivität des Lernenden (vgl. a.a.O., 97f.).[99]

Schule hat darüber hinaus nach DEWEYs Vorstellung eine *embryonic society*, ein Modell der Gesellschaft zu sein. Man bietet ihr durch die Einführung praktischer Tätigkeiten die Möglichkeit, sich mit dem Leben zu verbinden, nicht nur ein Ort zu sein, an dem man Aufgaben mit einem entfernten Bezug zur Zukunft löst. Sie kann so eine Miniaturgemeinschaft werden. Auf dieser Grundidee müsse sie aufbauen und „neue Quellen methodischer Belehrung" entwickeln (DEWEY 1905, 11). Hintergrund dieser Auffassung von Schule ist die Verbindung von Erziehung und Demokratie, die Erziehung durch und zur Demokratie, die DEWEYs Denken auszeichnet.

2.3.3 Legitimatorischer Aspekt

Konstitutiv für die Legitimation der DEWEY'schen Konzeption ist der *Zusammenhang von Philosophie und Erziehung*, der sich in der Definition der Philosophie als „Theorie der Erziehung in ihrer allgemeinsten Gestalt" niederschlägt (DEWEY 2000, 426; im Original hervorgehoben). Folglich lassen sich Parallelen zwischen DEWEYs philosophischer Intention der Erneuerung der Philosophie im Sinne des Pragmatismus (vgl. DEWEY 1989)[100] und seinen pädagogischen

---

[99] Häufig findet man, insbesondere in Deutschland, für DEWEY die Bezeichnung „Vater der Projektmethode" (SCHREIER 1986, 76; KNOLL 1992, 89; SPETH 1997, 19). Damit werden jedoch ältere Wurzeln der Projektidee nicht berücksichtigt, die, wie KNOLL darlegt, schon über 300 Jahre alt ist und ursprünglich aus Europa stammt. Projekte waren als Wettbewerbe Ergänzung der akademischen Ausbildung von Architekten in Italien. Die Merkmale, die beispielsweise Projekte der Academia di San Luca in Rom charakterisierten, haben bis heute Gültigkeit: Schüler-, Wirklichkeits- und Produktorientierung. Da die Teilnahme an den Projekten nicht integraler Bestandteil der Ausbildung war und jedem Architekten offen stand, kann noch nicht von einer regulären Unterrichtsmethode gesprochen werden. Anders war die Situation an der Pariser Académie Royale d'Architecture, der Tochterschule der Academia di San Luca, an der die Teilnahme am Wettbewerb ausschließlich immatrikulierten Studenten möglich war. Neben einem freiwilligen Jahreswettbewerb für die besten Studenten wurde ein obligatorischer Monatswettbewerb eingeführt, mit dem die Projektarbeit ins Zentrum der Ausbildung rückte. Am Ende des 18. Jahrhunderts wurde die Projektidee von den Hochschulen für Technik und Industrie zunächst in Europa, ab Mitte des 19. Jahrhunderts auch in den Vereinigten Staaten von Amerika übernommen. Dieser Ansatz sollte vor allem praktisches Lernen bzw. Problemlösen ermöglichen (vgl. KNOLL 1993; 1991, 1992, 1995a; 1995b).

[100] Die DEWEY'sche Kritik an der traditionellen Philosophie fasst SUHR zusammen. Er führt den apologetischen Charakter auf Grund einer Verbindung mit den Interessen der herrschenden Klassen, die Neigung zu unerschütterlichen Gewissheiten sowie die daraus resultierende Neigung zum Dualismus als wesentliche Punkte an (vgl. SUHR 1994, 43f.).

Überlegungen aufzeigen. Zentrale Elemente sind hierbei der Begriff der Erfahrung, die Überwindung von Dualismen sowie die Ablehnung absoluter, letztgültiger Ideen.

Unter *Erfahrung*[101] versteht DEWEY „die Gesamtheit der aktiven Beziehungen, die zwischen einem menschlichen Wesen und seiner natürlichen und sozialen Umwelt bestehen“ (2000, 357). Der Begriff umfasst das Ausprobieren und Versuchen ebenso wie das Erleiden und Hinnehmen, enthält daher sowohl eine aktive als auch eine passive Komponente, die wechselseitig aufeinander bezogen sind. Handlungen müssen, wenn sie Erfahrungen darstellen sollen, bewusst mit ihren Folgen in Beziehung gebracht werden (vgl. a.a.O., 186; 1980, 57). Erfahrung kann im Sinne von JAMES als „doppelläufiges Wort“ bezeichnet werden (DEWEY 1995, 25):

> „Wie seine Artverwandten, Leben und Geschichte, schließt es ein, *was* Menschen tun und leiden, *was* sie ersehnen, lieben, glauben und ertragen, und ebenso, *wie* Menschen handeln und wie sie behandelt werden, die Arten und Weisen, *wie* sie tun und leiden, wünschen und genießen, sehen, glauben, phantasieren – kurzum, Prozesse des *Erfahrens*.“ (DEWEY 1995, 25)

DEWEY spricht in Bezug auf die Doppelläufigkeit von der primären Ganzheit der Erfahrung, die keine Trennung von Akt und Material, Subjekt und Objekt kenne, sondern beide in einer unanalysierten Totalität enthalte (ebd.).

Erfahrung ist für DEWEY durch die Prinzipien der Kontinuität und der Wechselwirkung charakterisiert, die als Längs- und Querschnitt jeweils unterschiedliche Aspekte hervorheben. Zum einen sei ein universell gültiger, kontinuierlicher Prozess der Beeinflussung zu konstatieren: Die Qualität jeder Erfahrungen basiere auf den ihr vorausgehenden Erfahrungen und beeinflusse zugleich die ihr

---

[101] Eine differenzierte Darstellung der Erfahrung, der *experience*, in DEWEYs Werk findet sich beispielsweise bei BOHNSACK (vgl. 1976, 28-46). BRANDT stellt den Erfahrungsbegriff unter besonderer Berücksichtigung der Beziehung zur Natur dar (vgl. 2000, 80-89). Die Verwendung des Begriffs der Erfahrung, nicht der damit verbundenen Inhalte, wird von DEWEY selbst in seinen Ausführungen zu *Erfahrung und Natur* kritisch bewertet. Er würde, wenn er das Buch neu schreiben müsse, den Terminus der *Erfahrung* aufgeben und ihn durch den der *Kultur* ersetzen, dessen Sinn seine Philosophie der Erfahrung tragen könne. Erfahrung wurde seiner Meinung nach mit Erlebnis in einem psychologischen Sinn identifiziert, wobei mit dem Psychologischen ausschließlich das Psychische, Mentale und Private gemeint war. Der Begriff *Kultur* schließe das Materielle und das Ideelle in ihren wechselseitigen Beziehungen ein (vgl. DEWEY 1995, 450-453). „Der Name ‚Kultur’ in seinem anthropologischen [...] Sinne bezeichnet den umfassenden Bereich der Dinge, die in einer unbestimmten Vielfalt von Formen erfahren werden. Er besitzt als Name genau jenes System von inhaltlichen Bezügen, die ‚Erfahrung’ als Name verloren hat“ (a.a.O., 451).

nachfolgenden Erfahrungen. Zum anderen seien Mensch und Umwelt nicht isoliert, sondern in ihrer wechselseitigen Abhängigkeit zu sehen. Demzufolge werden die subjektiven und die objektiven Bedingungen, die in ihrem Wechselspiel die Erfahrung erst bilden, von DEWEY für gleichwertig erachtet (vgl. 1963, 44-61). Erfahrungen als Interaktionen von Subjekt und Objekt, von Selbst und Welt sind für DEWEY weder ausschließlich körperlich noch ausschließlich geistig, sondern umfassen, auch wenn ein Faktor dominiert, stets beide Komponenten (vgl. 1980, 288).

Der Erfahrungsbegriff dient als Grundlage für die Definition der *Erziehung*[102] als „diejenige Rekonstruktion und Reorganisation der Erfahrung, die die Bedeutung der Erfahrung erhöht und die Fähigkeit, den Lauf der folgenden Erfahrung zu leiten, vermehrt" (DEWEY 2000, 108). Mit dem Zuwachs an Bedeutungen werden vermehrt Beziehungen und Zusammenhänge wahrgenommen. Außerdem entwickelt sich die Fähigkeit zur Beherrschung der Folgen (vgl. a.a.O., 108f.).[103] Dennoch kann nicht von einer vollständigen Analogie von Erziehung und Erfahrung ausgegangen werden, da es, wie DEWEY ausführt, auch erziehlich negative Erfahrungen gibt, die eine Störung im Prozess der Erfahrung darstellen. Als Maßstab für die pädagogische Bedeutung der Erfahrung werden die Prinzipien der Kontinuität und der Wechselwirkung genannt. Bei der Erziehung ist einerseits die Zukunft zu berücksichtigen, d.h. den Schülern sollen Erfahrungen in der Gegenwart ermöglicht werden, die durch ihre günstige Wirkung auf die Zukunft vorbereiten. Andererseits soll eine Wechsel-

---

[102] Das englische Wort *education* kann sowohl mit Erziehung als auch mit Bildung übersetzt werden. OELKERS weist allerdings im Rahmen seiner Darstellung des Zusammenhangs von Demokratie und Bildung darauf hin, dass *education* nicht mit den Konnotationen des deutschen Wortes Bildung verträglich sei. „Für DEWEY nämlich bezieht sich Bildung auf die persönlichen Interessen an sozialen Beziehungen und auf ‚habits of mind', die auf Wandel eingestellt sind, ohne soziale Unordnung zu provozieren" (2000a, 338).

[103] Mit seiner in der Definition begründeten Auffassung, „daß der Vorgang der Erziehung kein Ziel außerhalb seiner selbst hat" (DEWEY 2000, 75), grenzt sich DEWEY von anderen, seiner Meinung nach einseitigen Erziehungstheorien ab, die durch ihre Orientierung an einem feststehenden Ziel einen statischen Charakter haben und entweder das Individuum oder die Inhalte, nicht jedoch ihre Wechselwirkung in den Vordergrund stellen. Eine einseitige Betonung des Individuums findet sich in Theorien, die Erziehung als Vorbereitung auf die Pflichten und Rechte des Erwachsenenlebens, als Entfaltung vorhandener Kräfte mit dem Ziel der Vollkommenheit oder als Schulung formaler Fähigkeiten verstehen. Demgegenüber stehen Theorien, die Erziehung als Aufbau des Geistes durch von außen dargebotene Inhalte oder als biologische bzw. kulturelle Wiederholung der Vergangenheit sehen und damit den Inhalten eine Vorrangstellung einräumen (vgl. a.a.O., 80-113).

wirkung zwischen dem Individuum und den vom Erzieher in einem bestimmten Ausmaß steuerbaren objektiven Umweltbedingungen stattfinden können (vgl. DEWEY 1963, 38, 56-61). Wenn DEWEY die Erweiterung der Erfahrung als Aufgabe der Erziehung bezeichnet, dann versteht er darunter eine auf Reflexion basierende Entwicklung von der empirischen zur experimentellen Haltung,[104] die von starren Traditionen befreit (vgl. 1951, 164f.).

Bei seinen Ausführungen zur Notwendigkeit einer *Verbindung von Schule und Leben* rekurriert DEWEY ebenfalls auf den Erfahrungsbegriff. Die Isolation der Schule, die für ihn aus der Problematik resultiert, dass Schüler weder die außerhalb der Schule gesammelten Erfahrungen in der Schule noch die in der Schule gesammelten Erfahrungen im täglichen Leben verwenden können, ist aufzuheben (vgl. DEWEY 1905, 43). Weil die Erfahrung der Schüler in der Regel nicht fachspezifisch ist – Klassifikation ist laut DEWEY keine Sache der Kindeserfahrung (vgl. 1935c, 14) –, werden über eine Verbindung von Schul- und Lebenserfahrungen auch Bezüge zwischen den einzelnen Unterrichtsinhalten geschaffen bzw. Fachgrenzen aufgehoben.

> „So würde die Schule ein organisches Ganze [sic] werden, statt eine Reihe isolierter Teile zu sein, würde die Vereinzelung der Lehrstoffe sowohl, als auch die der verschiedenen Arten der Schulen verschwinden. Erfahrung hat ihre geographischen Beziehungen, ihre künstlerischen, ihre literarischen, ihre naturwissenschaftlichen und ihre geschichtlichen Seiten. [...] Wir leben in einer Welt, wo alle diese Beziehungen zusammengefaßt sind. Alles Forschen und Lernen erwächst aus dem Verhältnis zu dieser einen großen, allgemeinen Welt. Wenn das Kind in verschiedenartiger, aber konkreter und tätig enger Verbindung mit dieser allgemeinen Welt lebt, so ist sein Lernen naturgemäß einheitlich. Es wird nicht länger eine pädagogische Aufgabe sein, die verschiedenen Lehrfächer in Beziehung zu einander zu bringen. [...] Man bringe die Schule in Beziehung zum Leben, und alle Studien stehen naturgemäß unter einander in enger Beziehung.“ (DEWEY 1905, 54)

Demzufolge dient die Kategorie der Erfahrung auch der Legitimation fächerübergreifenden Arbeitens.

Ein weiterer wichtiger Aspekt der DEWEY'schen Philosophie ist die Auseinandersetzung mit *Dualismen* und der Möglichkeit ihrer Überwindung. Als histori-

---

[104] Von DEWEY wird die empirische Erfahrung, die durch eine zufällige Wahrnehmung, Verwendung und Anwendung, durch eine fehlende Einsicht in die Beziehung von Ursache und Wirkung, Mittel und Folge gekennzeichnet ist, als nicht-rational und unwissenschaftlich bezeichnet und von der experimentellen Erfahrung abgegrenzt, die sich „durch das Verstehen der Bedingungen und ihrer Konsequenzen“ auszeichnet (1989, 85).

schen Hintergrund beschreibt DEWEY die griechische Gesellschaft mit ihrer Trennung von Arbeit und Muße, von Gewerbe und Kontemplation, von Praxis und Theorie. Auf Grund einer Übertragung der sozialen Spaltung auf den metaphysischen Bereich erfolgte eine Differenzierung zwischen abhängigen Dingen, die nur Mittel sind, und unabhängigen Dingen, die Zwecke sind. Erstere könne man nicht an sich erkennen, „sondern nur in ihrer Unterordnung unter finale Objekte", letztere könne man „in und durch sich selbst durch die in sich selbst ruhende Vernunft" erkennen (DEWEY 1995, 130). Dies hat für DEWEY die Identifikation von Wissen mit ästhetischer Kontemplation und den Ausschluss praktischer Ansätze aus der Wissenschaft zur Folge (vgl. ebd.; 1998, 8f.; 2000, 329-334; 343-348).[105]

Die Möglichkeit einer Überwindung der Dualismen liegt nach Ansicht DEWEYs in der Erfahrung begründet, die sich für ihn somit auch in diesem Zusammenhang als grundlegende Kategorie erweist. Zunächst musste der Dualismus von praktischer Erfahrung und geistiger Erkenntnis, der mit einer Abwertung der Erfahrung und damit auch des praktischen Tuns verbunden war, thematisiert werden. Eine Umkehrung des Verhältnisses von Erfahrung und Denken, die der Erfahrung Priorität einräumte und Vernunft, allgemeine Prinzipien oder apriorische Begriffe als leer oder veraltet bezeichnete, fand im 17. und 18. Jahrhundert statt. Allerdings erfolgte dabei, wie DEWEY darlegt, eine Reduktion der Erfahrung auf eine Art des Erkennens ohne die ursprünglich wesentliche praktische Dimension. Daraus resultierte ein im Verhältnis zur griechischen Philosophie größerer Intellektualismus, ein fast ausschließliches Interesse am Erkennen als solchem. Als zweiter Aspekt dieser Umkehrung wird eine rezeptive Auffassung des Geistes genannt, da Erfahrung nur ein Mittel war, „um die Wahrheit auf die Dinge, auf die Natur zu begründen" (DEWEY 2000, 350). Nur ein passiver Geist ermöglicht eine nahezu getreue Abbildung von Gegenständen. Der Empirismus wurde zu einer sensualistischen Theorie, die unter Erkennen allein das Aufnehmen und Verbinden von Sinneseindrücken verstand (vgl. a.a.O., 348-350).

Erst mit einer veränderten Auffassung von Erfahrung als Ergebnis des Experimentierens wird die Polarität von Erfahrung und Erkenntnis aufgegeben.

> „Die neue Theorie erneuert die Ansicht der antiken Welt, daß Erfahrung in erster Linie nicht Sammlung von Kenntnissen, sondern ihrem Wesen nach praktisch ist, nämlich eine Angelegenheit des Handelns und des Erleidens der Folgen, die sich

[105] Vgl. Kap. 2.3.9.

> aus dem Handeln ergeben. Die alte Theorie wird jedoch umgestaltet durch die Erkenntnis, daß das Tun in bestimmter Weise geleitet werden kann, nämlich so, daß es alle Ergebnisse des Denkens in sich aufnimmt und zu einer zweifelsfreien, an der Wirklichkeit nachgeprüften Erkenntnis führt. Erfahrung ist dann nicht mehr bloß empirisch, sondern wird experimentell. Das Denken bleibt nicht eine weltfremde und ideale Fähigkeit, sondern bedeutet nun die Gesamtheit aller derjenigen Mittel, durch die das Handeln sinnvoll gemacht wird.“ (DEWEY 2000, 361)

In der experimentellen Auffassung von Erfahrung sind demzufolge Theorie und Praxis aufeinander bezogen, sind die Dualismen aufgehoben. Die Wechselwirkung von Erkennen und Handeln wird von DEWEY im Gegensatz zu einer Verabsolutierung des Denkens, aber auch zu einer Tätigkeit um ihrer selbst willen betont.

Die Überwindung von Dualismen in der Philosophie ist für DEWEY eine Basis für ihre Überwindung in der Pädagogik. Er konstatiert zunächst eine Entsprechung der pädagogischen und der philosophischen Gegenüberstellungen. Den Bereichen Geist und Welt, die dualistischen Theorien gemäß voneinander unabhängig sind, werden seiner Meinung nach bestimmte, mit ihnen in Zusammenhang stehende Unterrichtsfächer zugewiesen (vgl. DEWEY 2000, 362). Ebenfalls spricht er von unterschiedlichen Bildungsauffassungen, die einander gegenüberstehen: die literarische und die technisch-naturwissenschaftliche Bildung bzw. die allgemein-kulturelle und die berufliche Bildung. Stattdessen solle eine gegenseitige Befruchtung von naturwissenschaftlichen und humanistischen Fachgebieten erfolgen. Außerdem müsse in einer demokratischen Gesellschaft die Scheidung im Bildungswesen überwunden werden (vgl. a.a.O., 372; 377; 397). DEWEY hält es für eine Aufgabe der Erziehung, alle Glieder einer menschlichen Gemeinschaft sowohl zum Erwerb des Lebensunterhaltes als auch zum Genuss der Möglichkeiten, die die Muße bietet, zu befähigen. Auch wenn hinsichtlich der Lehrstoffe den beiden Zwecken entsprechend Schwerpunkte gesetzt werden, sind Verbindungen zwischen den Bereichen zu schaffen (vgl. a.a.O., 329). Die Überwindung der Dualismen legitimiert nach Ansicht DEWEYs folglich neben einer Reform der Bildungsgänge auch eine Verbindung unterschiedlicher Unterrichtsfächer bzw. -bereiche.

Mit der Kritik an Dualismen erfolgt zugleich eine *Ablehnung der Existenz reiner Ideen bzw. einer reinen Vernunft*. Jeder Gedanke stellt für DEWEY eine der Welt zugewandte Bewegung dar und hat somit eine praktische Dimension (vgl. 1954, 34). Denken und Handeln sind seiner Meinung nach stets aufeinander bezogen. Intelligenz bedeutet demnach, dass das Handeln indirekt geworden ist. Es sei weiterhin offen, werde aber in die Bahnen einer Überprüfung der Bedingungen sowie provisorischer und vorbereitender Handlungen gelenkt. Denken könne somit als Verzögerung des Handelns bezeichnet werden, des Handelns das endgültig sei und unwiderrufliche Konsequenzen habe. Damit werde eine zweifelhafte, problematische Situation zu einem Problem (vgl. DEWEY 1998, 223). Als pädagogische Konsequenz dieser Position ist eine Ablehnung absoluter Zielsetzungen sowie eine Analogie von Denken und Methode zu konstatieren.[106]

Neben einer philosophischen Legitimation der pädagogischen Konzeption findet sich bei DEWEY auch ein *Rekurs auf gesellschaftliche und schulische Rahmenbedingungen*, aus denen Reformvorschläge abgeleitet werden. Exemplarisch sei auf seinen Vortrag *Der Ausweg aus dem pädagogischen Wirrwarr* verwiesen, in dem er die unterschiedliche Entwicklung der Schulfächer und der Wissenschaften beschreibt. Die Vermehrung der Inhalte und Fächer bzw. Disziplinen führe in der Schule im Gegensatz zu den Wissenschaften zur Isolation der Stoffe, nicht zum Aufzeigen von Zusammenhängen. Als eine mögliche Alternative schlägt DEWEY die Projektmethode vor, die fächerübergreifenden Charakter hat (vgl. 1935a).

2.3.4 Anthropologischer Aspekt

Leben wird von DEWEY in Abgrenzung von Theorien, die eine von der Umwelt unabhängige Betrachtung vornehmen, als umfassender Interaktionsprozess verstanden. Er stellt fest,

> „daß sich das Leben in einer bestimmten Umgebung abspielt; und zwar nicht nur *in* einer Umgebung, sondern auf Grund dieser, durch Interaktion mit ihr. Kein Lebewesen existiert ausschließlich innerhalb des Bereichs seiner eigenen Haut. [...] Leben und Schicksal eines Wesens sind mit den Wechselbeziehungen zu seiner Umgebung verknüpft, und zwar nicht rein äußerlich, sondern auf engste Weise." (DEWEY 1980, 21)

Diese Zusammenhänge sind für ihn auch im Hinblick auf das Lebewesen Mensch von Bedeutung. Ein grundlegendes Charakteristikum der anthropologischen Position DEWEYs ist die *Gleichsetzung von „Mensch-sein" und „In-der-Welt-sein"* sowie die daraus resultierende Wechselwirkung zwischen Mensch und Umgebung (DEWEY 1963, 55; im Original nicht hervorgehoben). Der Mensch wird nicht als monadisches, sondern als relationales Wesen in seinen

---

[106] Vgl. Kap. 2.3.6 und 2.3.8.

Bezügen zur Umgebung wahrgenommen. In DEWEYs Vorstellung vom Individuum[107] sind sowohl dessen Beziehungen und Bindungen als auch dessen Handlungsfolgen integriert, sodass eine isolierte Betrachtungsweise vermieden wird (vgl. 1996, 157f.). Da die Gesamtheit der Beziehungen zwischen Mensch und Umwelt von DEWEY als Erfahrung bezeichnet wird, erweist sich diese für ihn auch als anthropologische Grundkategorie, in der die dualistische Trennung von Subjekt und Objekt aufgehoben ist.[108]

Von DEWEY wird das gesamte Leben, nicht nur die Kindheit, als *Wachstums- bzw. Entwicklungsprozess* verstanden, dessen Ziel nur formal als weiteres Wachstum bzw. weitere Entwicklung beschrieben werden kann. Er spricht von einer falschen Vorstellung, wenn dabei von einer Bewegung auf ein festgelegtes Ziel hin ausgegangen wird. Leben und Wachstum sind gemäß dieser Sicht des Menschen identisch und verweisen auf die grundsätzliche Prozesshaftigkeit des Seins. Als elementare Bedingung des Wachstums wird Unreife angeführt, die für DEWEY jedoch nicht nur einen Mangel zum Ausdruck bringt, sondern zugleich die Fähigkeit zu weiterem Wachstum enthält und somit Entwicklung ermöglicht. Unselbstständigkeit und Bildsamkeit, d.h. „die Fähigkeit, aus der Erfahrung zu lernen" (DEWEY 2000, 68), sind die beiden Schlüssel zum Verständnis der Unreife, die sich gegenseitig bedingen. Die ateleologische Haltung in Bezug auf Wachstum und Entwicklung spiegelt sich in den Ausführungen zur Erziehung wider, die für DEWEY kein Ziel außerhalb ihrer selbst hat und zugleich kontinuierliche Neugestaltung, Neuaufbau und Reorganisation bedeutet (vgl. a.a.O., 64-80).[109]

Aus der ursprünglichen Bildsamkeit des Menschen resultiert die Möglichkeit, *Gewohnheiten*[110] zu erwerben. DEWEY definiert Gewohnheit als

---

[107] Nicht nur der Mensch wird von DEWEY als Individuum bezeichnet. Er sieht ihn jedoch als „Individuum *par excellence*", das „von seinen Assoziationen mit anderen bewegt und gelenkt [wird]; was es tut und welche Folgen sein Verhalten hat, woraus seine Erfahrung besteht, kann nicht einmal isoliert beschrieben, noch weniger erklärt werden" (DEWEY 1996, 158).

[108] Vgl. Kap. 2.3.3.

[109] Vgl. Kap. 2.3.3.

[110] BOHNSACK verweist auf die Problematik der Übersetzung des englischen Wortes *habit*, das im Deutschen weder durch Gewohnheit noch durch Verhaltensform vollständig wiedergegeben wird. „‚Habits' sind problemfreie Beziehungen zwischen Subjektivem und Objektivem. Ihr Wesen der Synthese, der Harmonie als Abstimmung innerer auf äußerer Lebensrhythmen und umgekehrt, greift zugleich über auf die Verfassung dieser beiden Pole. ‚Habits' bedeuten also zweitens Einheit der Person und drittens Einheit der Umwelt. Und schließlich haben sie,

> „Form ausführender Geschicklichkeit, erfolgreichen Tuns. Sie bedeutet eine Fähigkeit, natürliche Umstände als Mittel zu einem bestimmten Ziele zu benutzen. Sie ist die tätige Beherrschung der Umgebung durch die Beherrschung der handelnden Organe." (DEWEY 2000, 70f.)

Er betont, dass es sich bei einer Gewohnheit nicht nur um eine im Organismus bewirkte, vorwiegend passive Veränderung handelt, sondern um die Möglichkeit der aktiven Umgestaltung der Umgebung, und verweist somit auf den dynamischen Zusammenhang von Individuum und Umwelt, der auch den Gewohnheitsbegriff kennzeichnet. Gewohnheiten haben für DEWEY neben einer motorischen auch eine intellektuelle und moralische Dimension und werden somit in einem umfassenden Sinn verstanden. Für problematisch erachtet wird die Bildung von Routinegewohnheiten, wenn diese die Bildsamkeit und die Variationsfähigkeit aufheben und dadurch den Entwicklungsprozess blockieren. Nur eine Umgebung, die den vollen Gebrauch der Intelligenz bei der Gewohnheitsbildung sicherstelle, könne dieser Tendenz entgegenwirken (vgl. a.a.O., 71-75).

Gewohnheiten werden von DEWEY als „Hauptquelle menschlichen Handelns" bezeichnet (1996, 136). Die Gewohnheitsbildung wird als anthropologisches Charakteristikum betrachtet:

> „Der Einfluß der Gewohnheit ist entscheidend, weil alles spezifisch menschliche Tun erlernt werden muß, und die Seele, das Fleisch und Blut des Lernens sind gerade die Erzeugung von Angewohnheiten. Gewohnheiten binden uns an geordnete und gesicherte Handlungsweisen, weil sie die Muße, das Geschick und das Interesse für Dinge erzeugen, an die wir uns gewöhnt haben, und weil sie Angst verursachen, neue Wege zu gehen, und weil sie uns daran hindern, solche auszuprobieren. Gewohnheit schließt den Gebrauch des Denkens nicht aus, aber es bestimmt seine Bahnen. Das Denken ist in den Zwischenräumen der Gewohnheiten versteckt." (DEWEY 1996, 137)

2.3.5 Interpersoneller Aspekt

Interaktion ist für DEWEY eine allgemeine, nicht nur eine menschliche Form der Existenz. Alles, was existiere, sei in Interaktion mit anderen Dingen. Das spezifisch Menschliche sind demnach nicht Interaktionen an sich, sondern die Konsequenzen aus den typischen Strukturen menschlicher Vergemeinschaftung und die besondere Qualität der Verbindung, die Partizipation (vgl. DEWEY 1995, 175).

---

als ‚Kontinuität' im aufgezeigten engeren Sinne, eine zeitliche Dimension und meinen dann die Identität des Individuellen über den vergänglichen Augenblick hinaus und insofern ebenfalls Einheit" (BOHNSACK 1976, 41).

Eine soziale Gruppe im eigentlichen Sinn erfordert laut DEWEY Beziehungen, die nicht dem Zusammenwirken von Maschinenteilen gleichen, sondern durch ein wechselseitiges Anteilhaben an Zwecken, durch eine Gemeinsamkeit der Interessen gekennzeichnet sind. Interaktion ist somit gleichbedeutend mit einer Erweiterung und Veränderung der Erfahrung. Man kann an den Gedanken und Gefühlen anderer Anteil gewinnen und dadurch eine Modifikation der eigenen Haltung erfahren. In diesem Sinne wirkt das soziale Leben bildend (vgl. DEWEY 2000, 20f.).

Von grundlegender Bedeutung für soziale Gruppen ist die Möglichkeit und Notwendigkeit der *Kommunikation*. Durch das Geben und Nehmen der Kommunikation könne sich der Mensch als Individuum der Zugehörigkeit zu einer Gemeinschaft bewusst werden, d.h. lernen, menschlich zu sein. Kommunikation diene der Überwindung des Egoismus und somit der Weiterentwicklung menschlicher Gemeinschaft. Die „Vervollkommnung der Mittel und Wege der Kommunikation von Bedeutungen" (DEWEY 1996, 134) wird als einzig mögliche Lösung der Probleme gesehen, die sich aus der gegenseitigen menschlichen Abhängigkeit ergeben. Durch das gemeinsame Interesse an den Konsequenzen interdependenter Aktionen könne damit eine das Handeln lenkende Durchdringung der Wünsche und Bestrebungen erreicht werden (vgl. a.a.O., 133f.).

> „Kommunikation ist der Prozeß, der Partizipation schafft, der gemein macht, was isoliert und für sich war; und ein Teil des Wunders, das sie bewirkt, ist der Umstand, daß im Prozeß der Kommunikation die Vermittlung einer Bedeutung eine Gestalt gewinnt und Bestimmtheit für die Erfahrung von jemand, der sich äußert, wie auch für jemandes Erfahrung, der zuhört." (DEWEY 1980, 286)

DEWEY setzt sich als Vertreter der amerikanischen Schulreformbewegung für *veränderte unterrichtliche Interaktionsformen* ein, fordert jedoch keine vollständige Symmetrie zwischen Schülern und Lehrern. Grundsätzlich betrachtet er Führung, d.h. die Unterstützung der natürlichen Fähigkeiten des Individuums durch die geregelte Mitwirkung anderer, als wichtige Funktion der Erziehung, wobei er eine Differenzierung zwischen leitendem Beistand und Regulierung bzw. Beherrschung vornimmt. Außerdem wird eine Beschränkung der bewussten Führungsakte auf schwer kontrollierbare instinktive oder triebmäßige Handlungen empfohlen. Das Vorhandensein der sozialen Atmosphäre, in der das Individuum existiere, sei die dauernde und wirksame Macht, die seine Betätigungen dirigiere (vgl. DEWEY 2000, 42-48). Die grundlegenden Führungsinstrumente bestehen für DEWEY in den Gewohnheiten des Verstehens, die sich durch einen dem Verhalten des anderen entsprechenden Gebrauch von Gegenständen entwickeln, und sind somit intellektueller, nicht persönlicher Art (vgl. a.a.O., 55).

Als Alternative zur Herrschaft der Erwachsenen wird von DEWEY im Gegensatz zur Position der *child-centered*-Schule nicht die Herrschaft des Kindes propagiert. Man müsse loskommen „von jeder Art von Personenherrschaft und bloßer persönlicher Kontrolle" (DEWEY 1935d, 202). Stattdessen soll Erziehung Erfahrungen ermöglichen, an denen sowohl Schüler als auch Lehrer teilnehmen. Wegen seiner Reife und seines Wissens werde der Lehrer dabei als natürlicher Leiter akzeptiert. Im Hinblick auf die Kontrolle individueller Handlungen ist die gesamte Situation, nicht nur der Lehrer relevant.

> „In einer wohlgeordneten Schule stützt sich also der Hauptverlaß der Kontrolle auf die Handlungen und auf die Situationen, in denen diese Handlungen durchgeführt werden. Der Lehrer beschränkt die Gelegenheiten, in denen er seine persönliche Autorität ausüben muß, auf ein möglichst geringes Maß. Wenn es, zum zweiten, nötig ist, feste und eindeutige Anordnungen zu geben, dann geschieht dies im Interesse der Gruppe und nicht als ein Zurschaustellen der persönlichen Macht. Dies ist der Unterschied zwischen einer willkürlichen und einer fairen Handlungsweise." (DEWEY 1963, 65)

Die intellektuelle Kontrolle durch objektive Unterrichtsinhalte bzw. Situationen ist für DEWEY letztlich die Grundlage für Freiheit, die von der äußeren teilweise mit Zügellosigkeit oder Unabhängigkeit verwechselten Handlungs-, Rede- und Bewegungsfreiheit zu unterscheiden ist und eine Partizipation an den Betätigungen der Gemeinschaft ermöglicht (vgl. 1935d, 203; 2000, 391).

2.3.6 Intentionaler Aspekt

Bei DEWEY findet sich eine grundsätzliche Auseinandersetzung mit der Problematik der Erziehungsziele, in der seine pragmatistische Position deutlich wird. Er beschreibt unter anderem den *Entstehungsprozess von Zielen*, dessen Anfang seiner Meinung nach in der Unzufriedenheit mit einer aktuellen Situation bzw. der Hoffnung auf Veränderung liegt. Da in diesem Fall ein befriedigendes Handeln nicht möglich ist, wird zunächst ein idealisierendes Fantasiebild entworfen, das seinen utopischen Charakter erst verliert und damit zu einem Ziel wird, wenn die zur Realisierung notwendigen konkreten Bedingungen eruiert werden (vgl. DEWEY 1974a, 179f.). Als Kennzeichen richtig aufgestellter Ziele führt DEWEY den Bezug zu vorhandenen Bedingungen, die Variabilität sowie die Auslösung von Tätigkeiten an. Nicht eine Trennung von Mittel und Zweck, die für von außen gesetzte Ziele charakteristisch ist, sondern deren Verbindung wird intendiert. Mittel sind für DEWEY bis zu ihrer Erreichung Ziele, die wiederum nach ihrer Erreichung Mittel zur Fortführung einer Handlung werden. Ziele beziehen sich auf die zukünftige Richtung einer Tätigkeit, Mittel auf die gegenwärtige. Jede Trennung von Ziel und Mittel reduziert den Wert einer Handlung auf eine stumpfsinnige Tätigkeit (vgl. DEWEY 2000, 142-145).

Ein wichtiges Merkmal der DEWEY'schen Konzeption ist die *Ablehnung allgemeiner, höchster oder absoluter Ziele* ohne konkreten Handlungs- oder Situationsbezug.[111] Die Suche nach einer unerschütterlichen Gewissheit wird von DEWEY – gemäß seiner Kritik am Dualismus von Theorie und Praxis – in engem Zusammenhang mit einer Erhöhung des reinen Intellekts über praktische Angelegenheiten gesehen, die stets mit Ungewissheit verbunden sind. Urteil und Meinung in Bezug auf zu vollziehende Handlungen könnten nicht mehr als eine prekäre Wahrscheinlichkeit erlangen (vgl. DEWEY 1998, 10). Als Hauptanklage gegen die klassische philosophische Tradition wird die Unterdrückung der Suche nach intelligenten Methoden der Handlungsregulierung genannt, die aus der für DEWEY falschen Vorstellung resultiert, das Denken könne „ohne Handeln vollständige Sicherheit hinsichtlich des Status des höchsten Guten verbürgen" (a.a.O., 40). Man müsse stattdessen nach der Relation fragen, in der das Handeln zum Erkennen stehe, und „ob die Suche nach Gewißheit durch andere Mittel als die des intelligenten Handelns nicht eine tödliche Ablenkung des Denkens von seiner eigentlichen Aufgabe" sei (ebd.). Für DEWEY wird die Suche nach Gewissheit zur Suche nach Methoden der Kontrolle. Theoretische Sicherheit werde an praktische Gewissheit angeglichen, d.h. an die Sicherheit bzw. Verlässlichkeit instrumenteller Handlungen. Die Gültigkeit der Inhalte des Denkens hängt dabei von den Handlungskonsequenzen ab (vgl. a.a.O., 130f.).

Die Negation absoluter Prinzipien führt nach DEWEY nicht ins moralische Chaos, sondern stellt eine Aufforderung an die Intelligenz dar, neue Prinzipien zu schaffen. Der experimentelle Charakter moralischer Urteile sei nicht gleichbedeutend mit völliger Unsicherheit. Prinzipien werden in diesem Zusammenhang als Hypothesen verstanden, mit denen zu experimentieren ist. Der Weg der Intelligenz wird als dritter Weg im Umgang mit tradierten Regeln beschrieben, der sich weder auf Wegwerfen noch auf eigensinniges Festhalten beschränkt,

---

[111] Vgl. hierzu auch die Ausführungen zum Pragmatismus, insbesondere zum Wahrheitsbegriff in Kap. 2.3.1 sowie Kap. 2.3.3.

sondern eine Überprüfung und situationsgemäße Veränderung intendiert. Das Problem sei das einer beständigen, lebendigen Neuanpassung (DEWEY 1974a, 182f.). Kritisiert wird von DEWEY „die Unterordnung des Tuns unter ein Ergebnis jenseits des Tuns“ (a.a.O., 201). Schon zum gegenwärtigen Handeln, das nicht nur als Mittel verstanden wird, gehören „Glück, Vernünftigkeit, Tugend, Vervollkommnung“ (ebd.). Es geht folglich um „eine Befreiung in der Gegenwart“, um „eine immer reichere Entwicklung des Handelns“ (ebd.).

Eine *übergeordnete Zielsetzung* lässt sich bei DEWEY nur formal, nicht inhaltlich bestimmen. Der Vorgang der Erziehung habe kein Ziel außerhalb seiner selbst. Der Begriff der Erziehung lasse sich keinem anderen außer weiterer Erziehung unterordnen. Wachstum habe kein Ziel, sondern sei ein Ziel. Man könne den Begriff des Wachstums nur auf weiteres Wachstum beziehen. Demgemäß sieht DEWEY die Aufgabe der Schule in einer Sicherung der Fortführung der Erziehung nach der Schulzeit. Das beste Ergebnis der Schularbeit sei eine Bereitschaft vom Leben zu lernen und eine das Lernen ermöglichende Gestaltung der Lebensbedingungen (vgl. DEWEY 2000, 75-77).

Trotz der Kritik an allgemeinen Prinzipien kommt Erziehung nicht ohne konkrete Ziele aus, ist kein ziel- und planloser Vorgang. Bei der Bestimmung dieser Intentionen geht DEWEY von einer Autonomie der Erziehung aus. *Erziehungsziele* dürfen seiner Meinung nach nicht von außen, auch nicht durch soziale Bedingungen festgelegt werden. Dies hieße, die Sache der Erziehung aufzugeben. Intentionen werden auch nicht durch Erzieher bestimmt, sondern ergeben sich aus dem Erziehungsprozess in seiner Vollständigkeit und Kontinuität. „Denn die Erziehung ist selbst ein Vorgang der Entdeckung, auf was für Werte es ankommt und welche als Ziele zu verfolgen sind“ (DEWEY 1935b, 139f.).[112]

Bei DEWEY findet sich eine kritische Auseinandersetzung mit der traditionellen Zielsetzung der *Vorbereitung auf die Zukunft*, die aus seinen Überlegungen zu allgemeinen Intentionen resultiert. Weil Wachstum bzw. die kontinuierliche Neugestaltung der Erfahrung das einzige Ziel sei, könne Erziehung nur nebenbei auf Späteres vorbereiten (vgl. DEWEY 1989, 228). Damit wird die Relevanz einer Zukunftsorientierung nicht negiert. Man muss jedoch zwischen einer von DEWEY für wichtig befundenen besseren Zukunft als Ergebnis und einer

---

[112] Hiermit unterscheidet sich DEWEY radikal von der idealistischen Pädagogik (vgl. OELKERS 2000c, 296).

besseren Zukunft als Ziel unterscheiden, um nicht die verhältnismäßig sichere Gegenwart einer unsicheren Zukunft unterzuordnen. Die Zukunft ist dann zu beeinflussen, wenn die Möglichkeiten der Gegenwart ausgeschöpft werden (vgl. DEWEY 1974a, 202f.).[113]

Indem DEWEY die *Befähigung zu einem gemeinsamen Leben als Hauptaufgabe der Erziehung* bezeichnet, stellt er ein gruppenbezogenes Ziel ins Zentrum seiner Überlegungen (vgl. 2000, 22). Es geht ihm um „die Entwicklung der Kinder zu einem großen, geistigen Gemeinwesen, das sich untereinander hilft und miteinander fördert" (DEWEY 1905, 10).

> „Eine vollständige Erziehung gibt es nur da, wo es verantwortliche Teilhabe auf seiten jeder Person gibt, im Verhältnis zu ihrer Fähigkeit, die Ziele und die Politik der sozialen Gruppen zu gestalten, zu denen sie gehört. Diese Tatsache fixiert die Bedeutung der Demokratie. Demokratie kann nicht begriffen werden als eine sektiererische oder rassische Angelegenheit noch als Weihe einer bestimmten Regierungsform, die schon konstituionelle [sic] Sanktion erlangt hat. Sie ist nur ein Name für die Tatsache, daß die menschliche Natur nur dann entwickelt wird, wenn ihre Elemente daran teilnehmen, die Dinge zu lenken, die gemeinsam sind" (DEWEY 1989, 252).

Wie schon der Titel seines pädagogischen Hauptwerkes *Demokratie und Erziehung* zeigt, intendiert DEWEY eine Erziehung, die den Aufbau demokratischer Strukturen unterstützt, und berücksichtigt damit über den schulischen Kontext hinaus auch die gesellschaftliche Dimension der Erziehung. Die Verbindung von Schule und Gesellschaft ergibt sich dadurch, dass Schule als Modell, als Gesellschaft im Kleinen betrachtet wird. Schulische Erziehung ist somit eine mögliche Ursache gesellschaftlicher Veränderungen (vgl. DEWEY 2000, 409; 460).[114]

Zu den sachbezogenen Zielsetzungen der Schule gehört die *Aneignung von Kenntnissen und Wissen*. Kenntnisse werden von DEWEY als geistiger Besitz bezeichnet, der gespeichert wurde, Wissen als geistiges Gut, das die Kräfte im Sinne einer besseren Lebensgestaltung lenkt. In den Lehranstalten drohe „das Ideal des Anhäufens von Kenntnissen das Ideal des Wissens und des richtigen Urteilens zu verdrängen" (DEWEY 1951, 54). Dennoch sind Kenntnisse die Grundlage der geistigen Tätigkeit. Ihre Bedeutsamkeit resultiert jedoch nicht daraus, dass sie ein eigenständiges Ziel, sondern integrierender Bestandteil der Denkschulung sind.[115] Sie stehen, wie DEWEY ausführt, nur dann dem Denken

---

[113] Vgl. Kap. 2.3.9.
[114] Vgl. Kap. 2.3.9.
[115] Vgl. Kap. 2.3.8.

zur Verfügung, wenn sie so erworben werden, dass sie zu Erkenntnissen verhelfen und zu Problemlösungen beitragen (vgl. a.a.O., 55).

2.3.7 Inhaltlicher Aspekt

Auch bei der Auswahl der Unterrichtsinhalte rekurriert DEWEY auf die Kategorie der *Erfahrung*. Den Ausgangspunkt des Lernens bildet die Erfahrung der Schüler, die jedoch „zu einer volleren, reicheren und strukturierteren Form" (DEWEY 1963, 81f.) weiterentwickelt werden muss und sich dadurch der objektiven Form annähert. Die aktuelle Erfahrung soll sich allmählich über die Analyse von Fakten und Gesetzen zu einer wissenschaftlich geordneten Erfahrung weiterentwickeln. Das tradierte Bildungsgut stehe nicht am Anfang, sondern am Ende eines Lernprozesses (vgl. a.a.O., 81-92).

> „Ganz allgemein kann man sagen, daß der Grundirrtum der Methode des Unterrichtes in der Annahme liegt, man könne beim Schüler Erfahrung voraussetzen. Was wir hier betonen wollen, ist die Notwendigkeit einer gegebenen Wirklichkeit als erste Stufe des Denkens. [...] Der Fehler besteht in der Annahme, daß wir mit *fertigem Lehrstoff* im Rechnen, in der Erdkunde oder wo immer beginnen könnten – ohne Rücksicht auf irgendwelches unmittelbare Erleben einer gegebenen Sachlage." (DEWEY 2000, 205)

Die Tatsachen der *Erfahrungen des Kindes* sowie die der *Fächer*, die als das zusammengefasste, systematisierte Resultat der Bemühungen, Absichten und Erfolge verschiedener Generationen selbst Erfahrungen verkörpern, stellen „die ersten und letzten Termini der einen Wirklichkeit" dar (DEWEY 1935c, 147). Sie sind somit aufeinander bezogen und bilden ein Kontinuum. Die Fächer sind zwar nicht Element des gegenwärtigen Lebens der Schüler, stellen aber das Entwicklungspotenzial dar, das in der Kindeserfahrung enthalten ist (vgl. a.a.O., 148).

DEWEY lehnt es ab, eine Rangordnung der Werte der einzelnen schulischen Studiengebiete bzw. Fächer zu erstellen. Weil jeder einzelne Bereich eine einmalige Bedeutung im Ganzen der Erfahrung habe und durch nichts ersetzt werden könne, folglich eine „charakteristische Bereicherung des Lebens" bedeute, sei er „an sich und unmittelbar wertvoll" (DEWEY 2000, 316). Nur der Lebensvorgang selbst wird als höchster Wert benannt, an dem jedes einzelne Fachgebiet teilhaben soll (vgl. ebd.). Wichtig ist, dass eine Isolierung der einzelnen Fächer vermieden wird, die den über die Fachgrenzen hinausreichenden Erfahrungskontext aus dem Blick verliert und dadurch die Disponibilität des Wissens reduziert. Unterricht hat bei DEWEY somit eine fächerübergreifende Dimension, die es ermöglicht, Erfahrungen in einen größeren Gesamtzusammenhang einzuordnen und dadurch auch außerhalb eines Faches verfügbar zu machen (vgl. 1963, 59f.).

Der für die DEWEY'sche Konzeption konstitutive Zusammenhang von Erfahrung und Inhalt, von Subjekt und Objekt hat die Ablehnung eines standardisierten, für alle Schulen gültigen Studien- bzw. Lehrplanes zur Folge. Dennoch wird die Notwendigkeit eines kontinuierlichen und geplanten Unterrichts betont, da sich dieser nicht allein auf anfallende Gelegenheiten stützen, d.h. improvisiert werden kann (vgl. a.a.O., 86f.). *Kind und Lehrplan* werden von DEWEY unter Rückgriff auf die Kategorie der Erfahrung als zwei Grenzen gesehen, die denselben Vorgang bestimmen, einander bedingen. Die Relation von Kind und Lehrplan hat somit vergleichbar der von Kind und Fach keinen statischen, sondern einen dynamischen Charakter (vgl. DEWEY 1935c, 147).

Ohne dass damit ein radikaler Subjektivismus verbunden wäre – dies zeigt die Intention einer objektiven Form, zu der die Erfahrung des Kindes gelangen soll –, erfolgt die *Auswahl der Unterrichtsgegenstände* bei DEWEY *von den Schülern her*. Der Lehrstoff muss sich bei konkreten Schülern zu einer konkreten Zeit an einem konkreten Ort als pädagogisch wirksam erweisen. Allerdings wirke er nicht per se erziehlich oder wachstumsfördernd und habe ohne Berücksichtigung des kindlichen Entwicklungsstandes keinen immanenten pädagogischen Wert (vgl. DEWEY 1963, 57f.).

Nicht nur die individuelle, sondern auch die *soziale und die gesellschaftliche Dimension des Lehrstoffes* werden von DEWEY wahrgenommen. Bei der Auswahl der Inhalte, so fordert er, müsse ihr sozialer Wert berücksichtigt werden. Sowohl das gegenwärtige Gemeinschaftsleben als auch die Verbesserung des zukünftigen sind wichtige Aspekte der Unterrichtsthematik. Letztlich wird die Erhaltung und Weiterentwicklung der demokratischen Gesellschaft intendiert, weshalb eine Differenzierung zwischen den utilitaristischen Inhalten für die „breiten Massen des Volkes" (DEWEY 2000, 255) und den kulturellen Inhalten für die oberen Schichten abzulehnen ist (vgl. a.a.O., 254-256). Eine Erkenntnis sei nur dann von Wert für die Menschenbildung, wenn sie Intelligenz und Mitgefühl frei mache und auslöse. „Jeder Bildungsstoff, der dies zuwege bringt, ist ‚humanistisch', und jeder Bildungsstoff, der das nicht tut, ist überhaupt kein Bildungsstoff" (a.a.O., 304).

In seinen Ausführungen zur *Projekt- und Problemmethode* verdeutlicht DEWEY, dass bei dieser Unterrichtsform nicht bzw. nicht nur fachspezifische Themen als Inhalte gewählt werden. Wichtig ist ihm, dass die Fragestellungen nicht „zu trivial [sind], um bildend zu sein“ (DEWEY 1935a, 97).

> „Es ist möglich, Probleme und Projekte zu finden, die in den Bereich und die Fähigkeiten der Erfahrung des Lernenden treten und die eine genügend lange Spannweite haben, so daß sie neue Fragen aufwerfen, neue und verwandte Unternehmungen herbeischaffen und ein Verlangen nach neuem Wissen erzeugen.“ (DEWEY, 1935a, 97)

Die Projektmethode unterscheidet sich für DEWEY von traditionellen, fachspezifischen Unterrichtsverfahren dadurch, dass sie nicht von einem statischen, isolierten Wissensgebiet ausgeht, sondern den Stoff aus beliebigen Gebieten entnimmt, die für ein geistiges Unternehmen relevant sind. Die das Projekt leitende Hauptfrage wird von ihm als Magnet bezeichnet, der die Inhalte aus den unterschiedlichen Bereichen sammelt (vgl. ebd.).

2.3.8 Methodischer Aspekt

Die separate Betrachtung eines in sich abgeschlossenen Lehrstoffs und eines von außen darauf bezogenen, nur die Aneignung erleichternden Lehrverfahrens ist für DEWEY Konsequenz einer dualistischen Philosophie. Sie resultiert seiner Meinung nach aus einer denkenden Betrachtung von Erfahrungen, die notwendigerweise eine nur im Denken, nicht aber in der Realität existierende Differenzierung von Erfahrungsinhalt und Erfahrungsvorgang vornimmt. Methode stehe jedoch nicht im Gegensatz zum Inhalt, sondern bestehe in dessen wirksamer Verwertung zur Erreichung bestimmter Ziele. Sie stehe nur im Gegensatz zum Zufall und schlecht angepassten Handeln. DEWEY geht von einer *Einheit von Methode und Inhalt* aus, die in seiner Auffassung von Erfahrung begründet ist. Er versteht unter Erfahrung nicht ein Zusammentreffen von Geist und Welt, von Subjekt und Objekt, von Methode und Stoff, sondern einen Wechselwirkungsprozess einer Vielzahl von Kräften (vgl. DEWEY 2000, 219-222).

Indem DEWEY konstatiert, dass Methode, d.h. die Methode des verständigen Erfahrens, im Denken besteht (vgl. a.a.O., 204), verweist er auf den inneren Zusammenhang seiner methodischen Überlegungen mit den grundlegenden Begriffen des Denkens und der Erfahrung, auf die Notwendigkeit einer im und durch Unterricht reflektierten Erfahrung. Weil *Denken als Methode der bildenden Erfahrung* gesehen wird, sind die wesentlichen Merkmale von Denken und Methode identisch:

> „Es sind folgende: erstens, daß der Schüler eine wirkliche, für den Erwerb von Erfahrung geeignete Sachlage vor sich hat – daß eine zusammenhängende Tätigkeit vorhanden ist, an der er um ihrer selbst willen interessiert ist; zweitens: daß in dieser Sachlage ein echtes Problem erwächst und damit eine Anregung zum Denken; drittens: daß er das nötige Wissen besitzt und die notwendigen Beobachtungen anstellt, um das Problem zu behandeln; viertens: daß er auf mögliche Lösungen verfällt und verpflichtet ist, sie in geordneter Weise zu entwickeln; fünftens: daß er die Möglichkeit und die Gelegenheit hat, seine Gedanken durch praktische Anwendung zu erproben, ihren Sinn zu klären und ihren Wert selbständig zu entdecken." (DEWEY 2000, 218)[116]

Mit der *allgemeinen Methodik* beschreibt DEWEY „einen aufgesammelten Schatz genügend gesicherter Methoden zur Erreichung bestimmter Ergebnisse" (2000, 227). Diese Methoden haben sich bereits in der Vergangenheit in der Erfahrung anderer mit ähnlichen Aufgaben beim Erwerb von Kenntnissen als wirksam erwiesen und machen einen wichtigen Teil des Lernens aus. DEWEY kann keinen Widerspruch zu einer individuellen Vorgehensweise feststellen, da die allgemeinen Methoden Verständnis für Mittel und Zwecke erzeugen und sich darin von Rezepten unterscheiden, die unmittelbare Handlungsanweisungen geben. Wichtig bleibt die eigene Beschäftigung des Schülers mit den Unterrichtsinhalten, seine Art und Weise der Bewältigung von Aufgaben. DEWEY spricht in diesem Zusammenhang von der *persönlichen Methode* und nennt mit der Unmittelbarkeit, der geistigen Aufnahmebereitschaft, der ganzen Hingabe und der Verantwortlichkeit Einstellungen, die seiner Meinung nach für eine erfolgreiche Auseinandersetzung mit einem Thema relevant sind (vgl. a.a.O., 226-239).

---

[116] DEWEY nimmt einen Vergleich seiner Methode mit den HERBART'schen Formalstufen vor (vgl. DEWEY 1951, 215-220) und stellt dabei zunächst Übereinstimmungen fest: „Beide hier beschriebenen Systeme enthalten eine Folge von I. speziellen Tatsachen und Geschehnissen, II. Ideen und Überlegungen und III. Anwendung des Resultates auf bestimmte Tatsachen. In beiden Fällen ist die Bewegung induktiv-deduktiv" (a.a.O., 217). Weil HERBART jedoch keine zu einer Erklärung drängende Schwierigkeit bzw. Diskrepanz an den Anfang des Unterrichts stelle, werde das Denken häufig nur als Element des übergeordneten Prozesses der Erlangung von Kenntnissen und nicht umgekehrt die Erlangung von Kenntnissen als Element des Denkprozesses betrachtet. Hinsichtlich der Notwendigkeit einer einheitlichen, vorgeschriebenen Reihenfolge von Stufen stellt DEWEY fest, dass die logische Anordnung des Unterrichtsstoffes eine kritische Zusammenfassung aus der Perspektive des Lehrenden und nicht den Weg des Lernenden darstelle. „[D]ie Formalstufen bezeichnen die Punkte, die der Lehrer berühren muß, wenn er sich darauf vorbereitet, den Unterricht zu leiten, doch sollten sie nicht den tatsächlich einzuschlagenden Gang des Unterrichtes bestimmen" (a.a.O., 217f.).

Denken ist für DEWEY nicht nur als Methode, sondern auch als eine die Methode beeinflussende Intention von Bedeutung. Seine Zielsetzung der *Entwicklung gründlicher Denkgewohnheiten* hat Auswirkungen auf die methodische Gestaltung des Unterrichts. Zunächst werden Methoden abgelehnt, die sich schwerpunktmäßig auf die Reproduktion von Kenntnissen konzentrieren und somit der Denkschulung eine untergeordnete Rolle zuweisen (vgl. DEWEY 1951, 56). Schule kann dennoch auf die Vermittlung von Kenntnissen nicht verzichten, soll dabei allerdings dem reflektierenden Denken Nahrung geben. Folgende Kriterien sind zu berücksichtigen: Es soll erstens ein echtes Bedürfnis „nach der Übermittlung von Material bestehen" (a.a.O., 211), das folglich nicht zu leicht, d.h. mit geringer Mühe oder auf direktem Weg zugänglich sein darf; zweitens soll dieses Material als Denkantrieb fungieren und daher nicht dogmatisch präsentiert werden sowie drittens auf Fragen Bezug nehmen, die für die persönliche Erfahrung des Lernenden „von vitalem Interesse" sind (a.a.O., 212). Das neue Material muss in einer organischen Verbindung mit früheren Erfahrungen oder früher erworbenem Wissen stehen (vgl. ebd.). DEWEY kritisiert außerdem ein falsches Verständnis vom Wesen der logischen Methode, das vom Kind eine Nachahmung der fertigen Logik des Erwachsenen verlangt. Das Denken habe auf jeder Entwicklungsstufe seine eigene Logik. Die psychologischen und die logischen Tendenzen werden *„als aufeinanderfolgende Stadien eines einzigen zusammenhängenden Wachstumsprozesses"* gesehen (a.a.O., 65). [117] Weiterhin nimmt DEWEY gegenüber Methoden, die einseitig das theoretische oder das praktische Denken fördern, eine ablehnende Haltung ein. Abstrakte geistige Fähigkeiten und konkretes Denken müssen sich gegenseitig ergänzen (vgl. a.a.O., 151).

Ein zentrales methodisches Element bei DEWEY ist das *Handeln*. Dennoch hat seine Konzeption keinen aktivistischen Charakter. Es ist Aufgabe der Schule, eine Umgebung zu gestalten, in der Unterrichtsmethoden „das geistige und sittliche Wachstum begünstigen" (DEWEY 2000, 260). Folglich ist die Art und Weise, in der Methoden wie Sport, Spiel, Arbeit und praktische Betätigung eingesetzt werden, von entscheidender Bedeutung. Intentionen wie Geschicklich-

---

[117] DEWEY unterscheidet die psychologische und die logische Methode. Er stellt dem mit der Erfahrung des Lernenden beginnenden Verfahren die wissenschaftliche Behandlung gegenüber, die sich sukzessive entwickeln, nicht aber am Beginn des Unterrichts stehen soll. Der Schüler müsse auf der Grundlage seiner Alltagserfahrungen den Weg gehen, auf dem Wissenschaftler ihre Erkenntnis gewonnen haben (DEWEY 2000, 291).

keit, technische Fertigkeiten, Freude an der Arbeit und Nutzen für die Zukunft sind in Relation zu einem übergeordneten „*erziehlichen* Wert der Betätigung“ zu sehen (a.a.O., 261), d.h. zu den intellektuellen Resultaten und der Entwicklung sozialer Bereitschaften. Damit scheiden Tätigkeiten, bei denen nur bestimmte Vorschriften befolgt, Anordnungen ausgeführt oder Muster nachgebildet werden, als ungeeignet aus. Außerdem müsse die Möglichkeit, Fehler zu machen, vorhanden sein. Sonst reduziert man die Gelegenheit zum persönlichen Urteil auf ein Mindestmaß, engt die Initiative ein und legt Methoden nahe, die kaum Bezug zum Leben haben und dadurch wenig gewinnbringend sind (vgl. ebd.). Ebenfalls abgelehnt werden, wie DEWEYs Ausführungen zum Anfangsunterricht zeigen, Betätigungen, deren Zweck nur darin besteht, die Schüler zu unterhalten oder ihren Widerwillen zu verringern. Vielmehr wird intendiert, die Erfahrungen zu erweitern und zu bereichern sowie das Interesse an geistigem Fortschritt zu erhalten (vgl. a.a.O., 308). Vernünftige Aktivität, die die Auswahl von Mitteln aus zahlreichen gegebenen Bedingungen sowie ihre Anordnung zur Realisation eines angestrebten Zwecks bzw. Ziels, d.h. sowohl analytische als auch synthetische Vorgehensweisen, umfasst, nicht ziellose Betriebsamkeit soll den Unterricht kennzeichnen (vgl. DEWEY 1963, 93). Grundsätzlich wird ein Fortschreiten vom Konkreten zum Abstrakten von DEWEY für wichtig befunden und damit auch eine Verbindung von praktischen und intellektuellen Tätigkeiten.

> „Da *konkretes Denken* sich auf Handlungen bezieht, die den Zweck verfolgen, Schwierigkeiten in praktischen Angelegenheiten erfolgreich zu begegnen, so bedeutet ‚mit dem Konkreten beginnen’ das *Tun* in den Vordergrund stellen und jene Beschäftigungen besonders zu pflegen, die nicht-mechanisch und nicht-routinemäßig ausgeführt werden, die daher ein intelligentes Auswählen und große Anpassung an Mittel und Material verlangen.“ (DEWEY 1951, 147f.)

Die methodische Großform der *Projekt-, Problem- oder Situationsmethode* wird von DEWEY als eine potenzielle Lösung der Probleme gesehen, die aus der traditionellen Klassifikation des Wissens, der Fachstruktur resultieren. Sie ist jedoch nicht isoliert zu sehen, sondern hat Konsequenzen für andere den Unterricht konstituierende Faktoren wie die Stoffauswahl. Ein Charakteristikum der Projektmethode ist die sowohl praktische als auch geistige Aktivität der Schüler (vgl. DEWEY 1935a, 97f.).

2.3.9 Gesellschaftlicher Aspekt

Dass DEWEY gesellschaftlichen Fragestellungen eine besondere Bedeutung beimisst, zeigt sich bereits im Titel seines pädagogischen Hauptwerkes *Demokratie und Erziehung*, das diese Begriffe nicht isoliert, sondern mit ihren wechselseitigen Implikationen thematisiert. Schule wird einerseits als Funktion der Gesellschaft begriffen und andererseits mit ihren Einflussmöglichkeiten auf gesellschaftliche Entwicklungen, d.h. als wichtiger Faktor bei gesellschaftlichen Veränderungen, dargestellt. Der *Zusammenhang von Erziehung und Gesellschaft* liegt DEWEYs pädagogischem Denken zu Grunde.

> „[D]ie Auffassung der Erziehung als sozialer Vorgang und soziale Funktion hat so lange keine bestimmte Bedeutung, als wir die Gesellschaft, die wir im Auge haben, nicht genau bezeichnen." (DEWEY 2000, 133)

Insbesondere im Hinblick auf schulische und unterrichtliche Reformen müssen die Rahmenbedingungen, die durch die Gesellschaft vorgegeben sind, reflektiert werden (vgl. DEWEY 1905, 6; 1935d, 205).

Das Wort *Gesellschaft* ist – ebenso wie Gemeinschaft – für DEWEY doppelsinnig, da es zum einen ein Ideal oder eine Norm darstellt und zum anderen etwas Vorhandenes beschreibt. Es kann sowohl präskriptiv als auch deskriptiv verwendet werden. Nur eine idealistische Sichtweise geht von einem einheitlichen Wesen der Gesellschaft aus. In der Realität existiert eine Vielzahl unterschiedlicher Gesellschaften. Daraus wiederum resultiert die Notwendigkeit, Wertmaßstäbe für die gegebenen Formen des sozialen Lebens zu finden. Man dürfe in diesem Zusammenhang allerdings nicht gedanklich eine ideale Gesellschaft konstruieren, sondern müsse vielmehr von der vorhandenen ausgehen, dabei die wünschenswerten Züge herausheben, die unerwünschten kritisieren und auf Verbesserungen hinweisen (vgl. DEWEY 2000, 114f.). Als Beurteilungskriterien gibt DEWEY die Vielfalt bewusst geteilter Interessen sowie das „Wechselspiel mit anderen sozialen Gruppen" an (a.a.O., 115). Auch wenn DEWEY in einem deskriptiven Sinn von Gesellschaft spricht, meint er mehr als eine Vereinigung von Personen. Nicht das gemeinsame Handeln, sondern das bewusste Anstreben der Folgen, d.h. ein gemeinsames Ziel, ist für ihn entscheidend (vgl. DEWEY 1996, 130f.).

Das Bestehen einer Gesellschaft ist für DEWEY von einem „Vorgang der Weitergabe" (2000, 17) und damit von Lehren und Lernen abhängig. Es gehe darum,

„Ideale, Erwartungen, Normen und Meinungen“ (ebd.) von den Älteren an die Jüngeren weiterzugeben. Je komplexer eine Gesellschaft ist, umso mehr wächst das Bedürfnis nach einer institutionalisierten Unterweisung und somit nach Schule, die allerdings die Gefahr einer Trennung von Erfahrung und Lerninhalten in sich birgt (vgl. a.a.O., 21-26).

Auf Grund ihrer gesellschaftlichen Bedingtheit haben Schulen auch *gesellschaftliche Funktionen* zu erfüllen. DEWEY nennt mit dem Bereitstellen einer vereinfachten Umwelt, dem Ausschalten des Einflusses „wertloser und wertwidriger Züge der existierenden Umwelt auf die geistigen Gewohnheiten“ (2000, 39; im Original Hervorhebungen) und dem Ausbalancieren der unterschiedlichen Faktoren in der sozialen Umgebung drei wichtige Aufgaben der Schule. Die erste Aufgabe besteht darin, grundlegende Elemente der Umgebung auszuwählen, die den Fähigkeiten der jungen Menschen entsprechen, und eine „fortschreitende Ordnung“ (ebd.) der Gegenstände herzustellen. Dies soll eine sukzessive Aneignung der komplexen Kultur ermöglichen. Im Hinblick auf die zweite Aufgabe führt DEWEY aus, dass eine aufgeklärte Gesellschaft nicht alle gegenwärtigen Leistungen, sondern nur diejenigen im Sinne einer besseren zukünftigen Gesellschaft weitergeben wird. Die dritte Aufgabe soll einen Beitrag zur Aufhebung der Beschränkungen durch soziale Gruppen leisten (vgl. a.a.O., 39f.).

Die erste Aufgabe bezieht sich unter anderem auf die Entwicklung der Fähigkeiten der Kinder und Jugendlichen. Dabei richtet DEWEY den Fokus in erster Linie auf die *Gegenwart*. Mit Theorien, die Erziehung primär als Vorgang der Vorbereitung auf die Zukunft, auf die Pflichten und Rechte des Lebens als Erwachsener sehen, setzt er sich kritisch auseinander. Kinder würden dabei nicht als vollberechtigte Mitglieder einer Gesellschaft, sondern nur als Anwärter betrachtet. Dies führe zu einem „Verlust an Stoßkraft“ (DEWEY 2000, 80), da die vorhandene motivierende Kraft nicht ausgenutzt werde. Unentschlossenheit und Aufschub werden unter solchen Umständen belohnt. Außerdem wird eine die besonderen individuellen Fähigkeiten berücksichtigende Norm der Erwartungen und Forderungen durch konventionelle Durchschnittsforderungen ersetzt. Weil eine von den Möglichkeiten der Gegenwart getrennte Zukunft nicht motiviert, muss anderes, beispielsweise Verheißungen oder Drohungen, mit ihr verbunden werden. Dabei wird die Aufgabe der Vorbereitung auf die Zukunft von DEWEY nicht grundsätzlich in Frage gestellt (vgl. a.a.O., 80-82). Der Fehler liegt seiner

Meinung nach darin, dass sie zur „*Hauptkraftquelle* für die gegenwärtigen Bemühungen gemacht wird“ (a.a.O., 82).

Wenn DEWEY feststellt, dass die „Fähigkeit, an den Betätigungen der Erwachsenen erfolgreich mitzuwirken [...] von vorheriger und im Hinblick auf dieses Ziel vorgenommener Schulung“ abhängig ist (2000, 23), dann verweist er implizit auf eine *Qualifizierungsfunktion* der Schule. Allerdings wird diese Qualifizierung ebenso wie die Intentionen des Wachstums und der Erziehung von ihm formal bestimmt. Die eigentliche Aufgabe der Schule besteht seiner Meinung nach darin,

> „die Fortführung der Erziehung nach der Schulzeit zu sichern, indem sie die das Wachstum sichernden Kräfte organisiert. Die Bereitschaft, vom Leben selbst zu lernen und die Lebensbedingungen so zu gestalten, daß alle im Vorgang des Lebens lernen, ist das beste Ergebnis der Schularbeit.“ (DEWEY 2000, 77)

Indem die Schule als *embryonic society*, als Modell der Gesellschaft dargestellt wird, ermöglicht sie einerseits durch ihre Verbindung mit dem Leben eine Vorbereitung auf diese Gesellschaft und ist andererseits, der zweiten Aufgabe entsprechend, die Vorwegnahme einer veränderten bzw. verbesserten Gesellschaft (vgl. DEWEY 1905, 11; 2000, 409; 460). Somit ist die Schule für DEWEY ein bedeutender Faktor im Hinblick auf gesellschaftliche Reformen und hat eine *emendatorische Funktion.*[118] Von zentraler Bedeutung ist die Weiterentwicklung der Gesellschaft, nicht ihre Reproduktion. Es gehe darum, dass jeder Mensch mit etwas beschäftigt sei, das das Leben der anderen lebenswerter mache. Dadurch könne die Verbindung zwischen einzelnen Menschen verdeutlicht, das Trennende zwischen ihnen beseitigt werden (vgl. DEWEY 2000, 408).

> „Es bedeutet aber, daß wir die Schule zu einem Modell derjenigen Gesellschaft machen, die wir gern verwirklichen möchten, und in ihr die Geister so formen, daß sie bereit und imstande sind, allmählich die Züge der größeren und widerspenstigeren Gesellschaft der Erwachsenen zu ändern.“ (DEWEY 2000, 409)

Die dritte schulische Aufgabe, unterschiedliche Faktoren in der sozialen Umgebung auszubalancieren, und damit die *Ablehnung einer Selektionsfunktion* muss vor dem Hintergrund von DEWEYs Kritik an Dualismen und seiner Auseinandersetzung mit der griechischen Gesellschaft gesehen werden. Deren Charakteristikum sei eine Trennung von „unfreien Arbeitern und freien Männern von Muße“,

---

[118] Der Begriff *emendatorisch* bezieht sich auf COMENIUS' Intention der *emendatio rerum humanarum*, die von der kritisch-kommunikativen Didaktik aufgegriffen wird (vgl. WINKEL 1997, 94).

die wiederum „eine Trennung zwischen Vertrautheit mit Tatsachen und kontemplativem Genuß, zwischen unintelligenter Praxis und unpraktischer Intelligenz [...], zwischen Angelegenheiten der Veränderung und Wirksamkeit – oder Instrumentalität – und der Ruhe und Abgeschlossenheit – Finalität" bedeute (DEWEY 1995, 102). Die Differenzierung von veränderbaren Objekten und unveränderlichen Zielen, die als absolute Zwecke galten und nur in kontemplativer Weise, d.h. nur von einer geringen Anzahl von Menschen mit den Voraussetzungen für kontemplative Betrachtungen, erfasst bzw. erreicht werden konnten, ist laut DEWEY Ursache für die Einteilung der Gesellschaft in Klassen. Problematisch ist seiner Meinung nach, dass eine zeitlich und örtlich begrenzte historische Gemeinschaft „zu einer Metaphysik ewigdauernden Seins" wurde (a.a.O., 125), die sich beispielsweise noch in der Trennung von einer berufsspezifischen Ausbildung für viele und einer allgemeinen Bildung für wenige widerspiegelt (vgl. a.a.O., 102f.; 124f.; 242; DEWEY 2000, 412).

Die Überwindung des Dualismus von Arbeit und Muße wird von DEWEY zu den *Aufgaben der Erziehung in einer Demokratie* gezählt. Er möchte erreichen, dass sich alle Glieder der menschlichen Gemeinschaft sowohl am Erwerb des Lebensunterhaltes als auch am Genuss der Möglichkeiten, welche die Muße bietet, gleichermaßen beteiligen können. In einer demokratischen Gesellschaft muss ein Lehrgang aufgebaut werden, „der das Denken zum Führer des freien Wirkens für alle und die Muße zur Belohnung für den dem Ganzen geleisteten Dienst, nicht zu einem Zustand des Befreitseins von diesem Dienste macht" (DEWEY 2000, 343), folglich eine Verbindung von Arbeit und Muße darstellt, nicht mehr zwischen beruflicher und allgemeiner Bildung differenziert und letztlich zu einer Überwindung der gesellschaftlichen Klassen führt (vgl. a.a.O., 329; 342f.; 412).

Demokratie ist für DEWEY nicht nur eine Regierungsform, sondern primär „eine Form des Zusammenlebens, der gemeinsamen und miteinander geteilten Erfahrung" und hat die Aufhebung der „Schranken zwischen Klassen, Rassen und nationalen Gebieten, die es den Menschen unmöglich machten, die volle Tragweite ihrer Handlungen zu erkennen" als Konsequenz (2000, 121). Wichtig ist die Unterscheidung zwischen Demokratie als sozialer Idee und als Regierungssystem.[119]

Die Idee der Demokratie ist so vielschichtig, dass sie in keinem Staat vollständig realisiert werden kann. DEWEY rekurriert in seinen Ausführungen über die Bedingungen, unter denen eine Öffentlichkeit demokratisch funktionieren kann, auf die „Natur der demokratischen Idee in ihrem allgemeinen sozialen Sinn" (1996, 128). Das Individuum müsse die Tätigkeiten der Gruppen, denen es angehöre, verantwortlich mitgestalten und an den grundlegenden Werten der Gruppe partizipieren. Die Gruppe wiederum müsse die Entwicklung der Fähigkeiten der Gruppenmitglieder in Einklang mit den Interessen und Gütern der Gemeinschaft bringen. Da jedes Individuum Mitglied mehrerer Gruppen sei, bestehe außerdem die Notwendigkeit, dass diese Gruppen frei und umfassend miteinander interagierten (vgl. ebd.).

> „Als Idee betrachtet, ist die Demokratie nicht eine Alternative zu anderen Prinzipien assoziierten Lebens. Sie ist die Idee des Gemeinschaftslebens selbst. Sie ist ein Ideal im einzig verständigen Sinn eines Ideals: nämlich, die bis zu ihrer äußersten Grenze getriebene, als vollendet und vollkommen betrachtete Tendenz und Bewegung einer bestehenden Sache. Da die Dinge solche Erfüllung nicht erlangen, sondern in Wirklichkeit immer abgelenkt und gestört werden, ist die Demokratie in diesem Sinne keine Tatsache und wird nie eine sein. [...] Das klare Bewußtsein eines gemeinschaftlichen Lebens, mit allem, was sich damit verbindet, konstituiert die Idee der Demokratie." (DEWEY 1996, 129)

2.3.10 Kritische Einschätzung

DEWEY hat ein umfassendes, über Projektunterricht hinausreichendes Konzept entwickelt, das auch für die aktuelle Diskussion zum fächerübergreifenden Unterricht und zur Schulreform relevant ist, jedoch nicht kritiklos übernommen werden kann.

Die Bedeutung der DEWEY'schen Konzeption liegt unter anderem in ihrer *kritischen Bewertung von Dualismen.* Dadurch werden Einseitigkeiten vermieden, die häufig für Reformkonzepte charakteristisch sind. So werden beispielsweise Prinzipien wie Schüler- und Fachorientierung nicht gegeneinander ausgespielt, sondern aufeinander bezogen, wenn DEWEY Kind und Fach bzw. Kind und

---

[119] Vgl. hierzu auch die präskriptive und deskriptive Verwendung des Gesellschaftsbegriffs in diesem Kapitel.

Lehrplan als zwei Grenzen desselben Vorganges beschreibt.[120] Mit dem Erfahrungsbegriff, der der gesamten Konzeption zu Grunde liegt, werden außerdem Mensch und Umwelt zueinander in Beziehung gesetzt.[121] In einem Unterricht, der dadurch legitimiert wird, stellen Schüler- und Lebensweltorientierung einen Gesamtzusammenhang dar, in den auch die jeweiligen Inhalte einzuordnen sind. Durch diese Bezüge findet im Allgemeinen eine Überschreitung von Fachgrenzen statt, sodass ein durch DEWEYs Erfahrungsbegriff begründeter Unterricht auch dann fächerübergreifend sein kann, wenn zunächst fachspezifische Inhalte gewählt werden. Die häufig kritisierte Distanz des Unterrichts zu den Schülerinnen und Schülern kann so überwunden oder zumindest reduziert werden. Wie diese Beispiele zeigen, gelingt es DEWEY, die Spannungsfelder, in denen das fächerübergreifende Lehren und Lernen steht, zu verdeutlichen, konstruktiv aufzugreifen und nicht vorschnell aufzulösen.

Darüber hinaus kann DEWEY mit seinen differenzierten Überlegungen zu Denken und Methode[122] Orientierung für die *methodische Gestaltung* eines problemorientierten und damit häufig auch fächerübergreifenden Unterrichts geben. Dabei ist die Abfolge nicht im Sinne eines dogmatischen Schematismus als vorgegebene Gliederung für jeden Unterricht zu verstehen. Sie zeigt vielmehr, welche Schritte zur Lösung eines Problems beitragen können. Diese Lösung werde, wie OELKERS betont, nicht material vorgegeben, weil es sich um eine Methode des Lernens, nicht des Lehrens handle. Es gehe DEWEY mit dem Prinzip des *learning by doing* nicht nur um die Aktivität der Lernenden. Vielmehr seien Probleme die Basis des Handelns, das sich wiederum danach bemesse, „ob es zielgerecht und effektiv zu Ende geführt werden kann und ob der Handelnde in der Lage ist, aus seinen Fehlern zu lernen" (OELKERS 1996, 182). Charakteristikum eines so verstandenen Unterrichts bzw. einer Schulreform ist somit Zweckrationalität, nicht Aktivismus oder Aktionismus.

Kritisch zu fragen ist, ob Pädagogik auf *allgemeine Ziele oder Prinzipien* vollständig verzichten kann,[123] insbesondere weil es DEWEY selbst nicht gelingt, diese Position konsequent zu Ende zu führen. OELKERS weist darauf hin, dass

---

[120] Vgl. Kap. 2.3.7.
[121] Vgl. Kap. 2.3.3.
[122] Vgl. Kap. 2.3.8.
[123] Vgl. Kap. 2.3.6.

DEWEYs Ausführungen im Hinblick auf die demokratische Gesellschaft entgegen seiner eigenen Theorie nicht mehr ateleologisch sind:

> „Die beiden Hauptteile von *Democracy and Education*, die Theorie des Lernens und die Theorie der gesellschaftlichen Evolution, sind normativ aufeinander bezogen, aber stellen zugleich empirische Widersprüche dar. Wenn die Konstitution von Erfahrung tatsächlich *nur* vom Verhältnis zwischen Lernen und Handeln abhängig gemacht wird, dann besteht kein Grund, kollektive Erfahrungen nicht auf gleiche Weise zu betrachten. ‚Demokratie' wäre so einfach nur eine Hypothese, die durch das nachfolgende Lernen getestet wird und also auch verworfen werden könnte. Das schließt DEWEY mit dem normativen Konzept der demokratischen Gesellschaft aus, das entgegen der eigenen Theorie wie eine Restteleologie behandelt wird.
> Das Konzept der demokratischen Erziehung wird mithin anders gedacht, als es die pragmatistische Methode des Erfahrungslernens eigentlich vorschreiben würde, nicht als Bewährung einer Hypothese, sondern als moralische Kodierung, die zwischen der richtigen und der falschen Gesellschaft *strikt* zu unterscheiden versteht. Die *liberale* steht gegen die *illiberale* Gesellschaft, und kein Erfahrungslernen kann daran etwas ändern. Nur unter dieser Voraussetzung kann DEWEY Erziehung an Demokratie binden." (OELKERS 2000c, 501f.)

Die Orientierung an einer allgemeinen Zielsetzung ist nicht mit einem unkritischen Deduktionismus gleichzusetzen. Auch wenn ein übergeordnetes Ziel vorgegeben ist, können nicht alle weiteren unterrichtlichen Entscheidungen direkt daraus abgeleitet werden. Vielmehr dient es als Legitimation und Korrektiv für das konkrete pädagogische Handeln. Laut KLAFKI ist eine „zentrale Kategorie" notwendig, damit dieses „*begründbar* und *verantwortbar*" bleibt (1996, 44).

Dass eine solche Position dennoch mit zentralen Aussagen der DEWEY'schen Erziehungstheorie zu vereinbaren ist, kann an HENTIG verdeutlicht werden. Dieser begründet seine pädagogischen Reformvorstellungen unter anderem mit DEWEY (vgl. HENTIG 1993, 109f.), greift aber auch auf den Bildungsbegriff als legitimierende Kategorie zurück. Bildung sei die Antwort auf die gegenwärtige Orientierungskrise und die Rückkehr zu ihr sei „pädagogisch geboten – ein Fortschritt" (HENTIG 1996, 11).

Ein weiterer Kritikpunkt bezieht sich auf DEWEYs Vorstellung von *Schule als embryonic society.*[124] Damit wird nicht die Notwendigkeit gesellschaftlicher, d.h. politischer und sozialer Bildung in Frage gestellt, sondern die hohe Erwartungshaltung angesprochen, die mit dieser Konzeption verbunden ist. So kann Handeln im schulischen Kontext, selbst wenn es nach demokratischen Prinzi-

---

[124] Vgl. Kap. 2.3.2, 2.3.6 und 2.3.9.

pien gestaltet wird, nicht ohne weiteres auf die wesentlich komplexere Gesellschaft übertragen werden. Insbesondere ist in diesem Zusammenhang auf den Unterschied zwischen unmittelbaren und repräsentativen Demokratien hinzuweisen. Während sich erstere – wie demokratisch gestaltete Schulen auch – dadurch auszeichnen, dass sich jeder an Entscheidungen beteiligen und deren Auswirkungen unmittelbar erfahren kann, liegen in letzteren die direkten Einflussmöglichkeiten vor allem bei den demokratisch gewählten Vertretern.

Nach HÄNSEL haben sich DEWEYs Hoffnungen, Schule und Gesellschaft verändern zu können, nicht erfüllt (vgl. HÄNSEL 1999a, 81). In Bezug auf die Projektmethode stellt sie kritisch fest:

> „Probleme der Lebenspraxis werden in unserer Gesellschaft in der Regel nicht von Kindern und von der Schule gelöst, zumal Kinder und Schule sich mit wirklich ernsthaften Problemen zumeist nicht einmal auseinander setzen dürfen. Darüber hinaus lassen sich die meisten Probleme nicht so einfach auf *eine* Ursache zurückführen und so geradlinig durch einfache Mittel beseitigen, wie das Typhusbeispiel suggeriert." (HÄNSEL 1999a, 81)[125]

Auch wenn eine Analogie zwischen Schule und Gesellschaft wegen deren Komplexität nicht vorausgesetzt bzw. hergestellt werden kann, bleibt dennoch die bescheidenere, dadurch aber leichter zu realisierende Aufgabe, gesellschaftlich relevante Haltungen und Verhaltensweisen im Unterricht anzubahnen und dadurch auf die gesellschaftliche Partizipation vorzubereiten.

2.4 Der Mehrperspektivische Unterricht

2.4.1 Kontext

Die Konzeption des Mehrperspektivischen Unterrichts (MPU) wurde von der CIEL-Arbeitsgruppe[126] – einem 1971 gegründeten, von der Stiftung Volkswagenwerk geförderten, aus Schulpädagogen und Grundschullehrern bestehenden Forschungsteam – unter der wissenschaftlichen Leitung von GIEL

---

[125] HÄNSEL beschreibt das von COLLINGS 1923 veröffentlichte Typhusbeispiel, das für den Projektunterricht als klassisch gilt. Die Schülerinnen und Schüler einer Schulklasse untersuchen dabei die Ursachen für die häufigen Typhuserkrankungen in der Familie zweier Klassenkameraden und zeigen mögliche Lösungsansätze auf (vgl. HÄNSEL 1999a, 80f.).
[126] CIEL steht für Curriculum für institutionalisierte Elementarerziehung.

und HILLER erarbeitet. Hauptintention war die Entwicklung eines fächerübergreifenden Grundschulcurriculums. Die CIEL-Gruppe wollte

> „den breiten Graben zwischen den hochgespannten Entwürfen und Forschungsparadigmen der Curriculumtheorie und der Praxis des Elementarunterrichts dadurch [...] überbrücken, daß sie Modelle, offene, an konkrete Unterrichtsverhältnisse anpaßbare Vorschläge für Lehr- und Lernmaterialien und darauf bezogene Unterrichtspläne und -entwürfe konzipiert und entwickelt.“ (FLITNER/GIEL/HILLER 1974, 6)

Eine Erörterung der Arbeit der CIEL-Gruppe muss vor dem Hintergrund der *Bildungsreform* der sechziger und siebziger Jahre des zwanzigsten Jahrhunderts erfolgen. Der Start des ersten sowjetischen Satelliten Sputnik im Jahr 1957 und die daraus resultierende Furcht vor einem technologischen Rückstand des Westens, eine von PICHT veröffentlichte und später als Buch herausgegebene Artikelserie über *Die deutsche Bildungskatastrophe* (1964), die erste Rezession nach dem so genannten Wirtschaftswunder der fünfziger Jahre sowie die Studentenbewegung mit ihrer Kritik an Gesellschaft, Hochschule und Schule sind einige der Faktoren, die zu intensiven Diskussionen über das Bildungswesen führten.[127] Neben bildungspolitischen Kontroversen über das traditionelle dreigliedrige Schulsystem und die Gesamtschule wurden auch Vorschläge zu einer inneren Schulreform erarbeitet. Unterrichtsprinzipien wie Wissenschaftsorientierung[128] und grundsätzliche Überlegungen zur Entwicklung von Curricula[129] sind in diesem Zusammenhang als Beispiele zu nennen.

In diesem Kontext hat die CIEL-Forschungsgruppe ihre Arbeit aufgenommen. Sie war sich in der Ablehnung des Heimatkunde- bzw. Gesamtunterrichts, der für die Grundschule charakteristisch war, mit zahlreichen anderen Vertretern von Reformideen einig, nicht jedoch in den Konsequenzen dieser Kritik. Eine Wissenschaftsorientierung, die den einzelnen Fächern und den mit ihnen in Verbindung stehenden wissenschaftlichen Disziplinen schon in der Grundschule besondere Bedeutung zumisst, schien keine Alternative zu sein. Eine klare Abgrenzung wurde hierbei vor allem gegenüber den struktur- und den verfah-

---

[127] Eine ausführliche Darstellung der Bildungsreform findet sich beispielsweise bei KLEMM, ROLFF und TILLMANN (1985). HENTIG nimmt eine kritische Bilanzierung vor (1990).

[128] Bei KLAFKI finden sich Thesen zur Wissenschaftsorientierung des Unterrichts, die auch die Diskussion aus der Reformphase der sechziger und siebziger Jahre des zwanzigsten Jahrhunderts berücksichtigen (vgl. 1996, 162-172).

[129] Eingeleitet wurde die Curriculumdiskussion vor allem von ROBINSOHN, der mit seinen Ausführungen zu einer *Bildungsreform als Revision des Curriculum* eine neue Basis der schulischen Bildung schaffen wollte (1975).

rensorientierten Curricula vorgenommen, deren Relevanz nach Ansicht der CIEL-Gruppe in erster Linie „auf der sich permanent reproduzierenden fachwissenschaftlichen Einteilung der verschiedenen Disziplinen" beruht (DANNENBERG, H. u.a. 1974, 44).[130] Der Ansatz des MPU geht nicht von Fächern, sondern von Handlungsfeldern und den dafür benötigten Handlungskompetenzen aus (vgl. a.a.O., 43f.; GIEL 1974a, 37-46). Hierfür wurden unterschiedliche Teilcurricula erarbeitet.[131]

Für die Mitglieder der CIEL-Gruppe war *Curriculumentwicklung* nicht allein Aufgabe von Erziehungswissenschaftlern. Ihre Arbeit begann mit einer relativ weitmaschigen Curriculumtheorie, einem groben Inhaltsraster in der Funktion eines heuristischen Instruments zur Ermittlung möglicher Themen und ersten konkreten Materialien. Schon in der Anfangsphase war die Beteiligung von Schulpraktikern wichtig, weshalb die ursprünglichen Arbeiten auf mehreren Kongressen, Tagungen und Seminaren diskutiert und daraufhin modifiziert wurden. Auch bei der Umsetzung der Vorschläge wurden Lehrerinnen und Lehrer als kompetente Partner ernst genommen. Ihnen wurden keine stringenten Handlungsanweisungen in Form geschlossener Curricula vorgelegt, sondern Medienvorgaben in Verbindung mit häufig auch alternativen Unterrichtsvorschlägen, sodass konkrete Curricula letztlich erst im Hinblick auf konkrete Klassen und durch sich darauf beziehende konkrete Entscheidungen der Lehrenden entstanden. Die CIEL-Forschungsgruppe konzipierte ihre Materialvorgaben bewusst als Halbfabrikate mit der Intention, Theorie und Praxis miteinander zu verbinden (vgl. NESTLE 1975, 41; CIEL-Forschungsgruppe 1976, 10; FLITNER/GIEL/HILLER 1974, 7). Ihre Arbeit wurde, wie W. HAHN und KRÄMER ausführen, von dem Interesse geleitet, den in Riten und Routine erstarrten Unterricht zu einer gesellschaftlichen und damit zu einer sowohl artikulationsfähigen als auch kommunizierbaren Praxis zu befreien. Es sollte eine Theorie entwickelt

---

[130] Vgl. Kap. 4.3.1. Aktuelle Bewertungen von struktur- und verfahrensorientierten Curricula finden sich bei SPRECKELSEN, der *Science Curriculum Improvement Study* erörtert (2001), und bei LAUTERBACH, der sich mit *Science – A Process Approach* auseinander setzt (2001). Zur Kritik der CIEL-Gruppe vgl. Kap. 2.4.2.

[131] Unterrichtskonzepte sind nach KRÄMER dann Curricula, „wenn die Entscheidungsgefüge den Gesamtzusammenhang des Unterrichts repräsentieren, sich also nicht auf Teilbereiche der unterrichtlichen Konstruktion beschränken. Der curriculare Zusammenhang muß dabei durch theoretisch gerechtfertigte Konstruktionsinstrumente stimmig gemacht werden und die darauf bezogenen Argumentationen zur Legitimation die curricularen Entscheidungen objektivieren und konsensfähig machen" (KRÄMER 1974b, 82).

werden, die die Beziehung der Wissenschaft zur Praxis nicht nur über eine vorschreibende und kontrollierende Funktion definiert (vgl. HAHN, W./KRÄMER 1975, 7).

Der Titel der Veröffentlichungen *Stücke zu einem mehrperspektivischen Unterricht* verweist auf den fragmentarischen Charakter der Arbeit der Forschungsgruppe, die keine vollständige didaktische Theorie vorlegen wollte. Die einzelnen Beiträge sind in einem Zeitraum von mehreren Jahren von unterschiedlichen Mitgliedern der CIEL-Gruppe für unterschiedliche Rezipienten entwickelt worden. Differenzen, unterschiedliche Gewichtungen und Ungereimtheiten sind auf diese Situation zurückzuführen und können einen Eindruck von dem Entwicklungsprozess vermitteln (vgl. KRÄMER 1974a, 8).

2.4.2 Vorstellung von Schule und Unterricht

Die Erarbeitung von Schulreformkonzepten resultiert im Allgemeinen aus der *Kritik am bestehenden Schulwesen.* Auch der MPU grenzt sich vom traditionellen Grundschulunterricht ab, versteht sich darüber hinaus jedoch außerdem als Alternative zu Konzeptionen, die während der Bildungsreform der sechziger und siebziger Jahre des zwanzigsten Jahrhunderts entstanden.

Die Kritik der CIEL-Arbeitsgruppe am grundschultypischen *Heimatkunde- bzw. Gesamtunterricht* hat unter anderem folgende Schwerpunkte: Die erkenntnistheoretischen bzw. ideologischen Voraussetzungen des Konzeptes scheinen nicht ausreichend geklärt zu sein; scheinbar selbstverständliche Inhalte werden als fragwürdig beurteilt; die unkritische Einfügung des Grundschülers in die heimatliche, harmonisch und konfliktfrei dargestellte Welt, d.h. die Anpassung an die soziokulturelle Situation, wird ebenso wie der mit dem Konzept verbundene politisch-gesellschaftliche Ansatz für problematisch erachtet; das im traditionellen Unterricht vermittelte Wissen bleibt situationsgebunden; eine Orientierung an der Kindlichkeit wird favorisiert; der individuelle Handlungsspielraum wird überschätzt und die Wirklichkeit wird abgebildet, nicht rekonstruiert (vgl. DANNENBERG, H. u.a. 1974, 50; NESTLE 1974b, 61; KRÄMER 1974b, 99).

An einem *wissenschaftsorientierten Unterricht* schon in der Grundschule, der während der Bildungsreform den traditionellen Heimatkunde- bzw. Gesamtunterricht ablösen sollte und als notwendige Bedingung für technologischen Fortschritt galt, wird von der CIEL-Gruppe Folgendes beanstandet: Eine Synopse der aufgefächerten Schulwirklichkeit und eine Integration der unterschiedlichen Inhalte ist im Unterricht kaum zu erreichen; Begründungen für die Bevorzugung bzw. Ablehnung bestimmter Fächer werden für problematisch erachtet; das Verhältnis der Fächer zur außerschulischen Wirklichkeit und ihr Nutzen für die Schüler sind nicht geklärt; die Konstruktionen zu einer nicht ausschließlich auf akademischen Traditionen begründeten Integration von Fachwissen werden im Hinblick auf die Erkenntnistheorie für zweifelhaft erachtet (vgl. DANNENBERG, H. u.a. 1974, 50f.). Gerade die propädeutische Funktion der Grundschule, die Vorbereitung entweder auf die Wissenschaften oder die weiterführenden Schulen, wird in diesem Zusammenhang kritisiert, weil die Grundschule dadurch ihre Eigenständigkeit verliert. Nicht mehr die Orientierung in der Alltagswelt, sondern eine mögliche zukünftige Verwendung steht im Vordergrund, d.h. das gegenwärtige Leben der Grundschüler wird einer ungewissen Zukunft geopfert. Der durch die Grundschulreform eingeführte gefächerte Unterricht hat folglich, auch wenn er in einem gewissen Maße wissenschaftlich ist, „die Grundschule ihrer ureigensten Erziehungschancen beraubt, wenn man darunter die Aufgabe versteht, die Lebenswirklichkeit für Grundschüler ‚lesbar', d.h. verständlich zu machen" (CIEL-Arbeitsgruppe 1976, 4).

Wie die Kritik am wissenschaftsorientierten Unterricht zeigt, wird von der CIEL-Arbeitsgruppe trotz der Ablehnung des Gesamtunterrichts keine fachspezifische Konzeption entwickelt:

> „Entgegen dem z.Zt. beobachtbaren Trend, die Aufspaltung des Unterrichts in Fächer auch in die Grundschule hinein zu tragen, bemühen wir uns um die Verwirklichung eines integrativen Konzepts, das sowohl die Schwächen des traditionellen Gesamtunterrichts zu meiden versucht und zugleich die Abbildung der Wirklichkeit in Schulfächern, die durch nichts anderes als durch eine fragwürdige Tradition zu rechtfertigen sind, ablehnt. [...] Unser Ansatz geht davon aus, daß es bestimmte unterscheidbare Handlungsfelder, bestimmte Wirklichkeitsbereiche gibt, in denen Grundschüler sich nur dann als kompetente Mitspieler bewegen können, wenn ihnen durch Unterricht Spielregeln und Handlungsformen vermittelt werden, die sie in die Lage versetzen, ein solches Feld zu durchschauen und dementsprechend qualifiziert darin zu handeln." (DANNENBERG, H. u.a. 1974, 43f.)

Durch die mehrperspektivische und zugleich integrative Rekonstruktion der Wirklichkeit im Unterricht soll diese Wirklichkeit für die Schüler verstehbar und für ihr Handeln verfügbar werden. Dadurch erfolgt eine Erweiterung der Handlungsfähigkeit (vgl. BÜHLER/GIEL/HEINEN 1977, 41). In einem *mehrperspektivischen Unterricht* sollen die Schüler – in Abgrenzung vom fächerübergreifenden Heimatkunde- bzw. Gesamtunterricht – schon in der Grundschule über die gesellschaftlichen Verhältnisse aufgeklärt und – in Abgrenzung vom fachspezifischen wissenschaftsorientierten Unterricht – nicht in einzelnen Fächern, sondern in Projekten und Kursen in die Wirklichkeit eingeführt werden (vgl. DANNENBERG, H. u.a. 1974, 50f.).

2.4.3 Legitimatorischer Aspekt

Legitimation[132] ist für die CIEL-Arbeitsgruppe kein einmaliger Vorgang, sondern ein auf mehreren Argumentationsebenen ablaufender, adressatenbezogener, nicht abgeschlossener Prozess. Wichtig ist in erster Linie „eine Aufklärung der hinter diesem Ansatz stehenden handlungs-, sozialisations-, erkenntnis-, gesellschafts- und unterrichtstheoretischen Annahmen" (HILLER 1974a, 69). KRÄMER fordert legitimierende Argumentationen, die curriculare Entscheidungen sowohl objektivieren als auch konsensfähig machen. Hierbei sind die aufeinander bezogenen Außen- und Binnenbeziehungen aufzuklären.

> „Unter dem Außenaspekt meint Legitimation die Sicherung, Aktualisierung und Neukonstituierung des Verhältnisses zwischen Schule und Gesellschaft, zwischen unterrichtlichem und außerschulischem Handeln. Unter dem Binnenaspekt heißt Legitimation: Rechtfertigung des curricularen Zusammenhangs selbst, wobei es die gestifteten Beziehungen zwischen den wesentlichen Variablen des Unterrichts zu begründen gilt. [...] Die Legitimation betreibt die Rekonstruktion des Curriculums mit dem Interesse, das Skelett von Entscheidungen und ihren Konsequenzen herauszupräparieren und deren Berechtigung zu diskutieren." (KRÄMER 1974b, 82)

Die Forderung einer vorwiegend diskursiven Legitimation verweist implizit auf die *erkenntnistheoretische Voraussetzung des Fehlens absoluter Bezugspunkte* und die *Kritik an apriorischen Begründungsansätzen.* GIEL führt hierzu aus, „daß der Elementarunterricht nicht auf einen archimedischen Punkt aufbauen" könne. Sein Anfang liege vielmehr „inmitten des ‚gelebten Lebens'" (GIEL 1975a, 120f.). Der MPU wird von ihm als Versuch beschrieben, „die Didaktik vom Boden der Metaphysik zu lösen, ohne sie den Lerntheorien und dem psychologischen Labor auszuliefern" (GIEL 2001, 210). Es geht um die Voraussetzungslosigkeit der Didaktik und um den damit zusammenhängenden Verzicht

---

[132] In den Arbeiten der CIEL-Forschungsgruppe finden sich umfassende Überlegungen zur Legitimation einer Theorie des Elementarunterrichts im Allgemeinen sowie der fächerübergreifenden, mehrperspektivischen Teilcurricula im Besonderen. Letztere sind im Rahmen dieser Arbeit von besonderer Bedeutung. GIELs grundlegende *Vorbemerkungen zu einer Theorie des Elementarunterrichts* (1975a) werden im Hinblick auf die Begründung fächerübergreifenden Lehrens und Lernens aufgegriffen.

auf eine Leitidee des Ursprünglichen, die von der „Reduktionsdidaktik“ (ebd.) als Verknüpfung der Idee der Kindheit und der Idee einer wahren Ordnung gesehen wird. Der MPU transzendiere die Alltagswirklichkeit nicht auf eine wahre Ordnung hin, sondern betrachte sie „in ihrer unaufhebbaren Faktizität und nicht hintergehbaren Tatsächlichkeit“ (ebd.).[133]

Insbesondere wird der Rekurs auf einen *idealistischen Bildungsbegriff*, d.h. eine bildungstheoretische Legitimation, kritisiert. Der Mensch gestalte sich nicht selbst wie ein Kunstwerk, werde nicht zum Objekt der eigenen Formung.[134] Er werde nicht „als alleiniges Zurechnungsobjekt für die Gestaltung von Situationen im Sinne einer Autorschaft von Realität verstanden“ (KRÄMER 1974b, 88). Man müsse vielmehr Realitätsausschnitte finden, die Kindern die Voraussetzungen, Bedingtheiten und Möglichkeiten des Handelns aufzeigen. Die Legitimation müsse das in einem thematischen Rahmen eingeschlossene Handlungspotenzial aufdecken. Dabei wird weniger die direkte Handlung als die Erweiterung der Kommunikationsfähigkeit betont, die wiederum das Ziel hat, soziale Fantasie anzustrengen, alternative Handlungskonzepte zu diskutieren und ihre Verwirklichung zu ermöglichen (vgl. a.a.O., 87f.).

Die *Problematik der fundamentalen Bildung* wird unter dem Aspekt einer „prinzipiellen Unmöglichkeit des Fachunterrichts an der Grundschule“ betrachtet (GIEL 1975a, 16). Der Fachunterricht könne nicht an Stelle des Gesamt- bzw. Heimatkundeunterrichts gesetzt werden, da er auf diesen aufbaue. Nach der Lehrplantheorie werde in den Fächern nur ausdifferenziert, was im Gesamt- bzw. Heimatkundeunterricht in ungegliederter Ganzheit grundgelegt sei. Aufgabe der Grundschule könne nur die Gewährleistung einer allgemeinen Lernfähigkeit, die Vorbereitung auf einen lebenslangen Lernprozess sein. GIEL fordert in diesem Zusammenhang eine Neuformulierung der Intelligenz als „Repertoire von grundlegenden, in einem Gefüge aufeinander bezogenen, kulturellen Fähigkeiten“ (a.a.O., 17).

W. HAHN und HILLER setzen sich mit einer *Legitimation des mehrperspektivischen, fächerübergreifenden Sachunterrichts* auseinander und stellen vier Aspekte eines Begründungszusammenhangs dar. Dabei steht das Verhältnis von

---

[133] Vgl. hierzu die Ausführungen zum legitimatorischen Aspekt bei DEWEY in Kap. 2.3.3. Auch DEWEY verzichtet bei der Begründung seiner Konzeption auf übergeordnete bzw. absolute Ideen.

[134] KRÄMER bezieht sich bei diesen Aussagen auf HORKHEIMER.

Schule und Gesellschaft, d.h. der Außenaspekt der Begründung, im Vordergrund der Überlegungen.[135] Die Legitimation erfolgt in erster Linie aus einer Beschreibung des schulischen und gesellschaftlichen Ist- und Sollzustandes (vgl. HAHN, W./HILLER 1975).

Zunächst beziehen sich HAHN und HILLER in ihrer Begründung auf die *Kritik an der Trennung des Sachunterrichts in einen naturwissenschaftlich-technischen und einen gesellschaftswissenschaftlich-kommunikativen Lehr- und Lernbereich*. Durch diese Trennung werde die gesellschaftliche Dimension naturwissenschaftlich-technischer Themen aus dem Unterricht ausgeblendet. Gefordert wird stattdessen eine ideologiekritische Betrachtungsweise, die die Rolle der Naturwissenschaften sowie ihre technische Nutzung im Hinblick auf eine Humanisierung der Gesellschaft thematisiert. Der naturwissenschaftlich-technische Unterricht soll in ein gesellschaftsanalytisch-kritisches, aufklärerisches Curriculum integriert werden und dadurch zur Aufklärung über den aktuellen gesellschaftlichen Zustand beitragen (vgl. HAHN, W./HILLER 1975, 182-184).

> „Ein naturwissenschaftlich-technischer Unterricht mehrperspektivischen Zuschnitts, der dieses Verstrickungsverhältnis von Naturwissenschaft und Technik in gesellschaftliche Zusammenhänge (Institutionen) aufklärt und die entsprechenden Konsequenzen in bezug auf Forschungsaufträge, -interessen und Theoriebildungsversuche aufdeckt, der aber auch ihre prinzipielle Potenz, gerechtere Alternativen zu Bestehendem wissenschaftlich-technisch realisieren zu können, an einleuchtenden Beispielen demonstriert, könnte insofern zur Verschärfung des kritischen Potentials beitragen, als er die Machbarkeit der konkreten Utopie unvergleichlich eindrücklich hervorkehren und zeigen könnte, daß gesellschaftliche und nicht technische Bedingungen ihre Verwirklichung verhindern.“ (HAHN, W./HILLER 1975, 185)

Der zweite Begründungsaspekt nimmt auf die Forderung der *Rekonstruktion der gesellschaftlichen Wirklichkeit als Basis einer gerechteren Gesellschaftsordnung* Bezug. Im Unterricht soll der Zusammenhang zwischen den bestehenden gesellschaftlichen Verhältnissen und unterschiedlichen Interessen- und Machtkonstellationen aufgezeigt werden. Auch die dadurch bedingte Diskrepanz zwischen den unter den gegebenen Herrschaftsverhältnissen umgesetzten naturwissenschaftlich-technischen Erkenntnissen und alternativen Möglichkeiten der Realisierung im Hinblick auf veränderbare gesellschaftliche Zielsetzungen ist darzulegen (vgl. a.a.O., 186-189). Durch die Orientierung am Postulat einer

---

[135] Der Binnenaspekt der Legitimation wird vor allem durch die Ausführungen zum intentionalen, inhaltlichen und methodischen Aspekt des MPU in Kap. 2.4.6, 2.4.7 und 2.4.8 verdeutlicht.

gerechteren Gesellschaftsordnung wird „eine kritische Loyalität, Partizipationsfähigkeit und Mitwirkungsbereitschaft der Schüler" an der Verbesserung der gesellschaftlichen Verhältnisse intendiert (a.a.O., 189). Gefordert wird hierfür ein

> „Konzept der Rekonstruktion von Wirklichkeit in interessierten elementaren Modellen, die selbst durchaus nicht die Modelle der Wissenschaftsdisziplinen sind. Nur so kann u.E. den Schülern die ‚gesellschaftliche Konstruktion der Wirklichkeit', d.h. die Notwendigkeit der Verständigung über das, was gesellschaftlich als Wirklichkeit akzeptiert wird bzw. werden soll, einsichtig gemacht werden. Handlungsfähigkeit wird so zur Fähigkeit, alternativen Modellbau betreiben und ein kritisches Bewußtsein für die politische Realisierung dieser Modelle entwickeln zu können." (HAHN, W./HILLER 1975, 190)

Der Rekurs auf die Wirklichkeit, die immer auch gesellschaftliche Wirklichkeit ist, und die damit zusammenhängende Handlungsfähigkeit[136] verweisen auf den *handlungstheoretischen Begründungsansatz* der CIEL-Forschungsgruppe, der nicht nur für die mehrperspektivischen Grundschulcurricula, sondern darüber hinaus auch für GIELs *Vorbemerkungen zu einer Theorie des Elementarunterrichts* (1975a) charakteristisch ist. Aus der Alltagswirklichkeit werden *Besorgungen* als elementare Sinneinheiten gewonnen, die folglich keine metaphysische, sondern eine pragmatische Legitimationskategorie darstellen. Besorgungen sind allgemeine Verhaltensformen, die nicht an Personen, Positionen oder Rollen gebunden sind und das Verhalten ohne zusätzliche Vermittlung verständlich machen. Sie haben keine speziellen Kenntnisse zur Voraussetzung. Zugleich steht in ihnen jedoch Expertenwissen zur Verfügung. Das gesellschaftliche, sinnhafte und damit auf Verstehbarkeit angelegte Leben sei in ihnen so routinisiert, dass es ein elementares Verstehen ermögliche. In ihnen scheint gesellschaftliches Leben und Überleben ohne eigenes Engagement möglich geworden zu sein (vgl. GIEL 2001, 208).

Besorgungen werden von GIEL als formaler Bezugsrahmen bezeichnet, in dem die „Alltagswirklichkeit als jedermanns Wirklichkeit ausgelegt ist" (1975a, 62). Als Muster bzw. Legenden ermöglichen sie es jedem, Aktionen, Personen und Dinge in einen strukturierten Zusammenhang zu bringen und zu deuten. In Besorgungen werden diese Elemente, die man in Klassen ordnen kann, in einer Weise aufeinander bezogen, die nicht durch die Klassenzugehörigkeit bestimmt ist (vgl. a.a.O., 62f.). Als charakteristische Merkmale der Besorgung werden

---

[136] Vgl. Kap. 2.4.6.

Episodenhaftigkeit, d.h. die zeitliche Abgeschlossenheit, Zweckrationalität sowie Entlastung und die damit in Zusammenhang stehende Ausbildung „parasitärer Deutungsstrukturen“ genannt (a.a.O., 68), die wegen des Fehlens einer eigenständigen Auseinandersetzung mit der Wirklichkeit das wirkliche Verstehen hintertreiben.[137]

Besorgungen eignen sich nach Ansicht GIELs zur Legitimation des Sachunterrichts in der Grundschule, weil sie einerseits einen Bezugsrahmen darstellen, „innerhalb dessen Erlebnisse, Erfahrungen und Informationen faßbar, strukturiert und funktionalisiert sind“ (1974a, 58) und andererseits im Unterschied zur traditionellen Heimatkunde Formen sind, die sowohl individuelle als auch schichtspezifische Ausprägungen von Erlebnissen und Erfahrungen sichtbar machen und thematisieren. Auch für Kinder stellen Besorgungen das objektiv Fassbare ihres Lebens dar und verdeutlichen Bedürfnisse im Kontext ihrer gesellschaftlichen Erzeugung und Sicherstellung (vgl. ebd.).

Der dritte Begründungsansatz von W. HAHN und HILLER resultiert aus der Forderung, dass in der Grundschule das Lernen, d.h. die *Unterscheidung zwischen Wichtigem und Unwichtigem in schulischen Lernangeboten*, zu lehren sei. Auch der unterrichtliche Rekurs auf die gesellschaftliche Realität darf diese nicht „auf isolierte und lineare Wissenspartikel und Einzelfähigkeiten reduzieren“ (HAHN, W./HILLER 1975, 190), sondern soll Schüler durch eine Sensibilisierung für die Vielschichtigkeit der gesellschaftlichen Vorgänge „langfristig zu kompetenten Partnern des gesellschaftlichen Diskurses“ machen (ebd.). Hierfür ist eine kritische Haltung gegenüber der Sozialisationsagentur Schule, d.h. dem Unterrichtsangebot und den darauf bezogenen Rechtfertigungsversuchen, unabdingbar. Dies soll durch „ein variables System von Projekten und Kursen“ ermöglicht werden (a.a.O., 191).

Die vierte Begründung ergibt sich aus dem *Konzept einer öffentlichkeitsnahen Curriculumentwicklung* und damit aus der Bemühung, die Isolierung der Schule zu überwinden. Die Öffentlichkeit soll laut HAHN und HILLER für eine kritische Mitbestimmung am Unterricht sowohl interessiert als auch befähigt werden. Dies erfordert Themen von öffentlichem Interesse und Materialien, die auch außerhalb der Schule Akzeptanz finden. „Curriculumentwicklung sollte öffentlichkeitsnah in dem Sinn sein, daß sie selbst einen Beitrag zum Diskurs

---

[137] Eine ausführliche Darstellung der Besorgungen findet sich bei GIEL 1975a, 62-77.

der Öffentlichkeit leistet" (HAHN, W./HILLER 1975, 192). Dieser Anspruch verdeutlicht den diskursiven Charakter der Legitimation.

2.4.4 Anthropologischer Aspekt

GIEL bezieht sich bei seinen anthropologischen Überlegungen auf die für den MPU konstitutive Kategorie der *Alltagswirklichkeit*. Er sieht den Menschen als Teil einer Wirklichkeit, die in Bedeutungen repräsentiert wird, aus der er sich nicht lösen kann, ohne sich zu verlieren.

Der Mensch kann nach dieser Auffassung keinen Standpunkt außerhalb der Wirklichkeit einnehmen und von diesem aus die Wirklichkeit zu seinem Gegenstand machen.[138] Gedeutete Wirklichkeit ist für GIEL eine „in diskrete ‚Sinneinheiten' ausgelegte" (1975a, 34), d.h. durch *Handlungen* vermittelte Wirklichkeit. Dinge, Personen oder Ordnungen könnten nicht als Handlungsgrundlage beansprucht werden. Das Handeln konstituiere vielmehr Wirklichkeit (vgl. ebd.). Sowohl Menschen als auch Dinge existieren nur im Zusammenhang von Handlungen. Man werde sich „zunächst und unmittelbar" (a.a.O., 38) seiner selbst inne im Vollzug einer aktuellen oder in Bezug auf eine zu verrichtende bzw. bereits vollzogene Handlung. Handlungen werden als das „unmittelbarste Faktische in unserem Leben, ein verläßliches, nicht in Frage gestelltes Fundament" (a.a.O., 39) und somit als anthropologische Grundgegebenheit bezeichnet. Handlungen sind darüber hinaus „ganz unmittelbar soziale Tatsachen" (ebd.), die auf Deutung, Interpretation und Kommunikation angewiesen sind. Sie müssen im Kontext des beobachtbaren Verhaltens gesehen werden und vermeiden dadurch jegliche metaphysische Überhöhung (vgl. ebd.).

> „Die Wirklichkeit, die wir theoretisch fassen wollen, ist eine solche von Handlungen. Unter Handlungen verstehen wir interpretierbare, zunächst und vornehmlich in Zweckbegriffen zu Einheiten synthetisch zusammengefaßte Äußerungen. Wir wollen also, um es terminologisch festzuhalten, unter Handlungen solche ‚Äußerungen' verstehen, die durch Zweckbegriffe zu ‚sinnvollem' Verhalten zusammengefaßt sind. ‚Sinnvolles' Verhalten ist ein solches, in dem der Funktionszusammenhang von ‚Umwelt' und ‚Lebewesen' nicht natürlich durch intakte Organe und Instinkte hergestellt ist. Handeln als sinnvolles Verhalten ist ein im wörtlichen Sinn festgestelltes, statuiertes, in Begriffen rekognosziertes Verhalten. Auf eine anthropologische Formel gebracht, könnte man, pointiert und doch nicht überspitzt, sagen: Der Mensch ist das festgestellte Tier par excellence, das Tier,

---

[138] GIEL bezieht sich hierbei auf die „Anfangslosigkeit menschlicher Verhältnisse" (1975a, 34f.).

das nur in begrifflich festgestellten Verhaltensformen lebensfähig ist." (GIEL 1975a, 41)

GIEL nennt mit Sprachlichkeit, Leiblichkeit,[139] Zeitlichkeit und Räumlichkeit vier *Formen der Befindlichkeit, in denen wir an der Wirklichkeit teilhaben* (vgl. a.a.O., 48-58). Darunter werden keine „Grundformen menschlichen In-der-Welt-Seins" (a.a.O., 57), keine die Erfahrung apriorisch strukturierenden Lebenskategorien verstanden. Die Art und Weise, wie die menschliche Wirklichkeit verfasst sei, könne nur konkret im Hinblick auf bestimmte Wirklichkeitsausschnitte gesehen werden. Allgemein gelte nur die sprachliche, leibliche, zeitliche und räumliche Vorstrukturierung des menschlichen Handelns, durch die es in Handlungsfelder einbezogen sei. Die Wirklichkeit sei sprachlich, leiblich, zeitlich und räumlich in konkrete Handlungsfelder ausgelegt (vgl. a.a.O., 57f.).

Die allgemeinen anthropologischen Aussagen beziehen sich auch auf die Kindheit. Es ist für die CIEL-Gruppe selbstverständlich, dass *Kinder an der Alltagswirklichkeit partizipieren*.

„Es ist die Wirklichkeit, in die hinein sie sich bewegen, in der sie sich zurechtfinden lernen; sie ist der Boden der Kommunikation, der Boden, auf dem ihnen Aufgaben zur Erledigung gestellt werden, wo sie ernsthaft, verbindlich gefordert werden." (GIEL 1974a, 56)

Damit verbunden wird die Forderung, ein Ausschließen der Kinder von der Partizipation an der Wirklichkeit der Erwachsenen und eine Abschiebung „in eigens geschaffene Reservate" zu verhindern (a.a.O., 47). Die häufig mit romantischen Darstellungen einer heilen und ursprünglichen Welt beantwortete Frage nach dem Wesen der Kindheit wird folglich von der CIEL-Gruppe nicht gestellt. Dennoch werden Kinder nicht als kleine Erwachsene betrachtet. GIEL betont das Recht auf ein erfülltes Ausleben der Kindheit und lehnt dezidiert das Aufopfern gegenwärtiger Augenblicke zugunsten von zukünftigen ab (vgl. ebd.). Mit dem Anspruch der Partizipation von Kindern an der Wirklichkeit der Erwachsenen werden zugleich die anthropologischen Grundannahmen lerntheoretischer Positionen kritisiert, die Kinder „in ein lerntheoretisch ausgesteuertes Getto", in eine mit Lernmaterialien ausgestattete Zwischenwelt einschlössen,

---

[139] Leiblichkeit bezieht sich nicht auf die Tatsache, dass der Mensch ein körperliches Wesen ist, sondern auf den Bezugsrahmen, innerhalb dessen sich der Leib mit seinen Dispositionen, Fähigkeiten, Grenzen ausbilden kann und in den auch äußere Dinge integriert werden können. Unter Leiblichkeit ist „die dem Menschen eröffnete Möglichkeit der Organbildung zu verstehen" (GIEL 1975a, 51). Leib erscheint nach GIEL als „kulturell vermittelte Auslegung" der Leiblichkeit (a.a.O., 52).

von denen man nicht sicher wissen könne, ob und inwieweit sie die außerschulische Realität repräsentierten (GIEL 1974b, 20; vgl. auch GIEL 1975a, 29-33).[140]

2.4.5 Interpersoneller Aspekt

Für GIEL ist *Kommunikation* in der modernen, vor allem durch sekundäre Strukturen bestimmten Wirklichkeit nur zwischen Rollenträgern möglich. Die geteilte Wirklichkeit sei eine in Rollen aufgeteilte. Daraus folgt für ihn, dass die Frage nach Sinn[141] als Bedingung der Möglichkeit von sowohl verständlicher als auch repressionsfreier Kommunikation, die er letztlich intendiert, auch als Problem der Rollenspielstruktur ausgelegt werden kann. Zugleich verweist er so auf die Fragwürdigkeit der naiven Anwendung von Kommunikationsmodellen, die nur aus den Elementen Sender, Code, Nachricht, Kanal und Empfänger bestehen (vgl. GIEL 1975a, 55f.).

Grundlegend für die Definition der *Schüler- und Lehrerrolle* und folglich auch für die unterrichtliche Kommunikation ist die Sichtweise des Unterrichts als Spiel, nach der jede Unterrichtseinheit als offene, unentschiedene Partie zu verstehen ist, deren Spielzüge vorentworfen bzw. rekonstruiert werden können. Schüler werden als Mitspieler mit eigenen Gestaltungsmöglichkeiten gesehen.

> „Der Schüler wird nicht zur Lernzielerfüllungs-Figur des Lehrers auf einem für ihn undurchsichtigen Spielfeld, sondern zum aufgeklärten Akteur, der im Rahmen der gemeinsamen Regeln eigene Spielzüge setzt und deren Stellenwert innerhalb der Spielpartie einschätzen kann." (CIEL-Arbeitsgruppe 1976, 10)

Mit dieser Auslegung der Schülerrolle ist zugleich eine spezifische Sicht der Lehrerrolle verbunden. In der Konzeption des MPU sind Lehrer primär didaktische Interpreten und Regisseure ihres Unterrichts, die den Schülern unterschiedliche Spielzüge ermöglichen, nicht Wissensvermittler oder Erzieher (vgl. DANNENBERG, U./NESTLE/RIEDLINGER 1975, 94). GIEL verweist in diesem

---

[140] GIEL hat in seiner Argumentation zentrale Aspekte der aktuellen Diskussion über Kindheit vorweggenommen.

[141] Vgl. hierzu auch GIELs Ausführungen zur Sinnproblematik: „Die Frage nach dem Sinn [...] stellt sich als die nach einem Muster, nach einem Netz von Werten, das die Kommunikation als Interpretation von Äußerungen ermöglicht. Mit der Wendung von der Kommunikation als Interpretation soll zum Ausdruck gebracht werden, daß es in der Kommunikation nicht allein um die Entschlüsselung von Gemeintem gehen kann, sondern um die Ermöglichung von Intentionen, die gerade darin konstitutiv sind, daß nicht schon im voraus bestimmt ist, womit und worin sie sich erfüllen. Nach unserem Verständnis haben die Intentionen einen explorativen, keinen subsumierenden Charakter" (GIEL 1975a, 45f.).

Zusammenhang auf die Lehrerzentriertheit des Konzeptes, die seiner Meinung nach jedoch von einem autoritativen Führungsstil zu unterscheiden ist. Der Lehrer als Regisseur der Stücke[142] beteilige die Schüler über die Inszenierung, nicht durch direkte Anweisung am Spiel. Den Schülern sei es möglich, sich auf die unterrichtlichen Angebote einzulassen oder sich zu verweigern. In der Lehrerzentriertheit der Konzeption liege auch die vom MPU favorisierte Unterrichtsform der Lektion begründet, die allerdings „zu Unrecht als in Einzelstunden zerfallender Frontalunterricht denunziert" werde (GIEL 2001, 205f.).

Die Lehrer-Schüler-Beziehung hat folglich in der Konzeption der CIEL-Arbeitsgruppe trotz des für sie konstitutiven emanzipatorischen Interesses durchaus einen komplementären Charakter. Mit der Intention der Handlungsfähigkeit bzw. Kommunikationsfähigkeit, die stets auch eine gesellschaftliche Dimension hat, wird jedoch die grundsätzliche Relevanz symmetrischer Beziehungen aufgezeigt.[143] Der Unterricht der Grundschule soll die Schüler letztlich zur symmetrischen Kommunikation bzw. Interaktion im gesellschaftlichen Kontext befähigen.

> „Vielmehr müssen die Schüler sensibilisiert werden für die Komplexität der gesellschaftlichen Vorgänge, so daß sie langfristig zu kompetenten Partnern des gesellschaftlichen Diskurses werden. Grundschulunterricht soll auf diese Weise den Prozeß einer kritischen sekundären Sozialisation einleiten." (HAHN, W./HILLER 1975, 190)

Die CIEL-Arbeitsgruppe thematisiert neben der Lehrer- und Schülerrolle auch die *Struktur der unterrichtlichen Kommunikation.* Dabei soll ein Webmuster freigelegt werden, „nach dem der Unterricht als ‚Austausch' und Verkehr zwischen Lehrenden und Lernenden aktualisiert wird" (GIEL 1974a, 63). Gefragt sei eine „Folie" (ebd.), die es im Unterricht ermöglicht, Äußerungen als Lösung eines Problems zu akzeptieren, als Aufstellung einer Vermutung aufzunehmen, als gewünschte Information anzunehmen oder als Beweisverfahren nachzuvollziehen. Grundschulunterricht wird in diesem Zusammenhang „als Prozeß des Sich-Verständigens, als Prozeß der Artikulation von Handlungen und Erlebnissen" verstanden, dessen Spezifikum in einer „didaktische[n] Deixis" bestehe (a.a.O., 64). Man verständige sich nicht nur, sondern trete ständig neben den

---

[142] Der Titel *Stücke zu einem mehrperspektivischen Unterricht* wurde bewusst in Anlehnung an die Theaterpraxis gewählt (vgl. GIEL 2001, 205).
[143] Vgl. Kap. 2.4.6.

Verständigungsprozess, indem man auf die Form der Verständigung zeige (vgl. a.a.O., 64f.).

Von der CIEL-Forschungsgruppe werden in diesem Zusammenhang vier *Ebenen der Kommunikation* unterschieden, durch die der unterrichtliche Diskurs entworfen, gesteuert und vermessen werden kann (vgl. HAHN, R. u.a. 1975, 103).[144] Auf der *Ebene der Memoria* geht es um die Entwicklung von Lernproblemen, die Ausgrenzung von Lernbereichen, die Aktualisierung und Vermittlung von Informationen, d.h. um die Abgrenzung von Wissen. Anhand von Lexika, Tabellen, Diagrammen, Texten, Karten, Bildern usw. sollen sich die Schüler Informationen über ein Unterrichtsthema beschaffen. Dieses Wissen soll auf der *empirisch-pragmatischen Ebene* begründet werden. Hierbei steht die Zuordnung von Bedeutungen zu Zeichen durch Beispiele, Definitionen, Zuordnungsregeln, Operationen, instrumentelle Bestimmungen oder Abstraktion von Objektmerkmalen im Vordergrund. Die *logisch-grammatische Ebene* dient der Integration des Wissens „mit anderen Wissenselementen in größere Zusammenhänge“ und seiner Verknüpfung „zu qualitativ anderen Wissensformen“ (DANNENBERG, U./NESTLE/RIEDLINGER 1975, 89). In übergreifenden Frage- und Problemstellungen, in Hypothesen, Experimenten sowie Theorien wird den einzelnen Wissenselementen so ein neuer Stellenwert gegeben. Auf der *theoretisch-kritischen Ebene* sollen „Zusammenhänge als regulierte und regulierbare Konstrukte aus der Distanz“ hinterfragt und in Alternativen diskutiert werden (ebd.). Interpretationen und Bewertungen sind auf dahinter stehende Interessen sowie auf die Bedingungen des Zustandekommens zu untersuchen, um so Zugänge zu anderen Beziehungsgefügen zu ermöglichen (vgl. a.a.O., 88f.; HAHN, R. u.a. 1975, 104-105; DANNENBERG, H. u.a. 1976, 36f.). Auf den vier Kommunikationsebenen steht die Beziehung zur Sache im Zentrum. Nicht wie, sondern worüber und wodurch sich Lehrende und Lernende verständigen, wird thematisiert.

---

[144] GIEL unterscheidet zunächst die Ebenen der Reproduktion (memoria), der Repräsentation, der Artikulation bzw. Formalisierung und der Integration (vgl. hierzu ausführlich 1974a, 65f.). Bei der Weiterentwicklung der Konzeption des MPU wird eine Veränderung vorgenommen, die in zahlreichen Beiträgen aufgegriffen und auch im Rahmen dieser Arbeit dargestellt wird.

2.4.6 Intentionaler Aspekt

Wenn die CIEL-Arbeitsgruppe *Intentionen* für den MPU formuliert, dann nicht in operationalisierter Form.[145] Eine Verkümmerung nicht operationalisierbarer Ziele soll so verhindert werden. Es wird bezweifelt, „ob operationalisierte Lernziele alle möglichen Inhalte nichtoperationalisierter Lernziele enthalten" können (NESTLE 1974b, 63f.). Die Kritik bezieht sich auf die Förderung eines Denkens, das eher eindimensional und konvergent als kreativ und divergent ist, und auf eine aus der Zielformulierung resultierende „Beschreibung von Dressurakten" (a.a.O., 64), die den sozialen Verhaltenskontext vernachlässigt.

Dennoch wollen die Mitglieder der Forschungsgruppe offen legen, welche Absichten mit den Lernmaterialien der Teilcurricula verbunden sind. Einerseits wird dadurch eine Auseinandersetzung mit und Distanzierung von den Vorstellungen der CIEL-Gruppe erleichtert, andererseits erfolgt eine Vorstrukturierung des Unterrichts, ohne diesen bereits festzulegen. Weder sollen Lehrer durch rigide Zielvorgaben „zu bloßen Ausführungsgehilfen der Verfasser der Lernmaterialien degradiert" (BÜHLER/GIEL/HEINEN 1977, 45), noch soll ein selbstbestimmtes, auch abweichendes Verhalten der Schüler durch eine genaue Beschreibung des Endverhaltens verhindert werden (vgl. a.a.O., 44f.).

Ausgangspunkt für die Formulierung der Intentionen des MPU ist die Kategorie der *Alltagswirklichkeit*. In ihrer *Aufklärung* wird der spezifische Bildungsauftrag der Grundschule, die übergeordnete Zielsetzung gesehen (vgl. CIEL-Arbeitsgruppe 1976, 5). Dass der Begriff der Wirklichkeit über die Erlebnis- und Erfahrungswelt des Kindes hinaus auch eine gesellschaftliche Dimension hat, wird von den Mitgliedern der CIEL-Forschungsgruppe betont.

> „Wir wollen schon in der Vor- und Grundschule im Unterricht gesellschaftlich relevante Ausschnitte der Wirklichkeit rekonstruieren als einen durch Menschen erzeugten Zusammenhang, als etwas, das Menschen in Organisationen, Gruppen oder als einzelne so ausgebildet und verfaßt haben und wozu es Alternativen geben kann. Die Wirklichkeit soll als ein Gefüge durchsichtig werden, das man durch gezielte Eingriffe verändern, ja sogar destruieren und neu aufbauen kann, das man aber auch befestigen und verteidigen kann, das man aber allemal legitimieren muß." (GIEL/HILLER/KRÄMER 1974a, 22)

---

[145] Wie der MPU war die curriculare Didaktik bzw. der lernzielorientierte Ansatz Anfang der siebziger Jahre des zwanzigsten Jahrhunderts Gegenstand schulpädagogischer Diskussionen. Mit der Ablehnung operationalisierter Lernziele nimmt die CIEL-Arbeitsgruppe eine Abgrenzung gegenüber dieser Richtung vor. Zum lernzielorientierten Ansatz vgl. MÖLLER 1997.

Die Rekonstruktion der Wirklichkeit soll aus mehreren Perspektiven erfolgen, die jeweils mit einer eigenen, sach- oder personenbezogenen Zielsetzung verbunden sind.[146] Durch die erlebnis- und erfahrungsbezogene Rekonstruktion wird eine Steigerung der Erlebnis- und Erfahrungsfähigkeit intendiert. Die Selbstinszenierung als Schauspieler auf der Alltagsbühne ist Ziel der szenischen Rekonstruktion. Die politisch-öffentliche Rekonstruktion soll die Schüler zum Durchschauen der Realität als etwas, das durch politische Verfahren verändert oder stabilisiert werden kann, befähigen. Der vierte Typus, die scientische Rekonstruktion, hat das Begreifen, Betreiben und Kontrollieren der Formen einer objektivierten wissenschaftlichen Auseinandersetzung mit der Wirklichkeit zum Ziel (vgl. HILLER 1974b, 34f.).

Die Aufklärung gesellschaftlicher Prozesse und ihrer Wechselwirkungen mit dem Alltagshandeln verweist auf zwei grundlegende Intentionen: die Förderung der Handlungsfähigkeit und die Humanisierung der gesellschaftlichen Verhältnisse (vgl. HAHN, R./HAHN, W. 1975, 131).

Handlungsfähigkeit ist die zentrale personenbezogene Intention des MPU, die auch die einzelnen Ziele der unterschiedlichen Rekonstruktionstypen umfasst. Sie impliziert das Verfügenkönnen über das eigene Verhalten, das Subjektsein des eigenen Verhaltens und steht somit in einem Gegensatz zu nach Reiz-Reaktions-Schemata ablaufenden Handlungsweisen. Handlungsalternativen, Absichten, Zwecke und Interessen sollen thematisiert und reflektiert werden (vgl. BÜHLER/GIEL/HEINEN 1977, 36f.).

Die CIEL-Arbeitsgruppe schreibt der Grundschule die Funktion der Vorbereitung und Ausbildung einer allgemeinen Handlungsfähigkeit zu und grenzt diese von einer spezifischen Handlungsfähigkeit ab, ohne deren Bedeutung zu negieren.

> „Mit dem Begriff der allgemeinen Handlungsfähigkeit ist zunächst nur ein Gegensatz bezeichnet. Allgemeine Handlungsfähigkeit setzt sich ab gegen spezifische (rollen-, funktions- und situationsspezifische) Handlungsfähigkeit. Inhaltlich postuliert man damit keineswegs eine vage und unverbindliche Allgemeinbildung oder ein zweifelhaftes Fundament aller spezialisierter Handlungsfähigkeit, sondern vielmehr die Fähigkeit (a) eines Überblicks über die relevanten Themen und Handlungsbereiche der jeweiligen Gesellschaft, was sich (b) konkretisiert in der

[146] Zu den unterschiedlichen Rekonstruktionstypen vgl. ausführlich Kap. 2.4.8.

> Fähigkeit, am Diskurs teilzuhaben und damit an der Fähigkeit, sich kritisch am praktischen Fortschritt beteiligen zu können." (HILLER 1974a, 69)[147]

Das Problem der Förderung einer allgemeinen Handlungsfähigkeit spiegelt sich im Kontext von Schule und Unterricht in der Frage nach Methoden zur Ausbildung einer *allgemeinen Lernfähigkeit* wider, die sich von der Fähigkeit unterscheidet, spezifische Qualifikationen zu erwerben. Allgemeine Lernfähigkeit, d.h. „die Fähigkeit, die Frage nach dem Sinn, nach der Funktion spezifischer Qualifikationen stellen zu können" (a.a.O., 74), wird von HILLER als eine die allgemeine Handlungsfähigkeit ermöglichende, begleitende und aus ihr resultierende, und somit als eine ihr korrespondierende Voraussetzung für die Partizipation am Diskurs bezeichnet. Lernen soll damit nicht länger instrumentalisiert, sondern als eigenständiges, sinnhaftes Handeln aufgefasst werden (vgl. ebd.).

Die Formulierung *„Humanisierung der Verhältnisse"* (HAHN, R./HAHN, W. 1975, 131; im Original nicht hervorgehoben) legt nahe, bei der Konzeption des MPU nicht primär von gruppen- bzw. klassenbezogenen, sondern von gesellschaftsbezogenen Intentionen zu sprechen. Schon bei den Ausführungen zur Intention der Wirklichkeitsrekonstruktion wurde auf die Möglichkeit einer Veränderung der Gesellschaft hingewiesen. KRÄMER thematisiert dies im Hinblick auf Institutionen.[148] Man müsse verhindern, dass eine strukturell-funktionale Betrachtungsweise der Institution, deren Sinn und Verfasstheit vorausgesetzt werde, den aktuellen gesellschaftlichen Zustand festschreibe und die innovatorische Wirkung des Unterrichts verhindere. Durch die unterrichtliche Rekonstruktion müsse der Blick für die Vor- und Nachteile der Institutionen geschärft und der Horizont „für eine funktionalere, gerechtere, wirksamere, vielleicht auch einfachere Ausformung" geöffnet werden (KRÄMER 1975, 16). Es gehe im Un-

---

[147] Wenn GIEL, HILLER und KRÄMER den Begriff einer allgemeinen Handlungsfähigkeit kritisch reflektieren, beziehen sie sich nicht auf die auf HABERMAS zurückzuführende Fähigkeit zur Teilnahme am Diskurs, sondern auf die Vorstellung, man könne Handlungsfähigkeit unabhängig von konkreten Handlungsfeldern, sozusagen allgemein erwerben. Es geht in der Schule darum, „Kinder und Jugendliche für konkrete Realitätsfelder handlungsfähig" zu machen (GIEL/HILLER/KRÄMER 1974a, 12f.).

[148] Folgende Definition wird von KRÄMER gegeben: „Unter gesellschaftlichen Institutionen verstehen wir soziale Subsysteme, denen jedermann mehr oder weniger unterworfen ist und die für die Gesellschaft, die sie konstituiert hat, von vitaler Bedeutung sind. Sie sind nicht nur soziologisch definiert, etwa in Abgrenzung von den Begriffen: Organisation und soziale Struktur, sondern sie bezeichnen Realitätsausschnitte auch als ausgegrenzte Bereiche des Handelns, die eine spezifische Bandbreite von Fähigkeiten und Wissensinhalten beanspruchen" (KRÄMER 1975, 14).

terricht nicht um die vorschnelle Postulierung der Relevanz und Funktionalität der Institutionen, sondern um eine Diskussion über ihre Legitimität im jeweiligen gesellschaftlichen Kontext (vgl. a.a.O., 15f.). Schüler sollen bezogen auf gesellschaftliche Veränderungen eine kritische Loyalität, die Fähigkeit zur Partizipation und die Bereitschaft zur Mitwirkung an gesellschafts- und wirtschaftspolitischen Programmen entwickeln (vgl. HAHN, W./HILLER 1975, 189).

Leitendes Interesse der Konzeption des MPU ist die *Mündigkeit des Schülers* (vgl. NESTLE 1974a, 12). Ein revolutionärer Gestus im Hinblick auf die Frage nach einem emanzipatorischen Elementarunterricht wird jedoch abgelehnt. Emanzipatorische Erziehung kann nach Ansicht der CIEL-Forschungsgruppe nicht in den Dienst einer vollständigen Veränderung gesellschaftlicher Zustände gestellt werden, muss diese allerdings auch nicht erst abwarten (vgl. GIEL 1975a, 76f.). Wichtig ist in diesem Zusammenhang, dass Emanzipation nicht als Ziel des Unterrichts bezeichnet wird. Der Unterricht könne nicht zur Emanzipation erziehen. Hingegen sei die unterrichtliche Darstellung der Wirklichkeit, d.h. die mehrperspektivische Rekonstruktion, bereits ihre Realisierung. Weniger die zukünftigen Ziele des Unterrichts als seine unabdingbaren, nicht-hypothetischen Voraussetzungen würden unter der Idee der Emanzipation angezeigt. Es gehe um Forderungen, die an didaktisch relevante Maßnahmen, Medien und Ziele gestellt seien (vgl. a.a.O., 124; 126).

> „Unter dem Anspruch der Emanzipation ist der Elementarunterricht als eine Explikationsform der differenzierten und komplexen ‚Wirklichkeit' auszuführen, durch die Realitätsbezüge exoterisch und doch sachgerecht zur Disposition gestellt werden können." (GIEL 1975a, 127)

GIEL bezeichnet in diesem Zusammenhang den *aufgeklärten Laien* als Ziel eines freisetzenden Unterrichts. Fachkenntnisse, deren Notwendigkeit nicht geleugnet wird, haben für diesen eine andere Bedeutung als für Experten (vgl. a.a.O., 128).

2.4.7 Inhaltlicher Aspekt

Die CIEL-Arbeitsgruppe hat die Intention, die Selbstverständlichkeit, mit der Themen als Unterrichtsinhalte akzeptiert werden, zu hinterfragen, die *Abhängigkeit der Inhalte von unterschiedlichen Interessen und Voraussetzungen* aufzuzeigen. Man müsse Inhalte nicht einfach hinnehmen, sondern sich verfügbar machen. Für die Bewertung von Unterrichtsinhalten ist, wie HILLER ausführt, der jeweilige historische Zeitpunkt von zentraler Bedeutung. Die Bedingungen, unter denen Inhalte wichtig werden, sind aufzuspüren und im Sinne eines emanzipatorischen Sachunterrichts zu thematisieren (vgl. HILLER 1974b, 30).

Das für den MPU spezifische *Verständnis von Unterrichtsinhalten* bringt GIEL zum Ausdruck:

> „Unter ‚Inhalten', Sachen im weitesten Sinn verstehen wir die im Wissen repräsentierte Wirklichkeit (realitas). Außerhalb und jenseits des Wissens, d.h. der sozio-kulturell vermittelten objektiven und objektivierbaren Darstellungsformen (z.B. Bilder, Begriffe, Aussagen) gibt es für uns keine objektiv faßbare Realität." (GIEL 1974b, 11)

Folglich ist die Kategorie der *(Alltags-)Wirklichkeit* auch für die Legitimation und Auswahl der Unterrichtsinhalte konstitutiv. In ihrer Aufklärung wird der eigenständige Bildungsauftrag der Grundschule gesehen. Damit einher geht die Ablehnung einer die Alltagswirklichkeit nicht repräsentierenden, rigiden Fächertrennung, d.h. die Forderung eines fächerübergreifenden Unterrichts, der keine Spezialisten hervorbringt, sondern jeden durch die Ausbildung von Handlungsfähigkeit zur Bewältigung von Alltagsbesorgungen befähigt. Alltagswirklichkeit wird als „eine von jedermann geteilte Wirklichkeit" verstanden (CIEL-Arbeitsgruppe 1976, 6), wobei sich die auszufüllenden Funktionen von Person zu Person graduell unterscheiden können. Im Unterricht sind Ausschnitte bzw. Bereiche dieser Wirklichkeit zu rekonstruieren als Zusammenhänge, die von Menschen erzeugt wurden, daher veränderbar sind und legitimiert werden müssen. Die Abgrenzungen der unterschiedlichen Wirklichkeitsbereiche sind gesellschaftlich bedingt. Weil ihre Kontur und Struktur von gesellschaftlich vorgeprägten Handlungsformen abhängt, werden sie auch *Handlungsfelder* genannt (vgl. a.a.O., 5f.; GIEL/HILLER/KRÄMER 1974a, 22).

> „Handlungsfelder sind die äußeren Voraussetzungen von Handlungen, die in der Gestalt von Besorgungen vollzogen werden können. In ihnen bewegt der einzelne sich sozusagen in der Rolle des ‚Menschen'. Die Handlungsfelder adressieren die speziellen Leistungen der Gesellschaft an den nichtspezialisierten Klienten, indem sie die Spezialkenntnisse durch die bloße Verdeckung ihrer institutionellen Vermittlung dem einzelnen distanzlos aufdrängen." (GIEL 1975a, 74)

Die legitimierende Diskussion zur Auswahl konkreter Themen hat nach Ansicht der CIEL-Gruppe auf drei *Bezugsebenen* zu erfolgen. Unterschiedliche Ansprüche an ein Thema können so artikuliert und gegeneinander abgewogen werden. Auf der *Ebene der Gesellschaft* ist vor dem Hintergrund sozialwissenschaftlicher Systemtheorien der Beitrag eines Themas zur Erhaltung und zum Fortbestehen der Gesellschaft zu erörtern. Theorien des sozialen Wandels sowie

Konflikttheorien haben Möglichkeiten zur Innovation und Weiterentwicklung der Gesellschaft aufzuzeigen. Einseitig konservative oder revolutionäre Ausrichtungen werden durch diese unterschiedlichen theoretischen Ansätze vermieden, die sowohl die Funktionalität als auch die Veränderungsbedürftigkeit gesellschaftlicher Institutionen berücksichtigen. Auf der *Ebene des Individuums* wird mit Hilfe von Sozialisationstheorien geprüft, inwieweit Kinder an einem gesellschaftlichen Handlungsfeld aktiv, passiv oder überhaupt nicht partizipieren. Die Relevanz dieser Analyse ergibt sich aus der Intention, „den Schüler zu einem kompetenten Teilhaber und Mitverantwortlichen am gesellschaftlichen Geschehen zu machen" (KRÄMER 1974b, 87). Es muss entschieden werden, ob ein Thema eher den Kindstatus des Schülers oder den Status des zukünftigen Erwachsenen in den Vordergrund stellt bzw. stellen soll. Die *Ebene von Schule und Unterricht* nimmt auf Theorien der Grundschule und der Didaktik Bezug. Zu untersuchen ist, inwieweit ein Thema durch eine lange Tradition legitimiert oder neu und damit auch widerständig ist. Ein ausgewogenes Verhältnis zwischen diesen beiden Polen wird angestrebt, um sowohl Kontinuität als auch curriculare Innovation zu ermöglichen (vgl. a.a.O., 84-89).

Mit der Feststellung, dass es gesellschaftliche Handlungsfelder bzw. Institutionen gibt, erfolgt noch keine Festlegung auf bestimmte Unterrichtsthemen. Auch die drei Bezugsebenen der Legitimation führen zu keiner eindeutigen Auswahl, sodass jeder Entscheidung trotz intensiver theoretischer Reflexionen ein „Moment der Zufälligkeit" anhaftet (KRÄMER 1974b, 84). Letztlich sind die konkreten Entscheidungen über die *Auswahl der Handlungsfelder* durch einen öffentlichen Diskurs mit allen gesellschaftlichen Gruppen, die beteiligt und interessiert sind, herbeizuführen. Die CIEL-Arbeitsgruppe sieht jedoch auch die Grenzen eines Verfahrens, das eine allgemeine Konsensbildung intendiert. Ein praktikabler Ausweg war, auf Kongressen und Fortbildungsveranstaltungen Lehrer, Studenten und Erziehungswissenschaftler in die Diskussion mit einzubeziehen (vgl. CIEL Arbeitsgruppe 1976, 6).

In einem Themengitter werden die Resultate der Überlegungen der CIEL-Gruppe vorgestellt.[149] Zehn sozio-politischen Funktionen, anthropologischen Funktionen oder Diskussionsebenen wird bezogen auf die vier Grundschuljahre

---

[149] KRÄMER führt in seinem Beitrag drei verschiedene Versionen des Themengitters an und verdeutlicht dadurch den Prozesscharakter der Curriculumentwicklung. Im Rahmen der vorliegenden Arbeit wird auf die aktuellste Version Bezug genommen (vgl. KRÄMER 1974b).

jeweils ein Thema zugeordnet, sodass sich insgesamt vierzig unterrichtliche Handlungsfelder ergeben (vgl. KRÄMER 1974b).[150]

2.4.8 Methodischer Aspekt

Der MPU bezieht sich in seiner Legitimation – auch im Hinblick auf Unterrichtsmethoden – auf die Kategorie der *Alltagswirklichkeit.* Allerdings wird nicht die Abbildung dieser Wirklichkeit intendiert, sondern die *Rekonstruktion*, die Bildung von Modellen. Die CIEL-Gruppe rekurriert in ihren Überlegungen hierzu auf den französischen Strukturalismus, insbesondere auf BARTHES, der als Ziel strukturalistischer Tätigkeiten eine Rekonstruktion von Objekten nennt, die deren Funktionsweise aufzeigt. Bei der Rekonstruktion eines Handlungsfeldes entsteht ein Simulacrum, d.h. „ein Konstrukt, das dadurch gewonnen wird, daß man von einem Original nur Funktionen und Strukturen nachbildet" (DANNENBERG, U./NESTLE/RIEDLINGER 1975, 82). Ein Auto und eine TÜV-Prüfliste dienen als Beispiel für eine sowohl strukturelle als auch funktionelle Analogie zwischen einem Original und seinem Abbild (vgl. ebd.; NESTLE 1974a, 19f.).

Als Form, in der ein gesellschaftliches Handlungsfeld unterrichtlich rekonstruiert und durch die seine Struktur verdeutlicht werden kann, wird von der CIEL-Arbeitsgruppe das *Spiel* gewählt, das, wie GIEL meint, einen in sich stimmigen „Zusammenhang funktionalisierter Tätigkeiten, Dinge und Partner" darstellt (1974b, 23). Damit sollen Kinder nicht in ein mit Lernspielen und Lernmaterialien ausgestattetes Getto verbannt und von der Partizipation an der Realität ausgeschlossen werden. Vielmehr wird der Versuch unternommen, „die im Spiel gewährte Möglichkeit der Distanzierung von der Wirklichkeit der Kinder [...] zum Zwecke ihrer Darstellung fruchtbar zu machen" (a.a.O., 24). Es

---

[150] Folgende Zuordnung wird von der CIEL-Gruppe vorgenommen: Wohnen (Kinderzimmer, Hochhaus, Stadtplan, Unbehaustes Wohnen/Zwangswohnen), Dienstleistung/Verwaltung (Post, Taxizentrale, Krankenhaus, Versicherungsgesellschaft), Erziehung (Schule/Einschulung, Lehr- und Lernmittel, Lehrer-/Schülerrollen, Sportverein/peer-groups), Produktion (Sprudelfabrik, Binnenstruktur eines Betriebes, Konzern, Landwirtschaftlicher Betrieb), Freizeit (Spielhaus, Freibad/Hallenbad, Reisebüro, Kirchen), Verkehr (Kfz-Zulassungsstelle/TÜV, Tankstelle, Flugplatz, Verkehrssystem), Handel und Gewerbe (Supermarkt, Sommerschlussverkauf, Banken, Geldprobleme), Kommunikation (Fernsehen, Kino/Film, Rundfunk, Zeitung), Politik (Wahlen, Gewerkschaft, Partei, Finanzamt/Öffentlicher Haushalt), Feier (Geburtstag, Weihnachten, Begräbnis/Friedhof, Politische Feiertage) (vgl. KRÄMER 1974b, 97).

sollen die Voraussetzungen für eine Auseinandersetzung mit der Wirklichkeit in einer eigenständigen, d.h. kindspezifischen Weise geschaffen werden. Folgende charakteristische Merkmale des Spiels werden genannt: Spiele in der Form von Skat, Schach oder Fußball werden als in sich stimmige Handlungs- oder Bedeutungszusammenhänge beschrieben. Der Spielzusammenhang ist als Regelkorpus gegeben. Dieser ermöglicht Spiele im Sinne von Partien, die wiederum eine Aufführung bzw. konkrete Aktualisierung des Spieles sind. Der Spieler ist einerseits in die konkrete Spielsituation integriert, aus der er sich andererseits distanziert und die er darüber hinaus durch Konstruktionselemente, d.h. Regeln rekonstruiert (vgl. a.a.O., 24f.).

> „Das didaktische Interesse am Spiel begründet sich darauf, daß die Regeln [...] immer auch dazu verwendet werden, reale Handlungen und mit ihnen die realen Situationen der Spieler zu durchleuchten. Die durch die Regeln mögliche Rekonstruktion von Konstellationen stellt sich dar als Interpretation von Handlungen als Spielzügen." (GIEL 1975a, 110)

Die Bedeutung des Spiels für den Unterricht ergibt sich aus zwei grundlegenden Relationen, die jeweils auf einer Achse angeordnet werden können und zusammen ein Achsenkreuz bilden. Da man sich im Spiel vom realen Handeln und Erleben distanziert und doch zugleich darauf bezogen bleibt, kann mit den Polen Distanz und Integration die erste Relation beschrieben werden. Die zweite resultiert aus den Polen Konstruktion und Kommunikation. Spiele geben sich selbst Regeln und haben somit einen konstruktiven Charakter. Der Sinn dieser Regeln wird wiederum erst in der durch sie zustande kommenden Kommunikation eingelöst. Jedem der vier Felder dieses Koordinatensystems kann eine besondere Spielart bzw. ein besonderer Rekonstruktionstyp zugeschrieben werden (vgl. Abb.), der unterrichtsmethodisch relevant ist (vgl. GIEL 1974a, 59-63; 1974b, 25-27; DANNENBERG, H. u.a. 1974, 52f.).[151]

Bei der *scientischen Rekonstruktion* sollen alltägliche Aussagen über die Realität einer Überprüfung zugängig gemacht werden. Gleichzeitig ist die Notwendigkeit einer solchen Überprüfung aufzuzeigen. Hierzu müssen Kriterien aufgestellt werden, welche die Gültigkeit und Reichweite von Aussagen festlegen; es sind Hypothesen zu formulieren, Überprüfungsmethoden auszudenken und Aussagen zu falsifizieren; außerdem müssen Ansätze zur Systematisierung von Aussagen dargelegt werden. Die Darstellung von Handlungsfeldern als Gefüge

---

[151] Eine ausführliche Darstellung des Spiels findet sich bei GIEL 1975a, 77-120.

öffentlicher Prozesse ist Aufgabe der *politisch-öffentlichen Rekonstruktion*. Die Einbindung des Einzelnen „in das Geflecht politischer, juristischer, ökonomischer Verordnungen und Satzungen" (Bühler/Giel/Heinen 1977, 42) sowie deren Einfluss auf sein Handeln ist zu thematisieren. Ebenso ist die Aufdeckung fremder Interessen und die Artikulation bzw. Durchsetzung eigener Interessen Element dieses Rekonstruktionstyps. Die *erlebnis- und erfahrungsbezogene Rekonstruktion* beschäftigt sich mit Handlungsfeldern, die sich auf persönliche Erlebnisse und Erfahrungen und ihre Verarbeitung in der Kommunikation beziehen. Die Interpretation kommunikativer Situationen soll zum Verstehen der individuellen Verhaltensformen beitragen und zugleich Hinweise für eigenes Handeln bieten. Im Zentrum der *szenischen Rekonstruktion* steht die Analyse, Interpretation und Konstruktion von Rollen, Requisiten, Texten und Choreografien. Einblicke in alltägliches Rollenverhalten, in die Handlungsspielräume aller Darsteller und in die Möglichkeiten und Grenzen der einzelnen Rollen sollen dabei ermöglicht werden (vgl. a.a.O., 41-42; Dannenberg, U./Nestle/Riedlinger 1975, 83-87; Dannenberg, H. u.a. 1976, 34-36; CIEL Arbeitsgruppe 1976, 7f.).[152]

Distanz

szenische Rekonstruktion
Rollenspiele

scientische Rekonstruktion
Konstruktionsspiele

Kommunikation — **Konstruktion**

Kommunikationsspiele
erlebnis- und erfahrungsbezogene Rekonstruktion

Gesellschaftsspiele
öffentlich-politische Rekonstruktion

Integration

Abb.: Rekonstruktionstypen des MPU[153]

[152] Zu Beginn hat die CIEL-Gruppe noch sieben Rekonstruktionstypen angeführt, diese jedoch im Verlauf ihrer Arbeit auf vier reduziert (vgl. Giel/Hiller/Krämer 1974a, 15-17).
[153] Vgl. Giel 1975a, 120.

Mit Projekt-, Kurs- und Metaunterricht schlägt die CIEL-Forschungsgruppe drei *Organisationsformen* bzw. *methodische Großformen* vor. *Projektunterricht* hat die „mehrfache, mehrperspektivische Rekonstruktion von Realitätsausschnitten in einem durch die Schüler überschaubaren Arrangement" (GIEL/HILLER/KRÄMER 1974a, 18) als Intention und muss daher die für eine qualifizierte Rekonstruktion benötigten Fähigkeiten und Fertigkeiten so schnell wie möglich, evtl. auch vorläufig erzeugen oder beanspruchen. Der *Kursunterricht* basiert auf bereits durchgeführten Rekonstruktionen und versucht, die einzelnen Qualifikationen detailliert herauszuarbeiten. Für aktuelle Rekonstruktionen werden Verfahren und Methoden eingeübt, Techniken trainiert, Kenntnisse beschafft und organisiert. Zugleich sollen „weitere Rekonstruktionen kritischer, fundierter und präziser" ermöglicht werden (ebd.). Im *Metaunterricht* sind die möglichen und die tatsächlichen Verknüpfungen, die unterrichtliche Gesamtkomposition und somit das Verhältnis der einzelnen Projekte und Kurse zueinander zu erörtern. Diese Diskussion soll eine „permanente Revision der curricularen Projekt-Kurs-Gefüge unter zunehmender Beteiligung von Schülern" ermöglichen (a.a.O., 19). Alle am Unterricht Beteiligten sollen zu einer didaktisch qualifizierten Interaktion befähigt werden (vgl. ebd.; HILLER 1974b, 38f.; HAHN, W./HILLER 1975, 191).

2.4.9 Gesellschaftlicher Aspekt

Die Berücksichtigung der gesellschaftlichen Bedingtheit von Schule und Unterricht ist ein zentrales Anliegen der CIEL-Forschungsgruppe. Über die allgemeinen Rahmenbedingungen hinaus wird die *gesellschaftliche Dimension aller unterrichtlich relevanten Faktoren* thematisiert.[154]

Bei der *Begründung* des MPU spielt neben dem Binnenaspekt, der sich auf die curricularen Zusammenhänge bezieht, auch der Außenaspekt, der das Verhältnis von Schule und Gesellschaft aufgreift, eine wichtige Rolle (vgl. KRÄMER 1974b, 82). Dies zeigt sich vor allem in Überlegungen von HAHN und HILLER zur Legitimation eines fächerübergreifenden mehrperspektivischen Sachunterrichts. Sowohl der gesellschaftliche Kontext naturwissenschaftlicher Themen, insbesondere das „Verstrickungsverhältnis von Naturwissenschaft und Technik in

---

[154] Vgl. hierzu auch die einzelnen Aspekte der Untersuchung in Kap. 2.4.3 bis Kap. 2.4.8. Die Ausführungen zum gesellschaftlichen Aspekt stellen eine Zusammenfassung der wichtigsten Argumente dar und ermöglichen zugleich einen vertieften Einblick in die Thematik.

gesellschaftliche Zusammenhänge" (HAHN, W./HILLER 1975, 185), als auch die Orientierung am Postulat einer gerechteren Gesellschaftsordnung sind hierbei von Bedeutung (vgl. a.a.O., 189). Weitere Legitimationsansätze resultieren aus den Bemühungen, die Schüler durch die Sensibilisierung für die Vielschichtigkeit gesellschaftlicher Prozesse langfristig zu kompetenten Diskurspartnern zu machen (vg. a.a.O., 190) und die Isolation der Schule zu überwinden, d.h. Schule als Teil der Gesellschaft zu sehen (vgl. a.a.O., 192).

Auch die *anthropologische Position* der CIEL-Gruppe hat eine gesellschaftliche Dimension. Die Ausgrenzung der Kinder aus der Gesellschaft durch die Schaffung eigener Lernwelten und damit eine „künstlich produzierte Kindlichkeit" (GIEL 1975a, 32), die sich von der Realität unterscheidet, wird kategorisch abgelehnt. An Stelle einer pädagogischen Provinz und romantischer Kindheitsvorstellungen wird die tatsächliche Partizipation der Kinder an der gesellschaftlichen Wirklichkeit betont. Kinder werden als gesellschaftliche Wesen gesehen (vgl. a.a.O., 31f.; GIEL 1974a, 47). Dies hat Auswirkungen auf die *interpersonellen Beziehungen*. Der Grundschulunterricht soll, wie im Kontext der Begründungsansätze bereits gezeigt wurde, die Schüler über die Teilhabe an der Alltagswirklichkeit hinaus „langfristig zu kompetenten Partnern des gesellschaftlichen Diskurses" machen (HAHN, W./HILLER 1975, 190). Mit dieser *Intention* werden jedoch keine unrealistischen Erwartungen im Hinblick auf die Handlungsmöglichkeiten der Schüler verbunden, die einer Analyse der gesellschaftlichen Situation nicht standhalten. Die CIEL-Gruppe berücksichtigt den gesellschaftlichen Kontext, der zunehmend komplexer wird und damit weniger der direkten Erfahrung zugänglich und zugleich weniger vom Einzelnen beeinflussbar ist.

> „Dieser Zustand der entfremdeten Verhältnisse ist durch Erziehung nicht aufzuheben, dennoch muß die Schule, die an der Handlungsfähigkeit der zukünftigen Generationen und an einer Humanisierung der Verhältnisse interessiert ist, versuchen, diese gesellschaftlichen Prozesse und ihre Wechselwirkung mit dem alltäglichen Handeln darzustellen und aufzuklären. Dahinter steht die Hoffnung, den Schülern damit Instrumente an die Hand zu geben, die es ihnen ermöglichen, sich die gesellschaftlichen Verhältnisse bewußt zu machen und ihr alltägliches Handeln auf dem Hintergrund dieser Verhältnisse zu reflektieren" (HAHN, R./HAHN, W. 1975, 131)

Als *Inhalte* eines solchen Unterrichts bieten sich gesellschaftlich relevante Ausschnitte der Realität an, die sich als von Menschen erzeugte Zusammenhänge, als Produkte unterschiedlicher Interessen erweisen. Außerhalb dieser gesellschaftlich vorgegebenen Wirklichkeitsbereiche könne man nur Belangloses,

Gesellschaftsfremdes oder „A-soziales" lernen (GIEL/HILLER/KRÄMER 1974a, 13). Durch Handlungsfelder, d.h. die „umrissene[n] Bezugsrahmen für das Handeln in der Alltagswirklichkeit" (KRÄMER 1974b, 90), sollen die Relationen zwischen Gesellschaft und Individuum sowie zwischen Gesellschaft und Unterricht transparent gemacht werden. Das Handlungsfeld erscheint dabei zum einen als Bereich, der institutionell verfasst ist und dem Einzelnen nur innerhalb vorgegebener Grenzen Handlungsmöglichkeiten bietet und zum anderen als Umschlagplatz, der eine Überführung gesellschaftlicher Sinnsysteme in unterrichtliche Sinnsysteme ermöglicht (vgl. GIEL/HILLER/KRÄMER 1974a, 12-14; 22; KRÄMER 1974b, 90-93).

Der politisch-öffentliche Rekonstruktionstypus weist auf den Gesellschaftsbezug der *Unterrichtsmethode* hin. Die CIEL-Arbeitsgruppe hat das Ziel, ein Handlungsfeld durch Rekonstruktion als ein Gefüge öffentlicher, durch Verordnungen und Satzungen gesteuerter Prozesse darzustellen. Dabei wird der Einzelne zu einem „Verrechnungssubjekt und -objekt einer institutionalisierten Wirklichkeit, in der sein Handeln durch Rollenanforderungen, Normen und Sanktionen bestimmt ist und juristisch oder bürokratisch erfaßt werden kann" (DANNENBERG, H. u.a. 1976, 35). Zugleich sollen die unterschiedlichen Interessen von Einzelnen, Gruppen und Verbänden thematisiert werden (vgl. ebd.). Mehrperspektivität bedeutet in diesem Zusammenhang über die unterschiedlichen methodischen Zugriffsweisen hinaus auch, dass unterschiedliche Rekonstruktionsinteressen die unterrichtliche Darstellung bestimmen sollen, um so eine „Agitation für eine bestimmte gesellschaftspolitische Sichtweise" zu vermeiden (KRÄMER 1975, 16). Damit wird jedoch keine politische Neutralität intendiert. Die gesellschaftspolitische Position des Curriculums, die Bedingungen für eine Parteinahme und Gegenpositionen sind darzustellen, sodass die Schüler zu einer eigenen, begründeten Entscheidung befähigt werden (vgl. a.a.O., 16f.).

Nach Ansicht der CIEL-Arbeitsgruppe hat Schule zwei *Hauptfunktionen*, die zugleich das Verhältnis von Schule und Wirklichkeit bzw. Gesellschaft grundlegend charakterisieren. Unterricht hat

> „1. die Wirklichkeit als unabgeschlossen, veränderungsbedürftig und veränderungsfähig darzustellen und 2. den Schüler zu befähigen, informiert in die politische Diskussion um die künftige Gestaltung der Wirklichkeit mit eingreifen zu können." (DANNENBERG, H. u.a. 1976, 15)

Zum einen wird der Schule implizit eine *emendatorische Funktion* zugeschrieben. Wirklichkeit wird nicht als statische Größe gesehen und ist auch im Unterricht als veränderbar zu vermitteln. Gesellschaftlich relevante Bereiche der Realität sind mehrperspektivisch so zu rekonstruieren, dass sie als von Menschen erzeugte, interessenbedingte Zusammenhänge erkennbar werden. Wirklichkeit kann man, wie GIEL, HILLER und KRÄMER ausführen, sowohl verändern, destruieren und neu aufbauen als auch befestigen und verteidigen. Man muss sie jedoch stets begründen, unabhängig davon ob man sie beibehält oder reformiert (vgl. GIEL/HILLER/KRÄMER 1974a, 22). Damit umfasst die legitimatorische Funktion der Schule nicht nur eine die Herrschaftsverhältnisse stabilisierende Reproduktion von Normen und Werten, sondern darüber hinaus auch eine prinzipielle, kritische Auseinandersetzung mit diesen, was gegebenenfalls zu Reformen führen kann. Schule soll zur Legitimation befähigen und dadurch die gesellschaftlichen Verhältnisse legitimieren.

Zum anderen hat Schule nach Meinung der CIEL-Forschungsgruppe eine *emanzipatorische Funktion*, soll den Schüler zur Mündigkeit führen. Es sind Fähigkeiten zu vermitteln, die im Sinne einer Humanisierung der Gesellschaft ein aktives, veränderndes Gestalten der Wirklichkeit ermöglichen. Die Qualifikationsfunktion der Schule bezieht sich infolgedessen in erster Linie auf die Vermittlung von Handlungsfähigkeit (vgl. HILLER 1974a).[155] Scharf kritisiert wird eine schwerpunktmäßig propädeutische Aufgabenauffassung, die nicht die aktuelle Partizipation der Kinder einschließlich der dafür benötigten Qualifikationen intendiert und somit den eigenständigen Bildungsauftrag der Grundschule aus dem Blick verliert.

> „Es geht uns nicht nur – um mit Schleiermacher zu reden – um eine möglichst qualifizierte Ablieferung des Schülers an Staat, Kirche und Gesellschaft, nüchterner gesagt, um die Auslieferung des Grundschülers an die sogenannten weiterführenden Schulen, sondern auch und gerade darum, den Schülern ihren gegenwärtigen Status, ihre augenblicklichen Rollen, in den sie maßgeblich bestimmenden Institutionen und Situationen durchsichtig und verfügbar zu machen." (HILLER 1974a, 81)

Die Problematik „einer vollen Partizipation am gesellschaftlichen Leben" wird jedoch auch realisiert (GIEL 1975a, 16). Die Grundschule kann sich an den dafür benötigten Qualifikationen nicht unmittelbar orientieren. Sie hat daher die Aufgabe, eine allgemeine Lernfähigkeit als Basis für lebenslanges Lernen zu vermitteln (vgl. ebd.).

---

[155] Vgl. Kap. 2.4.7.

Das Konzept des MPU ist weder ausschließlich affirmativ noch revolutionär. Vielmehr wird eine realistische Einschätzung des schulischen Einflusses angestrebt, ohne jedoch die zu Grunde liegende innovatorische, gesellschaftskritische Position aufzugeben. Eine emanzipatorische Erziehung könne nicht „im Dienste einer totalen Veränderung der gesellschaftlichen Dienste gesehen werden" und müsse auch nicht erst „eine totale Veränderung der gesellschaftlichen Zustände abwarten" (GIEL 1975a, 76f.).

2.4.10 Kritische Einschätzung

Die CIEL-Arbeitsgruppe hat mit dem MPU ein *anspruchsvolles Konzept für einen integrativen Grundschulunterricht* entwickelt. Ihre Intention ist es, sich nicht auf die Abbildung der Realität zu beschränken, sondern diese in ihrer Aspekthaftigkeit wahrzunehmen, aus unterschiedlichen Perspektiven zu rekonstruieren und dadurch Möglichkeiten für ein bewusstes Handeln aufzuzeigen. Es kann, dies verdeutlichen die einzelnen Curricula, schon mit Schülerinnen und Schülern der Grundschule erarbeitet werden, dass gesellschaftliche Wirklichkeit geschaffen und folglich veränderbar ist. Ein solcher fächerübergreifender Ansatz kann einer Simplifizierung und Trivialisierung des Primarunterrichts vorbeugen, die an der traditionellen Heimatkunde, aber auch an vielen reformpädagogischen Konzeptionen beanstandet werden.

Darüber hinaus beschreibt die CIEL-Gruppe einen *eigenständigen grundschulspezifischen Inhaltsbereich*, der unabhängig von den Unterrichtsfächern der Sekundarstufe ist. Als Gegenstand des MPU wird die Alltagswirklichkeit gewählt, der keine Fächereinteilung zu Grunde liegt. In ihrer Aufklärung wird die eigentliche Aufgabe der Grundschule gesehen. Damit verbunden ist ein eigenständiger Bildungsauftrag, der sich nicht auf Propädeutik reduzieren lässt, d.h. primär weder auf die Sekundarstufe noch auf die Wissenschaften bezogen ist.

Trotz dieser konstruktiven Reformansätze ist der CIEL-Arbeitsgruppe eine Implementation ihres Konzeptes nicht gelungen. Die Umsetzung des MPU war örtlich auf das Umfeld von Hochschulen und inhaltlich vor allem auf Unterrichtsversuche, Examensarbeiten und die Zusammenarbeit von Lehrerinnen und Lehrern mit der CIEL-Gruppe begrenzt (vgl. HILLER/POPP 1994, 109). GIEL selbst konstatiert, dass die „Materialien und Reflexionen zum MPU [...] schon vor geraumer Zeit eingestampft" wurden (2001, 201). Es handle sich letztlich nur um „steckengebliebene Anfänge“ (a.a.O., 215). Dies ist vor dem Hintergrund folgender *Kritikpunkte* zu verstehen:

Indem sich der MPU auf die Aufarbeitung gesellschaftlicher Handlungsfelder konzentriert, *verliert* er bisweilen *die kindliche Erfahrungswelt aus dem Blick.* KATZENBERGER verweist auf den

> „konstruierte[n] Charakter der Unterrichtseinheiten, die teilweise an der Realität und Interessenlage von Schulanfängern (z.B. TÜV) und Grundschülern (Briefmarkenproblematik beim Thema Post) glattweg vorbeigehen.“ (KATZENBERGER 2000, 186)[156]

Nicht Simplifizierung, sondern Komplizierung ist das Problem des MPU. Indem die CIEL-Arbeitsgruppe eine von ihr im Zusammenhang mit der traditionellen Heimatkunde kritisierte harmonische und konfliktfreie Darstellung der Welt[157] zu vermeiden sucht, fällt sie bei der Konstruktion ihrer mehrperspektivischen Curricula ins andere Extrem. Die Materialien sind sehr komplex und für Lernende zum Teil schwer verständlich. So spricht HÄNSEL von „intellektuellen Glasperlenspielen“ (1980, 74), die insbesondere für unterprivilegierte Schüler eine Überforderung darstellen.

Auf die *„Gefahr des Relativismus“*, die mit der Konzeption der CIEL-Arbeitsgruppe verbunden ist, macht DUNCKER aufmerksam (1987, 176; im Original nicht hervorgehoben). Der MPU tendiere in seiner Theorie dazu, alle Produkte der mehrperspektivischen Rekonstruktion als gleich gültig bzw. zulässig anzuerkennen. Er stelle keine Kriterien für die Feststellung einer höheren Aussagekraft oder einer stärkeren objektiven Gültigkeit bereit (vgl. ebd.). KATZENBERGER spricht von einem völlig offenen, unverbindlichen Unterricht, der zu keinen festen Ergebnissen führe. Zudem stelle der strukturalistische Ansatz zunächst einmal die Zerschlagung vertrauter Strukturen in den Vordergrund. Erst im Anschluss daran erfolge die Konstruktion von Neuem (vgl. 2000, 186). Dies kann vor allem für Schülerinnen und Schüler der Grundschule mit einer starken Verunsicherung und damit wiederum mit einer Überforderung verbunden sein.

---

[156] Im Teilcurriculum *Post* wird vorgeschlagen, sich mit Kriterien für die Herausgabe von Postwertzeichen am Beispiel einer umstrittenen Rosa-Luxemburg-Marke auseinander zu setzen (vgl. CIEL-Arbeitsgruppe 1976, 19).

[157] Vgl. Kap. 2.4.2.

Weiterhin kritisiert DUNCKER, dass in der Konzeption der CIEL-Gruppe *Begriffe wie Handlungsfähigkeit und Projektunterricht ungewöhnlich und daher missverständlich bestimmt* werden.

> „Handeln heißt im MPU, durch Typisierung, Kategorisierung und Attribuierung von Alltagserfahrungen Abstand zu gewinnen, indem sie aufgearbeitet und in ihren unhinterfragten Geltungsansprüchen problematisiert werden. Allgemeines Handeln bedeutet die kritische Prüfung von Sinn und Legitimation des alltäglichen Tuns." (DUNCKER 1987, 178)

Ein solches Verständnis ist jedoch mit einer rationalistischen Verkürzung des Handlungsbegriffs verbunden. Nicht Erfahrungsanlässe oder -anstöße, sondern nur ihre Aufarbeitung und sprachliche Bewältigung sind Gegenstand des Unterrichts. DUNCKER hingegen plädiert für einen Handlungsbegriff, der sich auch auf die praktische Erprobung und den gesamten Erfahrungsprozess bezieht. In der Schule sind demnach Situationen zu schaffen, die den Lernenden Gelegenheit bieten, „handelnd in die Wirklichkeit einzugreifen und dabei Möglichkeiten und Grenzen der Übernahme eigener Verantwortung zu erkunden" (ebd.). Weil der Projektunterricht nach Vorstellung der CIEL-Arbeitsgruppe ebenfalls auf den Handlungsbegriff Bezug nimmt, wird er genauso verkürzt und um die Dimension des praktischen Erprobens sowie des Veränderns von Wirklichkeitssegmenten beschnitten (vgl. a.a.O., 179).[158]

Außerdem ist auf *Probleme bei der Konkretion der Theorie* zu verweisen. Es ist der CIEL-Gruppe nicht gelungen, ihren eigenen Ansprüchen gerecht zu werden. Zum einen ist wegen des eindeutig sozialwissenschaftlichen Schwerpunkts eine integrative Verbindung mit dem naturwissenschaftlichen Bereich, die ursprünglich intendiert war, unterblieben.[159] Als Themen werden ausschließlich gesellschaftliche Handlungsfelder gewählt,[160] sodass naturwissenschaftliche Inhalte nur dann Berücksichtigung finden, wenn sie zu deren Aufklärung beitragen können, und damit eine überwiegend instrumentelle Funktion haben. Zum

---

[158] DUNCKER macht auch auf unterschiedliche Vorstellungen von Projektunterricht aufmerksam: „Diese Definition [der CIEL-Gruppe] ist, wenn man die reformpädagogische Bestimmung des Projektunterrichts zum Maßstab nimmt, recht eigenwillig und teilweise auch falsch. Während das Moment der Transparenz des Unterrichts sich der traditionellen Auffassung von Projektunterricht anschließt, ist der Anklang von Effizienz, Qualifikation und Linearität eher dem lernzielorientierten Unterricht zuzuschreiben und dem Projektunterricht damit genau entgegengesetzt" (DUNCKER 1987, 179). Zum Projektverständnis der CIEL-Gruppe vgl. Kap. 2.4.8.

[159] Vgl. Kap. 2.4.3.

[160] Vgl. Kap. 2.4.7.

anderen führen die ursprünglich als Halbfabrikate gedachten Curricula[161] wegen der Differenziertheit ihrer Vorschläge, die zu jedem thematischen Aspekt jeweils vier Rekonstruktionstypen, Kommunikationsebenen und Strukturmomente kombinieren und so bis zu 64 unterschiedliche Möglichkeiten umfassen, zu einer starken Konzentration auf das Konzept. Offenheit bezieht sich damit auf die Auswahl einzelner Vorschläge für den eigenen Unterricht, nicht jedoch auf dessen grundsätzliche Gestaltung.

In diesem Zusammenhang ist auch auf die *Komplexität der Konzeption* zu verweisen, deren umfangreiche Theorie einschließlich einer eigenen Begrifflichkeit eine intensive Einarbeitung der Lehrerinnen und Lehrer zur Voraussetzung hat.

Auch wenn der MPU, abgesehen von einigen wenigen Ausnahmen, nicht umgesetzt wurde, bietet er wichtige *Anregungen für fächerübergreifendes Lehren und Lernen.* Insbesondere die Perspektivität eines Unterrichtsgegenstandes wird ins Bewusstsein gerückt, wodurch gewohnte Sichtweisen relativiert werden. Dies muss nicht mit einer Festlegung auf die Materialien der CIEL-Gruppe verbunden sein. Wichtig ist darüber hinaus die *Ergänzungsbedürftigkeit der Konzeption.* So darf beispielsweise bei der Thematisierung gesellschaftlich relevanter Handlungsfelder die kindliche Erfahrungswelt nicht vernachlässigt werden. Die Intention einer allgemeinen Handlungsfähigkeit ist um die Dimension einer praktischen Handlungsorientierung zu erweitern. Neben sozialwissenschaftlichen Themen sollen schließlich auch naturwissenschaftliche Fragestellungen im Unterricht berücksichtigt werden.

---

[161] Vgl. Kap. 2.4.1.

3 Aktuelle Konzepte

Zum fächerübergreifenden Unterricht liegt eine Vielzahl aktueller Publikationen vor, die sich sowohl in ihrer Funktion als auch in ihrem inhaltlichen Umfang unterscheiden. Neben zahlreichen Praxisbeispielen finden sich theoretisch reflektierte Handlungsorientierungen.[162] Neben Beiträgen, die einzelne Aspekte des interdisziplinären Lehrens und Lernens erörtern, finden sich einige wenige umfassende Konzeptionen.

Diese Veröffentlichungen werden im Folgenden anhand der Kategorien, die der Untersuchung zu Grunde liegen, systematisch dargestellt.[163] Die große Anzahl der Beiträge, die sich außerdem überwiegend auf einzelne Gesichtspunkte beschränken, legt nahe, im Unterschied zu den historischen Konzepten bei der Erfassung bereits eine vergleichende Gegenüberstellung vorzunehmen.

3.1 Kontext

Die neueren Publikationen zum fächerübergreifenden Unterricht werden übereinstimmend der *aktuellen Schulreformdiskussion* zugeordnet. KLAFKI beispielsweise weist darauf hin, dass dieses Stichwort in fast allen Entwicklungs- und Reformkonzepten für alle Schulstufen und -formen zu finden sei (vgl. 1998a, 41). Von WOLTERS wird fächerübergreifender Unterricht als Beitrag zu einer inneren Schulreform gesehen. Er sei in Baden-Württemberg – dies zeige sich in den Lehrplänen aller Schularten – zu deren „Herzstück" avanciert (WOLTERS 2000, 99). Für DUNCKER und POPP bilden dessen Prinzipien „aktuelle Bezugspunkte gegenwärtiger Schulreform" (1997a, 7):

> „Von der Grundschule bis zur Sekundarstufe II wird an zahlreichen Schulen und in vielfältigen Suchbewegungen erkundet, wie eine neue Gliederung der unterrichtlichen Themen und Inhalte einschließlich der Formen des Lehrens und Lernens, die sich mit ihnen verbinden, gefunden werden kann – eine Gliederung, die

---

[162] JANK und MEYER unterscheiden unter Rekurs auf WENIGERs Theorien ersten, zweiten und dritten Grades mit institutionell und biographisch begründetem Erfahrungswissen, wissenschaftlich reflektierten Handlungsorientierungen und systematisch orientierten Gesamtentwürfen drei Ebenen des pädagogischen Orientierungswissens. Dabei werden die Funktion für die Vorbereitung und Durchführung von Unterricht sowie die Reichweite berücksichtigt (vgl. JANK/MEYER 1994, 286-288).

[163] Vgl. Kap. 1.2.

> den veränderten Erfordernissen der heutigen Gesellschaft als auch den Weisen der Weltaneignung im Kindes- und Jugendalter gerecht zu werden versucht.“ (DUNCKER/POPP 1997a, 7)

Nachdem in den sechziger Jahren des zwanzigsten Jahrhunderts der Schwerpunkt der erziehungswissenschaftlichen Auseinandersetzung bei der äußeren Schulreform lag – exemplarisch sei hier auf die Gesamtschuldiskussion verwiesen –, wandte man sich ca. zwanzig Jahre später mit der Frage nach der guten Schule vor allem inneren Veränderungen zu. Die Resultate amerikanischer und englischer Schulforschung sowie deutscher Untersuchungen verweisen auf zwei wesentliche Gründe für diese Entwicklung. Zum einen werden Unterschiede zwischen Schulen nicht auf äußere Rahmenbedingungen, sondern primär auf interne Einflüsse zurückgeführt und neben Qualitätsunterschieden des Unterrichts auch Faktoren wie das Schulklima als Ursachen benannt. Zum anderen sind größere Unterschiede zwischen verschiedenen Schulen eines Schultyps festzustellen als zwischen den durchschnittlichen Ergebnissen verschiedener Schultypen (vgl. KLAFKI 1989, 48-51).

Wesentliche Impulse gewinnt diese Reformphase zunächst weniger aus der Erziehungswissenschaft als von Lehrerinnen und Lehrern, die aus der Unzufriedenheit mit ihrer Situation und dem sich daraus ergebenden Handlungsdruck konkrete Ansätze zur Veränderung des Unterrichts und des Schullebens entwickeln. Für BASTIAN ist Schulreform daher spätestens seit Mitte der siebziger Jahre „eine Reform von unten“ (1996, 7). Anfang der achtziger Jahre werden seiner Meinung nach mit Freinet-Gruppen, offenem Unterricht, Projektunterricht oder Veranstaltungen, die Alternativen zur Regelschule thematisieren, erste Erfolge sichtbar. Die innere Schulreform bekomme Konturen (vgl. ebd.). In diesem Kontext ist auch ein großer Teil der aktuellen Beiträge zum fächerübergreifenden Unterricht entstanden.

Es überwiegen Publikationen, die *fächerübergreifenden Unterricht als Ergänzung zum fachgebundenen Unterricht*, nicht jedoch als Ersatz für diesen sehen. So betont POPP, dass fächerübergreifender Unterricht nie als Alternative zum Fachunterricht gedacht war. Er kann diesen jedoch seiner Meinung nach in einem dreifachen Sinn ergänzen: als Basis, aus der Fachkurse hervorgehen, zur Integration fachlicher Erkenntnisse oder als Projektunterricht (vgl. POPP 1997, 145). Die Bildungskommission NRW geht von einem erweiterten Lernbegriff aus, der neben individuellen und sozialen Erfahrungen, Praxisbezug und der Einbeziehung des gesellschaftlichen Umfeldes auch Fachlichkeit und überfachliches Lernen miteinander verknüpft (vgl. Bildungskommission NRW 1995, 82). Es gehe um eine andere Akzentuierung und einen neuen Bezugsrahmen des fachlichen Lernens, um eine Balance zwischen fachorientierten Strukturen und übergreifenden Zusammenhängen (vgl. a.a.O., 106). Bedeutung und Grenzen des Faches für den systematischen Wissenserwerb werden von BAUMERT thematisiert. Das Fach weise, wenn es reflexiv unterrichtet werde, über sich hinaus. Folglich wird fächerverbindender bzw. fächerübergreifender Unterricht nicht nur als Ergänzung des Fachunterrichts, sondern auch als „Teil dessen Vollendung" gesehen (BAUMERT 1998, 220). Daneben existieren entschiedene Plädoyers für den Fachunterricht. GIESECKE beispielsweise ist der Ansicht, ein der Aufklärung der Welt und des Schülers dienendes Bildungswissen könne nur im Fachunterricht vermittelt werden, der wiederum „der zentrale Auftrag jeder ernsthaften Bildungsschule" sei (1998, 290).[164]

Im Rahmen der aktuellen Diskussion findet auch eine *kritische Auseinandersetzung* mit dem Konzept des interdisziplinären Lehrens und Lernens statt. Auf die Gefahr, dass die Bezeichnung *fächerübergreifend* als inhaltsleeres Schlagwort in der Schulreformdebatte verwendet wird, weist KAHLERT hin. Sie sei häufig nur „ein Etikett, das den Unterrichtsmaterialien den Anschein schulpädagogischer Modernität geben soll" (KAHLERT 1998, 16). Fächerübergreifender Unterricht ist nicht per se guter Unterricht, ist nicht automatisch, wie DUNCKER betont, ein Garant für Qualität oder Originalität. An vielen Beispielen könne man sogar den damit verbundenen Qualitätsverlust belegen. Ihre innere Struktur sei auf den Einzelfall bezogen und somit nicht als Vorbild für eine neue Ordnung des Lernens verwendbar. Die in der Grundschule häufig vorzufindende Verbindung von Geschichte, Bild und Lied dürfe beispielsweise nicht als fächerübergreifend oder sogar als Integration der Fächer Deutsch, Kunst und Musik bezeichnet werden. Im Hinblick auf einen systematischen Lernaufbau sowie eine sachgerechte Auseinandersetzung mit Inhalten können nach Ansicht von DUNCKER die Situations- und die Schülerorientierung des fächerübergreifenden Unterrichts problematisch sein. Außerdem sehe fächerübergreifendes Lernen auch für die Lernenden häufig nur wie eine zufällige Aneinanderreihung einzelner Themen aus (vgl. DUNCKER 1997, 127).

---

[164] Zur Auseinandersetzung über Fachunterricht und fächerübergreifenden Unterricht vgl. REKUS 1995. Eine ausführliche Begründung für das Insistieren auf einer Beibehaltung des Fachunterricht findet sich bei GIESECKE 1998, 292-298.

3.2 Vorstellung von Schule und Unterricht

Reformvorschläge werden in der Regel vor dem Hintergrund der *Kritik* am Bestehenden entwickelt. So nehmen die unterschiedlichen Ansätze zum fächerübergreifenden Unterricht eine weit verbreitete Unzufriedenheit mit dem traditionellen Fachunterricht auf, die die Schülerinnen und Schüler in ihrem gesamten Lebensumfeld, die Bedeutung der einzelnen Schulfächer und ihr Verhältnis zueinander, aber auch die Unterrichtsorganisation betrifft. MEMMERT nennt mit der Loslösung von der Lebenssituation, dem Schubladendenken, das die Komplexität von Problemen vernachlässigt, der Kopflastigkeit, d.h. der Überbetonung wissenschaftlich-theoretischer Fächer, sowie der Überforderung, Zersplitterung und Lückenhaftigkeit zentrale Kritikpunkte (vgl. 1997, 14f.). Von drei wesentlichen Aspekten der Kritik am Fachunterricht spricht REKUS, der einen eher subjektbezogenen, einen eher objektbezogenen und einen eher systematisch orientierten Grund anführt. Damit berücksichtigt er die Situation der Schülerinnen und Schüler, die komplexe Lebenswirklichkeit und die Frage nach der Einheit des Fachwissens bzw. seine Zusammengehörigkeit (vgl. REKUS 1994, 8).[165]

Mit fächerübergreifendem Lehren und Lernen wird häufig nicht nur eine veränderte Strukturierung der Inhalte verbunden, sondern eine *veränderte Vorstellung von Schule*:

> „Überschaut man die verschiedenen Trends und Strömungen zur Schulveränderung, dann wird eine Akzentverschiebung deutlich: Schule wird nicht mehr als Ort der Ergänzung von lebensweltlichen Erfahrungen, sondern als primärer Erfahrungsort gedacht. Es soll in der Schule nicht mehr vorrangig um das Lernen, sondern um den Vollzug des Lebens gehen. Mit dieser Akzentuierung ist zugleich die Abwendung von den Wissenschaften zugunsten ‚ganzheitlicher' und ‚fächerübergreifender', ‚erfahrungsbezogener' und ‚handlungsorientierter', ‚überfachlicher' und ‚metakognitiver' Orientierungen verknüpft." (REKUS 1998a, 10)

Im Wesentlichen finden sich im Zusammenhang mit fächerübergreifendem Unterricht zwei Vorstellungen von Schule: Schule als Lebens- und Erfahrungsraum sowie Schule als demokratische Schulgemeinde. Hierbei handelt es sich in der Regel um umfassende Reformkonzepte, die fächerübergreifendes Lehren und Lernen als einen Aspekt der notwendigen Veränderungen begreifen, nicht jedoch um Konzepte, die aus der Interdisziplinarität ein eigenes Schulmodell ableiten.

---

[165] Vgl. Kap. 3.3.5.

Ansätze, die *Schule als Lebens- und Erfahrungsraum* verstehen, stellen mit unterschiedlichen Akzentuierungen die nicht in Fächer aufgeteilte Lebenswelt der Lernenden und die damit zusammenhängenden Erfahrungen ins Zentrum. Schule müsse beispielsweise, wie HENTIG ausführt, vor den Lernproblemen der Schülerinnen und Schüler ihre Lebensprobleme thematisieren und nicht nur Aufenthaltsort, sondern Lebensort sein, an dem die wichtigsten Lebenserfahrungen gemacht werden könnten (vgl. 1993, 190f.). Die Bildungskommission NRW beschreibt Schule als Lern- und Lebensraum, in dem Bildung in eigenverantwortlicher Mitgestaltung erfolgen soll. Um ihren Auftrag erfüllen zu können, müsse sie sich zu einem Haus des Lernens entwickeln, das auf die Bedürfnisse der Schülerinnen und Schüler ausgerichtet sei und darüber hinaus die Handlungsmotive und Initiativen aller Beteiligten integriere (vgl. Bildungskommission NRW 1995, 61). Von PETERSEN wird Schule als Lebens- und Lernort konzipiert. Schülerorientierte Lernangebote, sachkundliche Themen als inhaltliches Zentrum, ein fächerübergreifendes Lernangebot, Lernen mit allen Sinnen, die Berücksichtigung der konkreten Umwelt der Schülerinnen und Schüler sowie die Verstärkung ihrer sozialen Kompetenzen ergeben sich aus dieser Schulvorstellung als Konsequenzen für den Unterricht (PETERSEN 1996, 8f.).

Konzeptionen, die *Schule als demokratische Schulgemeinde bzw. als polis* verstehen, wollen vor allem zur Politik und zur Demokratie erziehen. In einer überschaubaren Schulgemeinde sollen demokratische Verhaltensweisen, die für eine gesellschaftliche Beteiligung relevant sind, erfahren und eingeübt werden. Dabei sind die Möglichkeiten des fachlichen und überfachlichen Lernens, außerunterrichtliche Aktivitäten und Kontakte zu demokratischen Einrichtungen zu nutzen (vgl. Bildungskommission NRW 1995, 116f.; HENTIG 1993, 191; 222-226). HUBER bezeichnet „die demokratische (Mit)gestaltung der Schule und ihre Ausgestaltung überhaupt als Gesellschaft im Kleinen (embryonic society)“ (1999, 42) als ein Motiv für fächerübergreifenden Unterricht. Eine solche Schule brauche unter anderem eine Versammlungsmöglichkeit, um die einzelnen Klassen und das Schulleben betreffende Probleme sowie politische Fragen ansprechen zu können. Diese ist konzipiert „als ein inhaltlich und sozial offener Raum, in dem alle Fragen gestellt werden dürfen: von den persönlichen Erfahrungen bis zu den Weltproblemen“ (ebd.).[166]

3.3 Legitimatorischer Aspekt

Für die Begründung des fächerübergreifenden Unterrichts werden in den aktuellen Publikationen unterschiedliche Argumente angeführt. Sie können den Bereichen veränderte gesellschaftliche Situation, Bildungsbegriff, Ganzheits- bzw. Ganzheitlichkeitsbegriff, Lern- und Entwicklungspsychologie sowie Kritik an den Fächern zugeordnet werden, die sich jedoch nicht eindeutig voneinander abgrenzen lassen. So beziehen sich beispielsweise zeitgemäße Vorstellungen von Bildung auch auf die veränderte gesellschaftliche Situation. Größtenteils ergänzen sich die Argumente oder stimmen in ihrer Grundtendenz überein. Kontrovers diskutiert wird vor allem, inwieweit der Begriff der Ganzheit bzw. Ganzheitlichkeit zur Legitimation fächerübergreifenden Lehrens und Lernens herangezogen werden kann.

3.3.1 Veränderte gesellschaftliche Situation

Schule soll als gesellschaftliche Institution auf gesellschaftliche Veränderungen reagieren. Fächerübergreifender Unterricht wird als eine mögliche bzw. notwendige Reaktion in die Schulreformdiskussion eingebracht. Dabei werden einzelne Aspekte der aktuellen Entwicklung besonders hervorgehoben, die eine interdisziplinäre Vorgehensweise nahe zu legen scheinen:

KARST und VENTER führen die neuzeitliche Entwicklung, die durch ein *„Auseinanderklaffen zwischen einem naturwissenschaftlich-technisch-industriellen und einem philosophisch-geisteswissenschaftlich-literarischen Weltverständnis“* gekennzeichnet ist (1994, 1; im Original nicht hervorgehoben), als Legitimation für fächerübergreifenden Unterricht an. Die zwei unterschiedlichen Sichtweisen werden von SNOW als zwei Kulturen beschrieben (vgl. 1967). Aus deren Divergenz resultieren Verständigungsprobleme insbesondere zwischen Menschen, die ein hohes Bildungsniveau haben. Daraus wiederum ergibt sich die gesellschaftliche Notwendigkeit von Interdisziplinarität. Die auf SNOW zurückzuführende Forderung, dass Intellektuelle sich nicht nur für geisteswissenschaftliche,

---

[166] Vgl. hierzu die Position DEWEYS in Kap. 2.3.

sondern auch für naturwissenschaftliche Themen interessieren sollen, und die auf LITT zurückzuführende umgekehrte Forderung, dass Naturwissenschaftler auf geisteswissenschaftliche Weise über Prämissen und Motive ihrer Arbeit Rechenschaft abzulegen haben, werden von OLBERTZ in diesem Zusammenhang dargestellt (vgl. 1998a, 21f.). SNOWs Schlussfolgerung im Hinblick auf die Schule wird auch in der aktuellen Diskussion aufgegriffen:

> „Es gibt nur einen Weg, hier Abhilfe zu schaffen: unser Bildungssystem muß neu durchdacht werden [...] Fast jedermann wird zugeben, daß unsere Schulbildung zu stark spezialisiert ist. Aber fast jedermann hat auch den Eindruck, es übersteige menschliche Kräfte, da Abhilfe zu schaffen." (SNOW 1967, 24)

Nicht nur von Spezialisierung, sondern von *Überspezialisierung* sprechen DUNCKER und POPP und weisen auf die daraus resultierende Unübersichtlichkeit und Unsicherheit hin (1997a, 8). Dass ein *teilspezialisierter Zugang zur Wirklichkeit* auch zu Entfremdung führen kann, wird von MOEGLING betont. Für viele Menschen, vor allem für Jugendliche, ist dies seiner Meinung nach „mit einer zunehmenden Tendenz zur Verhäuslichung, Verinselung, Mediatisierung, Entleiblichung, Entsinnlichung" verbunden (MOEGLING 1998, 14). Als Folge davon könne man „aus einer gewachsenen lebensweltlichen Einbindung" herausfallen (ebd.), den lebensweltlichen Überblick und folglich auch den gesellschaftlichen Durchblick verlieren. Die Kategorie der Ganzheitlichkeit ist nach MOEGLING als Gegenbegriff zu dieser „Atomisierung der Menschen" zu verstehen (ebd.).[167]

Auf die *zunehmende Komplexität* der gesellschaftlichen Wirklichkeit und des verfügbaren Wissens sowie die damit zusammenhängende Vernetzung der einzelnen Wirklichkeits- und Wissensbereiche wird bei der Begründung fächerübergreifenden Lehrens und Lernens ebenfalls Bezug genommen. Im fächerübergreifenden Unterricht soll vernetztes Denken als Voraussetzung für ein Zurechtfinden in der komplexen Wirklichkeit angebahnt und eingeübt werden (vgl. IGL 1995, 24f.; ROMMEL 1999, 219; SCHILMÖLLER 1997, 92). Für KLAFKI ist „die Entwicklung zunehmender Wechselwirkungen und wechselseitiger Abhängigkeiten aller Teile der Welt" (1996, 79) ein offensichtlich unumkehrbarer weltgeschichtlicher Prozess, auch wenn der Vernetzungsgrad in unterschiedlichen Bereichen unterschiedlich groß ist. Im Rahmen seiner kritisch-konstruktiven Didaktik verdeutlicht er als Konsequenz dieser Veränderungen die

---

[167] Vgl. Kap. 3.3.3.

Notwendigkeit einer globalen Perspektive der Erziehung und der Erziehungswissenschaft, aus der insbesondere Fachgrenzen überschreitende, epochaltypische Schlüsselprobleme unterrichtlich thematisiert werden sollen (vgl. a.a.O., 79-81).[168]

Diese inhaltliche Schwerpunktsetzung verweist auf einen weiteren Aspekt des gesellschaftlichen Begründungszusammenhangs: Unsere Gesellschaft kann, wie in mehreren Publikationen zum fächerübergreifenden Unterricht betont wird, mit dem von BECK geprägten Begriff der *Risikogesellschaft* beschrieben werden (vgl. BECK 1986) und stellt als solche das Ergebnis eines einschneidenden Modernisierungsprozesses dar, der zu einer Umbildung der Grundpfeiler der Industriegesellschaft führt. Wegen der Entwicklung von Wissenschaft, Technik und Wirtschaft gewinnt das menschliche Handeln eine universale, effektivere Dimension. Neben den positiven Folgen dieses Prozesses dürfen allerdings die negativen Nebenwirkungen nicht vernachlässigt werden (vgl. ROMMEL 1999, 218; LANDOLT 1999a, 9; 16; KLAFKI 1996, 64). Die Themen der Risikogesellschaft haben in der Regel interdisziplinären Charakter und sind folglich fächerübergreifend zu unterrichten.

Auch die *ökonomische Entwicklung* wird zur Legitimation fächerübergreifenden Unterrichts herangezogen. Angeführt werden vor allem der Prozess der Globalisierung, d.h. die wachsende Bedeutung weltweiter Handelsbeziehungen und die zunehmende internationale Verflechtung der Unternehmen, der intensive Strukturwandel der Wirtschaft, technologische Neuerungen, eine fortschreitende Automatisierung und Theoretisierung sowie eine veränderte Arbeitsorganisation, aber auch die Problematik der Arbeitslosigkeit, die eine vermehrte Flexibilität von Arbeitnehmern verlangt. Pädagogen und Wirtschaftsvertreter fordern in diesem Zusammenhang die Vermittlung nicht fachgebundener Schlüsselqualifikationen, die ein flexibles Reagieren ermöglichen.[169] Um die Auswirkungen der ökonomischen und technischen Entwicklung auf die Gesellschaft und die teilweise problematischen Folgen für Mensch und Umwelt richtig beurteilen zu können, werden ebenfalls Fähigkeiten und Kenntnisse benötigt, die mehreren Disziplinen zuzuordnen sind (vgl. LANDOLT 1999a, 7f.; DALHOFF 1998, 5; SCHUSSER/BÖS/PRECHTL 2000, 246f.; BAUMERT 1998, 227; SCHLAFFKE 1998, 187-190; IGL 1995, 25).

---

[168] Vgl. Kap. 3.7.2.
[169] Vgl. Kap. 3.6.

Fächerübergreifendes Lehren und Lernen wird nicht nur mit der allgemeinen gesellschaftlichen Situation, sondern auch mit der spezifischen Lage der Kinder begründet. PETERSEN fasst die wichtigsten Aspekte der *veränderten Kindheit* zusammen: Auf Grund sich wandelnder Familienstrukturen kommen zunehmend Erziehungsaufgaben auf die Schule zu; viele Kinder wachsen alleine auf und haben Probleme in Gruppen, zugleich sind sie stärker mit psychischen Belastungen konfrontiert und früher auf sich selbst gestellt; Primärerfahrungen nehmen ab; hingegen nimmt die Unsicherheit in der Begegnung mit Fremdem zu; die wachsende Bedeutung der Medien führt zu einem passiven Konsumverhalten, zu Halbwissen und zum Verlust einer Fragehaltung; außerdem werden hypermotorische Verhaltensweisen und Konzentrationsschwächen gefördert; die so genannte Wegwerf-Gesellschaft führt zu einem anderen Verhältnis zu Dingen; schließlich ist von einer veränderten erzieherischen Ausgangssituation auszugehen, die durch begrenzte Sozialerfahrungen und einen zunehmenden Wertverlust bedingt ist und in einer multikulturellen Gesellschaft zusätzliche Spannungen verursachen kann. Eine Konsequenz dieser Veränderungen ist für PETERSEN ein fächerübergreifendes Lernangebot, das die Lage der Kinder besser widerspiegeln soll. Das Nebeneinander der Fächer widerspreche dem Denkansatz der Kinder. Es sei eine künstliche Konstruktion, konterkariere das Denken in Zusammenhängen und beeinträchtige die kindliche Motivation, Kreativität und Fantasie (vgl. PETERSEN 1996, 7f.).

Auch FROMMER führt die veränderte Situation der Schülerinnen und Schüler zur Begründung eines fächerübergreifenden Unterrichts an:

> „In dieser Situation holt das einzelne Fach als Grundlage von Erziehung die Schüler nicht mehr dort ab, wo sie sich tatsächlich befinden. Schule war und ist eine notwendige Ergänzung zum ‚natürlichen' Hineinwachsen in eine bestehende Gesellschaft. Was Kindern und Jugendlichen heute fehlt, ist die Möglichkeit eigener Aktivität, des gemeinsamen Vorgehens, des Erlebnisses der Sinnhaltigkeit eigenen Lernens und des Gefühls, tatsächlich gebraucht zu werden, etwas zu leisten, was nicht nur durch Noten allgemeine Anerkennung findet." (FROMMER 1997, 119)

Aus den aktuellen gesellschaftlichen Veränderungen werden zum einen unmittelbar Konsequenzen für den Unterricht gezogen. Zum anderen resultieren daraus Überlegungen in Bezug auf ein aktuelles Verständnis von Bildung bzw. Lernen oder auf die Unangemessenheit der Fachstruktur, die ihrerseits fächerübergreifenden Unterricht legitimieren. Dies weist darauf hin, dass die Analyse gesellschaftlicher Voraussetzungen auch in andere Begründungsansätze eingeht.

3.3.2 Bildungsbegriff

In zahlreichen Publikationen wird Interdisziplinarität durch den Bildungsbegriff legitimiert, wobei jedoch unterschiedliche Bildungsvorstellungen zu verzeichnen sind. Diese beziehen sich, wie im Folgenden gezeigt wird, zum einen direkt auf fächerübergreifenden Unterricht und zum anderen auf umfassende Schulreformkonzepte oder didaktische Modelle, die fächerübergreifendes Lehren und Lernen als ein Element enthalten. Eine bildungstheoretische Begründung des fächerübergreifenden Unterrichts kann auch im Rahmen einer Thematisierung der Bildungswirksamkeit von Fächern erfolgen.

Auch wenn in mehreren Veröffentlichungen bei der Legitimation des fächerübergreifenden Unterrichts ein Bezug auf den Bildungsbegriff zu verzeichnen ist, verbirgt sich dahinter keine einheitliche *Bildungsvorstellung*. Ein Teil der Beiträge verweist auf den Zusammenhang zwischen gesellschaftlicher Entwicklung, einem aktuellen Bildungsverständnis und fächerübergreifendem Unterricht. ROMMEL beispielsweise fordert im Hinblick auf die Risikogesellschaft einen zeitgemäßen Bildungsbegriff, der die grundlegenden modernen Problemstellungen aufgreift. Zeitgemäße Bildung müsse junge Menschen auf die reflexive Modernisierung und damit auf das Zurückschlagen der Modernisierungsrisiken auf die Moderne selbst vorbereiten, die neuen Grundstrukturen transparent machen und Lösungspotenziale aufzeigen. Hierfür sei es notwendig, einen modernen Bildungsbegriff auf der Grundlage einer Theorie der zweiten Moderne zu entwerfen. Nur so könne Bildung nachhaltig oder zukunftsfähig sein (vgl. ROMMEL 1999, 218f.).

Der für die Sekundarstufe II konzipierte Ansatz des Perspektivenwechsels entwickelt sein Bildungsverständnis, das die Überschreitung von Fachgrenzen als wichtiges Element enthält, ebenfalls vor dem Hintergrund der aktuellen Situation. Fächerübergreifender Unterricht

> „resultiert aus der Auffassung, daß in einer ausdifferenzierten Gesellschaft das ‚Allgemeine' von Bildung nicht mehr durch den additiven Erwerb von Wissensbeständen aus unterschiedlichen Fächern erreichbar ist, sondern nur durch eine Spezialisierung, die transzendiert und reflektiert wird." (KRAUSE-ISERMANN 1994, 2)

Ähnlich argumentiert REBEL, wenn er feststellt, dass Bildung sich heute nicht mehr als Wissenskanon definieren lasse, der in additiver Form einzelne Fachperspektiven in sich vereinige. Von besonderer Bedeutung sind für ihn Auswahl, Gewichtung und Strukturierung des sich stark vermehrenden Wissens sowie das

Aufzeigen von Zusammenhängen. Nicht nur Wissen an sich, sondern die sich daraus ergebende Verantwortung des Einzelnen und im Hinblick auf die Gesellschaft, der Umgang mit Wissen sowie das Wissen über die individuelle Wissensverarbeitung werden als wichtige Elemente von Bildung bezeichnet. Außerdem ist der Bezug zum Lebenskontext des Einzelnen mit seinen jeweiligen Problemen, die in der Regel fächerübergreifenden Charakter haben, relevant. Die Lösung dieser Probleme ist wegen ihres Aspektreichtums auf das Zusammenspiel unterschiedlicher Fächer und damit auf Zusammenarbeit angewiesen. Nach REBEL „besteht Bildung auch darin, mit anderen Menschen kommunizieren und kooperieren zu können“ (1995, 17). Es wird weiterhin hervorgehoben, dass heute Ausdifferenzierung, Spezialisierung und Kontextabhängigkeit in besonderem Maße den Prozess der Persönlichkeitsentwicklung erschweren (vgl. a.a.O., 16f.).

Die Legitimation des fächerverbindenden Lernens aus der Einheit der Bildung wird von ROMMEL untersucht. Im Zentrum seiner Ausführungen stehen Zielorientierungen, die als Integrationspunkte eine ordnungsstiftende Wirkung haben. Dabei werden ein ontologischer, ein kausaler und ein subjektivitätsorientierter Begründungsansatz und damit zusammenhängende Bildungsvorstellungen unterschieden: Im traditionell-abendländischen Bildungskonzept wird die Einheit des Wissens in erster Linie ontologisch durch das Sein, seinen Ursprung und sein Ziel in Gott begründet (vgl. ROMMEL 2001, 361-363). In der heutigen Zeit würde das nach ROMMEL für einen fächerverbindenden Unterricht bedeuten, dass die einzelnen Fächer einen Beitrag zu einem allgemein verbindlichen Thema mit einem unangefochtenen, metaphysischen Begründungsstatus leisten müssten. Alles andere Wissen würde dabei instrumentalisiert. „Die ‚Einheit der Bildung' würde so durch einen *vereinheitlichten* Inhalt angestrebt“ (a.a.O., 369). Damit ist jedoch nach Ansicht ROMMELs die Gefahr der Ideologisierung und Dogmatisierung verbunden. Die kausale Begründungsvariante, die mit dem amerikanischen Soziobiologen WILSON in Verbindung gebracht wird, geht davon aus, dass ein einheitliches Gesetz das ganze Sein und die ganze Natur bestimmt. Dieses Kausalitätsprinzip könne folglich auch eine Vernetzung der natur- und der geisteswissenschaftlichen Wissenskultur bewirken (vgl. a.a.O., 364). Allerdings hinge damit das Primat naturwissenschaftlichen Denkens, evtl. sogar eine „Konzentration auf die evolutionstheoretische Ursprungsperspektive“ zusammen (a.a.O., 369), die ebenfalls als dogmatische Engführung bezeichnet werden kann. ROMMEL stellt in diesem Zusammenhang auch die kritische Frage nach Wirklichkeitsdimensionen, die nicht dem Prinzip der Kausalität unterliegen. Damit verbleibt seiner Meinung nach der subjektivitätsorientierte Begründungsansatz, der sich als zentrale Kategorie der Moderne herausgebildet hat. „Die ‚allgemeinste' Zielorientierung fächerverbindenden Lernens stellt [...] das *integrierende Subjekt* selbst dar" (a.a.O., 370). Es müsse selbst die erforderlichen Verbindungen, Vernetzungen und somit auch die Einheit der Bildung herstellen. Es sei das einheitsstiftende Prinzip. Allerdings könne man damit nicht mehr von einer totalen, sondern nur noch von pluralen Einheiten sprechen. Die Einheit der Bildung könne allenfalls als regulative Idee verstanden werden (vgl. ebd.).

Der Bildungsbegriff wird in der gegenwärtigen Schulreformdiskussion nicht nur zur Legitimation von fächerübergreifendem Unterricht, sondern darüber hinaus auch von umfassenderen *Schulreformkonzepten* herangezogen, die wiederum interdisziplinäres Lehren und Lernen als ein wichtiges Reformelement enthalten. Beispielsweise entwickelt die Bildungskommission NRW vor dem Hintergrund der aktuellen gesellschaftlichen Situation ein ihrer Meinung nach zeitgemäßes Bildungsverständnis, das unter anderem für die Begründung von fächerübergreifendem Unterricht relevant ist. Sie möchte auch in Zukunft auf den Bildungsbegriff als orientierende pädagogische Kategorie zurückgreifen können (vgl. Bildungskommission NRW 1995, 23).

> „Bildung soll [...] als individueller, aber auf die Gesellschaft bezogener Lern- und Entwicklungsprozeß verstanden werden, in dessen Verlauf die Befähigung erworben wird,
> - den Anspruch auf Selbstbestimmung und die Entwicklung eigener Lebens-Sinnbestimmungen zu verwirklichen,
> - diesen Anspruch auch für alle Mitmenschen anzuerkennen,
> - Mitverantwortung für die Gestaltung der zwischenmenschlichen Beziehungen und der ökonomischen, gesellschaftlichen, politischen und kulturellen Verhältnisse zu übernehmen und
> - die eigenen Ansprüche, die Ansprüche der Mitmenschen und die Anforderungen der Gesellschaft in eine vertretbare, den eigenen Möglichkeiten entsprechende Relation zu bringen." (Bildungskommission NRW 1995, 31)

Der emanzipatorische Gehalt des Bildungsbegriffs, der für schulisches und außerschulisches Lernen unabdingbar sei, verhindere eine Verkürzung auf den Erwerb nützlicher Qualifikationen. Schulische Bildung und Erziehung sei außerdem nicht nur eine Funktion der Gesellschaft, sondern habe die Aufgabe, diese im Bewusstsein ihrer Verantwortung für junge Menschen zu beurteilen und mitzugestalten. Auf der Grundlage dieses Bildungsverständnisses formuliert die Bildungskommission NRW Konsequenzen für den Unterricht. Dieser müsse sowohl fundamental sein, d.h. Wissens- und Bildungsfundamente legen, als auch exemplarisch. Wichtig ist eine Verbindung von fachlichem, überfachlichem und sozialem Lernen. Dabei hat sich das mit fundamentalen und exemplarischen Unterrichtsformen verbundene überfachliche Lernen auf Lerndimensionen und Schlüsselprobleme zu beziehen und Lernkompetenz zu vermitteln (vgl. a.a.O., 31-33; 107-113).[170]

HENTIG begründet sein Schulkonzept einschließlich der fächerübergreifenden Elemente ebenfalls durch den Bildungsbegriff, der für ihn die einzig mögliche Antwort auf die aktuelle Orientierungslosigkeit ist (vgl. 1996, 15). Zunächst erfolgt eine Darstellung von zwei unterschiedlichen Bildungsidealen: Zum einen bildet sich der Mensch, zum anderen bildet das Leben. Damit werden sowohl die auf HUMBOLDT zurückzuführende Vorstellung der sich durch die Aneignung der Welt harmonisch-proportionierlich entfaltenden Kräfte, die zu einer sich selbst bestimmenden und die Menschheit bereichernden Individualität führen, als auch die an DEFOES Robinson Crusoe exemplarisch veranschaulichte, durch die Umwelt angeregte, auf Lebenstüchtigkeit ausgerichtete, jedem zugängliche Entwicklung aufgegriffen. Allerdings habe die Schule Bildung – und folglich beide Bildungsideale – dadurch verändert, dass sie aus ihr Schulbildung und so ein Mittel und Kriterium der akademischen Berufslaufbahn gemacht habe. Problematisch sei, dass sich die Kinder und Jugendlichen trotz der zunehmenden Vergesellschaftung von Bildung nicht mehr am pädagogischen Prozess beteiligten. Von der Bildungsreform und vom alten Bildungswesen bleibe nicht viel übrig. Für HENTIG ist die Rückkehr zur Bildung in dieser Situation pädagogisch geboten. (vgl. 1996, 39-55). Als fächerübergreifende Maßstäbe, an denen sich Bildung bewähren muss und die vor jeder Ordnung der Bildungsinhalte stehen, nennt er die Abscheu und Abwehr von Unmenschlichkeit – dies sei leichter zu verwirklichen als Menschlichkeit –, die Wahrnehmung von Glück, die Fähigkeit und den Willen sich zu verständigen, ein Bewusstsein von der Geschichtlichkeit der eigenen Existenz, die Wachheit für letzte Fragen sowie die Bereitschaft zur Selbstverantwortung und Verantwortung in der *res publica* (vgl. a.a.O., 73-100).

Auch in der *allgemeinen Didaktik* finden sich Ausführungen zum Bildungsbegriff, die im Hinblick auf die Legitimation fächerübergreifenden Lehrens und

[170] Die Bezüge zum KLAFKI'schen Bildungsbegriff (s.u.) lassen sich damit erklären, dass KLAFKI Mitglied der Bildungskommission NRW war.

Lernens von Bedeutung sind. KLAFKI hat Bildung als zentrale Kategorie bei der Weiterentwicklung seines eigenen Ansatzes zur kritisch-konstruktiven Didaktik auf Grund der Notwendigkeit beibehalten, pädagogisches Handeln zu begründen und zu verantworten (vgl. 1996, 44). Vor dem Hintergrund der klassischen Bildungstheorien und ihrer übergreifenden Charakteristika[171] entwirft er ein zeitgemäßes Allgemeinbildungskonzept. Bildung wird in den klassischen Theorien zunächst als Befähigung zu vernünftiger Selbstbestimmung verstanden (vgl. a.a.O., 19f.). Sie ermöglicht, dies ist die zweite Bestimmung, die Entwicklung des Subjekts im Medium objektiv-allgemeiner Inhaltlichkeit. Die damit verbundenen Aneignungs- und Auseinandersetzungsprozesse sollen allen Menschen zugänglich sein (vgl. a.a.O., 20-25). Des Weiteren wird der Zusammenhang von Individualität und Gemeinschaftlichkeit angeführt. Kennzeichen der Individualität ist „die Beziehung des Individuellen zum Allgemeinen" (a.a.O., 26). Dass der klassische Bildungsbegriff umfassend zu verstehen ist, wird in der vierten Bestimmung dargelegt, die seine moralische, kognitive, ästhetische und praktische Dimension darstellt (vgl. a.a.O., 30-36). Nachdem KLAFKI die Grenzen der klassischen Bildungstheorien verdeutlicht hat, beschreibt er Folgerungen für die Gegenwart: Allgemeinbildung ist heute „Bildung *für alle* zur Selbstbestimmungs-, Mitbestimmungs- und Solidaritätsfähigkeit" (a.a.O., 40). Sie umfasst die „kritische Auseinandersetzung mit einem neu zu durchdenkenden Gefüge *des Allgemeinen als des uns alle Angehenden*" (ebd.) und ist darüber hinaus die „Bildung *aller* uns heute erkennbaren *humanen Fähigkeits*dimensionen des Menschen" (ebd.).

Im Hinblick auf fächerübergreifenden Unterricht ist die zweite Bestimmung der klassischen Bildungstheorien, die Subjektentwicklung im Medium des Allgemeinen, einschließlich der sich daraus ergebenden Konsequenzen für einen aktuellen Bildungsbegriff von besonderer Bedeutung. KLAFKI veranschaulicht am Beispiel HERDERS, HUMBOLDTS und HEGELS die geschichtsphilosophische Denkweise der klassischen Bildungstheoretiker. Die Menschheitsgeschichte wird bei aller Unterschiedlichkeit in der Argumentation „als Prozeß der Freisetzung des Menschen zur Selbstbestimmung, zur Versöhnung von Geistigkeit und Naturhaftigkeit verstanden" (KLAFKI 1996, 22). Im Hinblick auf die

---

[171] JANK und MEYER führen aus, dass unter Didaktikern in der Zwischenzeit „weitgehend Einigkeit über die Richtigkeit dieser Interpretation der klassischen Bildungstheorien" herrscht (1994, 139).

Auswahl von Bildungsinhalten stellt sich die Frage, welche Inhalte, d.h. welche Objektivationen der Menschheitsgeschichte, diesem Prozess förderlich sind und somit eine Existenz in Humanität ermöglichen. Nicht die historisierende Rückwendung, sondern der humanitäre Fortschritt ist dabei das entscheidende Kriterium (vgl. a.a.O., 20-25). Heute bedeutet Allgemeinbildung für KLAFKI daher die Bereitschaft, sich mit epochaltypischen Schlüsselproblemen auseinander zu setzen (vgl. a.a.O., 56), die in der Regel fächerübergreifend zu unterrichten sind.[172]

Im Zusammenhang mit der Legitimation fächerübergreifenden Unterrichts wird neben unterschiedlichen Bildungsvorstellungen die *Bildungswirksamkeit der traditionellen Fächer* thematisiert. Während PETERßEN diese als gegeben betrachtet und zu den Vorteilen fachgebundenen Unterrichts zählt, die auch in einem fächerverbindenden Unterricht[173] aufgehoben werden sollen (vgl. 2000, 15-42), geht BALTZ-OTTO davon aus, dass Bildung notwendigerweise eine Überschreitung der Fachgrenzen erforderlich macht. Die Komplexität der Unterrichtsgegenstände und die Transzendierung von Fachverengungen ermöglichen ihrer Meinung nach die Selbstreflexion der Schülerinnen und Schüler und öffnen so „den Weg in Richtung ‚Bildung'" (BALTZ-OTTO 1988, 21). Selbstreflexion sei ein Modus von Aktualität, die nicht in der Modernität des Inhalts, sondern in der Art seiner Erschließung und Rezeption begründet und in dieser Form für Bildung relevant sei (vgl. a.a.O., 20-22).

SCHILMÖLLER nimmt eine kritische Haltung gegenüber Positionen ein, die die Bildungswirksamkeit des Fachunterrichts und seine Bedeutung für den Erwerb von handlungsrelevantem Orientierungswissen grundsätzlich in Frage stellen, ohne zu übersehen, dass auch ein thematisch abgestimmter, d.h. Fachgrenzen überschreitender Unterricht Vorteile hat. Die Aspekthaftigkeit der einzelnen Fächer könne allerdings nicht aufgehoben werden. Er verweist unter Berufung auf HEITGER auf das Subjekt als einheitsstiftendes Prinzip.[174] Der Unterricht dürfe keine Ordnungen vorgeben, sondern müsse den Schülerinnen und Schülern bei der Ordnung ihrer Vorstellungswelt helfen. Es geht SCHILMÖLLER um

---

[172] Vgl. Kap. 3.7.2.

[173] Zu PETERßENs Unterscheidung von fächerverbindendem und fächerübergreifendem Unterricht vgl. 2000, 79-81. Vgl. auch Kap. 3.7.1.

[174] Vgl. HEITGER 1984a. Siehe auch ROMMELs subjektivitätsorientierten Begründungsansatz in diesem Kapitel.

eine bildungstheoretische Begründung für die Notwendigkeit des Fachbezugs *und* der Fachüberschreitung. Dabei ist insbesondere der Erwerb von Werturteilsfähigkeit ein Bildungsziel, das den Bezug zur nicht an Fachgrenzen gebundenen Lebenspraxis und zum Handeln erfordert (vgl. SCHILMÖLLER 1997, 103-108).

> „Bildender Unterricht muß fachbezogen und fachüberschreitend zugleich sein: fachbezogen deshalb, weil sich nur im Rückbezug auf das Fach und auf den Erkenntnisstand der korrespondierenden Wissenschaftsdisziplin ein zutreffendes, intersubjektiv nachprüfbares Wissen über die Welt und ihre Phänomene erwerben läßt, fachüberschreitend deshalb, weil sich die Frage nach der ethischen Relevanz dieses Wissens nur im das Fach überschreitenden Rückbezug und Ausgriff auf das Handeln im Leben stellt und stellen läßt." (SCHILMÖLLER 1997, 108)

3.3.3 Begriff der Ganzheit bzw. Ganzheitlichkeit

Fächerübergreifendes Lehren und Lernen wird unter anderem durch die Kategorie der Ganzheit bzw. Ganzheitlichkeit begründet. Weil dieser Legitimationsansatz umstritten ist, werden im Folgenden neben Ursachen und einer begrifflichen Klärung nicht nur ein ganzheitliches, fächerübergreifendes Unterrichtskonzept, sondern auch kritische Einwände dargestellt. Außerdem wird mit dem Bezug auf das Subjekt als einheitsstiftendes Prinzip eine Möglichkeit gezeigt, die Kritik aufzunehmen ohne auf den Begriff der Ganzheit oder Einheit zu verzichten.

Die Verwendung des Begriffs der Ganzheit bzw. Ganzheitlichkeit als legitimierende Kategorie für fächerübergreifenden Unterricht hat folgende *Ursachen*: WERNER sieht in der cartesischen Zwei-Substanzen-Lehre, d.h. in der Unterscheidung von *res cogitans* und *res extensa*, und in dem damit zusammenhängenden Menschen- und Naturbild einen wichtigen Grund für aktuelle Forderungen nach Ganzheitlichkeit. DESCARTES hat den Menschen als *res cogitans*, als primär denkende Sache, definiert und von *res extensa*, dem Ausgedehnten, abgegrenzt. Daraus resultieren zwei Dualismen: Geist – Körper und Mensch – Natur. Diese wiederum können zu einer Überbetonung kognitiver Fähigkeiten und zu einer Ausgliederung des Menschen aus seiner natürlichen Mitwelt führen (vgl. WERNER 1992, 74-76).

Für WOLTERS ist die ökonomische Entwicklung im Industriezeitalter ein entscheidender Faktor. Zunehmend werde für die Heranwachsenden „eine ganzheitliche, nahtlose Einpassung" (WOLTERS 1989, 48) in die arbeitsteilige Gesellschaft erschwert. Da Nachahmung und Beobachtung nicht mehr ausreichen, wird eine gezielte, von der Lebenswirklichkeit getrennte, in Fächer aufgeteilte

Unterweisung eingeführt. „Dies ist die eigentliche Geburtsstunde der Schule und damit auch des Gegenspielers der Ganzheitlichkeit, der Partikularität“ (a.a.O., 49).

Um eine *Klärung des Begriffs* bemüht sich TROMMER, der Ganzheit definiert und von Einheit und Einzigartigkeit abgrenzt.[175]

> „Ganzheit wird hier als in sich zusammenhängender Komplex verstanden, der aus gleichen oder verschiedenartigen, ja sogar gegensätzlichen Teilen bestehen kann, aber eigene Qualität hat und damit auch eine eigene, nicht aus den Teilen herleitbare Bedeutung. Ganzheit ist ein subsummierender [sic] Komplex eigener Qualität und Bedeutung, dem durch Wahrnehmung Ausdruck verliehen wird.“ (TROMMER 1997, 4)

Der Begriff Einheit beziehe sich hingegen auf einzelne, gleiche oder auch ungleiche Dinge mit bestimmbaren Eigenschaften. Durch Einheiten könne eine gegebene Mannigfaltigkeit gegliedert werden. Außerdem ermöglichten Einheiten Vergleiche, Messungen und die Festlegung reproduzierbarer Standards. Eine Vorstellung beispielsweise von der Einheit der Natur könne man durch Prinzipien und Gesetzmäßigkeiten erhalten, die „auf definierbare, meßbare und reproduzierbare Strukturen und Funktionen“ verweisen (a.a.O., 5). Eine Verbindung der naturwissenschaftlichen Fächer und darüber hinaus eine fächerübergreifende, einheitliche Basis des Naturverständnisses könne durch eine solche einheitliche Auffassung von Natur erreicht werden. Das Einzigartige entziehe sich durch seine Einmaligkeit einer allgemeinen Festlegung. Es habe die Qualität des Besonderen und Unwiederbringlichen, sei unwiederholbar oder überraschend (vgl. ebd.).

Wie ein *interdisziplinäres Unterrichtskonzept* durch den Begriff der Ganzheit bzw. Ganzheitlichkeit legitimiert werden kann, zeigt MOEGLING. Er nennt zunächst „Gründe für die erkenntnistheoretische Fundierung eines Konzeptes fächerübergreifenden Lernens mit Hilfe der Kategorie ‚Ganzheitlichkeit'“ (MOEGLING 1998, 14): Der teilspezialisierte Zugang zur Wirklichkeit und die damit verbundene Atomisierung des Menschen rechtfertige die erziehungswissenschaftliche Verwendung von Ganzheitlichkeit als Gegenbegriff. Das Thema Ganzheitlichkeit sei auf jeden Fall in der Schule virulent, da die

---

[175] Die Notwendigkeit einer Begriffsklärung verdeutlichen DUNCKER und POPP: „Der am häufigsten ge- und missbrauchte Begriff [...] ist wohl der der ‚Ganzheit'. Er ist zugleich der am meisten diffuse Begriff in der Bildungsdiskussion, und vielleicht liegt gerade darin seine Akzeptanz“ (DUNCKER/POPP 1997a, 9).

Schülerinnen und Schüler mit ihrer ganzen Person, die auch die Bezüge zur Lebenswelt umfasse, am Unterricht teilnähmen. Die meisten Lehrenden seien über die Ganzheitlichkeitsdiskussion nicht ausreichend informiert. Wegen des historischen Missbrauchs – MOEGLING nimmt hier auf die Zeit des Nationalsozialismus Bezug – könne man außerdem in Teilen der Erziehungswissenschaft eine Abwehrhaltung und einen entsprechenden Verdrängungseffekt beobachten hinsichtlich der Notwendigkeit, ein ganzheitliches Erziehungskonzept zu begründen (vgl. a.a.O., 14-16). Man müsse allerdings einen kritischen Zugang zur Kategorie der Ganzheitlichkeit entwickeln und dürfe dabei „nicht *hinter* die Leistungen der Aufklärung in einem mythischen, d.h. irrationalen, Sinne zurückfallen" (a.a.O. 16).

> „Ein ganzheitliches Unterrichtsverständnis basiert auf einer Sichtweise des Menschen als Leibsubjekt, also als sinnlichen, leiblichen, denkenden und fühlenden Menschen – in seiner sozialökologischen Verknüpftheit – dessen Erkenntnisprozesse über die intentionale Verbindung solider teilspezialisierter Erkenntnisse mit komplexeren Bezügen und den dahinterstehenden Interessen in einer kritischen und am mündigen Menschenbild orientierten Sichtweise gekennzeichnet sein müßten. Eine ausschließlich fachspezialisierte Sichtweise der Wirklichkeit trägt zur Einengung der Weltwahrnehmung bei und verhindert die kritische De- und Neukonstruktion von Welt im Rahmen einer Konzeption, die an der Erziehung zur Mündigkeit orientiert ist." (MOEGLING 1998, 41)[176]

MOEGLING thematisiert auch das Verhältnis von Teil und Ganzem. Teilbezogenes und ganzheitliches Lernen dürfen seiner Meinung nach keinen Gegensatz bilden. Mit der Vielfalt des einzelnen Teiles, seiner Interaktion mit anderen Teilen und seiner Funktion in größeren Zusammenhängen sind auch fachliche Aspekte Bestandteil des fächerübergreifenden Unterrichts (vgl. a.a.O., 29f.).

Neben ganzheitlichen Unterrichtskonzepten findet sich in der Literatur zum fächerübergreifenden Unterricht auch *Kritik* am häufig schlagwortartig verwendeten Begriff der Ganzheit, verbunden mit der Empfehlung, auf ihn zu verzichten. Exemplarisch sei hier auf KAHLERT verwiesen, der die Gefahr darstellt, „dass die Wertschätzung von Ganzheitskonzepten auf der Suggestivkraft eines Begriffes beruht, der intuitiv überzeugend einfordert, was die moderne Gesellschaft [...] untergräbt: Übersichtlichkeit" (1997, 93). Es sei eine Illusion zu meinen, man könne durch Ganzheitlichkeit die verlorene Einheit des Daseins wieder finden. Die Bedingung von Wahrnehmung und Erkenntnis ist nach KAHLERT

---

[176] Grundlage dieser Beschreibung sind gestalttheoretische, anthropologische, systemtheoretische und tiefenökologische Zugänge zur Ganzheitlichkeit (vgl. MOEGLING 1998, 21-27).

nicht Ganzheit, sondern Abgrenzung und Unterscheidung. Sowohl die Selektivität der Sinneswahrnehmungen als auch die Selektion und Interpretation auf Grund von Vorerfahrungen werden hierfür als Begründung angeführt. Außerdem stütze sich die Gültigkeit des Wissens in einer sozial geteilten und erzeugten Welt auf Kommunikation, die wiederum nie das Ganze erfassen könne. Am Beispiel CAPRAS stellt KAHLERT dar, dass Ganzheit Glauben erfordert.[177] Ganzheitsphilosophien setzten an der Sehnsucht nach Vollständigkeit an, ohne jedoch deren Grenzen zu verdeutlichen. Stattdessen versprächen sie die Auflösung unüberwindlicher Grenzen. Auch die kindlichen Weltzugänge, so ein weiteres Argument, seien bereits differenzierend und nicht ganz. Abschließend weist KAHLERT darauf hin, dass durch Lernen neue Unterscheidungen erworben werden (vgl. a.a.O., 94-113). Seine Schlussfolgerung lautet:

> „Weil die Bedingung der Möglichkeit von Erkenntnis Wahrnehmung und gerichtete Aufmerksamkeit ist, diese aber wiederum das Handhaben von Unterscheidungen voraussetzen, ist Ganzheit nicht möglich." (KAHLERT 1997, 114)

Stattdessen wird empfohlen, von der „Vielseitigkeit des Weltzugangs" zu reden (a.a.O., 115).

Die transzendentalkritische oder prinzipienwissenschaftliche Pädagogik formuliert ebenfalls Einwände gegen einen unreflektierten Gebrauch des Begriffs der Ganzheit bzw. Ganzheitlichkeit. Dabei bezieht sich die Kritik auf zwei Vorstellungen von Ganzheit: die Welt als geordnete Ganzheit und der Mensch als Ganzheit. Hintergrund der ersten Position, die als teleologisch bezeichnet werden kann, ist das antike Weltbild. Die Weltordnung enthält demgemäß ein übergeordnetes *telos*, einen Gesamtzweck, auf den die Dinge mit ihrem jeweils eigenen Zweck ausgerichtet sind. Exemplarisch kann auf PLATON verwiesen werden, der das gesamte menschliche Handeln dem übergeordneten Zweck der *polis* unterordnet. Auch COMENIUS versteht die Welt, den Menschen und damit den Unterricht und die Unterrichtsinhalte nur im Kontext einer göttlichen Ordnung, d.h. teleologisch (vgl. REKUS 1996b, 206f.; LAMMERS 1998, 200). In aktuellen

---

[177] CAPRA geht es um „Erleuchtung, die den ganzen Menschen erfaßt und letztlich religiöser Natur ist" (CAPRA; Fridjof ([8]1986): Das Tao der Physik. Bern, München, Wien: Scherz, S.21; zit. nach KAHLERT 1997, 104). Eine solche Erleuchtung könne nicht mit den Mitteln des Verstandes erreicht werden, weshalb dieser eingeschränkt werden müsse. Man könne das Wesen der Dinge nicht mit dem Intellekt erfassen. Die östlichen Mystiker seien nicht an einem relativen Wissen interessiert, sondern nur an einem absoluten, das die Ganzheit des Lebens begreife. Diese Ganzheit könne nicht mit dem Verstand erreicht werden (vgl. KAHLERT 1997, 104f.).

Bildungs- und Lehrplänen könne man eine analoge Haltung vorfinden, wenn von einer inneren Verwandtschaft der Fächer und damit von einem durch fächerübergreifende Inhalte hervorgebrachten „Gesamtzusammenhang der Welt und des Wissens über sie" ausgegangen werde (REKUS 1996b, 207).

Vertreter der zweiten Position fordern unter Rückgriff auf reformpädagogische Traditionen das Lernen mit allen Sinnen bzw. mit Kopf, Herz und Hand, um dadurch nicht nur die kognitiven, sondern alle menschlichen Kräfte entfalten zu können. Gegenüber der Intention der Entfaltung der Persönlichkeit verliert die wissenschaftliche Aufklärung der Welt an Bedeutung. Wenn Schülerinnen und Schüler jedoch nicht lernen, auf Grund von differenzierten Erkenntnissen und Einsichten zu einem eigenen Urteil zu gelangen, dann können sie sich nur schwer von emotionalen Forderungen und Handlungen distanzieren. REKUS äußert den Verdacht, „daß Kinder und Jugendliche bewußt von wissenschaftlichen Erklärungsweisen der Welt ferngehalten werden sollen, um sie für dieses oder jenes politische Weltbild offen zu halten" (1996b, 211; vgl. auch LAMMERS 1998, 203-205).

Diese Kritik führt in der transzendentalkritischen Pädagogik nicht zu einem Verzicht auf den Ganzheitsbegriff. *Ganzheit oder Einheit* ist jedoch nach dieser Auffassung nicht natürlich vorgegeben, sondern *muss vom Subjekt geschaffen werden.*

> „Wenn wir [...] die Frage nach der Einheit des Wissens stellen, so wird mit ihm eine durchgängige Konstante deutlich. Das Ich bleibt der urteilende, prüfende Bezugspunkt seines Wissens, wie vielfältig und spezialisiert dieses auch auftreten möchte. Das Ich als Subjekt erweist sich als einheitsstiftendes Prinzip. Das ist mehr als eine formale Instanz." (HEITGER 1984a, 19) [178]

Zusammenhänge sind nicht Voraussetzung – REKUS spricht davon, dass die Welt keine Zusammenhangsbestimmtheit darstelle, keine „Ganzheit oder Einheit ‚an sich'" bilde (1996a, 8) –, Zusammenhänge müssen von jedem Einzelnen selbst hergestellt werden. Ganzheit oder Einheit wird „weder als materialer Ausgangspunkt noch als sinnlicher Endpunkt, sondern als prozessuale Aufgabe aufgefaßt" (ebd.). Der Mensch eine seine Erkenntnisse und Einsichten also zu

---

[178] Auch WOLTERS spricht von der Ganzheit im erkennenden Subjekt, beruft sich dabei jedoch auf die Kybernetik und auf VESTER. Es komme nicht auf das Addieren von Einzelaspekten, sondern auf das Bilden so genannter Denkknoten und die dafür benötigten Integrationsleistungen an (vgl. WOLTERS 1989, 64).

einem vorläufigen Ganzen, sei selbst, wie unter Bezug auf CUSANUS dargelegt wird, eine „unitas uniens“, d.h. eine einende Einheit (ebd.).

3.3.4 Lern- und entwicklungspsychologische Begründungen

Neben gesellschaftlichen Veränderungen, dem Bildungs- und dem Ganzheitsbegriff werden auch Erkenntnisse der Lern- und Entwicklungspsychologie zur Legitimation des fächerübergreifenden Unterrichts herangezogen. Die entsprechenden Forschungsergebnisse werden allerdings im Allgemeinen nur kursorisch dargestellt.

Von entscheidender Bedeutung sind *motivationspsychologische Argumente*. Aufgabe der Schule ist nicht nur die Vermittlung von Wissen, sondern die Entwicklung einer grundsätzlichen Bereitschaft zu lebenslangem Lernen. Als Voraussetzung hierfür wird unter anderem die Einsicht in die Sinnhaftigkeit des Lernens genannt.

> „Ohne die Überschreitung der Fachgrenzen und den diesen Sinnbezug herstellenden Ausgriff auf das Handeln im Leben ist demnach ein Lerninteresse für die fachlich vermittelten Unterrichtsinhalte kaum zu wecken und eine intrinsische Lernmotivation nicht zu bewirken.“ (SCHILMÖLLER 1997, 109)

In einer sich zunehmend ausdifferenzierenden und komplizierter werdenden Gesellschaft wird eine vorwiegende Orientierung der Schule an zukünftigen Erfordernissen zum Problem, da deren Notwendigkeit nur schwer vermittelt werden kann. Der Verzicht auf Gegenwartserfüllung und die zugleich immer stärkere Gegenwartsorientierung der Jugend können so zu einem Motivationsdefizit führen. Dies lässt sich verhindern bzw. reduzieren, wenn die in der Regel fächerübergreifenden Lebensinteressen der Schülerinnen und Schüler thematisiert werden. SCHILMÖLLER weist allerdings darauf hin, dass die Motivationskrise nicht allein durch eine Abstimmung der Inhalte in den einzelnen Schulfächern zu beheben ist, sondern nur durch einen problemorientierten Unterricht, der die entsprechenden Lebensbezüge herstellt (vgl. a.a.O., 109f.). Auch SCHLOMS geht von einer gesteigerten Lern- und Arbeitsmotivation als Resultat eines aspektreichen Unterrichts aus, der nicht Inhalte beziehungslos nebeneinander stellt, und begründet so die Notwendigkeit, Fachgrenzen zu überschreiten (vgl. 1995, 78).

FROMMER bietet einen Überblick über *aktuelle Ergebnisse der Lern- und Entwicklungspsychologie*, die seiner Meinung nach im Hinblick auf die

Legitimation fächerübergreifenden Unterrichts relevant sind.[179] Er macht zunächst auf den Zusammenhang von Motivation und Interesse mit Selbstbestimmung und Selbstverantwortung aufmerksam. Eigene Aktivität bei der Entscheidung und der Erarbeitung eines Lerngegenstandes führe zu einer größeren Effektivität der Lernergebnisse. Der Transfer der Erkenntnisse sei an prozedurales, im Handlungsprozess und nicht durch reines Anlernen gewonnenes Wissen gebunden. Auch die Konzentrationsfähigkeit sei von Motivation und Interesse abhängig. Die Lösung der eigentlichen Entwicklungsaufgabe, die Entwicklung der Persönlichkeit, erfolge „durch eine Festigung und Steigerung des Selbstwertgefühls, geboren aus Selbstbestimmung, Entscheidungsfreiheit und gelebter Verantwortung" (FROMMER 1997, 121). Schließlich müsse effektives Lernen sinnvoll, d.h. subjektiv oder objektiv bedeutsam sein. Diese Erkenntnisse können nach Ansicht von FROMMER im fächerübergreifenden Unterricht besser als im Fachunterricht umgesetzt werden (vgl. ebd.).

Neue *Erkenntnisse der Kognitionspsychologie* werden ebenfalls als Argumente für fächerübergreifendes Arbeiten herangezogen.[180] Das Lernen von Kindern sei wesentlich stärker als bisher angenommen aktiv, konstruktiv und selbstbestimmt und vollziehe sich individuell unterschiedlich. Konstruktivistische Ansätze betonen die Beteiligung des Kindes an seiner Entwicklung. Auf der Basis der genetischen Ausstattung und des bisher Gelernten sowie in der Auseinandersetzung mit der Umwelt werde Realität vom Kind miterzeugt und verändert. Es erarbeite seine Handlungskompetenz folglich durch eigene Anstrengung. Für wichtig erachtet wird außerdem die dialektische Beziehung von Individuum und Umwelt bzw. Kultur, die sowohl Voraussetzung als auch Folge von Handlungen ist (vgl. DEUTSCH/KLEINDIENST-CACHAY 2001, 135).

> „Entwicklung ist also nach dieser Vorstellung ein zweiseitiger Prozess, der als fortwährende Umorganisation der internen und der externen Handlungsfelder abläuft, und an diesem Prozess ist das Kind in Auseinandersetzung mit Sachen und Personen stark beteiligt. Man kann sogar sagen, dass Kinder auf diese Weise auch auf die Veränderung des kulturellen Kontextes einwirken." (DEUTSCH/KLEINDIENST-CACHAY 2001, 135)

Kindern müsse, so lautet die Schlussfolgerung, die Gelegenheit zu einer aktiven Auseinandersetzung mit ihrer Umwelt gegeben werden. Dafür wiederum werden

---

[179] Als Quellen werden DEZI/RYAN (1993), MANDL/GRUBER/RENKL (1993), GRUSCHKA (1992) und WEINERT (1986) angegeben.

[180] DEUTSCH und KLEINDIENST-CACHAY beziehen sich dabei auf YOUNISS (1994) und ECKENSBERGER/KELLER (1998).

mehrperspektivische, lernbereichsübergreifende und handlungsorientierte Unterrichtsformen empfohlen (vgl. a.a.O., 136).

3.3.5 Kritik am Fachunterricht

Bei der Begründung fächerübergreifender Unterrichtsformen wird auch auf eine weit verbreitete Unzufriedenheit mit dem traditionellen Fachunterricht Bezug genommen, der aktuellen Anforderungen und didaktischen Entwicklungen nicht gerecht zu werden scheint.

Ein zentraler Kritikpunkt ist die *Loslösung von der konkreten Lebenssituation bzw. Lebenspraxis* der Lernenden, die nicht in Schulfächer aufgeteilt ist. Dabei werden die vielfältigen, aspektreichen Verbindungen von Kindern mit ihrer Lebenswelt besonders betont. Isoliertes, fachbezogenes Wissen bedarf der Ergänzung bei der Bewältigung komplexer Alltagssituationen und -probleme (vgl. KAHLERT 1998, 13; MEMMERT 1997, 14; SCHILMÖLLER 1997f., 91; WIATER 1995, 12; DETHLEFS 1995, 4f.).[181]

> „Unsere Erfahrungswirklichkeit – sowohl die der Erwachsenen als auch die der Kinder und Jugendlichen in ihren jeweiligen Entwicklungsphasen – stellt sich uns, wenngleich in unterschiedlichen Komplexitätsgraden, meistens in komplexen Lebenszusammenhängen dar, die wir zwar oft situationsbedingt unter bestimmten dominanten Perspektiven wahrnehmen oder handelnd akzentuieren – z.B. unter ökonomischen, politischen, zwischenmenschlichen, ästhetischen, technischen Aspekten usw. –, aber nicht säuberlich nach Abgrenzungskriterien einzelner Wissenschaften oder einzelner Schulfächer getrennt." (KLAFKI 1998a, 47)

Man könne zwar nicht auf fachliche Perspektiven verzichten, müsse aber deren Leistungen und Grenzen hinsichtlich des Verstehens von und Handelns in komplexen Lebenssituationen an exemplarischen Beispielen im fächerübergreifenden Unterricht thematisieren (vgl. ebd.). Schulfächer schließen neben der Alltagspraxis auch zentrale Gegenstandsbereiche aus, die enge Fachgrenzen überschreiten. Insbesondere Schlüsselprobleme können im Fachunterricht nicht in angemessener Form berücksichtigt werden (vgl. WIATER 1995, 11f.).

Der Fachunterricht – so ein weiterer Kritikpunkt – ist durch ein *Übergewicht sowohl abstrakt-kognitiver Intentionen als auch wissenschaftlich-theoretischer Fächer* und folglich durch eine zu geringe Orientierung an den Schülerinnen und Schülern gekennzeichnet. Das Lehrgangslernen und die dabei häufig prakti-

---

[181] Vgl. Kap. 4.2.1.2.

zierte belehrende Unterweisung werden als dominierend wahrgenommen. Damit einher geht eine Vernachlässigung handlungsbezogener Aktionsformen sowie praktischer, musisch-ästhetischer und ethisch-religiöser Fächer (vgl. MEMMERT 1997, 15; SCHILMÖLLER 1997, 92f.; Bildungskommission NRW 1995, 103).

Außerdem wird die mit dem Fachunterricht verbundene *Zersplitterung des Schulalltags* in 45-Minuten-Abschnitte und damit die „Zergliederung von Erkenntnisprozessen in beziehungslos nebeneinanderstehende Lehrinhalte von Schulfächern" beanstandet (WIATER 1995, 11). Dies erschwere das Verständnis von Sinnzusammenhängen und stelle für die Schülerinnen und Schüler häufig eine Überforderung dar (vgl. ebd.; MEMMERT 1997, 15). Hingewiesen wird auch auf ein verändertes Wissenschaftsverständnis, das nach Ansicht von WIATER nach einer Phase der Ausdifferenzierung durch ein Aufeinanderzubewegen der einzelnen Disziplinen gekennzeichnet ist. Man spreche heute von einem ökologischen Wissenschaftsverständnis, das die Berücksichtigung der Nachbardisziplinen und der Praxis- bzw. Anwendungsprobleme einschließe (vgl. WIATER 1995, 12).

SCHILMÖLLER weist auf eine weitere Begründung fächerübergreifenden Unterrichts hin, die sich auf *Probleme bei der Entwicklung von Moralkompetenz* in den Schulfächern bezieht:

> „Beklagt wird weiterhin, daß der Fachunterricht nur wenig oder nichts zur Ausbildung von Werturteilsfähigkeit und moralischer Handlungskompetenz beitrage, weil er sich auf die Wissensvermittlung beschränke und Fragen nach dem Sinn und der Bedeutung des Gelernten für ein verantwortliches Handeln und die rechte Lebensführung nicht aufgreife und thematisiere. Die verbreitete Vorstellung, daß sich mit dem Fachwissen zugleich die Orientierung in der Frage nach dem guten und gelingenden Leben schon von alleine einstellen werde, sei schlichtweg falsch, denn aus dem Wissen sei der richtige Gebrauch des Wissens nicht abzuleiten und ergebe sich kein Motiv für das praktische Handeln." (SCHILMÖLLER 1997, 92)

Bildender Unterricht müsse sowohl fachbezogen als auch fachüberschreitend sein, d.h. sowohl Wissen vermitteln als auch die ethische Relevanz dieses Wissens und damit dessen nicht fachgebundenen Lebensbezug thematisieren (vgl. a.a.O., 108).

Hintergrund dieser Forderungen ist der Wissens- und Wertewandel, der über die Fächer Religion und Ethik hinaus eine Orientierungsfunktion des Unterrichts erforderlich macht. Für Erziehung, Wertorientierung und die Entwicklung von Urteilsfähigkeit scheint ein Fachgrenzen überschreitender Unterricht, der einen mehrperspektivischen Zugriff auf Probleme ermöglicht, besonders geeignet zu sein (vgl. a.a.O., 92; Bildungskommission NRW 1995, 104f.; WIATER 1995, 12f.).

3.4 Anthropologischer Aspekt

Anthropologische Fragestellungen werden in den meisten aktuellen Publikationen zum fächerübergreifenden Unterricht nicht explizit thematisiert. Vereinzelt finden sich jedoch Hinweise auf ein zu Grunde liegendes Menschenbild. Bezug genommen wird hierbei auf die Fähigkeit des Menschen, Ordnungen zu schaffen, seine Sinnverwiesenheit und die anthropologische Dimension der Ganzheitlichkeit.

DUNCKER erörtert die *Fähigkeit, zu sammeln und zu ordnen*, im Rahmen seiner schultheoretischen Grundlegung des Elementarunterrichts unter Berücksichtigung der anthropologischen Dimension (vgl. 1994, 150-188). Das Sammeln wird von ihm als Phänomen nicht nur des Erwachsenenalters, sondern auch der Kindheit beschrieben. Dabei ist der Fokus auf die kulturelle Bedeutung und die Möglichkeit der Weltaneignung und -erschließung, nicht auf psychopathologische Aspekte wie beispielsweise zwanghafte Sammelleidenschaft gerichtet. Sammeln ist seiner Meinung nach wichtig für die Ausbildung der Erkenntnisfähigkeit. Es umfasst das Finden und Ordnen, d.h. das Isolieren von Elementen und das konstruktive Zusammenfügen zu neuen Einheiten. In Anlehnung an die Terminologie des französischen Strukturalismus kann man von einer strukturalistischen Tätigkeit sprechen, die sowohl die Zerlegung als auch das Arrangement einschließt (vgl. a.a.O., 164f.).

> „*Die Sammlung ist demnach ein Konstrukt, das Theoriearbeit enthält*: Sie verweist auf das Zusammenspiel objektiver Merkmale und subjektiver Sinndeutungen, die in Strukturen beschrieben werden können. Die Ordnung der Dinge erweist sich so nicht als Abziehbild einer ontologisch verstandenen Wirklichkeit, sondern als menschliche Zutat, als ein kreativer Akt, der Entscheidungen abverlangt und eine Erkundung, Erprobung und Entdeckung von Beziehungen zwischen den Dingen voraussetzt. Erkenntnistheoretisch von entscheidender Bedeutung ist, daß die hergestellten Bezüge als jeweils eine von grundsätzlich mehreren Möglichkeiten aufgedeckt werden, daß somit ein strukturalistisches und kombinatorisches Spiel entsteht, das auf ein mehrschichtiges und vieldimensionales Wirklichkeitsverständnis zielt. Perspektive und Resultat werden als Konstrukte erkannt, deren innere Ordnung aufgrund des selbsttätigen Auswählens und Bestimmens als vorläufig und revidierbar in Erscheinung tritt." (DUNCKER 1994, 165)

Weil Schulfächer von DUNCKER als Sammlungen begriffen werden und das Ordnen bzw. Schaffen neuer Einheiten auch andere als die traditionellen Fachgliederungen zulässt, sind diese anthropologischen Überlegungen auch für den fächerübergreifenden Unterricht von Bedeutung.

Die transzendentalkritische Pädagogik nimmt ebenfalls auf die Ordnungsfähigkeit Bezug, wenn sie nicht von einer Ganzheit der Welt oder des Lernenden ausgeht, sondern jedem die Aufgabe zuweist, selbst Einheit zu schaffen.[182] Die anthropologische Basis dieser Position wird von HEITGER wie folgt dargestellt:

> „Dieser normative Anspruch, dem Schüler zu helfen, sein Wissen zu ordnen, im Wissen die Einheit seiner selbst als immerwährende Aufgabe zu begreifen, verweist auf anthropologische Voraussetzungen. Sie sind fundiert in der Wahrheitsbindung der Person. Deshalb ist das Subjekt nicht Gegenstand des Erkennens, sondern Bedingung alles Erkennens. In diesem ‚Alles' definiert sich Person mit Nicolaus CUSANUS als capax infiniti, weil die Geltungsbindung alles umschließt. Gleichzeitig ist sie unitas uniens, eine einende Einheit, wegen des Wahrheitsanspruchs, der Widerspruchsfreiheit und Ordnung des Gewußten fordert. Thomas von AQUIN spricht von der vis collativa, von der Kraft des Geistes, in seiner Gebundenheit das Ganze seines Wissens zur Einheit zu bringen." (HEITGER 1984a, 27)[183]

Im Kontext des interdisziplinären Lehrens und Lernens ist auch die *Sinnverwiesenheit des Menschen* von Bedeutung.[184] So zeigt beispielsweise GLÖCKEL, dass Motive für das Lernen in Zusammenhängen, das als wichtige Intention fächerübergreifenden Lernens gilt,[185] nicht nur in der Sache, der wachsenden Komplexität oder der gesellschaftlichen Entwicklung, sondern auch bei den Lernenden zu finden sind. Dabei werden über lern- und gedächtnispsychologische Erkenntnisse hinaus grundlegende anthropologische Einsichten als Argumente angeführt. Es gehe nicht um ein vordergründiges Motivieren, vielmehr sei die Bedeutsamkeit des Inhalts und damit die Sinngebung angesprochen. Das Verlangen nach Sinn wird als menschliches Grundbedürfnis, als das zentrale Merkmal des Menschseins bezeichnet. Der Mensch sei ein „sinnsuchendes und sinnverleihendes, unausweichlich ‚theoretisierendes' Wesen" und als solches „zur Deutung seiner selbst und der Welt aufgerufen". Er suche „ununterbrochen nach Zusammenhängen" (GLÖCKEL 1996, 80).

---

[182] Vgl. Kap. 3.3.3.
[183] Vgl. hierzu ausführlich HEITGER 1984a, 19-22.
[184] Vgl. hierzu ausführlich HAMANN 1993, 99-102.
[185] Vgl. Kap. 3.6.

MOEGLING entwickelt im Rahmen seiner Ausführungen zum fächerübergreifenden Unterricht einen *anthropologischen Zugang zur Ganzheitlichkeit.* Wichtig sind ihm in diesem Zusammenhang der Verzicht auf Segmentierung und einseitige Wirklichkeitszugänge sowie die Überwindung des Geist-Leib-Dualismus. Der Mensch soll darüber hinaus in seinen Bezügen zu einem komplexeren Ganzen gesehen werden. Beispielhaft verwirklicht sieht er diese Anforderungen in MEINBERGs Konzept des Homo Oecologicus, das im Kontext der ökologischen Krise entstanden ist. Hingewiesen wird unter anderem auf die Eingebundenheit des Menschen in seine Mitwelt, auf seine durch ganzheitliches Denken gekennzeichnete Rationalität, welche eine Vernetzung der unterschiedlichen Lebensbereiche wahrzunehmen vermag, und auf seine Leiblichkeit. Das Menschenbild des Homo Oecologicus sei jedoch nicht dogmatisch-geschlossen zu verstehen, sondern für Elemente anderer Menschenbilder offen (vgl. MOEGLING 1998, 23f.).[186]

Konzepte zum fächerübergreifenden Unterricht, die in ihrer Legitimation auf die Kategorie der Ganzheit rekurrieren, verweisen auf die Notwendigkeit eines ganzheitlichen Menschenbildes und wollen damit einerseits neben kognitiven auch emotionale und leibliche Aspekte des Menschseins berücksichtigen und andererseits den Menschen in seiner Mitwelt sehen. Kritisiert wird die cartesische Unterscheidung von *res cogitans* und *res extensa*, auf die die Dualismen Geist – Körper und Mensch – Natur zurückgeführt werden (vgl. WERNER 1992, 74-76).

3.5 Interpersoneller Aspekt

Fragen zur Interaktion und Kommunikation werden nur in wenigen aktuellen Publikationen zum fächerübergreifenden Unterricht thematisiert.[187]

---

[186] Dieses Menschenbild hat einen normativen Charakter. Nicht eine Beschreibung dessen, was Mensch-Sein ausmacht, sondern ein Aufzeigen von notwendigen Entwicklungen, die sich aus der Ökologiekrise ergeben, steht im Zentrum der Ausführungen. So werden beispielsweise ein distanziertes Verhältnis zu Wissenschaft und Technik sowie der auch politisch zu verstehende Einsatz für den Erhalt der Natur als Elemente dieses anthropologischen Ansatzes angeführt (vgl. MOEGLING 1998, 23).

[187] Daher werden bei den Ausführungen zum interpersonellen Aspekt verstärkt auch Veröffentlichungen berücksichtigt, die sich auf die Berufsschule (LANDOLT 1999a) und die Sekundarstufe (MÜNZINGER 1995) beziehen. DETHLEFS (1995) argumentiert ebenfalls vor dem Hintergrund der Sekundarstufe und versteht Lehrer in erster Linie als Fachlehrer.

Schwerpunkte sind hierbei eine stärkere Schülerorientierung sowie eine Veränderung der Lehrerrolle.

Schülerorientierung gilt als Kennzeichen des projektorientierten Unterrichts. Nach Ansicht von DETHLEFS wird jedoch der fächerübergreifende Ansatz „fast immer im Zusammenhang mit Projektunterricht genannt" (1995, 5). Daher überträgt sie Merkmale des Projektunterrichts wie Orientierung an den Interessen der Lernenden oder Selbstorganisation und Selbstverantwortung im Hinblick auf die Organisation von Lernprozessen auf das fächerübergreifende Lehren und Lernen (vgl. ebd.). LANDOLT bezieht sich in seinen Ausführungen zur Schülerorientierung auf umfassendere fächerübergreifende Vorgehensweisen, „die sich stark am Projektunterricht, an der Selbsttätigkeit und am selbständigen Lernen der Lernenden orientieren" (1999a, 20) und vermeidet so eine generelle Gleichsetzung von fächerübergreifendem und projektorientiertem Unterricht. Neben der Einführung in Arbeitstechniken und in die für die Bearbeitung von Lerninhalten notwendigen Fertigkeiten wird die Beteiligung an Planung und Evaluation des Unterrichts als Charakteristikum der Schülerorientierung angeführt (vgl. ebd.). Die Orientierung an den Schülerinnen und Schülern wird auch mit einer fächerübergreifenden Unterrichtsthematik begründet. Insbesondere bei der Bearbeitung von Schlüsselproblemen sollen die Lernenden nicht nur als „Adressaten der Lehre" gelten (MÜNZINGER 1995, 26), sondern mit ihren Vorkenntnissen und Haltungen in die Gestaltung des Unterrichts einbezogen werden. Außerdem wird die Thematisierung von Erwartungen, Zwängen und Prioritäten der Lehrenden und Lernenden intendiert. Mehr Kommunikations- und Gestaltungsmöglichkeiten sollen zu einer größeren Verbindlichkeit führen (vgl. ebd.).

Die stärkere Beteiligung der Schülerinnen und Schüler an der Planung und Gestaltung von Unterricht führt zu einer Veränderung der unterrichtlichen Interaktionen. Daraus wiederum resultiert eine *veränderte Sicht der Lehrerrolle.* DETHLEFS weist in diesem Zusammenhang vor allem auf den partnerschaftlichen Umgang hin, der die Lehrenden allerdings nicht aus ihrer Verantwortung entlasse (vgl. 1995, 7). PETERSEN charakterisiert die Rolle der Lehrenden in einem an fächerübergreifenden Wochenthemen orientierten Grundschulunterricht durch grundsätzliche Offenheit für neuere Lernformen, durch Kritikfähigkeit, durch Sensibilität für Veränderungen in der Klasse und durch Reflexionsbereitschaft, wobei die Schülerinnen und Schüler zunehmend in die Besprechung des Unterrichts einbezogen werden. Das „qualitativ andere" (PETERSEN 1996, 21) der neuen Lehrerrolle ist für sie, dass auch die Lernenden die Auswahl der Themen bestimmen können. Lehrerinnen und Lehrer müssten dann keine Fragen beantworten, sondern Material für eine selbstständige Erarbeitung zur Verfügung stellen (vgl. ebd.).

Die Bildungskommission NRW bringt das veränderte Verständnis der Lehrerrolle, das sich aus einer größeren Selbstständigkeit der Lernenden ergibt, folgendermaßen zum Ausdruck:

> „Selbstgesteuerte Formen des Lernens verändern die Rolle von Lehrerinnen und Lehrern im ‚Haus des Lernens'. Sie können nicht mehr vorrangig Wissensvermittler sein.
> Ihr professionelles Selbstverständnis muß sich in der neuen Rolle des ‚Coaching', der Kompetenz von Lernberatern und ‚Lernhelfern' (learn-facilitators) ausdrücken, die gegenüber den Lernenden als Lernerfahrene, als Experten einen gewissen Vorsprung haben. So kann Schule für Lehrende und Lernende zum gemeinsamen sozialen Erfahrungsraum werden." (Bildungskommission NRW 1995, 85)

Dass die Umsetzung von fächerverbindendem Unterricht Kooperation im Kollegium erfordert, wird von PETERßEN betont und zugleich für problematisch erachtet, da die Lehrerrolle mit der impliziten Erwartung des Allein-Arbeitens verbunden sei. Es sei schwierig, von der isolierten Tätigkeit zur Zusammenarbeit zu gelangen (vgl. PETERßEN 2000, 136). Auf die Notwendigkeit von Koordination und interdisziplinärer Kommunikation weist WOLTERS hin, die Lehrerteams als Orte der Kooperation von Experten versteht (vgl. 2000, 114). Außerdem diene den Schülerinnen und Schülern die „kooperative interdisziplinäre Arbeit" (a.a.O., 115) als Modell für ihr eigenes Handeln im fächerübergreifenden Unterricht. Hintergrund dieser Vorstellungen ist die Fachlehrerrolle, die insbesondere für die Sekundarstufe I und II charakteristisch ist. Dass auch in der vom Klassenlehrerprinzip geprägten Grundschule das themenzentrierte, Fachgrenzen überschreitende Arbeiten durch Kooperation im Kollegium erleichtert wird, betont PETERSEN (vgl. 1996, 21).

3.6 Intentionaler Aspekt

Mit fächerübergreifendem Unterricht wird ein breites Spektrum an Intentionen in Verbindung gebracht, die sich auf die Schülerinnen und Schüler als Individuen, auf die Klasse als Gemeinschaft und darüber hinaus auf die Gesellschaft sowie auf Inhalte beziehen.

Eine zentrale Zielsetzung ist der *Erwerb von Schlüsselqualifikationen*, für den sich nach Ansicht zahlreicher Autorinnen und Autoren der fächerübergreifende Unterricht in besonderem Maße zu eignen scheint. Schlüsselqualifikationen können personen-, gruppen- oder sachbezogen sein. Sie stellen nach SCHELTEN

> „Eignungen und Befähigungen hoher Reichweite dar. Sie sollen uns in die Lage versetzen, schnell auf uns zukommende neue Inhalte selbsttätig aufschließen zu können und damit lebenslang lernen zu können. Sie haben einen fachübergreifenden Charakter. So spricht man bei Schlüsselqualifikationen vereinfacht auch von übergreifenden oder überfachlichen Qualifikationen." (SCHELTEN 1998, 283)

Ursprünglich kommt der Schlüsselqualifikationsansatz aus der Berufs- und Arbeitswelt. Der Arbeitsmarktforscher MERTENS hat ihn bereits Anfang der siebziger Jahre des zwanzigsten Jahrhunderts in die Diskussion eingebracht. Für wichtig befunden wird besonders die hohe Transferierbarkeit der Fähigkeiten, die die Bewältigung neuartiger, komplexer Anforderungen ermöglichen soll (vgl. BAUMERT u.a. 2001, 300; HUBER 1999, 44f.). Hierbei wird in der schulpädagogischen Diskussion auch auf Forderungen von Seiten der Wirtschaft rekurriert, die im Hinblick auf die Dynamik der aktuellen Entwicklung flexible Qualifikationen benötigt und von Schulabgängern erwartet (vgl. SCHUSSER/BÖS/PRECHTL 2000, 246f., SCHLAFFKE 1998, 187-190, SCHELTEN 1998, 284f.).

Im Zusammenhang mit fächerübergreifendem Unterricht werden folgende Schlüsselqualifikationen als Ziele angeführt:[188]

- Argumentationsfähigkeit (vgl. KLAFKI 1996, 63) [189]
- Eigenverantwortung (vgl. FROMMER 1997, 120)
- Empathie (vgl. KLAFKI 1996, 63)
- Entscheidungskompetenz (vgl. DALHOFF 1998, 7)
- Fantasie (vgl. FROMMER 1997, 120)
- Flexibilität (vgl. Bildungskommission NRW 1995, 113)
- Kommunikationsfähigkeit (vgl. Bildungskommission NRW 1995, 113)

---

[188] Aufgenommen werden Fähigkeiten, die in den Publikationen zum fächerübergreifenden Unterricht entweder explizit als Schlüsselqualifikation oder als grundlegende Qualifikationen bezeichnet werden. Die Aufzählung erfolgt in alphabetischer Reihenfolge.

[189] KLAFKI bezeichnet die im Schlüsselproblemunterricht zu fördernden Fähigkeiten (Kritikbereitschaft und -fähigkeit, Argumentationsbereitschaft und -fähigkeit, Empathie und vernetztes Denken) in den *Neuen Studien zur Bildungstheorie und Didaktik* nicht als Schlüsselqualifikationen (vgl. 1996, 63f.), verwendet diesen Terminus jedoch in weiteren Publikationen (vgl. beispielsweise 1998a, 49f., 1998b, 152f., 1999, 40f.).

- Kooperationsfähigkeit (vgl. KLAFKI 1998b, 153)
- Kreativität (vgl. KLAFKI 1998b, 153; FROMMER 1997, 120; Bildungskommission NRW 1995, 113)
- Kritikfähigkeit (vgl. KLAFKI 1996, 63)
- Lernkompetenz (vgl. DALHOFF 1998, 4; KLAFKI 1998b, 153; Bildungskommission NRW 1995, 113)
- Methodenkompetenz (vgl. DALHOFF 1998, 7; FROMMER 1997, 120)
- Planungskompetenz (vgl. DALHOFF 1998, 7)
- Problemerkenntnisfähigkeit (vgl. FROMMER 1997, 120)
- Reflexionsfähigkeit (vgl. Bildungskommission NRW 1995, 113)
- Selbstständigkeit (vgl. FROMMER 1997, 120)
- Sozialkompetenz (vgl. DALHOFF 1998, 7)
- Teamfähigkeit (vgl. Bildungskommission NRW 1995, 113)
- Transferfähigkeit (vgl. FROMMER 1997, 120)
- Vernetztes Denken (vgl. DALHOFF 1998, 7; FROMMER, 1997, 120; KLAFKI 1996, 63)

Der Schlüsselqualifikation des vernetzten Denkens[190] bzw. der Erfassung von Zusammenhängen[191] kommt im fächerübergreifenden Unterricht eine besondere Bedeutung zu, da thematische Zusammenhänge durch die Integration unterschiedlicher Fachaspekte in besonderem Maße verdeutlicht werden können. Entsprechend soll auch die Fähigkeit, diese Zusammenhänge zu verstehen, verstärkt gefördert werden.

> „Fächerübergreifender Unterricht ist eine notwendige Ergänzung zum gefächerten Unterricht mit dem Ziel der ‚Spezialisierung auf Zusammenhänge' [...], er korrigiert die Isolierung fachlicher Inhalte und Strukturen und versucht, die Realität als

---

[190] Als Beispiel für die Umsetzung von Vernetzung kann der Marchtaler Plan gelten. „Vernetzter Unterricht, verstanden als ein Beitrag zur Überwindung der Fächertrennung in der Schule, ist expressis verbis ein Begriff, der seine feste Verankerung im Marchtaler Plan, dem Erziehungs- und Bildungsplan (analog einem Lehrplan) der Katholischen Freien Volksschule hat. Er leistet dort einen wesentlichen Beitrag zum Lernen und Arbeiten in thematischen Zusammenhängen. Neben dem Fachunterricht, der Freien Stillarbeit und dem Morgenkreis gehört er zu den vier Strukturelementen, durch welche die unterrichtliche Realisierung der Erziehungs- und Bildungskonzeption des Marchtaler Plans erfolgt. Durch den Vernetzten Unterricht wird die herkömmliche Gliederung der zu behandelnden Stoffe nach Fächern aufgehoben" (SCHLOMS 1995, 70).

[191] Zur Forderung des *Lernens in Zusammenhängen*, die nicht zwangsläufig in Verbindung mit fächerübergreifendem Unterricht erhoben wird, vgl. MARAS 1996a, 1996b; GLÖCKEL 1996; WIATER 1996; HAHN, M. 1996; HÜBER/KIMBERGER 1996.

vernetztes System mit vielfältigen Wechselwirkungen erkennbar zu machen.“ (POPP 1997, 143)[192]

Begründet wird diese Intention einerseits mit der zunehmenden Komplexität gesellschaftlicher Frage- und Problemstellungen, beispielsweise aus den Bereichen der Ökologie oder Technologie, die in der Regel mehrere Fachbereiche tangieren. Andererseits wird auf lernpsychologische Theorien wie die biologisch-kybernetische Theorie VESTERs verwiesen, die nicht die Speicherung von Wissen, sondern die Bildung übergeordneter Strukturen und die Einsicht in komplexe Systeme ins Zentrum stellen (vgl. POPP 1997, 138f.; KLAFKI 1996, 63-65; LAHMER 1990, 259; WOLTERS 1989, 55f.).

Neben den explizit als Schlüsselqualifikationen bezeichneten Intentionen finden sich auch *personenbezogene Ziele* in den aktuellen Publikationen zum fächerübergreifenden Unterricht. Der Aufbau von Handlungsfähigkeit ist ein solches Ziel, das nach PETERßEN das pädagogische Primat des fächerverbindenden Lernens gewährleisten soll und Sach-, Sozial-, Methoden- und Moralkompetenz umfasst (vgl. 2000, 63-69). HILLER-KETTERER und HILLER stellen in Bezug auf die Förderung von Handlungsfähigkeit die Frage nach der Qualität der Aktionen, zu denen die Lernenden im Unterricht motiviert werden (vgl. 1997, 183f.). Für sie ist sowohl das Niveau als auch die Wirksamkeit der Tätigkeitsimpulse relevant. Ziel sei die Integration der im Unterricht erworbenen Fähigkeiten in die außerschulische Praxis und damit eine größere Effizienz bei der Bewältigung alltäglicher Aufgaben und der „Instrumentierung“ eigener Interessen (a.a.O., 185).

Verantwortlichkeit zählt ebenfalls zu den Intentionen, die nach Ansicht mehrerer Autoren durch eine interdisziplinäre Auseinandersetzung beispielsweise mit Schlüsselproblemen oder der Ambivalenz des Fortschritts besser als im Fachunterricht angebahnt werden können (vgl. POPP 1997, 142; MOEGLING 1998, 46f.). KARST und VENTER konkretisieren dies im Hinblick auf verantwortliches Verhalten im Umgang mit der Natur (vgl. 1994, 2f.).

---

[192] Hierbei bezieht sich POPP auf BECK, der im Rahmen seiner Ausführungen zur *Risikogesellschaft* auf die Notwendigkeit der Vernetzung verweist. Die aus der Spezialisierung der Wissenschaften resultierenden Nebenwirkungen machen eine Spezialisierung auf den Zusammenhang erforderlich. „Eine Wissenschaft, die dieses ‚Fatum' brechen will, muß sich in neuen Formen auf den *Zusammenhang spezialisieren (lernen)*. Die isolierte, analytische Betrachtungsweise verliert damit nicht ihre Berechtigung, sie wird aber dort *falsch* und praktisch risikoproduzierend, wo sie zur Richtschnur von Teilmaßnahmen und einer scheinbar wissenschaftlich begründeten ‚Flickschusterei' wird“ (BECK 1986, 295f.).

Die Berücksichtigung unterschiedlicher Dimensionen eines Themas soll die Urteilsfähigkeit der Schülerinnen und Schüler fördern und ihnen zugleich die Perspektivität des eigenen Urteils verdeutlichen. Es geht, wie KAHLERT ausführt, in diesem Zusammenhang um das Aushalten von Vieldeutigkeit und Offenheit (vgl. 1998, 31f.). SCHILMÖLLER spricht von Werturteilsfähigkeit und meint damit die begründete Entscheidung für bestimmte Werthaltungen. Man müsse zum Werten, nicht zu Werten erziehen. Über die Wissensvermittlung hinaus soll daher seiner Meinung nach in der Schule reflektierendes Denken und Urteilen ermöglicht werden. Die Thematisierung der ethischen Relevanz des Wissens wiederum verlangt die Überschreitung der Fachgrenzen, die so den Bezug zum Leben herstellt (vgl. SCHILMÖLLER 1997, 106-108).

MOEGLING hält den Erwerb einer „Kompetenz zur Leiblichkeit im Sinne eines bewußten und achtsamen Umgangs mit der eigenen Leiblichkeit“ (1998, 47) für ein wichtiges Ziel des fächerübergreifenden, ganzheitlichen Lernens. Bewegung, Sinnlichkeit und Köpererfahrungen sollen in den Unterricht integriert werden. Durch das Thematisieren eigener und fremder biografischer Erfahrungen kann außerdem lebensgeschichtliche Kompetenz aufgebaut werden (vgl. a.a.O., 47f.).

Die Schlüsselqualifikation der Sozialkompetenz kann den *gruppenbezogenen Intentionen* zugeordnet werden, denen jedoch im Vergleich zu den personenbezogenen Intentionen in den aktuellen Publikationen zum fächerübergreifenden Unterricht eine zumindest in quantitativer Hinsicht geringere Bedeutung zugemessen wird. PETERSEN fordert im Rahmen ihrer Konzeption der fächerübergreifenden Wochenthemen, die sozialen Kompetenzen der Schülerinnen und Schüler zu fördern. Ein an den Bedürfnissen der Lernenden ausgerichteter, das Selbstvertrauen stärkender Unterricht müsse stets „eine Komponente der Kooperation, des gemeinsamen Erlebnisses, des Aufeinander-Angewiesen-Seins, des Miteinander-Voneinander-Lernens“ enthalten (PETERSEN 1996, 9). Für PETERßEN zählt Sozialkompetenz zu den essenziellen Bestandteilen von Handlungsfähigkeit. Er verweist darauf, dass man bei der Lösung von Problemen häufig auf Kooperation angewiesen ist und daher die Fähigkeit benötigt, „mit anderen zusammengehen, zusammenarbeiten, kommunizieren usw. zu können“ (PETERßEN 2000, 65).

Als weitere gruppen- bzw. gesellschaftsbezogene Zielsetzungen werden die Teilhabe am gesellschaftlichen Leben sowie interkulturelles Verstehen genannt. DALHOFF zählt den

> „Gewinn von Interpretationshilfen und Handlungsmöglichkeiten zur aktiven, auf wachsende Mitgestaltung ausgerichteten Teilhabe am sozialen und kulturellen Leben und zu einem vorurteilsfreien Umgang mit anderen Gesellschaften und Kulturen aus der Begegnung mit kulturellen Grundmustern und Erklärungsmodellen“ (DALHOFF 1998, 5)

zu den wichtigen Aspekten interdisziplinären Lehrens und Lernens.

Die Erziehung zur Demokratie wird von SANDER als Aufgabe und damit auch als Ziel des fächerübergreifenden Unterrichts in der Sekundarstufe beschrieben. Als Voraussetzung nennt er eine Vernetzung von politischer Bildung sowohl als Fach als auch als Prinzip anderer Fächer (vgl. SANDER 1999, 220).

Bei der Entwicklung *sachbezogener Intentionen* wird unter anderem auf die Kritik am traditionellen Fachunterricht, auf den fehlenden Lebensweltbezug der Themen und die daraus resultierende Distanz zu den Schülerinnen und Schülern rekurriert und somit ein Zusammenhang mit den personenbezogenen Intentionen hergestellt.[193] Fächerübergreifender Unterricht soll dieser Distanz entgegenwirken und durch das Aufgreifen aktueller Erfahrungen und Lebensprobleme zum bewussten Wahrnehmen und Verstehen der nicht-fachgebundenen, komplexen Alltagswirklichkeit beitragen (vgl. DETHLEFS 1995, 4f.; DALHOFF 1998, 5). MOEGLING zählt die Vermittlung lebensweltlicher Kompetenz zu den Zielen des fächerübergreifenden Unterrichts. Es gehe darum, Schule so zu öffnen, dass sie in die Lebenswelt der Kinder hineinführe und diese, ohne die Reflexion zu vernachlässigen, erfahrbar mache. Weder dürfe die Integration von Erfahrungen zu einer „lebensweltliche[n] Provinzialität“ noch die Thematisierung von Natur zu „einer mythischen Überhöhung“ führen (MOEGLING 1998, 48). Dass eine Abbildung der kindlichen Lebenswelt nicht ausreicht, verdeutlichen HILLER-KETTERER und HILLER, wenn sie fächerübergreifenden Unterricht auch „zum Zwecke der ‚Entselbstverständlichung‘ und ‚Enträtselung‘ von Ausschnitten der Alltagswirklichkeit“ fordern (1997, 183; im Original hervorgehoben). Man muss ihrer Meinung nach zunächst eigene Annahmen über Erleben und Bewusstsein der Lernenden kritisch reflektieren und dann entscheiden, inwieweit Unterricht auch „neue, in hohem Maße provozierende und irritierende Gegenerfahrungen“ ermöglichen soll (a.a.O., 184).

Auch der Zusammenhang von Lebenswirklichkeit und Unterrichtsfächern soll thematisiert werden. KAHLERT beispielsweise intendiert eine Verknüpfung von

---

[193] Vgl. Kap. 3.3.5.

Lebenswelt- und Fachbezügen, die zugleich Schülererfahrungen aufnehmen und sachlich ergiebig sein soll (vgl. 1998, 17). Nach Ansicht FISCHERs ist im fächerübergreifenden Grundschulunterricht von der Alltagswirklichkeit ausgehend allmählich ein Bezug zu Fachstrukturen herzustellen. So kann das Prinzip der Kind- und Lebensnähe mit der langfristigen Entwicklung von Fachlichkeit in Einklang gebracht werden (vgl. FISCHER 2001, 40f.).

Hingewiesen wird außerdem auf die sich ergänzenden Zielsetzungen, fachspezifische Kenntnisse, Methoden und Denkstile zu vermitteln und zugleich deren Einschränkungen bewusst zu machen. Fachwissen wird im fächerübergreifenden Unterricht in einen größeren Gesamtzusammenhang eingeordnet und dadurch in seinen Möglichkeiten und Grenzen, d.h. in seiner relativen Leistungsfähigkeit, dargestellt (vgl. BALLSTAEDT 1995, 6f.; HILLER-KETTERER/HILLER 1997, 181f.).[194]

DUNCKER hat die Intention, nicht nur Inhalte, sondern darüber hinaus auch die Fachstruktur als solche und die damit zusammenhängende Gliederung der Wirklichkeit zu thematisieren.

> „Fächer repräsentieren Ordnungen des Wissens und der Erfahrung, die von Zeit zu Zeit überprüft, revidiert und korrigiert werden müssen, deren Struktur und Inhalt durchschaubar und der Reflexion zugänglich gemacht werden muss." (DUNCKER 1997, 123)

Die gewohnte Ordnung eines Faches kann im fächerübergreifenden Unterricht vorübergehend außer Kraft gesetzt werden. Dieser soll „neue Möglichkeiten des Sortierens" (a.a.O., 126) aufzeigen und helfen, gewohnte Perspektiven zu hinterfragen und zu erweitern. Das kreative Spiel mit Ordnungskategorien hat nach DUNCKER auch den „Gewinn einer Metaebene in der Erkenntnis" zu ermöglichen (ebd.; im Original hervorgehoben).

---

[194] Aus der Einsicht in die Notwendigkeit, Fachgrenzen zu relativieren, wurde das Konzept des Perspektivenwechsels für die Sekundarstufe II entwickelt mit der Intention einer Spezialisierung, die zugleich transzendiert und reflektiert wird (vgl. KRAUSE-ISERMANN/KUPSCH/SCHUMACHER 1994).

3.7 Inhaltlicher Aspekt

3.7.1 Auswahl und Verbindung von Inhalten

In den aktuellen Publikationen zum fächerübergreifenden Unterricht erfolgt die Begründung der Inhaltsauswahl, wie im Folgenden gezeigt wird, sowohl von den Lernenden als auch von der Sache her. Themen werden der konkreten Lebenswelt der Schülerinnen und Schüler entnommen oder in Beziehung zu den traditionellen Schulfächern bzw. Lernbereichen gesetzt. Darüber hinaus findet eine Einordnung des fächerübergreifenden Lehrens und Lernens in das Spannungsfeld von Lebenswelt und Schulfach statt. Neben der Auswahl von Inhalten wird die Qualität der Verbindung unterschiedlicher inhaltlicher Aspekte thematisiert.

Als Konsequenz der Kritik am Fachunterricht, die sich unter anderem auf die Loslösung von der konkreten Lebenssituation bezieht,[195] und der Intention, eben diese Lebenssituation verständlich zu machen,[196] wird *Themen aus der Alltagswirklichkeit der Kinder* gerade im fächerübergreifenden Grundschulunterricht eine besondere Bedeutung beigemessen. Die Schülerinnen und Schüler sollen die Möglichkeit haben, ihre eigenen Interessen zu artikulieren und als Inhalte vorzuschlagen. Das Lernen soll in realen Kontexten stattfinden, die im Allgemeinen nicht fachgebunden sind (vgl. PETERßEN 2000, 77; PETERSEN 1996, 8; 13; DETHLEFS 1995, 4f.).

> „Die Inhalte und Fragestellungen entstammen nicht primär den Fachsystemen und fachlichen Curricula, sondern aus dem Zusammenhang der Lebenswelten der Lernenden unter deren aktiver Beteiligung und Mitbestimmung. Nicht die fachsystematische Ordnung ist der Ausgangspunkt, sondern Phänomene, Erfahrungen, Situationen, Probleme und entsprechende Aufgaben." (POPP 1997, 142)

Schulfächer und ihre Inhalte werden nicht nur als Gegensatz zur Orientierung an der Alltagswirklichkeit, sondern auch als integrative Bestandteile des interdisziplinären Lehrens und Lernens thematisiert. PETERßEN beispielsweise versteht unter fächerverbindendem Unterricht ein Konzept, das die Vorteile des Fachunterrichts bewahrt. Der Unterricht solle weiterhin Fächer aufweisen, müsse diese aber über ein gemeinsames Thema miteinander in Verbindung bringen, d.h. themenzentriert sein (vgl. PETERßEN 2000, 55). Ähnlich argumentiert

---

[195] Vgl. Kap. 3.3.5.
[196] Vgl. Kap. 3.6.

KLAUTKE, für den die Erarbeitung eines komplexen Themas von unterschiedlichen Fächern bzw. unterschiedlichen fachlichen Ansatzpunkten her Kennzeichen eines fächerübergreifenden Unterrichts ist. Sowohl Fachwissen als auch Fachmethoden werden seiner Meinung nach hierbei benötigt (vgl. KLAUTKE 2000, 65). Auch DUNCKER weist darauf hin, dass durch die Berücksichtigung unterschiedlicher fachlicher Aspekte komplexe Themen behandelt werden können:

> „Fächerübergreifendes Lernen bietet neue Möglichkeiten, Unterrichtsthemen zu generieren, die im System der Schulfächer keinen Platz finden und deshalb keine Verankerung im Lehrplan haben. Die Erweiterung von Themen durch die Einbeziehung zusätzlicher fachlicher Perspektiven erlaubt es, komplexere Inhalte aufzugreifen, als es im Horizont einzelner Schulfächer möglich wäre.“ (DUNCKER 1997, 119)

Neben der Verbindung einzelner Fachaspekte wird im fächerübergreifenden Unterricht eine Annäherung von Natur- und Geisteswissenschaften, d.h. von unterschiedlichen *Lernbereichen*, intendiert.[197] Die Vernetzungsstrukturen der modernen Wirklichkeit seien aus empirischen und wertbezogenen Komponenten zusammengesetzt. Natur- und Geisteswissenschaften müssten im Hinblick auf aktuelle Probleme kooperieren und interdisziplinäre Lösungen suchen. Daher dürften auch in der Schule nicht nur die natur- und die geisteswissenschaftlichen Fächer jeweils untereinander zusammenarbeiten (vgl. ROMMEL 1999, 221f.). Es sind folglich bereichsübergreifende Themen zu wählen. KARST und VENTER zeigen Beispiele, wie in der Primarstufe naturkundliche und literarische Aspekte eines Themas miteinander verbunden werden können (vgl. 1994).

Nicht nur Inhalte aus unterschiedlichen Fächern, sondern auch die Fächer selbst sollen Thema des fächerübergreifenden Unterrichts sein.

> „Es sind die *Grenzlinien der Schulfächer selbst*, die im fächerübergreifenden Lernen mitthematisiert werden können und die als Zusatzthema zu den Inhalten, die in oder zwischen den Fächern liegen, aufgreifbar sind. Insofern enthält fächerübergreifendes Lernen den Anspruch, die *Ordnungen der Themen und deren Rückwirkung auf die Lerninhalte zu reflektieren* und daraus Einsichten in die Gliederungen der Welt im Spiegel von Schulfächern zu gewinnen.“ (DUNCKER 1997, 119)

Die scheinbare Selbstverständlichkeit der Schulfächer und ihre Gliederung der Wirklichkeit soll nach diesem Verständnis Gegenstand des Unterrichts werden, sodass ihr historischer und konstruktiver Charakter für die Schülerinnen und

---

[197] Vgl. Kap. 3.3.1.

Schüler durchschaubar wird und diese für neue Gliederungs- und Ordnungskategorien sensibilisiert werden können (vgl. a.a.O., 121-123).[198]

In einigen aktuellen Publikationen zum fächerübergreifenden Lehren und Lernen wird das *Spannungsverhältnis zwischen Lebenswelt- und Fachbezug* thematisiert.[199] KAHLERT bezeichnet den Bezug auf die Lebenswelt als notwendige, jedoch keineswegs hinreichende Voraussetzung für die Gestaltung von Unterricht. Man könne zwar in der Lebenswirklichkeit Probleme finden, aber häufig nicht die für eine Lösung förderlichen Mittel, Qualifikationen und Sichtweisen. Daher müsse auch ein auf die Lebenswelt ausgerichteter, fächerübergreifender Unterricht Inhalte und Methoden aus Fächern vermitteln. Ein zu sehr an den Erfahrungen der Kinder orientierter Unterricht vernachlässige „seine hinweisende, zeigende, neue Aspekte erschließende Funktion" (KAHLERT 1998, 16). Dahingegen bestehe bei einem vorwiegend an der Fachsystematik ausgerichteten Unterricht „die Gefahr, an den Schülern vorbei zu unterrichten" (ebd.).

KAHLERT schlägt vor, den Lebenswelt- und den Fachbezug in didaktischen Netzen miteinander zu verknüpfen, um so Einseitigkeiten zu vermeiden.

> „Der zentrale Gedanke dieses Modells [der didaktischen Netze] ist es, die für *die Erschließung von Umweltbeziehungen didaktisch ergiebigen Erfahrungsbereiche* des Alltagslebens mit dazu korrespondierenden fachlichen Perspektiven zu jeweils *bipolaren Betrachtungsweisen* auf den Unterrichtsinhalt zu verknüpfen" (KAHLERT 2001, 48).[200]

Von WOLTERS wird der fächerübergreifende Unterricht sowohl zwischen Lebensweltbezug und Wissenschaftsorientierung als auch zwischen Adressateninteressen und Lehrplanbezug verortet. Sie versteht ihn als notwendiges Korrektiv zu der Dominanz einer Schülerorientierung, die in der Alltagswirklichkeit und den Erfahrungen verhaftet bleibt. Durch Einseitigkeit zugunsten eines Pols werde die Chance des interdisziplinären Lehrens und Lernens vertan, reflektierte Erfahrungen zu ermöglichen (vgl. WOLTERS 1989, 61-63; 2000, 103-105).[201]

---

[198] Vgl. Kap. 3.6.

[199] Für den Mathematikunterricht zeigen SCHÜTTE und HALLER, wie eine Verbindung von Schulfach und Alltagswirklichkeit gestaltet werden kann (1998).

[200] Vgl. Kap. 4.3.1.

[201] Auch KLAFKI versteht die Prinzipien der Wissenschafts- und der Schülerorientierung als Gegenpole und weist auf deren jeweilige Ergänzungsbedürftigkeit hin (vgl. 1996, 166). Zur Notwendigkeit und Ergänzungsnotwendigkeit von Wissenschaftsorientierung vgl. auch REKUS 1996b, 213-216.

Auf eine Möglichkeit, zwischen Lebenswelt- und Fachbezug zu vermitteln, verweist HENTIG mit seiner Beschreibung der Anordnung der Inhalte in der Bielefelder Laborschule. Bis zum zweiten Schuljahr gebe es keine Gegenstandseinteilung, sondern eine Gliederung nach Lebens- und Lernformen. In den folgenden Jahrgängen erfolge eine Einteilung in fächerübergreifende Erfahrungsbereiche (vgl. HENTIG 1996, 168):

> „(1) der Umgang mit Menschen, (2) der Umgang mit Sachen – beobachtend, messend, experimentierend, (3) der Umgang mit Sachen – spielend, gestaltend, erfindend, (4) der Umgang mit dem eigenen Körper und (5) der Umgang mit Gesprochenem, Geschriebenem, Gedachtem, der sich aus ‚technischen' Gründen bald in den Erfahrungsbereich Sprache und den Erfahrungsbereich Mathematik aufgeteilt hat." (HENTIG 1996, 168.)

Aus diesen Erfahrungsbereichen entwickeln sich erst im letzten Drittel der Sekundarstufe I und nicht schon nach der Primarstufe die herkömmlichen Fächer (vgl. ebd.; HENTIG 1993, 230).

Der Ansatz der Bildungskommission NRW ist ebenfalls als Modell der Vermittlung zwischen fachlichen Strukturen, lebensweltlichen Bezügen und darüber hinaus gesellschaftlichen Problemen zu verstehen. Lernen geschieht in diesen Zusammenhängen, die als Lerndimensionen bezeichnet werden und selbst keine Fächer, Lernbereiche oder Themen darstellen. Die Dimensionen des Lernens sind unterschiedliche Perspektiven, bilden einen Reflexions- und Bezugsrahmen, eröffnen unterschiedliche Zugangsweisen zur Wirklichkeit und haben dadurch per se einen überfachlichen Charakter. So sollen Bezüge aufgebaut werden, die als Voraussetzung für das Verständnis der Wirklichkeit relevant sind. An ihnen ist auch die Bedeutung existierender Lernordnungen aufzuzeigen. Vorgeschlagen werden die Dimensionen (1) Identität und soziale Beziehungen, (2) kulturelle Tradition, (3) Natur, Kunst, Medien, (4) Sprache, Kommunikation, (5) Arbeit, Wirtschaft, Beruflichkeit, (6) Demokratie und (7) Ökologie. Diese Dimensionen sind als bleibender Rahmen für das Lernen und nicht als Hinführung auf mögliche Schulfächer gedacht (vgl. Bildungskommission NRW 1995, 107-112).

In den aktuellen Publikationen wird nicht nur die Notwendigkeit, sondern auch die *Qualität der Verbindung* unterschiedlicher Aspekte eines Themas hervorgehoben. Mehrere Autoren betonen, dass die Verknüpfung integrativ sein müsse und sprechen sich damit gegen eine additive Aneinanderreihung einzelner Inhalte aus. Für PETERßEN ist ein integrativer Zusammenhang dann gegeben, wenn sich die beteiligten Fächer im Rahmen des fächer*verbindenden* Unterrichts an einer übergeordneten pädagogischen Zielsetzung, am Primat des Pädagogischen orientieren. Hingegen hat fächer*übergreifender* Unterricht seiner Meinung nach stets einen additiven Charakter und kann folglich nicht zu einem sinnvollen Zusammenhang der einzelnen Fachaspekte führen (vgl. PETERßEN 2000, 79f.). Sein Anliegen der Integration wird von mehreren Autoren geteilt, nicht jedoch die Unterscheidung von fächerverbindendem und fächerübergreifendem Unterricht. So ist beispielsweise KLAUTKEs Intention der „thematische[n] Verknüpfungen von Beziehungen" (2000, 65) ebenfalls im Sinne einer integrativen Verbindung von Inhalten zu verstehen, die aber im fächerübergreifenden Unterricht realisiert werden soll. Von DUNCKER werden Unterrichtsbeispiele beanstandet, die sich durch additive Verbindungen und eine nicht „befriedigende innere Struktur" auszeichnen (1997, 127). Er kritisiert das Arrangement, nicht das Konzept des fächerübergreifenden Lehrens und Lernens. Dass auch Ganzheitlichkeit kein zufälliges Nebeneinander und keine additive Häufung der Inhalte im fächerübergreifenden Unterricht bedeutet, sondern „eine urtümliche Geschlossenheit, aus der sich die Bedeutung der integrierten Bereiche ableitet und die sich durch einen unauslöslichen Wirkungszusammenhang auszeichnet", betont MOEGLING (1998, 19). Mit seiner Ablehnung von rein sprachassoziativen Verbindungen, bei denen Zusammenhänge durch Begriffe konstruiert werden, grenzt sich REKUS ebenfalls von additiven Bezügen ab. Er favorisiert den Begriff fachüberschreitend und geht dabei vom jeweiligen Schulfach aus (vgl. 1996b).

Kritisch beurteilt wird fächerübergreifender Unterricht, der nicht zu einer Integration der unterschiedlichen Fachinhalte führt. REKUS beschreibt in diesem Zusammenhang einen Entwurf zur Einheit *Tier*, an der sich mehrere Fächer beteiligen: der Deutschunterricht mit dem Besprechen von Fabeln, der Sachunterricht mit der Behandlung von Haustieren, der Musikunterricht mit dem Kennenlernen des Karnevals der Tiere, der Religionsunterricht mit der Auseinandersetzung mit dem Lebensbild Franz von Assisis, der Mathematikunterricht mit Aufgaben zu Schafherden-Mengendiagrammen, der Kunstunterricht mit dem Malen von Zootieren und der Textilunterricht mit der Gestaltung von Naturwolleschäfchen. Dabei haben die Themen der einzelnen Fächer außer dem Begriff *Tier* nur wenig gemeinsam (vgl. REKUS 1998b, 12). PETERSEN entwirft ein Rechen-Mal-Blatt mit Übungsaufgaben zur Addition und Subtraktion im Zahlenraum bis 10 in Gestalt eines Pferdes im Rahmen des übergeordneten Wochenthemas *Pferd* (vgl. 1996, 27). Hier ist ebenfalls kein integrativer Zusammenhang festzustellen.

3.7.2 Schlüsselprobleme

In vielen Publikationen werden Schlüsselprobleme, die im Allgemeinen einen interdisziplinären Charakter haben, zu den zentralen Inhalten des fächerübergreifenden Unterrichts gezählt. Auch grundschulspezifische Beiträge empfehlen, diese Fragestellungen zu thematisieren. Weil häufig auf die Ausführungen KLAFKIs Bezug genommen wird,[202] konzentriert sich die Darstellung auf diese Grundlagen.[203]

Die Thematik der epochaltypischen Schlüsselprobleme muss bei KLAFKI vor dem Hintergrund seiner Ausführungen zu den historischen Bildungstheorien gesehen werden, insbesondere zu dem Aspekt der Subjektentwicklung im Medium des Allgemeinen.[204] Die Antwort auf die Frage nach dem Allgemeinen und damit nach den *Bildungsinhalten* ist historisch bedingt, ist folglich nicht pauschal, sondern immer wieder neu zu geben.

> „Allgemeinbildung bedeutet in dieser Hinsicht, ein geschichtlich vermitteltes Bewußtsein von zentralen Problemen der Gegenwart und – soweit voraussehbar – der Zukunft zu gewinnen, Einsicht in die Mitverantwortlichkeit aller angesichts solcher Probleme und Bereitschaft, an ihrer Bewältigung mitzuwirken. Abkürzend kann man von der Konzentration auf *epochaltypische Schlüsselprobleme* unserer Gegenwart und der vermutlichen Zukunft sprechen." (KLAFKI 1996, 56)

Zu den aktuellen Schlüsselproblemen gehören die Friedensfrage, die Umweltfrage, die gesellschaftlich produzierte Ungleichheit, die Gefahren und Möglichkeiten der technischen Steuerungs-, Informations- und Kommunikationsmedien sowie die Subjektivität des Einzelnen und Ich-Du-Beziehungen (vgl. a.a.O., 56-

---

[202] Vgl. beispielsweise KAISER 1999, 150-154; ROMMEL 1999, 218-222; OLBERTZ 1998b, 211; SCHILMÖLLER 1997, 98f.; 112. Auch die Bildungskommission NRW sieht in Schlüsselproblemen wichtige Unterrichtsinhalte (vgl. Bildungskommission NRW 1995, 112f.). Sie beruft sich in ihren Ausführungen nicht explizit auf KLAFKI, dessen Überlegungen jedoch als Kommissionsmitglied in die Denkschrift mit einfließen.
Zu einer grundsätzlichen Kritik an KLAFKIs Allgemeinbildungskonzept, das Schlüsselprobleme ins Zentrum rückt, vgl. GIESECKE 1997; zur Kritik dieser Kritik vgl. KLAFKI 1998c.

[203] KLAFKI selbst rekurriert an unterschiedlichen Stellen auf die Schlüsselproblemthematik (vgl. beispielsweise 1999, 1998a; 1998b, 1995a, 1995b). Im Rahmen der vorliegenden Untersuchung werden die *Neuen Studien zur Bildungstheorie und Didaktik* (1996) als Grundlage gewählt. Aus anderen Publikationen werden ergänzende Ausführungen hinzugezogen.

[204] Vgl. Kap. 3.3.2.

60). An anderer Stelle nennt KLAFKI außerdem das rapide Bevölkerungswachstum, den Sinn und die Problematik des Nationalitätsprinzips, die weltweite Vernetzung und Abhängigkeit sowie das Verhältnis von Industrie- und Entwicklungsnationen (vgl. 1999, 34-40; 1998a, 48f.; 1998b, 150f.; 1995a, 12).

Auch wenn KLAFKI keinen abgeschlossenen Themenkatalog vorlegt – die unterschiedliche Anzahl an Schlüsselproblemen in seinen eigenen Publikationen kann hierfür als Beleg angeführt werden –, weist er darauf hin, dass dieser nicht beliebig erweiterbar ist. Es müsse sich einerseits um Strukturprobleme von gesamtgesellschaftlicher, transnationaler oder sogar globaler Bedeutung handeln, die andererseits den Einzelnen zentral beträfen. Der Kanon könne in Zukunft verändert werden, dürfe sich allerdings nicht allein an vordergründiger Aktualität orientieren. Für die *Auswahl der Schlüsselprobleme* wird ein diskursives Vorgehen empfohlen. Es gehe dabei um einen Konsens über die Bedeutung der Probleme, nicht jedoch über Lösungswege. Im Hinblick auf diese stellt sich nach Ansicht KLAFKIs primär die Frage nach Beurteilungskriterien, die eine Bewertung unterschiedlicher Lösungen ermöglichen und die Reflexionsfähigkeit der Lernenden fördern (vgl. 1996, 60f.).

Die Schlüsselprobleme sollen nicht vollständig, sondern *exemplarisch* auf „den verschiedenen Stufen des Bildungsganges“ thematisiert werden (a.a.O., 62). KLAFKI betont ausdrücklich, dass sie „auf allen Schulstufen und in allen Schulformen“ (1997,14) und somit *auch in der Grundschule* zu behandeln sind. Die Grundlagen für die Entwicklung eines Problembewusstseins können seiner Meinung nach schon früh, d.h. bei Kindern und Jugendlichen, gelegt werden, die wie Erwachsene auch von den globalen Herausforderungen betroffen sind (vgl. KLAFKI 1998b, 147; 151).[205]

Auf mögliche *Gefahren*, die mit einem Problemunterricht verbunden sein können, weist KLAFKI selbst hin. Er nennt insbesondere Fixierungen, Blickverengung und mangelnde Offenheit, aber auch hohe Anspannungen, Belastungen, intellektuelle, emotionale und moralisch-politische Anforderungen, d.h. Überforderung. Daher sei eine Ergänzung durch eine vielseitige Entwicklung von Interessen und Fähigkeiten notwendig. Sowohl die Freizeiterziehung als auch die Berufsgrundbildung und Berufsberatung werden in diesem Zusammen-

[205] Zu Schlüsselproblemen als Element des Sachunterrichts der Grundschule vgl. KLAFKI 1992, 18-24; KAISER 1999, 150-154. Eine ausführliche Erörterung dieser Thematik findet sich in Kap. 4.3.2.

hang angeführt. Während der Schlüsselproblemunterricht obligatorisch ist, sollen für die Interessen- und Fähigkeitsbildung individuelle Auswahlmöglichkeiten bestehen (vgl. KLAFKI 1996, 69-72; 1999, 45f.).

KLAFKI betont, dass ein an Schlüsselproblemen orientierter Unterricht nicht zu einer generellen Überwindung des Fachunterrichts führt. Sowohl die neuzeitliche Wissenschaftsentwicklung als auch die Entwicklung der Schule hängen mit der *fachlichen Spezialisierung* zusammen und sind auch weiterhin auf diese angewiesen, allerdings nicht als alleiniges, sondern *als ergänzendes Prinzip* (vgl. KLAFKI 1995b, 37f.; 1997, 16).

> „In diesem Sinne wird auch der Unterricht, der auf die durchgehend fachübergreifend strukturierten Schlüsselprobleme gerichtet ist, immer *auch* fachlich bestimmte Unterrichtsphasen erfordern. Aber Umfang und Aufbau solcher Phasen müssen dann konsequent didaktisch unter der Fragestellung durchdacht werden: Welche Erkenntnisse, Kenntnisse, Fähigkeiten und Fertigkeiten sind unverzichtbar notwendig, um die fachspezifischen Elemente des jeweils anstehenden, fächerübergreifenden, schlüsselproblem-orientierten Themas zugänglich zu machen? Damit ist ein neuartiges Verständnis fachlich akzentuierter Phasen in fächerübergreifenden Unterrichtszusammenhängen angezeigt." (KLAFKI 1995b, 38)

3.8 Methodischer Aspekt

3.8.1 Auswahl von Methoden

Die Orientierung an den Schülerinnen und Schülern oder an den Fächern, die für die Inhaltsauswahl charakteristisch ist, bestimmt in den aktuellen Beiträgen zum fächerübergreifenden Lehren und Lernen, wie im Folgenden gezeigt wird, auch die methodischen Überlegungen. Im Hinblick auf Schülerorientierung sind hierbei vor allem die Unterrichtsprinzipien der Selbstständigkeit, Ganzheitlichkeit und Handlungsorientierung von Bedeutung. Im Hinblick auf Fachorientierung werden zum einen fach- oder wissenschaftsspezifische Methoden vorgeschlagen. Zum anderen wird mit dem Sammeln eine Vorgehensweise empfohlen, die neben der Fachstruktur weitere Möglichkeiten aufzeigt, Inhalte anzuordnen.

LANDOLT stellt zunächst fest, dass beim interdisziplinären Lehren und Lernen auch andere Methoden als im Fachunterricht zum Einsatz kommen sollen.

> „Fächerintegrierender Unterricht verlangt grundsätzlich nach einer Erweiterung des eigenen Unterrichtskonzeptes. Die analytische Vorgehensweise, die didaktische Reduktion, das Ausrichten auf lediglich einen Fachgegenstand, begleitet von einer lehrerorientierten Unterrichtsweise vermag die bestehenden Ansprüche nicht

> mehr abzudecken. So sind beim methodischen Gestalten des Unterrichts erweiterte Lehr- und Lernformen einzusetzen. Dies erfordert von jeder Lehrperson eine eingehende Auseinandersetzung mit methodischen Fragen und damit verbunden das Entwickeln eines hilfreichen Methodenrepertoires. Zudem erhält das selbständige Lernen der Schülerinnen und Schüler grosse [sic] Bedeutung, was die Lehrperson zwingt, sich eingehend mit dem Lernen der Lernenden zu beschäftigen." (LANDOLT 1999b, 90)[206]

Dass *Schülerorientierung* für die methodische Gestaltung des fächerübergreifenden Unterrichts von Bedeutung ist, zeigt der Hinweis auf die *Selbstständigkeit* der Lernenden. Selbstgesteuertes und damit an den Schülerinnen und Schülern orientiertes Lernen hat den Erwerb von Lern- oder Methodenkompetenz als Voraussetzung. Fächerübergreifender Unterricht soll dazu einen besonderen Beitrag leisten. So führt KLAFKI aus, dass methodenorientiertes Lernen, d.h. „die Aneignung von übertragbaren Verfahrensweisen des Lernens und Erkennens sowie der Übersetzung von Erkenntnissen in praktische Konsequenzen" zu den Prinzipien des interdisziplinären Schlüsselproblemunterrichts gehört (1996, 68). Für DALHOFF ist fächerübergreifendes Arbeiten durch ein gewisses Maß an Projektorientierung gekennzeichnet. Die dafür benötigten Methoden, die einen wichtigen Beitrag zur Förderung der Selbstständigkeit leisten, werden seiner Meinung nach bereits in der Grundschule im Rahmen von freier Arbeit und Wochenplan eingeübt. Eine solche prozessorientierte Unterrichtsgestaltung berücksichtige, dass der Lernerfolg stark von der Beherrschung von Strategien und Techniken zur selbstständigen Erarbeitung der Lerngegenstände abhänge. In der Sekundarstufe werde allerdings nur selten auf diese Kompetenzen zurückgegriffen (vgl. DALHOFF 1998, 8f.).

Wie Schülerinnen und Schüler in der Grundschule beteiligt werden können, zeigt GÖTZ in Anlehnung an den Gesamtunterricht OTTOs. Sie macht Kinderfragen zum Ausgangspunkt des fächerübergreifenden Unterrichts. An das Sammeln der in der Regel nicht fachspezifischen Fragen zu einem bestimmten Thema schließen sich das selbstständige Recherchieren, bei dem durchaus auch auf Fachkenntnisse zurückgegriffen wird, und das Berichten an (vgl. GÖTZ 1997; 1998).

Fächerüberschreitendes bzw. fächerverbindendes Lernen soll außerdem *ganzheitlich*, mit allen Sinnen oder, wie PETERßEN ausführt, „mit Kopf, Herz und

---

[206] Diese allgemeinen Ausführungen sind nicht nur für den Berufsschulunterricht, auf den sich LANDOLT in erster Linie bezieht, charakteristisch.

Hand und auch Bauch und Füßen“ erfolgen (vgl. 2000, 77). Für PETERSEN stellt das Lernen mit allen Sinnen eine Konsequenz aus den aktuellen Lebensbedingungen der Kinder dar. Es ist ihrer Meinung nach in die methodische Gestaltung fächerübergreifender Wochenthemen zu integrieren (vgl. PETERSEN 1996, 8f.). Auch bei GRÖMMINGER und SCHWANDER ist Ganzheitlichkeit ein wichtiges Kennzeichen von interdisziplinärem Lehren und Lernen, insbesondere von betrachtenden, experimentierenden und körperlich umsetzenden Erarbeitungsformen. Sowohl manuelle als auch musisch-ästhetische Gestaltungsaufgaben werden angeführt (vgl. GRÖMMINGER/SCHWANDER 1995, 5).[207]

Ein weiteres Prinzip, das bei der methodischen Gestaltung fächerübergreifenden Unterrichts berücksichtigt werden soll, ist das der *Handlungsorientierung* bzw. des *praktischen Lernens*. Sowohl KLAFKI als auch POPP weisen auf die Bedeutung der Handlungsorientierung im Zusammenhang mit der Thematisierung gesellschaftlich relevanter Probleme hin. Es gehe darum, Handlungsfelder aufzusuchen, die auf der Grundlage der Einsicht in Zusammenhänge ein kooperatives und eigenverantwortliches Handeln ermöglichen (vgl. POPP 1997, 141f.). KLAFKI betont die Notwendigkeit einer Verknüpfung von konkreten Handlungen mit Reflexion, Verallgemeinerung und der Entwicklung weiterführender Perspektiven. Damit könne man außerdem der fehlenden Motivation entgegenwirken und eine Öffnung der Schule erreichen (vgl. KLAFKI 1996, 68).

Der Zusammenhang von Handlungsorientierung und Ganzheitlichkeit wird von MOEGLING aufgegriffen:

> „Ohne den Blick auf den Handlungsaspekt von Unterricht ist eine ganzheitliche Erziehung nicht leistbar. Handeln als die Integration von ‚Denken und Machen’ muß Essenz und Zielpunkt eines sich als ganzheitlich begreifenden Unterrichtskonzeptes sein. Handlungsorientierter Unterricht versucht dem Verlust der Erfahrung aus erster Hand entgegenzuwirken und nimmt den Schüler als Subjekt, als Menschen in seiner Ganzheit ernst.“ (MOEGLING 1998, 45)[208]

---

[207] SCHILMÖLLER verweist auf Kritik am Lernen mit allen Sinnen. Der so genannte physiologistische Fehlschluss mache darauf aufmerksam, dass man zwar nicht ohne, aber nicht nur mit den Sinnen wahrnehme. „Der Physiologismus verkürzt demnach das Wahrnehmungsspektrum; er ignoriert, daß zwischen Situation und Wahrnehmung Interpretationsvorgänge treten, die von vielerlei Faktoren – von Voreinstellungen und Interessen, von biographischen Eigenarten und kultureller Zugehörigkeit – beeinflußt sind, niemals alle Momente der Situation erfassen und immer selektiv und aspekthaft sind“ (SCHILMÖLLER 1997, 102).

[208] MOEGLING rekurriert in seiner Kennzeichnung des handlungsorientierten Unterrichts auf JANK und MEYER. Allerdings fügt er den Merkmalen der Ganzheitlichkeit, Schüleraktivie-

Als methodische Wege zum fächerübergreifenden Unterricht, die dem Prinzip der Handlungsorientierung entsprechen, nennt MOEGLING das praktische sowie das projektorientierte Lernen (vgl. a.a.O., 51f.; 55f.).

Dass fächerübergreifender Unterricht nicht per se handlungsorientiert ist, wird von WOLTERS betont, die handelnde Eigentätigkeit in einem engeren Sinn zwar als Desiderat, nicht aber zwangsläufig als Merkmal interdisziplinären Lehrens und Lernens versteht (vgl. 1989, 64). Für die handelnde Eigentätigkeit in einem weiteren Sinn, die sich auf „den Gesamtzusammenhang, in dem sich der Mensch die Welt zu eigen macht“ (a.a.O., 65), bezieht, sei der fächerübergreifende Unterricht jedoch prädestiniert, „weil in ihm im Kleinen aktive Weltaneignung in der Aufhebung der Fachgrenzen simuliert“ werde (ebd.). Man müsse jedoch grundsätzlich über die Bezüge zum Projektunterricht, der sich an Handlungsprodukten orientiert, nachdenken (vgl. ebd.; 2000, 116).

Bei der Methodenauswahl wird nicht nur das Prinzip der Schülerorientierung, sondern auch das der Fachorientierung berücksichtigt. Der Einsatz *fachspezifischer Methoden* wird in diesem Zusammenhang als Konsequenz der Integration unterschiedlicher fachlicher Ansatzpunkte dargestellt, die das interdisziplinäre Lehren und Lernen charakterisiert. Die einzelnen Fächer tragen nach diesem Verständnis ihre jeweiligen Methoden zur Erschließung eines komplexen Themas bei (vgl. KLAUTKE 2000, 65). Dies gilt insbesondere für die Variante des fächerübergreifenden Unterrichts, die die parallele Behandlung eines Themas in mehreren Fächern vorsieht. Dass mit den einzelnen Methoden zugleich demonstriert werden kann, was diese leisten und was nicht, verdeutlicht REKUS. Man müsse, bezogen auf die jeweilige Aufgabenstellung, auch andere Zugänge und Lösungswege suchen. Es gehe um den „Beitrag des jeweiligen fachmethodischen Vorgehens zur Erkenntnis und Bewältigung der Welt“ und zugleich um die entsprechenden methodologischen Grenzen (REKUS 1994, 9).

Neben den Methoden der Schulfächer werden auch *Methoden der Wissenschaften* für den fächerübergreifenden Unterricht empfohlen. MOEGLING schlägt vor, empirische Methoden einzusetzen, d.h. Methoden der Sozialwissenschaften wie beispielsweise Erhebungen durch Fragebogen oder Interview. Ziel ist, die subjektive Bedingtheit der Konstruktionen von Wirklichkeit zu verdeutlichen.

---

rung, Produktorientierung, Interessenorientierung, Schülerbeteiligung, Schulöffnung sowie Ausgewogenheit von Kopf- und Handarbeit noch Prozessorientierung als weiteres Charakteristikum hinzu (vgl. MOEGLING 1998, 42f.; JANK/MEYER 1994, 355-360).

Man könne einerseits die Beteiligung empirischer Methoden an Wirklichkeitskonstruktionen aufzeigen und zum Abbau naiver Wissenschaftsgläubigkeit beitragen und andererseits selbst empirische Methoden kreativ konstruieren, um durch eigene Forschungsergebnisse Wirklichkeitskonstruktionen zu überprüfen (vgl. MOEGLING 1998, 54f.).

Nach DUNCKER soll auch die Fachstruktur als solche thematisiert werden.[209] Als geeignete Methode wird das *Sammeln* vorgeschlagen.

> „Das Sammeln kann hier als Aktivität verstanden werden, in der es zahlreiche Formen des Ordnens und Umordnens zu entdecken gibt. Das Ordnen wird hier als ein dynamischer Prozess beschreibbar, in dem die Wirklichkeit gegliedert und verfügbar gemacht wird. Die Entfaltung von Orientierungs- und Ordnungskategorien dient dazu, im sonst unüberschaubaren Chaos der Phänomene *Regionen der Übersicht* zu schaffen. Im Sammeln werden Bereiche aus der gegenständlichen Umwelt ausgegrenzt und dem Erkennen und Handeln verfügbar gemacht" (DUNCKER 1997, 128f.).

Das Finden und Ordnen sei dem erkenntnistheoretischen Prozess der Isolierung und konstruktiven Zusammenfügung von Elementen vergleichbar. Als grundlegende methodische Vorgänge werden dabei „Auswahl, Gliederung und Gruppierung" genannt (a.a.O., 129). Diese können in Anlehnung an den französischen Strukturalismus auch als strukturalistische Tätigkeit bezeichnet werden, die sowohl das Zerlegen als auch das Arrangieren umfasst (vgl. DUNCKER 1995, 42; 1994, 164f.).

DUNCKER nennt fünf Funktionskreise des Ordnens, die auch auf dessen pädagogisch-anthropologische Bedeutung hinweisen:

- Ordnen und Wahrnehmen: Ordnungen zur Strukturierung der Wirklichkeit
- Ordnen und Handeln: Ordnungen zur Steuerung und als Ergebnis von Handlungen
- Ordnen und Wissen: Ordnungen zur Aufbewahrung von Wissen
- Ordnen und Denken: Ordnungen als Ergebnis der Reflexion von Erfahrungen
- Ordnen und Kreativität: Ordnungen als Ergebnis konstruktiver Tätigkeit (vgl. DUNCKER 1995, 40).

---

[209] Vgl. Kap. 3.7.1.

3.8.2 Projektunterricht

Ein enger Zusammenhang von fächerübergreifendem Unterricht und Projektunterricht wird in mehreren Publikationen hergestellt. Dies ist, wie KNOLL betont, insbesondere für Deutschland charakteristisch. In den Vereinigten Staaten spiele dieser Gesichtspunkt keine zentrale Rolle (vgl. KNOLL 1997, 206).[210] Allerdings wird das Verhältnis zwischen diesen beiden Unterrichtskonzepten unterschiedlich bewertet. Es findet sich eine weitgehende Gleichsetzung, ein Verständnis von Projektunterricht als Sonder- bzw. Hochform des fächerübergreifenden Unterrichts, aber auch eine klare Abgrenzung.

Eine synonyme Verwendung der Termini und damit eine *Gleichsetzung der Konzepte* wird von HUBER konstatiert. In der Bildungspolitik und der Pädagogik werde häufig „Projektunterricht mit fächerübergreifendem Unterricht in eins gesetzt oder umgekehrt“ (HUBER 1999, 31). Auch KLAFKI weist auf fehlende begriffliche und praktische Differenzierungen hin (vgl. 1998a, 45). DETHLEFS ist der Ansicht, der fächerübergreifende Ansatz werde „fast immer im Zusammenhang mit Projektunterricht genannt“ (1995, 4). Dass sich mit fächerübergreifendem Lernen oft die Vorstellung von Projektunterricht verbindet, der sich auf realitätsnahe, authentische und für Lernende bedeutungsvolle Probleme bezieht, wird von BAUMERT betont (vgl. 1998, 220).

Projektunterricht wird auch als *Sonder- oder Hochform* des fächerübergreifenden Lehrens und Lernens dargestellt. Dies kann ein Resultat der Charakterisierung des Projektunterrichts durch Kriterien sein, zu denen unter anderem Interdisziplinarität gezählt wird. Bei Projekten gehe es darum, ein Problem bzw. eine Aufgabe in ihrem Kontext und im Schnittpunkt verschiedener Fächer zu sehen. Sowohl die Dominanz einer Fachperspektive als auch das Fehlen fachlicher Hierarchien sind dabei denkbar (vgl. GUDJONS 1991, 25).[211] MOEGLING beschreibt projektorientiertes Lernen als einen methodischen Weg zu einem fächerübergreifenden Unterricht und nimmt dabei explizit auf GUDJONS' Projektmerkmale Bezug (vgl. MOEGLING 1998, 55).

---

[210] KNOLL nimmt einen historischen Vergleich von Projektmethode und fächerübergreifendem Unterricht vor (vgl. 1997).

[211] Neben Interdisziplinarität nennt GUDJONS Situationsbezug, Orientierung an den Interessen der Beteiligten, Selbstorganisation und Selbstverantwortung, gesellschaftliche Praxisrelevanz, zielgerichtete Projektplanung, Produktorientierung, Einbeziehen vieler Sinne, soziales Lernen sowie den Bezug zum Lehrgang als Merkmale des Projektunterrichts (vgl. 1991).

Dass Projekte hohe Ansprüche an die Schülerinnen und Schüler stellen, wird von PETERSEN hervorgehoben, die fächerübergreifenden Wochenthemenunterricht nicht generell mit Projektunterricht gleichsetzt. Insbesondere in der Grundschule würde eine noch nicht ausreichende Beherrschung der Kulturtechniken die selbstständige Beschaffung und Protokollierung von Informationen sowie die Darstellung von Planungsschritten und Ergebnissen erschweren. Man kann jedoch ihrer Meinung nach eine qualifizierte Praktizierung von Projektunterricht anbahnen, indem man dessen wesentliche Elemente kennen lernt (vgl. PETERSEN 1996, 9).

Auch für HUBER sind Projektunterricht und fächerübergreifender Unterricht trotz mancher Überschneidungen nicht identisch. Man könne Projektunterricht auch als „komplexe Steigerungsform des fächerübergreifenden Unterrichts" verstehen (HUBER 1999, 50).

> „Fächerübergreifender Unterricht [...] heißt so, weil in ihm zwei oder mehr Fächer wie auch immer zusammengebracht werden. Das kann und wird oft geschehen, um anders gar nicht bearbeitbare praktische Probleme lösen zu können (wie in Projekten). Aber es ist auch sinnvoll, um komplexe theoretische Fragen zu behandeln [...]. Das kann handlungsorientiert sein, wenn SchülerInnen dabei selbst z.B. wissenschaftlich operieren, aber dennoch im Raum theoretischer Arbeit und in den vier Wänden der Schule bleiben. Nicht jeder fächerübergreifende Unterricht ist projektorientiert; noch ist er nur dann ‚gut', wenn er zu Projekten führt." (HUBER 1999, 50)

KLAFKI rekurriert bei seinen Bemühungen um eine terminologische Klärung auf die Ursprünge des Projektunterrichts in der New-Education-Bewegung und auf die deutsche Reformpädagogik. Kennzeichnend für ein Projekt ist demnach ein Produkt, das im Unterricht entsteht und über die Lerngruppe hinausweist. Er kommt zu dem Schluss, dass Projektunterricht eine anspruchsvolle Variante des fächerübergreifenden Unterrichts sein kann. Weder müsse jedoch fächerübergreifender Unterricht stets zu einem Produkt führen, noch sei Projektunterricht nur fächerübergreifend denkbar (vgl. KLAFKI 1998a, 45f.).

Eine klare *Abgrenzung* der Konzepte nimmt PETERßEN vor, der betont, dass fächerverbindender Unterricht kein Projektunterricht sei, höchstens projektähnliche Form annehmen könne. Als Unterscheidungskriterium wird die Beibehaltung der Fächer im fächerverbindenden Unterricht bzw. ihre Auflösung bei Projekten genannt (vgl. PETERßEN 2000, 81).

Bei WOLTERS findet sich eine Gegenüberstellung der Unterrichtskonzeptionen, die historisch begründet wird.

> „Geschichtlich und didaktisch gesehen waren Projekt- und Fächerübergreifender Unterricht zunächst wenig unterschiedene Realisierungen reformpädagogischer Bildungs- und Erziehungsvorstellungen zu Beginn dieses Jahrhunderts. Erst im Laufe der pädagogischen und bildungspolitischen Diskussion der letzten beiden Jahrzehnte haben sich Projekt- und Fächerübergreifender Unterricht als relativ eigenständige didaktische Großformen mit z.T. unterschiedlichen Bezugspunkten und Charakteristika herausgebildet." (WOLTERS 2000, 92)

Projektunterricht ist, wie WOLTERS meint, offen nach außen, hat die Lebenswelt der Adressatinnen und Adressaten zum Bezugspunkt und die handelnde Lösung von Problemen der Alltagswirklichkeit als Unterrichtsziel. Dabei ist die Mitsprache aller, die am Projekt beteiligt sind, von Bedeutung. Projektunterricht kann sowohl innerhalb als auch außerhalb der Fächer stattfinden. Er soll darüber hinaus anwendungsbezogen, ganzheitlich und exemplarisch sein. Hingegen wird der fächerübergreifende Unterricht als nach innen offen und auf die Wissenschaft im Schnittpunkt der Fächer bezogen gekennzeichnet. Es geht darum, komplexe, mehrperspektivische Phänomene bzw. überfachliche Probleme zusammenschauend zu begreifen und zu reflektieren. Dabei kommt den beteiligten Lehrerinnen und Lehrern die Aufgabe der Koordination und Kooperation zu. Fächerübergreifender Unterricht kann in einzelnen aufeinander abgestimmten Fächern, in spezifischen Fach- oder Personalkonstellationen und in Sonderformen wie Fachtagen oder Projekten organisiert werden. Er ist nach diesem Verständnis themenbezogen, integrierend, synthetisierend und vernetzend (vgl. WOLTERS 2000, 117).[212]

3.9 Gesellschaftlicher Aspekt

Im Rahmen seiner Ausführungen zur kritisch-konstruktiven Didaktik skizziert KLAFKI zwei mögliche Auslegungen des *Verhältnisses von Schule und Gesellschaft*, die auch im Hinblick auf fächerübergreifenden Unterricht von Bedeutung sind. Man könne zum einen „Bildungstheorie und Bildungspraxis als *Funktionen* der gesellschaftlichen Entwicklung" (KLAFKI 1996, 49) betrachten und ihnen als nachgeordneten Instanzen allein die Aufgabe zuschreiben, sich an vorgegebenen Strukturen und Anforderungen zu orientieren. Bildungstheorie und Bildungspraxis könnten aber auch die Möglichkeit und Aufgabe zugesprochen

[212] Aus der ausführlichen Gegenüberstellung von WOLTERS wurden einige zentrale Aspekte ausgewählt. Dass die Merkmale des fächerübergreifenden Unterrichts nicht allgemeiner Konsens sind, wird vor allem an den Ausführungen zu dessen Zielen und Inhalten in Kap. 3.6. und 3.7 deutlich.

bekommen, „auf gesellschaftliche Verhältnisse und Entwicklungen nicht nur zu *re*agieren, sondern sie [...] zu beurteilen und mitzugestalten“ (a.a.O., 50f.), und somit eine wechselseitige Bedingtheit von Schule und Gesellschaft voraussetzen. Als umfassender Begründungs- und Orientierungszusammenhang wird dabei nicht nur die moderne Industriegesellschaft als Risikogesellschaft, sondern darüber hinaus die dialektische Beziehung von personalen Grundrechten „und der Leitvorstellung einer fundamental-demokratisch gestalteten Gesellschaft“ genannt (a.a.O., 51).

Schule wird vor allem in Publikationen, die fächerübergreifenden Unterricht mit Veränderungen in der Gesellschaft begründen,[213] primär als *Funktion der Gesellschaft* verstanden. Im Wesentlichen wird ihr dabei die Aufgabe zugeschrieben, auf den Wandel zu reagieren. Von besonderer Relevanz ist in diesem Zusammenhang die *Qualifikationsfunktion*. Fächerübergreifender Unterricht soll auf die veränderte gesellschaftliche Situation vorbereiten, indem er entsprechende Fähigkeiten und Kenntnisse vermittelt. Zu berücksichtigen sind dabei vor allem Anforderungen der Berufs- und Arbeitswelt, die sich auf Kulturtechniken und Schlüsselqualifikationen, aber auch auf die Persönlichkeitsentwicklung – einschließlich der so genannten Sekundärtugenden – beziehen. Die Chancen und Probleme der modernen Welt, die sowohl fachliche als auch überfachliche Kompetenzen erfordern, sollen ebenfalls beachtet werden (vgl. SCHUSSER/BÖS/PRECHTL 2000; Bildungskommission NRW 1995, 23-33; 42-55).

Die Funktionen der Einübung in die Demokratie und der Enkulturation weisen darauf hin, dass im fächerübergreifenden Unterricht nicht nur gesellschaftliche Aufgaben übernommen, sondern auch *Mitgestaltungskompetenzen* gefördert werden sollen. Allerdings werden diese Funktionen vor allem im Rahmen von umfassenden Schulkonzepten thematisiert, die fächerübergreifendes Lehren und Lernen als ein Element enthalten.

In einigen Reformkonzeptionen wird der Schule eine *Modellfunktion für die Gesellschaft* bzw. die Funktion der *Einübung in die Demokratie* zugeschrieben. HENTIG beispielsweise fordert, dass man in der Schule die wichtigsten Merkmale der Gesellschaft wie die Freiheit der Person, die Pluralität von Meinungen, Lebenszielen und Lebensformen oder die Achtung der Würde des Einzelnen

[213] Vgl. Kap. 3.3.1.

erfahren können müsse. Außerdem wird Schule von ihm als *polis* bezeichnet, als Modell, an dem man die Grundbedingungen des Zusammenlebens und die damit verbundenen Schwierigkeiten lernen könne. Für die Gemeinschaft von Bedeutung sind Kooperation, d.h. die Gewohnheiten und Fähigkeiten gemeinsamen Handelns, Wissenschaft, d.h. die Beherrschung gemeinsamer Erkenntnisformen, und Demokratie, d.h. das Verstehen und Beachten gemeinsamer Handlungsregeln (vgl. HENTIG 1993, 219-226).[214]

> „Die Schule ist ein überschaubares Gemeinwesen. Sie kann die verlorengegangene Erfahrung von der *polis* in sich wiederherstellen. In ihr könnte der junge Mensch konkret erleben, daß und mit welchen Mitteln der einzelne auf das Ganze Einfluß nimmt; er könnte lernen, was Institutionen leisten, wie man Regeln macht und ihre Einhaltung sichert, welchen Schutz sie geben. Er könnte an der Schule den *contrat social* nachvollziehen, den niemand in der Geschichte geschlossen hat und der doch unser friedliches Zusammensein verbürgt. Er erkennt auch, was die gewünschte Ordnung stört, was Macht ist und vermag und vollends organisierte Macht. Die Verwaltung meist uninteressanter Ämter in der machtfreien Domäne einer machtlosen Schülermitverwaltung vermittelt diese Erfahrung nicht.“ (HENTIG 1993, 225)

Die Bildungskommission NRW nimmt implizit auf die Polis-Metapher Bezug, wenn sie von der Schule als demokratischer Schulgemeinde spricht, „die den Schülerinnen und Schülern und den Eltern Dialog-, Beteiligungs- und Entscheidungsmöglichkeiten bietet“ (Bildungskommission NRW 1995, 116).[215] Demokratie und Partizipation werden als sechste Lerndimension angeführt, die verantwortete Entscheidungen und die Beteiligung an der Gestaltung der Realität umfasst. Über das Wissen hinaus zählt die praktische Einübung entsprechender Konfliktlösungs- und Partizipationsverfahren zu den Intentionen. Demokratisches Verhalten soll im schulischen Alltag praktiziert werden (vgl. a.a.O., 111f.).[216]

Außerdem weist die Bildungskommission NRW der Schule die Funktion der *Enkulturation* zu, die sich nicht nur auf die Entwicklung arbeitsmarktrelevanter

---

[214] HENTIG bezieht sich in seinen Ausführungen ausdrücklich auf DEWEY (vgl. HENTIG 1993, 109-111; 219).

[215] Eine kritische Bewertung der Polis-Metapher findet sich bei HÄTTICH 1999.

[216] Im Hinblick auf die Sekundarstufe spricht SANDER von der *Erziehung zur Demokratie als Aufgabe fächerübergreifenden Unterrichts* (1999). Auf falsche Erwartungen in Bezug auf Einflussmöglichkeiten weist die Bildungskommission NRW hin, wenn sie betont, dass der Schule nicht die Hauptverantwortung für gesellschaftliche Erscheinungen zukomme und sie auch nicht die Haupttriebkraft für gesellschaftliche Veränderungen sein könne (vgl. Bildungskommission NRW 1995, 79).

Qualifikationen beschränkt, sondern den kulturellen Gesamtzusammenhang berücksichtigt. „Bildung durch Schule“ (Bildungskommission NRW 1995, 79) wird als wesentliches Element unserer Kultur bezeichnet. Es bestehe eine Wechselbeziehung von Schulkultur und Kultur, die sämtliche Lebens- und Arbeitsbereiche umfasse. „Der Prozeß der individuellen Aneignung von Kultur als Aufgabe schulischer Bildung“ (ebd.) hat die Orientierung in der sich ändernden Welt zum Ziel. Dies umfasst auch eine neue Gewichtung von Teilaufgaben, zu der unter anderem ein Gleichgewicht von fachlichem und überfachlichem Lernen gezählt wird (vgl. a.a.O., 79f.).

Eine *kritische Haltung gegenüber der Gesellschaft* findet sich nicht nur bezüglich schulischer Funktionen. Dass die Überschreitung der Fachgrenzen auch als Gegenbewegung zur gesellschaftlichen Entwicklung verstanden werden kann, wird von MOEGLING betont, der „‚Ganzheitlichkeit‘ als Gegenbegriff zur Atomisierung der Menschen“ (1998, 14) versteht und damit ein ganzheitliches, fächerübergreifendes Vorgehen im Unterricht legitimiert. Die Bezeichnung der Gesellschaft als Risikogesellschaft, die im Hinblick auf fächerübergreifenden Unterricht vor allem für die Schlüsselproblemthematik von Bedeutung ist,[217] impliziert ebenfalls eine kritische Haltung. Es geht darum, Schülerinnen und Schüler für die jeweiligen Problemstellungen zu sensibilisieren und ihnen entsprechende Handlungsmöglichkeiten aufzuzeigen, die letztlich eine Veränderung bzw. Verbesserung zum Ziel haben (vgl. BECK 1986; ROMMEL 1999, 218-221; KLAFKI 1996, 64).

Fächerübergreifender Unterricht kann, diese Ansicht wird in mehreren aktuellen Publikationen vertreten, in der Form von Projekten erteilt werden.[218] Sowohl die Wurzeln in der angloamerikanischen Bewegung der New-Education, insbesondere bei DEWEY,[219] als auch die aktuellen Beiträge zum Projektunterricht verweisen auf dessen Gesellschaftsbezug. GUDJONS beispielsweise zählt gesellschaftliche Praxisrelevanz zu den Projektkriterien.

> „Im Idealfall greifen die Projektbeteiligten in lokale oder regionale Entwicklungen ein, und bisweilen verändern sie ein Stückchen gesellschaftlicher Wirklichkeit. [...] Durch diesen Bezug zu einem ‚Ernstfall‘ – nicht nur zu simulierten Lebenssituationen – wird auch die Entschulung der traditionellen Lernorte

[217] Vgl. Kap. 3.7.2.
[218] Vgl. Kap. 3.8.2.
[219] Vgl. Kap. 2.3.

> möglich: Schulen werden z.B. zu Werkstätten, in denen etwas produziert wird, das konkreten Gebrauchswert hat.“ (GUDJONS 1991, 20)

Es gehe im Projektunterricht nicht nur um die Übernahme, sondern auch um das Schaffen von Wirklichkeit. Gesellschaftliche Praxisrelevanz könne sich zum einen aus der Motivation und zum anderen aus der Intention herleiten, mit den Projektergebnissen oder -produkten in die soziale Umwelt einzugreifen (vgl. ebd.). HÄNSEL weist darauf hin, dass „eine geplante Veränderung von Mensch und Welt, d.h. von Schülern, Lehrern, Schule und Gesellschaft“ Gegenstand des Projektunterrichts ist (1999a, 75). Als Ziel wird „die erziehliche Veränderung von Mensch und Welt“ angeführt (a.a.O., 75f.). Es geht dabei um eine humane Schule und Gesellschaft, die zwar eine Utopie ist, aber dennoch durch das Aufzeigen von Perspektiven handlungsrelevant sein kann (vgl. a.a.O., 76). Wird dieser Anspruch des Projektunterrichts ernst genommen, kann fächerübergreifender Unterricht in Form von Projekten nicht ausschließlich als Funktion der Gesellschaft verstanden werden, sondern nur als Möglichkeit, gesellschaftliche Verhältnisse mitzugestalten.

HILLER-KETTERER und HILLER bringen durch ihre Fragen an den fächerübergreifenden Unterricht ebenfalls eine kritische Haltung gegenüber der Gesellschaft zum Ausdruck. Man muss ihrer Meinung nach darlegen, wie der Unterricht auf aktuelle kulturelle und gesellschaftliche Verhältnisse Bezug nimmt und inwieweit er es Lehrenden und Lernenden ermöglicht, ihr Ausgeliefertsein an diese Verhältnisse zu erkennen und so zu ihren eigenen Interessen und Bedürfnissen eine distanzierte Haltung zu entwickeln. Weiterhin soll gefragt werden, ob der Unterricht zu einer kritischen Auseinandersetzung mit Fundamentalismen führt und einen kritischen Umgang mit Differenzen anbahnt. Der Beitrag, den das fächerübergreifende Lehren und Lernen dazu leistet, eine Aufopferung der Gegenwart zu verhindern und stattdessen eine Vergegenwärtigung der Beteiligten zu begünstigen, ist ebenfalls zu verdeutlichen (vgl. HILLER-KETTERER/HILLER 1997, 192f.). Abschließend ist aufzuzeigen, ob der Unterricht die „Ausbildung einer zeitgemäßen Bescheidenheit bei allen Beteiligten“ fördert und damit die Befreiung des Einzelnen von einer „Kultivierung seiner Individualität und Originalität um jeden Preis“ (a.a.O., 193).

3.10 Kritische Einschätzung

In der aktuellen Schulreformdiskussion wird, wie die systematische Aufarbeitung der Publikationen zum fächerübergreifenden Unterricht dokumentiert, eine Vielzahl unterschiedlicher Vorschläge zum interdisziplinären Lehren und Lernen gemacht. Diese sollen im Rahmen der kritischen Einschätzung nicht alle aufgegriffen und einzeln diskutiert werden, weshalb eine Konzentration auf grundsätzliche Beobachtungen erfolgt.

Die zahlreichen Unterrichtsbeispiele, die zum fächerübergreifenden Unterricht vorliegen, aber auch die theoretisch reflektierten Handlungsorientierungen verdeutlichen die *Praxisrelevanz* dieser Reformkonzeption. Theoretiker versuchen ebenso wie Praktiker, durch Interdisziplinarität Schule zu verändern bzw. zu verbessern. Allerdings scheint der Begriff gegenwärtig teilweise als *Schlagwort* verwendet zu werden, das auch ohne konzeptionelle Grundlegung die Modernität des Unterrichts gewährleisten soll.[220] Dies ist unter anderem auf die Legitimation des fächerübergreifenden Unterrichts durch die Kritik am Fachunterricht zurückzuführen.[221] Die konstruktive Entwicklung einer Konzeption primär aus der Kritik und damit aus einer negativen Abgrenzung heraus ist jedoch im Allgemeinen problematisch. Die Auflösung der traditionellen Fachstruktur allein begründet noch keine pädagogisch und didaktisch stimmige Schulreform.

Die systematische Darstellung der unterschiedlichen Ansätze hebt die *Bandbreite der Vorschläge* hervor, die mit dem Begriff *fächerübergreifender Unterricht* verbunden wird. Beispielsweise zeigen die zahlreichen Intentionen – es werden allein zwanzig unterschiedliche Schlüsselqualifikationen genannt, die im fächerübergreifenden Unterricht entwickelt werden sollen,[222] – die großen Erwartungen, die mit diesem Ansatz verbunden werden. Interdisziplinäres Lehren und Lernen soll, werden alle Aspekte zusammen betrachtet, zu einer umfassenden Veränderung des Unterrichts beitragen. Daraus folgt jedoch eine fehlende Konturierung bzw. eine gewisse Unschärfe des Konzeptes.

Überdies ist festzustellen, *dass sich die unterschiedlichen Vorschläge* nicht nur ergänzen, sondern gelegentlich *auch widersprechen.* So wird zum Beispiel

[220] Vgl. Kap. 3.1.
[221] Vgl. Kap. 3.3.5.
[222] Vgl. Kap. 3.6.

zwischen den Prinzipien der Schüler- und der Fachorientierung, wie die Ausführungen zum inhaltlichen Aspekt zeigen, in manchen Publikationen ein Gegensatz wahrgenommen. Fächerübergreifendes Lehren und Lernen soll nach dieser Auffassung dazu beitragen, alle Nachteile auszugleichen, die mit den traditionellen Schulfächern verbunden werden, und begründet somit eine andere Sichtweise von Unterricht. Teilweise werden die beiden unterschiedlichen Prinzipien jedoch auch aufeinander bezogen oder als Spannungsfeld dargestellt, in das fächerübergreifender Unterricht einzuordnen ist.[223] Im Hinblick auf die Kategorie der Ganzheit oder Ganzheitlichkeit finden sich mit einer unkritischen Bezugnahme, mit der Entwicklung einer Konzeption, die auch Schwierigkeiten thematisiert, und mit der Empfehlung, vollständig darauf zu verzichten, ebenfalls unterschiedliche Positionen.[224]

Die systematische Darstellung der aktuellen Ansätze zeigt folglich, dass sich hinter dem Begriff *fächerübergreifender Unterricht* unterschiedliche Auffassungen verbergen. Es gibt nicht *die* Theorie bzw. *das* Konzept des interdisziplinären Lehrens und Lernens. Dies verweist auf die Notwendigkeit, grundlegende Unterschiede und damit grundlegende Vorstellungen von fächerübergreifendem Unterricht zu eruieren.[225]

---

[223] Vgl. Kap. 3.7.1.
[224] Vgl. Kap. 3.3.3.
[225] Vgl. Kap. 4.1.

4 Auswertung

Bisher wurden mit dem Gesamtunterricht OTTOs und des Leipziger Lehrervereins, der Erziehungskonzeption DEWEYs, dem Mehrperspektivischen Unterricht der CIEL-Arbeitsgruppe und neueren Publikationen unterschiedliche interdisziplinäre Ansätze systematisch erfasst. Anhand dieser Darstellung soll nun die der Untersuchung zu Grunde liegende Frage nach dem *spezifischen Beitrag der fächerübergreifenden Konzepte zur pädagogischen Schulentwicklung als Aspekt der aktuellen Schulreformdiskussion* beantwortet werden. Hierzu werden zunächst Konvergenzen und Divergenzen innerhalb der aktuellen Beiträge und damit grundlegende Vorstellungen von fächerübergreifendem Unterricht aufgezeigt. In einem zweiten Schritt erfolgt die Diskussion zentraler Merkmale, die die historischen und die aktuellen Konzepte zum fächerübergreifenden Lehren und Lernen charakterisieren. Abschließend werden Bezüge zur Didaktik des fächerübergreifenden Gegenstandsbereichs Sachunterricht eruiert.

4.1 Unterschiedliche Vorstellungen von fächerübergreifendem Unterricht

Die Auswertung beschäftigt sich zunächst mit der Frage, welche *Konvergenzen und Divergenzen* sich *innerhalb der aktuellen Konzepte zum fächerübergreifenden Unterricht* feststellen lassen. Schon die systematische Darstellung verdeutlicht, dass mit der Bezeichnung fächerübergreifender Unterricht in der gegenwärtigen Diskussion kein einheitliches Konzept verbunden wird. Es kann nun nicht darum gehen, Divergenzen, die bereits deutlich wurden, im Detail zu wiederholen. Vielmehr sollen prinzipielle Unterschiede und die ihnen zu Grunde liegenden Vorstellungen von fächerübergreifendem Unterricht aufgezeigt werden.

Ein Teil der Publikationen konzentriert sich auf die *Auswahl und Anordnung von Unterrichtsinhalten* und damit zusammenhängende Faktoren. Geht man von der primären Aufgabe der Schulfächer aus, Wissen zu strukturieren, dann ermöglicht fächerübergreifender Unterricht durch die Überschreitung der Fachgrenzen in erster Linie andere Strukturierungen und damit die Erschließung anderer Inhalte. Insbesondere DUNCKER erörtert die Thematik der Interdisziplinarität aus dieser Perspektive. Er sieht im fächerübergreifenden Lehren und

Lernen eine Chance, einerseits neue Themen zu behandeln, die wegen ihrer Komplexität im traditionellen Fachunterricht keinen Platz finden, und andererseits auf einer Metaebene Kriterien für die Ordnung von Wissen zu erörtern. Die Schulfächer selbst, ihre scheinbare Selbstverständlichkeit und ihre Gliederung der Wirklichkeit werden so zum Unterrichtsgegenstand (vgl. DUNCKER 1997).[226]

Andere Ansätze gehen ebenfalls von der Möglichkeit der Thematisierung komplexer Inhalte im fächerübergreifenden Unterricht aus. Dieser bietet beispielsweise Raum für die Behandlung nicht fachgebundener Themen und Fragen aus dem Erfahrungsbereich der Schülerinnen und Schüler.[227] Auch vielschichtige gesellschaftliche Problemstellungen, die sich nicht einem einzelnen Schulfach zuordnen lassen, sollen dort zur Sprache kommen und aus unterschiedlichen Perspektiven dargestellt werden.[228] Aus der Wahl eines komplexen fächerübergreifenden Themas lassen sich jedoch nicht automatisch bestimmte Ziele oder Methoden ableiten. Zum Beispiel führt ein gesellschaftliches Problem wie die Umweltfrage nicht zwangsläufig zu offeneren, handlungsorientierten Unterrichtsformen, sondern kann auch mit der Intention, primär Sachwissen zu vermitteln, frontal unterrichtet werden. Trotz des Implikationszusammenhangs zwischen allen unterrichtlich relevanten Faktoren ist eine eindeutige Deduktion einzelner Entscheidungen aus einer vorgegebenen Größe nicht möglich. Jede Entscheidung ist in den didaktischen Kontext einzuordnen und explizit zu begründen.

Neben Ansätzen, die von der Inhaltsfrage ausgehen, finden sich in der aktuellen Diskussion auch Publikationen, die *fächerübergreifenden Unterricht als umfassendes Reformkonzept* verstehen. Als Anhaltspunkt dafür können die zahlreichen Intentionen gelten, die sich keineswegs nur auf Themen beziehen. Insbesondere die große Anzahl an Schlüsselqualifikationen zeigt, dass eine vielseitige Entwicklung der Persönlichkeit angestrebt wird bzw. möglich sein soll.[229]

Beispielsweise bringen Konzepte, die sich in ihrer Begründung auf die Kategorie der Ganzheit bzw. Ganzheitlichkeit beziehen, fächerübergreifenden Unterricht häufig mit Schlagworten wie Lernen mit Kopf, Herz und Hand, Lernen mit

---

[226] Vgl. Kap. 3.7.1 und 3.8.1.
[227] Vgl. Kap. 3.7.1 und 4.2.1.
[228] Vgl. Kap. 3.7.2 und 4.2.2.
[229] Vgl. Kap. 3.6 und 4.2.2.1.

allen Sinnen oder Lernen in Zusammenhängen in Verbindung.[230] Die Überschreitung der Fachgrenzen soll dies und damit im Allgemeinen eine umfassende Veränderung bzw. Verbesserung des traditionellen Fachunterrichts ermöglichen. Durch diese Verbindung werden über die Frage der Strukturierung des schulischen Lehrens und Lernens hinaus weitere Aspekte der Unterrichtsgestaltung in das Konzept des fächerübergreifenden Unterrichts mit einbezogen, wobei diese Integration zum Teil nicht explizit begründet wird. Ganzheitlichkeit wird so zum konstitutiven Merkmal von Interdisziplinarität.

Auch die Gleichsetzung von Projektunterricht und fächerübergreifendem Unterricht, die von einigen Autorinnen und Autoren vorgenommen wird,[231] lässt diesen als umfassendes Reformkonzept erscheinen. Darauf verweisen Kennzeichen des Projektunterrichts wie Selbstorganisation und Selbstverantwortung, Produktorientierung, Einbeziehung vieler Sinne und soziales Lernen, die sich nicht nur auf die Inhaltsfrage beziehen (vgl. GUDJONS 1991). Werden die Bezeichnungen Projektunterricht und fächerübergreifender Unterricht als Synonyme verwendet, führen fehlende begriffliche Differenzierungen zu einer Charakterisierung des fächerübergreifenden Unterrichts durch Projektmerkmale und damit zu einer Ausweitung des Konzeptes. Es ergeben sich Konsequenzen für die Unterrichtsgestaltung, die in keinem direkten Zusammenhang mit der Überschreitung von Fachgrenzen stehen. Exemplarisch kann dies an Hand der Argumentation von DETHLEFS verdeutlicht werden, die den fächerübergreifenden Ansatz „fast immer im Zusammenhang mit Projektunterricht" sieht (1995, 5). Schülerorientierung wird von ihr als ein Aspekt des fächerübergreifenden Unterrichts benannt und unter anderem aus dem GUDJONS'schen Projektmerkmal der Selbstorganisation und Selbstverantwortung abgeleitet (vgl. ebd.).

Die systematische Analyse der aktuellen Beiträge zum fächerübergreifenden Lehren und Lernen lässt folglich zwei grundsätzliche Positionen erkennen: *ein enges Verständnis von fächerübergreifendem Unterricht, das primär die Inhaltsfrage fokussiert und diese in ihrer Relation zu anderen unterrichtlich relevanten Faktoren thematisiert*, und *ein weites Verständnis, das fächerübergreifenden Unterricht als umfassendes Reformkonzept begreift*. Die zwei Grundvorstellungen sind mit Unterschieden in der Reichweite verbunden.

[230] Vgl. Kap. 3.3.3.
[231] Vgl. Kap. 3.8.2.

Daraus wiederum resultieren Unterschiede hinsichtlich des spezifischen Beitrags zur pädagogischen Schulentwicklung.

Fächerübergreifender Unterricht in einem engen Sinn nimmt Bezug auf Schulfächer und deren Aufgabe, Wissen zu strukturieren. Daraus ergibt sich seine primäre Funktion, neue Formen der Gliederung von Inhalten zu ermöglichen und zu thematisieren. Diese sind zwar im Zusammenhang mit anderen unterrichtlichen Faktoren und darüber hinaus auch mit schulorganisatorischen Regelungen zu sehen. Das Konzept des fächerübergreifenden Unterrichts bietet jedoch nach dieser Vorstellung keine Gesamtorientierung unterrichtlichen Handelns, sondern ist auf Ergänzung angewiesen. Es bezieht sich mit der Inhaltsfrage auf *einen* Aspekt von Schule bzw. von Schulreform und zeigt hier spezifische Veränderungsmöglichkeiten auf.

Fächerübergreifender Unterricht in einem weiten Sinn hingegen bezieht sich auf das gesamte didaktische Feld. In Schulreformdiskussionen wird ihm nach dieser Auffassung die Aufgabe zugeschrieben, Unterricht umfassend zu verändern oder verbessern, was mit überzogenen Erwartungen hinsichtlich der Leistung dieses Konzeptes verbunden sein kann.

Das große Spektrum an Zielen und Vorschlägen zur methodischen Gestaltung resultiert unter anderem daraus, dass fächerübergreifender Unterricht als Gegenbegriff zum traditionellen Fachunterricht verstanden wird, der gerade in der aktuellen Reformdebatte starker Kritik ausgesetzt ist. Fächerübergreifendes Lehren und Lernen wird zum Teil auch von dieser Kritik her begründet.[232] Interdisziplinarität soll dann alles das gewährleisten, was im Fachunterricht nicht erreicht werden kann, oder plakativ formuliert: Wenn Fachunterricht kopflastig, lehrerzentriert und von der Lebenssituation losgelöst ist, dann muss fächerübergreifender Unterricht, so die Schlussfolgerung, das Gegenteil sein, d.h. ganzheitlich, schülerzentriert und an der Lebenswirklichkeit orientiert.

Diese Argumentation übersieht jedoch, dass weder mit Fachunterricht noch mit fächerübergreifendem Unterricht automatisch bestimmte Intentionen, Methoden oder Prinzipien verbunden werden können. Es geht nun nicht darum, solche Zusammenhänge prinzipiell in Frage zu stellen, sondern auf die Notwendigkeit ihrer Begründung hinzuweisen. Bezogen auf das Prinzip der Schülerorientierung

---

[232] Vgl. Kap. 3.3.5.

besagt dies beispielsweise: Fächerübergreifender Unterricht kann schülerorientiert sein – und dies kann auch begründet werden –, ist es aber nicht per se.[233]

Werden unterschiedliche Konzepte wie fächerübergreifender Unterricht und Projektunterricht nicht deutlich voneinander abgegrenzt, ergeben sich daraus ebenfalls Unklarheiten. Unschärfen bei der Definition und der Kennzeichnung durch bestimmte Eigenschaften führen zu einer diffusen Verwendung der Begriffe, wobei allerdings in der Erziehungswissenschaft auch keineswegs ein Konsens darüber besteht, was unter Projekten bzw. Projektunterricht zu verstehen ist. Eine eindeutige didaktische Bestimmung der Konzepte verhindert ihre unkritische Gleichsetzung und zeigt, worin ihre eigentlichen Stärken liegen. Dass sich dennoch Überschneidungen in einigen Bereichen ergeben können, wird dadurch nicht ausgeschlossen. Fächerübergreifender Unterricht kann in Form von Projekten erteilt werden, muss aber nicht. Projekte wiederum können interdisziplinär angelegt sein, aber auch in einem Fach realisiert werden.

4.2 Historische und aktuelle Konzepte zum fächerübergreifenden Unterricht im Vergleich

Unterrichtskonzepte stellen im Allgemeinen eine Reaktion auf gesellschaftliche und schulische Bedingungen dar, nehmen Bezug auf aktuelle Probleme und versuchen konkrete Orientierung für unterrichtspraktisches Handeln zu bieten (vgl. JANK/MEYER 1994, 290f.). Die Konzeptionen zum interdisziplinären Lehren und Lernen sollen im Rahmen der vorliegenden Untersuchung jedoch nicht nur als Aspekt der gegenwärtigen schulpädagogischen Diskussion, sondern auch im Kontext der historischen Entwicklung betrachtet werden. Dabei konzentriert sich die Auswertung auf *zentrale Merkmale, die die Konzepte zum fächerübergreifenden Unterricht charakterisieren*:

In den unterschiedlichen Ansätzen werden die Interessen und die Lebenswelt der Schülerinnen und Schüler in einem besonderen Maße berücksichtigt. Die Überschreitung oder Aussetzung von Fachgrenzen soll eine Behandlung entsprechender Themen und eine stärkere Beteiligung der Lernenden an der Unterrichtsgestaltung ermöglichen. Weiterhin ist ein Rekurs auf gesellschaftliche Entwicklungen zu verzeichnen, der sich in Anforderungen bezüglich der zu

[233] Zum Prinzip der Schülerorientierung vgl. Kap. 4.2.1.1.

vermittelnden Fähigkeiten und in der Auswahl von Themen widerspiegelt. Fächerübergreifendes Lehren und Lernen wird als adäquate Antwort auf veränderte gesellschaftliche Rahmenbedingungen bzw. auf gesellschaftliche Erfordernisse gesehen. Interdisziplinarität kann außerdem eine Reaktion auf die zunehmende Ausdifferenzierung des Wissens darstellen, die beispielsweise in einer verstärkten Spezialisierung zum Ausdruck kommt. Sowohl inhaltliche Verbindungen zwischen unterschiedlichen Themen und Fächern als auch die Einbindung in einen größeren Gesamtkontext sollen dieser Entwicklung entgegenwirken.

Ein diachroner Vergleich soll darlegen, *ob sich im Hinblick auf diese Merkmale implizit oder explizit Bezüge zwischen den historischen und den aktuellen Konzepten zum fächerübergreifenden Unterricht aufzeigen lassen.* Für eine Einordnung der unterschiedlichen Positionen werden auch Theorien der Erziehungswissenschaft, der Psychologie und der Soziologie herangezogen. Auf der Grundlage des Vergleichs wird dann der *spezifische Beitrag des fächerübergreifenden Unterrichts zur pädagogischen Schulentwicklung* eruiert.

4.2.1 Fächerübergreifender Unterricht als Möglichkeit, die Lernenden und ihr Umfeld zu berücksichtigen

Mit fächerübergreifendem Unterricht wird in zahlreichen Konzepten – häufig auch in Abgrenzung zum traditionellen Fachunterricht – die Erwartung verknüpft, die Schülerinnen und Schüler mit ihren Voraussetzungen und Bedürfnissen stärker integrieren zu können. Die Prinzipien der Schülerorientierung, Lebensweltorientierung und Gegenwartsorientierung, die miteinander zusammenhängen, aber jeweils eigene Schwerpunkte setzen, werden sowohl in den historischen als auch in den aktuellen Ansätzen berücksichtigt. Trotz einer weit reichenden Übereinstimmung hinsichtlich der Bedeutung dieser Prinzipien werden inhaltliche Divergenzen deutlich. Im Folgenden werden die unterschiedlichen Auffassungen von Schülerorientierung, Lebensweltorientierung und Gegenwartsorientierung dargestellt.

4.2.1.1 Schülerorientierung

Die untersuchten Konzepte zum fächerübergreifenden Lehren und Lernen berücksichtigen alle die spezifische Situation der Lernenden, jedoch mit eigenen Akzentuierungen. Während OTTO als überzeugter Vertreter einer Pädagogik vom Kinde aus eine stark idealisierte Kindheitsvorstellung hat, die seine anthropologische Grundhaltung und davon ausgehend seine Vorstellung von Unterricht prägt,[234] kann schon beim ebenfalls der Reformpädagogik zuzuordnenden Leipziger Lehrerverein eine Abkehr von dieser Überhöhung festgestellt werden. Die schwierigen Ausgangsbedingungen in den Leipziger Volksschulen lassen eine romantische Sicht des Kindes in dieser einseitigen Form nicht aufkommen. Zugleich scheint mit der Orientierung an der Entwicklung, die als legitimatorische Kategorie alle Aspekte des Gesamtunterrichts des LLV beeinflusst, eine empirische Fundierung der Konzeption gegeben zu sein.[235] DEWEY und die CIEL-Gruppe wenden sich ebenfalls gegen eine radikale, romantisierende Schülerorientierung, ohne dabei die Lernenden aus dem Blick zu verlieren.[236] Eine solche Haltung spiegelt sich auch in den aktuellen Beiträgen zum fächerübergreifenden Unterricht wider, die zwar die Situation der Schülerinnen und Schüler und die daraus resultierenden Anforderungen an Schule und Unterricht berücksichtigen, aber nicht idealisieren.

Dass eine *romantische Sicht auf das Kind* und damit eine bestimmte Art der Schülerorientierung in den Konzeptionen des LLV und DEWEYs sowie in einigen aktuellen Beiträgen zum fächerübergreifenden Unterricht dennoch implizit enthalten ist, wenn auch nicht in der OTTO'schen Ausprägung, lässt sich an Hand der Untersuchungen ULLRICHs nachweisen (vgl. ULLRICH 1991; 1999). Dieser zeigt unter anderem, dass kinderpsychologische und reformpädagogische Vorstellungen von einer ursprünglichen kindlichen Natur und einer natürlichen Entwicklung romantisch geprägt sind. Beispielsweise repräsentieren Kinder für ein eher kulturkritisches Geschichtsverständnis eine unverlierbare mythische „Stufe der menschlichen Geistigkeit in einer entzauberten, tendenziell sinnentleerten Welt" (ULLRICH 1991, 93). Außerdem ist die Historizität der Kindheit relevant, die nach ULLRICH nicht in erster Linie biologisch vorgegeben, sondern vor allem geschichtlich gestaltet ist. Dies bedeutet, dass das Kind erst zum Kinde geworden ist und auch die Auffassung von seiner Natur sich gewandelt hat (vgl. a.a.O., 97-100). An der amerikanischen Entwicklungspsychologie kann der Einfluss des geschichtlichen und soziokulturellen Kontextes exemplarisch veranschaulicht werden:

---

[234] Vgl. Kap. 2.1.4.
[235] Vgl. Kap. 2.2.1, 2.2.3 und 2.2.4.
[236] Vgl. Kap. 2.3.1, 2.3.5, 2.4.4 und 2.4.9.

> „Die Kinderpsychologie ist – wie das Kind selbst – eine kulturelle Erfindung (‚cultural invention'), die von den Grundtendenzen des kulturellen Wandels ausgelöst worden ist. So hatte die amerikanische Kinderpsychologie bei ihrer Geburt unter anderen die folgenden Taufpaten: das aufklärerische Erziehungsdenken mit seiner optimistischen Ausrichtung auf Vervollkommnung, das romantische Bild des Kindes als ursprünglicher Natur, die evolutionär-darwinistische Einstellung zum Kind als natürlichem Museum der menschlichen Phylogenese [...] und die sentimentale Beziehung zum Kind in der durch Mutterliebe und häusliche Intimität geprägten urbanen bürgerlichen Kleinfamilie" (ULLRICH 1991, 99).

Auch wenn der Ansatz des LLV keine idealisierte Vorstellung von Kindheit enthält, finden sich in ihm implizit auf Grund seiner Legitimation durch die Kategorie der Entwicklung und durch entwicklungspsychologische Erkenntnisse romantische Elemente. Insbesondere der Rekurs auf ROUSSEAU, PESTALOZZI, GOETHE, FRÖBEL, DARWIN und NIETZSCHE sowie der damit verbundene Hinweis auf die Notwendigkeit, die Erziehung an die natürliche Entwicklung anzupassen, sind in diesem Zusammenhang zu nennen (vgl. RÖßGER 1921a, 17). ROUSSEAU hat mit seiner Beschreibung des Kindes als des nicht entarteten, natürlichen Menschen viel zu dem romantischen Blick auf das Kind beigetragen. Die kindliche Daseinsweise wird von ihm nicht als Vorstufe, sondern als Grundlage bzw. als „Inbegriff des natürlichen, glücklichen Lebens" verstanden (ULLRICH 1999, 110; im Original hervorgehoben).[237] FRÖBEL hat, wie ULLRICH betont, „in seinen Schriften die *umfassendste Konzeption der romantischen Pädagogik* entfaltet" (a.a.O., 239).[238] Der LLV verbindet Entwicklungsgemäßheit mit Kindgemäßheit und damit eine bestimmte, auch von romantischen Vorstellungen geprägte Form der Schülerorientierung.[239]

Dass die Erziehungstheorie DEWEYS, obwohl er keine radikale Position der *child-centeredness* vertritt, ebenfalls von einem romantischen Blick auf das Kind gekennzeichnet ist, versucht ULLRICH an Hand einiger Beispiele zu belegen: Unreife werde von DEWEY als positive Wachstumskraft beschrieben; die ursprüngliche Bildsamkeit zeige sich im Kind; das Kind sei dem eher eingeschränkten und erstarrten Wachstum des Erwachsenen auf Grund „seiner Selbsttätigkeit, (Antriebs-)Fülle, Anteilnahme und Offenheit für Neues" (ULLRICH 1991, 109) in gewissem Maße überlegen; da Leben und Wachstum

---

[237] Vgl. ausführlich ULLRICH 1999, 107-114. Zum Einfluss ROUSSEAUs auf GOETHE und zu dessen Kindheitsverständnis vgl. a.a.O., 136-142.
[238] Vgl. ausführlich ULLRICH 1999, 238-258.
[239] Vgl. Kap. 2.2.3.

identisch seien und das Kind über spezielle Wachstumskräfte verfüge, sei es „näher am ‚Lebensgrund' als der Erwachsene" (a.a.O., 110).[240]

In den aktuellen Konzepten zum fächerübergreifenden Unterricht wird lern-, motivations- und kognitionspsychologischen Befunden eine größere Bedeutung beigemessen als den Kategorien Entwicklung und Wachstum.[241] Dennoch kann auch hier zumindest ansatzweise eine von romantischen Kindheitsvorstellungen geprägte Schülerorientierung vorgefunden werden.

> „Der romantische Blick des Erziehers sucht beim Kind die ursprüngliche Ganzheit, Fülle und Intensität eines noch nicht gesellschaftlich entfremdeten Lebens; dies impliziert seit je die Kritik an den bürokratisch-funktionalen Organisationsformen der modernen Erziehung." (ULLRICH 1991, 91)

Fächerübergreifender Unterricht wird unter anderem durch den Rekurs auf Ganzheit bzw. Ganzheitlichkeit legitimiert, worin sich die von ULLRICH beschriebene Sehnsucht widerspiegeln kann. So weist beispielsweise MOEGLING darauf hin, dass Ganzheitlichkeit als erziehungswissenschaftlicher Gegenbegriff zur gesellschaftlich bedingten Atomisierung des Menschen verwendet werden kann (vgl. 1998, 14). Die Schülerinnen und Schüler sollen nicht nur mit ihren kognitiven Funktionen, sondern in ihrer Ganzheit im Unterricht berücksichtigt werden. PESTALOZZIs Trias von Kopf, Herz und Hand, die als Charakteristikum eines ganzheitlichen Unterrichts gesehen wird, gilt in den aktuellen Konzepten – ebenso wie beim LLV (vgl. VOGEL 1910, 10) – als Legitimation für Interdisziplinarität.[242] Die teilweise mit der Forderung nach einer verstärkten Schülerorientierung verbundene Begründung durch die Kritik am Fachunterricht, d.h. an einer schulischen Organisationsform, kann ebenfalls eine romantische Sicht andeuten.[243] Hierbei wird zunächst nicht das Kind ins Zentrum der Überlegungen gerückt. Indem jedoch ein ganzheitlicher und somit schülerorientierter Unterricht zum Ausgleich gesellschaftlicher oder organisatorischer Bedingungen

---

[240] ULLRICH verweist in diesem Zusammenhang auch auf eine Einschätzung BORSTELMANS. DEWEYs Begriff des Kindes sei „more romantic and primitivist than it was post-Darwinian. The child is at once natural and divine, a merger of post-Darwinian naturalism with the Romantic heritage. The natural pattern of the child's needs and instincts become an imperative that is profane for educators to violate" (BORSTELMAN, L.J. (1983): Children before Psychology: Ideas about children form antiquity to the late 1800s: In: MUSSEN, P.H. (Ed.): Handbook of Child Psychology. New York, 32; zit. nach ULLRICH 1991, 110).

[241] Vgl. Kap. 3.3.4.

[242] Vgl. Kap. 2.2.3 und Kap. 3.3.3. Zum Rekurs auf PESTALOZZI vgl. KAHLERT 1997, 109-111.

[243] Vgl. Kap. 3.3.5.

gefordert wird, soll vom Kinde her eine Veränderung in Gang gesetzt werden. Darin kann sich implizit eine Hoffnung auf das „Kind als charismatische[s] Leitbild für den Erwachsenen“ widerspiegeln (ULLRICH 1991, 95), die zu den Charakteristika der romantischen Kindheitsvorstellung zählt (vgl. a.a.O., 91-97).

Im MPU der CIEL-Arbeitsgruppe kommt wegen der Konzentration auf die konkrete Alltagswirklichkeit eine andere Kindheitsvorstellung zum Ausdruck. Ziel ist, die Ausgrenzung der Kinder von der Partizipation an der gesellschaftlichen Wirklichkeit zu verhindern. Dies ist, wie GIEL ausdrücklich betont, im Gegensatz zu romantischen Sehnsüchten nach einer heilen und ursprünglichen Welt und damit verbundenen Auffassungen vom Wesen der Kindheit zu sehen (vgl. 1974a, 47).[244] Die Konzeption des MPU ist durch eine *emanzipatorische Form der Schülerorientierung* gekennzeichnet.

Dass die Konzeption DEWEYs nicht nur, wie von ULLRICH aufgezeigt (vgl. 1991, 109f.), eine romantische, sondern auch eine emanzipatorische Schülerorientierung aufweist, wird an der für sie konstitutiven gesellschaftlichen Perspektive deutlich: Schule wird als Modell für Demokratie gesehen; Erziehung soll die Schülerinnen und Schüler zum demokratischen Handeln und damit zur gesellschaftlichen Partizipation befähigen.[245]

In den neueren Publikationen finden sich ebenfalls emanzipatorische Ansätze. HILLER-KETTERER und HILLER behalten den Anspruch des MPU, den sie mit entwickelt haben, in der aktuellen Diskussion zum fächerübergreifenden Unterricht bei (vgl. 1997, 183-185).[246] Konzepte, die Schülerinnen und Schüler zu einer aktiven Auseinandersetzung mit gesellschaftlichen Problemstellungen befähigen wollen,[247] sind in diesem Zusammenhang ebenso zu nennen wie solche, die eine Förderung der Selbstständigkeit intendieren. GÖTZ beispielsweise, die Kinderfragen zum Ausgangspunkt des fächerübergreifenden Unterrichts macht, bezieht sich in ihren Überlegungen auf OTTO, jedoch ohne dessen volksorganische Begründung und romantische Sicht auf das Kind zu übernehmen. Im Gegensatz zu OTTO, der die Lernenden neben den Methoden auch Ziele und Inhalte bestimmen lässt, kennzeichnet das Prinzip der Schülerorientierung bei ihr schwerpunktmäßig die methodische Gestaltung des Unterrichts. Auf das

[244] Vgl. Kap. 2.4.4, 2.4.6 und 2.4.9.
[245] Vgl. Kap. 2.3.2, 2.3.6 und 2.3.9.
[246] Vgl. Kap. 3.6 und 3.9.
[247] Vgl. Kap. 3.7.2.

Sammeln der in der Regel Fachgrenzen überschreitenden Fragen zu einem vorgegebenen Thema folgen das selbstständige Recherchieren und Berichten durch die Schülerinnen und Schüler (vgl. GÖTZ 1997; 1998).[248]

Zusammenfassend kann festgestellt werden, dass sich im Hinblick auf das Prinzip der Schülerorientierung Bezüge zwischen den historischen und den aktuellen Konzepten zum fächerübergreifenden Unterricht aufzeigen lassen. Eine romantische Form der Schülerorientierung findet sich explizit bei OTTO und implizit beim LLV, in der Wachstumsvorstellung DEWEYs sowie in aktuellen Ansätzen, die sich auf die Kategorie der Ganzheit beziehen oder Schülerorientierung als Ausgleich für gesellschaftliche und schulorganisatorische Bedingungen verstehen. Eine emanzipatorische Form der Schülerorientierung kennzeichnet den MPU, die gesellschaftliche Perspektive DEWEYs sowie aktuelle Ansätze, die gesellschaftliche Problemstellungen thematisieren oder Selbstständigkeit fördern wollen. Allerdings rekurrieren die Autorinnen und Autoren der aktuellen Beiträge in ihrer Begründung der Schülerorientierung nicht ausdrücklich auf die historischen Konzepte.

4.2.1.2 Lebensweltorientierung

Zwischen den Prinzipien der Schüler- und der Lebensweltorientierung besteht ein enger Zusammenhang. Mit der Lebens- bzw. Alltagswirklichkeit werden zugleich auch die spezifische Situation, die Interessen und die Bedürfnisse der Schülerinnen und Schüler im Unterricht berücksichtigt. Auf den ersten Blick scheint die Orientierung an der Lebenswelt ein gemeinsames Charakteristikum der historischen und der aktuellen Konzepte zum fächerübergreifenden Lehren und Lernen zu sein. In allen Ansätzen finden sich Hinweise auf die Notwendigkeit, Inhalte mit Bezug zur kindlichen Lebenswelt zu wählen. Eine genauere Betrachtung lässt jedoch grundsätzliche Unterschiede schon bei den historischen Konzepten erkennen. Bei OTTO kann nur indirekt von Lebensweltorientierung gesprochen werden, da er auf Grund der Legitimation durch das volksorganische Denken für den Gesamtunterricht keine Inhalte vorgibt, sondern ihre Auswahl den Schülerinnen und Schülern überlässt. Diese beziehen sich jedoch mit ihren Fragen größtenteils auf ihre eigene Lebenswelt.[249] Der LLV, DEWEY und die

---

[248] Vgl. Kap. 3.8.1.
[249] Vgl. Kap. 2.1.3 und 2.1.7.

CIEL-Gruppe heben zwar explizit die Bedeutung der Lebenswirklichkeit für die Unterrichtsgestaltung hervor, setzen dabei aber jeweils eigene Akzente.

Bei der Konzeption des LLV handelt es sich um einen Gesamtunterricht heimatkundlicher Prägung, der Inhalte aus der Heimat und damit aus dem konkreten Lebensumfeld der Lernenden aufgreift. Dies schließt aktuelle Erlebnisse der Schülerinnen und Schüler mit ein. Intendiert wird, Vorstellungen durch eine anschauliche Erarbeitung zu klären, zu ordnen und zu entwickeln und darüber hinaus Zusammenhänge aufzuzeigen. Das Üben formaler Fähigkeiten soll gemäß dem Prinzip der Konzentration um eine Sacheinheit so weit wie möglich in den fächerübergreifenden Gesamtunterricht integriert werden.[250]

Die Orientierung an der Lebenswelt kennzeichnet beim LLV vor allem intentionale und inhaltliche Entscheidungen. Hingegen ist sie für DEWEYs gesamte Konzeption wegen der Gleichsetzung von Mensch-Sein und In-der-Welt-Sein grundlegend. Der Mensch wird von DEWEY – auch auf Grund seiner Kritik an Dualismen – stets in allen seinen Bezügen zu seiner Lebenswelt wahrgenommen. Die Gesamtheit dieser Beziehungen, sowohl das aktive Tun als auch das passive Erleiden, wird als Erfahrung definiert, die als legitimierende Kategorie folglich per se das Prinzip der Lebensweltorientierung enthält. Über die Thematisierung lebensweltspezifischer Inhalte hinaus, wie sie für den LLV charakteristisch ist, wird die Wechselwirkung zwischen Subjekt und Objekt und damit zwischen Lernenden und Unterrichtsgegenständen beachtet. Weil Erziehung als „Rekonstruktion und Reorganisation der Erfahrung“ bestimmt wird (DEWEY 2000, 108) und mit dem Erfahrungsbegriff ebenfalls auf die Beziehung des Menschen zu seiner Umgebung rekurriert, ist auch für sie die Orientierung an der Lebenswelt konstitutiv. DEWEY geht im Unterricht von der Erfahrung der Schülerinnen und Schüler aus, die sich jedoch weiterentwickeln und dadurch einer objektiven Form annähern soll. Damit sind Erfahrung und Fächer, bzw. Lebenswelt und Wissenschaft zwei aufeinander bezogene Endpunkte eines Kontinuums.[251]

Die CIEL-Forschungsgruppe berücksichtigt das Prinzip der Lebensweltorientierung in der legitimierenden Kategorie der Alltagswirklichkeit und stellt damit wiederum einen anderen Aspekt ins Zentrum ihrer Überlegungen.

---

[250] Vgl. Kap. 2.2.2 und 2.2.7.
[251] Vgl. Kap. 2.3.3 und 2.3.7.

Alltagswirklichkeit umfasst nicht wie bei DEWEY die gesamte materiale und soziale Welt, sondern primär die gesellschaftliche, von Menschen gestaltete und folglich auch veränderbare Umgebung. Der Mensch ist Teil dieser Wirklichkeit und hat über seine Handlungen Anteil an ihr. Aufgabe der Schule ist es, die Handlungsfähigkeit der Schülerinnen und Schüler zu fördern. Diese sollen mittels einer mehrperspektivischen Rekonstruktion über die Alltagswirklichkeit aufgeklärt und zur gesellschaftlichen Partizipation befähigt werden.[252]

Die aktuellen Konzepte zum fächerübergreifenden Lehren und Lernen greifen das Prinzip der Lebensweltorientierung ebenfalls auf. Sie werden unter anderem durch die Kritik am traditionellen Fachunterricht legitimiert, wobei dessen Loslösung von der konkreten, in der Regel nicht an Fachgrenzen gebundenen Lebenspraxis ein zentrales Argument darstellt. Insbesondere bei der Auswahl von Themen soll die Verbindung zur Lebenswelt der Schülerinnen und Schüler berücksichtigt werden, um so deren Distanz zum Unterricht zu reduzieren.[253]

Will man nicht bei einer *kindertümlichen Abbildung der Lebenswelt* stehen bleiben, ist ein reflektierter und kritischer Umgang mit den entsprechenden Inhalten von Bedeutung. Sonst wird implizit das Prinzip der Konzentration um eine Sacheinheit übernommen, das den heimatkundlichen Gesamtunterricht des LLV charakterisiert. Lebensweltliche Themen werden dann unter Einbeziehung verschiedener Fächer erarbeitet. Eine Integration von Mathematik und Deutsch erfolgt dabei häufig über Übungen, die durch ihre „Verpackung“ den Bezug zur Lebenswirklichkeit gewährleisten sollen. Zu den Grundrechenarten und zu vielen grammatikalischen und orthografischen Themen lassen sich so Aufgaben finden, die auf den ersten Blick eine Überschreitung der Fachgrenzen zu ermöglichen scheinen. Ausmalblätter, Domino-, Memory- und Quartett-Spiele etc. können letztlich zu jedem beliebigen Thema entworfen bzw. durch entsprechende grafische Gestaltung daran angepasst werden. Exemplarisch soll hier auf ein Rechen-Mal-Blatt zur Übung der Addition und Subtraktion im Zahlenraum bis zehn in Gestalt eines Pferdes verwiesen werden, das im Rahmen des fächerübergreifenden Wochenthemas Pferd einzusetzen ist (vgl. PETERSEN 1996, 27). Eine solche Übung wird jedoch weder der mathematischen Aufgabenstruktur noch dem eigentlichen fächerübergreifenden Thema gerecht – das Rechen-Mal-

---

[252] Vgl. Kap. 2.4.3, 2.4.4, 2.4.6, 2.4.7 und 2.4.8.
[253] Vgl. Kap. 3.3.5, 3.6 und 3.7.1.

Blatt trägt nichts zu einem Erkenntnisgewinn über Pferde bei.[254] Außerdem sind diese konstruierten Zusammenhänge und damit der scheinbare Lebensweltbezug für Schülerinnen und Schüler teilweise nur schwer nachvollziehbar.

In den aktuellen Konzepten zum fächerübergreifenden Unterricht lassen sich jedoch auch Hinweise darauf finden, wie Interdisziplinarität eine *reflektierte Orientierung an der Lebenswelt* ermöglichen kann. Deren Notwendigkeit wird von MOEGLING hervorgehoben, der die Vermittlung lebensweltlicher Kompetenz zu den Intentionen fächerübergreifenden Lehrens und Lernens zählt.

> „Wie läßt sich [...] Schule so öffnen, daß Unterricht in die Lebenswelt der Schüler hineinführt, die Lebenswelt zu einem sinnlich erfahrbaren Erlebnis macht, ohne darüber die kritische Reflexionstätigkeit zu vernachlässigen? Wie kann unmittelbar Erlebtes, abstrakt Gedachtes und gesellschaftlich Beobachtetes zu einem Kompetenzgewinn führen, der die subjektiven Erfahrungen der SchülerInnen einbezieht und dennoch über eine lebensweltliche Provinzialität hinausgeht? Wie kann hierbei auch die Natur zum Thema werden, ohne sich in einer mythischen Überhöhung des Natürlichen zu verlieren?“ (MOEGLING 1998, 48)

Ein kritischer Umgang mit der Lebens- bzw. Alltagswirklichkeit und damit zugleich mit dem Prinzip der Lebensweltorientierung wird von HILLER-KETTERER und HILLER intendiert. Vor dem Hintergrund des MPU geben sie in der aktuellen Schulreformdiskussion Impulse für interdisziplinäres Lehren und Lernen. Fächerübergreifender Unterricht soll nicht der Abbildung, sondern „der ‚Entselbstverständlichung' und ‚Enträtselung' von Ausschnitten der Alltagswirklichkeit“, dem „Aufbau von Handlungsfähigkeit“ sowie „deren Erprobung in begrenzten Aktionen“ dienen (HILLER-KETTERER/HILLER 1997, 183; im Original hervorgehoben).[255]

Wie eine reflektierte Orientierung an der Lebenswelt konkret erfolgen kann, zeigt beispielsweise die Einteilung der Unterrichtsgegenstände an der Laborschule Bielefeld. Ausgehend vom Lebensraum wird hier über Erfahrungsbereiche allmählich die Fachstruktur entwickelt.[256] Dass in diese Gliederung auch die pragmatistische Auffassung von Erfahrung mit einfließt, d.h. die wechselseitige Beziehung von Mensch und Lebenswelt, wird zwar nicht explizit dargelegt, lässt sich jedoch aus der Bedeutung schließen, die DEWEY für HENTIG

---

[254] Zur Kritik solcher „Verpackungen“ aus mathematikdidaktischer Perspektive vgl. WITTMANN/MÜLLER 1990, 152-166.

[255] Vgl. Kap. 3.6.

[256] Vgl. Kap. 3.7.1.

und dessen Vorstellung von Schule und damit auch für die Laborschule hat.[257] Die Gestaltung der Schule als Erfahrungsraum wird ausdrücklich auf DEWEY zurückgeführt (vgl. HENTIG 1993, 110). Man müsse „soviel Belehrung wie möglich durch Erfahrung [...] ersetzen" oder zumindest ergänzen (a.a.O., 226).

Das Spannungsverhältnis von Erfahrung und Fach oder Lebenswelt und Wissenschaft, das ebenfalls schon DEWEY beschrieben hat, wird in den aktuellen Publikationen von KAHLERT und WOLTERS thematisiert. Indem sie fächerübergreifenden Unterricht zwischen diesen Extremen verorten, vermeiden sie sowohl eine einseitige Schüler- und Lebensweltorientierung als auch eine einseitige Wissenschaftsorientierung. Der Lebensweltbezug wird als notwendige, nicht jedoch als hinreichende Voraussetzung für die Gestaltung von Unterricht dargestellt. Durch den Gegenpol der Wissenschaftsorientierung kann einer alleinigen Abbildung der Lebenswelt vorgebeugt werden.[258]

Demzufolge rekurrieren die aktuellen Ansätze zum fächerübergreifenden Unterricht im Hinblick auf das Prinzip der Lebensweltorientierung in unterschiedlicher Weise auf die historischen Konzepte. Die Integration von Übungsaufgaben durch eine lebensweltbezogene „Verpackung" ähnelt der für den LLV typischen Konzentration um eine Sacheinheit, die sich im Allgemeinen auf eine Abbildung der Alltagswirklichkeit beschränkt. Daneben finden sich Beispiele für eine reflektierte Orientierung an der Lebenswelt, die einerseits DEWEYs Erfahrungsbegriff einschließlich des Spannungsverhältnisses von Erfahrung und Schulfach und andererseits die kritische Sicht des MPU aufnehmen. Bei HENTIG ist eine Bezugnahme auf DEWEY festzustellen. HILLER-KETTERER und HILLER beziehen die Prinzipien des MPU auf die aktuelle Diskussion zum fächerübergreifenden Lehren und Lernen.

4.2.1.3 Gegenwartsorientierung

Die Forderung, die Gegenwart der Kinder nicht einer ungewissen Zukunft aufzuopfern, ist für reformpädagogisch geprägte Schul- und Unterrichtskonzepte charakteristisch. OTTO, der LLV und DEWEY stellen übereinstimmend fest – dies zeigen die jeweiligen Ausführungen zum gesellschaftlichen Aspekt –, dass

---

[257] HENTIG war von 1974 bis 1987 wissenschaftlicher Leiter sowohl der Laborschule als auch des Oberstufenkollegs in Bielefeld und als solcher maßgeblich an deren Aufbau beteiligt.
[258] Vgl. Kap. 3.7.1.

Schule sich primär an der Gegenwart der Schülerinnen und Schüler orientieren soll. Die Bedürfnisse der Kinder und nicht die künftigen Erfordernisse der Gesellschaft sollen, wie OTTO und der LLV betonen, bei der Gestaltung des Unterrichts im Vordergrund stehen.[259] Darüber hinaus spricht OTTO der Kindheit, die für ihn nicht nur als Vorstufe zum Erwachsensein gilt, einen eigenen Wert zu.[260] DEWEY kritisiert nicht grundsätzlich die Vorbereitung auf die Zukunft, sondern die einseitige Konzentration auf diese Funktion, d.h. eine überwiegend utilitaristische oder propädeutische Aufgabenauffassung.[261]

Auch die CIEL-Arbeitsgruppe, die das Konzept des MPU in den siebziger Jahren des zwanzigsten Jahrhunderts entwickelt hat, bezieht sich auf das Prinzip der Gegenwartsorientierung. Indem sie sich ausdrücklich von der während der Bildungsreform schon für die Grundschule geforderten Wissenschaftsorientierung abgrenzt, die primär auf die Zukunft der Lernenden ausgerichtet ist, hat sie die Möglichkeit, trotz ihrer Kritik an einem kindertümlichen Heimatkundeunterricht, auf die Relevanz der Gegenwartsorientierung zu verweisen. Sie verdeutlicht, dass dieser Grundsatz nicht mit einer Idealisierung oder Romantisierung der Kindheit einhergehen muss, die häufig reformpädagogische Konzeptionen kennzeichnet.[262] Von ihr werden sowohl das Recht auf eine erfüllte Kindheit als auch die Möglichkeit, als Kind an der Gesellschaft zu partizipieren, thematisiert.[263]

HILLER-KETTERER und HILLER erhalten mit ihrer Frage, welchen Beitrag der fächerübergreifende Unterricht dazu leisten kann, eine Aufopferung der Gegenwart zu verhindern und eine Vergegenwärtigung zu begünstigen, den Anspruch des MPU auch in der aktuellen Reformdiskussion aufrecht.[264] Im Rahmen der lern- und entwicklungspsychologischen Begründungen findet sich der Hinweis auf ein Motivationsdefizit, das der Verzicht auf Gegenwartserfüllung mit sich bringen kann.[265] Außerdem wird mit den Prinzipien der Schüler- und der Lebensweltorientierung, auf die mit unterschiedlichen Akzentuierungen in den aktuellen Publikationen rekurriert wird, stets auch die Gegenwart der Lernenden

---

[259] Vgl. Kap. 2.1.9 und 2.2.9.
[260] Vgl. Kap. 2.1.4.
[261] Vgl. Kap. 2.3.9.
[262] Vgl. Kap. 4.2.1.1.
[263] Vgl. Kap. 2.4.1, 2.4.2, 2.4.4 und 2.4.9.
[264] Vgl. Kap. 3.9.
[265] Vgl. Kap. 3.3.4.

berücksichtigt.[266] Im Unterschied zu den historischen Konzepten wird jedoch der Orientierung an der Gegenwart eine geringere Bedeutung beigemessen.[267]

In den aktuellen Konzeptionen zum fächerübergreifenden Unterricht überwiegt die *Ausrichtung auf die Zukunft*. Darauf weist insbesondere die in zahlreichen Publikationen erhobene Forderung von Pädagogen, aber auch von Vertretern der Wirtschaft hin, in der Schule Schlüsselqualifikationen zu vermitteln, die im Hinblick auf die spätere Berufstätigkeit Flexibilität garantieren sollen. Die Lernenden sollen durch die Vermittlung von nicht fach- oder themengebundenen Qualifikationen dazu befähigt werden, sich auf verändernde Arbeitsbedingungen einzustellen. Interdisziplinarität scheint dies in einem besonderen Maß zu ermöglichen.[268] Auch die Thematisierung gesellschaftlich relevanter Problemstellungen, die in der Regel nicht einem einzigen Schulfach zuzuordnen sind, soll letztlich dazu beitragen, den Schülerinnen und Schülern die Kompetenzen zu vermitteln, die sie für einen verantwortlichen Umgang mit diesen Fragen in Zukunft benötigen werden.[269]

Fächerübergreifender Unterricht wird zum Teil als Antwort auf eine veränderte Kindheit gefordert. Dabei stehen jedoch weniger deren Eigenwert oder der Gedanke der Erfüllung, d.h. das Prinzip der Gegenwartsorientierung, im Vordergrund als die problematischen Bedingungen, die kompensiert werden sollen. So spricht PETERSEN nach einer Beschreibung der veränderten pädagogischen Ausgangslage[270] von „neuen sozialpädagogischen Aufgaben" (1996, 7), auf die ihrer Meinung nach im fächerübergreifenden und projektorientierten Unterricht angemessen reagiert werden kann.

Während also der Focus in den historischen Konzepten zum fächerübergreifenden Lehren und Lernen in erster Linie auf die Gegenwart gerichtet ist, sind die aktuellen Publikationen stärker an der Zukunft der Kinder orientiert, obwohl sie, wie bereits gezeigt, im Allgemeinen die Prinzipien der Schüler- und Lebensweltorientierung berücksichtigen. Dies ist unter anderem ein Resultat der

---

[266] Vgl. Kap. 4.2.1.1 und 4.2.1.2.

[267] Umfassende Schulreformkonzepte wie die Schule als Lebens- und Erfahrungsraum, die fächerübergreifenden Unterricht als einen Aspekt enthalten, zeichnen sich zum Teil durch eine Orientierung an der Gegenwart der Schülerinnen und Schüler aus. Diese wird jedoch nicht aus der Interdisziplinarität abgleitet oder darauf bezogen.

[268] Vgl. Kap. 3.3.1 und 3.6.

[269] Vgl. Kap. 3.7.2.

[270] Vgl. Kap. 3.3.1.

Legitimation durch die veränderte gesellschaftliche Situation. Die Schülerinnen und Schüler sollen durch fächerübergreifenden Unterricht auf diese Veränderungen vorbereitet werden und entsprechende Kompetenzen erwerben. Außerdem bietet das interdisziplinäre Lehren und Lernen die Möglichkeit, problematische Bedingungen zu kompensieren. Dieser Zusammenhang verweist auf die Relevanz einer Auseinandersetzung mit dem Gesellschaftsbezug des fächerübergreifenden Unterrichts.

4.2.2 Fächerübergreifender Unterricht als Reaktion auf gesellschaftliche Anforderungen und Problemstellungen

Ein Charakteristikum zahlreicher aktueller Publikationen zum fächerübergreifenden Unterricht ist der *Rekurs auf gesellschaftliche Rahmenbedingungen*. Sie nehmen sowohl direkt als auch indirekt auf die aktuelle Lage Bezug. Zum einen wird interdisziplinäres Lehren und Lernen auf Grund der veränderten gesellschaftlichen Situation, die differenziert beschrieben wird, gefordert und durch diese legitimiert.[271] Zum anderen werden mit dem Bildungs- und dem Ganzheitsbegriff andere Begründungsansätze in den gesellschaftlichen Kontext eingeordnet. Fächerübergreifender Unterricht gilt in diesem Zusammenhang als Konsequenz eines zeitgemäßen Bildungsverständnisses bzw. als ganzheitliche Reaktion auf die gesellschaftliche Entwicklung.[272]

Auch bei der Legitimation der historischen Konzepte finden sich – dies zeigt die systematische Darstellung – Hinweise auf die gesellschaftliche Bedingtheit des Unterrichts. OTTO begründet die Notwendigkeit eines fächerübergreifenden Gesamtunterrichts unter anderem damit, in einem Zeitalter zu leben, das durch Trennung und folglich durch eine Isolierung der einzelnen Wissensgebiete gekennzeichnet ist.[273] Der Gesamtunterricht des LLV ist Ergebnis einer Auseinandersetzung mit den konkreten gesellschaftlichen und schulischen Rahmenbedingungen der Leipziger Volksschulen. In seiner Begründung wird neben der zentralen Kategorie der Entwicklung die Berücksichtigung des gesellschaftlichen und kulturellen Umfelds angeführt.[274] Von DEWEY werden ebenfalls Reformvorschläge aus den Rahmenbedingungen entwickelt, wobei die

---

[271] Vgl. Kap. 3.3.1.
[272] Vgl. Kap. 3.3.2 und 3.3.3.
[273] Vgl. Kap. 2.1.3.
[274] Vgl. Kap. 2.2.3.

Legitimation seiner Konzeption im Wesentlichen philosophischer Art ist.[275] Die CIEL-Arbeitsgruppe schließlich verweist bei der Begründung des MPU auf die Notwendigkeit, neben dem Binnen- auch den Außenaspekt, d.h. das Verhältnis von Schule und Gesellschaft, zu berücksichtigen.[276]

Der *Gesellschaftsbezug eines Reformkonzeptes* kann sowohl deskriptiver als auch präskriptiver Art sein, d.h. sich sowohl auf eine Beschreibung der gesellschaftlichen Situation und die daraus folgenden Anforderungen konzentrieren als auch eigene Vorstellungen von einer veränderten bzw. verbesserten Gesellschaft aufweisen. Vor allem die Konzeptionen von DEWEY und der CIEL-Gruppe enthalten präskriptive Elemente. Die demokratische Gesellschaft ist für DEWEY eine Idealform des menschlichen Zusammenlebens, die sein gesamtes pädagogisches Denken prägt und für die er letztlich seine ateleologische Grundhaltung aufgibt. Die Schülerinnen und Schüler sollen zum demokratischen Handeln befähigt werden, wobei der Schule als *embryonic society*, in der für die Demokratie wichtige Haltungen und Fähigkeiten modellhaft eingeübt werden können, eine besondere Bedeutung beigemessen wird.[277] Wenn die CIEL-Arbeitsgruppe von der Humanisierung der Verhältnisse spricht, geht sie ebenfalls von einer zu verändernden Gesellschaft aus, ohne jedoch konkrete Zielvorstellungen dieses Prozesses zu beschreiben. Daher hat ihre Argumentation im Vergleich zu DEWEY eher formalen Charakter.[278]

Dass Schule nicht nur eine Funktion der Gesellschaft ist und auf gesellschaftliche Entwicklungen zu reagieren hat, sondern auch gestaltend Einfluss nehmen kann, wird in der aktuellen Diskussion insbesondere von umfassenden didaktischen Modellen oder Schulreformkonzepten betont, die fächerübergreifenden Unterricht als ein Element enthalten, beispielsweise von KLAFKI, HENTIG oder der Bildungskommission NRW. Wenn Schule dabei als Modell der Gesellschaft beschrieben wird, das zur Einübung gesellschaftlich relevanter Verhaltensweisen und Haltungen einen wichtigen Beitrag leisten soll, werden explizit – bei HENTIG – oder implizit – bei der Bildungskommission NRW – DEWEYs Vorstellungen von einer *embryonic society* aufgegriffen und auf die aktuelle

---

[275] Vgl. Kap. 2.2.3.
[276] Vgl. Kap. 2.4.3.
[277] Vgl. Kap. 2.3.6 und 2.3.9. In Kap. 2.3.9 wird unter anderem auch die deskriptive und präskriptive Verwendung des Gesellschaftsbegriffs bei DEWEY dargestellt.
[278] Vgl. Kap. 2.4.9.

Situation bezogen. Außerdem übernehmen HILLER-KETTERER und HILLER in ihren neueren Publikationen zum fächerübergreifenden Unterricht den kritischen Anspruch des MPU.[279]

Ansonsten überwiegt in den aktuellen Beiträgen eine Beschreibung der gesellschaftlichen Voraussetzungen, als deren Konsequenz Interdisziplinarität gefordert wird. Dies kann zum einen Ausdruck eines engen Verständnisses von fächerübergreifendem Lehren und Lernen sein, das seinen Schwerpunkt bei der Strukturierung von Unterrichtsinhalten setzt und daher den Gesellschaftsbezug nur am Rande thematisiert. Zum anderen kann damit, vor allem wenn fächerübergreifender Unterricht als umfassendes Reformkonzept verstanden wird, eine Vorstellung von Schule verbunden sein, die ihr in ihrem Verhältnis zur Gesellschaft primär die Rolle des Reagierens zuweist.

Der Gesellschaftsbezug der aktuellen Konzepte zum fächerübergreifenden Lehren und Lernen konkretisiert sich vor allem in *Zielvorstellungen* und *inhaltlichen Entscheidungen*. Einerseits sollen Schlüsselqualifikationen vermittelt und andererseits Schlüsselprobleme erarbeitet werden. Weil zwischen diesen beiden Forderungen ein Zusammenhang möglich, aber nicht zwangsläufig gegeben ist, werden sie im Rahmen der Auswertung getrennt thematisiert. Schlüsselqualifikationen können nicht nur in der Auseinandersetzung mit Schlüsselproblemen, sondern auch mit anderen Inhalten erworben werden. Ebenso werden in einem Schlüsselproblemunterricht über die Entwicklung von Schlüsselqualifikationen hinaus andere Intentionen verfolgt.

Im Folgenden wird aufgezeigt, inwieweit sich hinsichtlich dieser Forderungen Bezüge zu den historischen Konzepten ergeben. Für eine Bewertung der einzelnen Positionen werden erziehungswissenschaftliche, psychologische und soziologische Theorien herangezogen. Außerdem werden Auswirkungen auf die der Schule zugeschriebenen Funktionen festgestellt.

4.2.2.1 Gesellschaftlich relevante Qualifikationen

Die Forderung, gesellschaftlich relevante Qualifikationen zu vermitteln, findet sich sowohl in den aktuellen Ansätzen zum fächerübergreifenden Unterricht als auch beim LLV. Nach einer zusammenfassenden Darstellung dieser Positionen wird eine kritische Einschätzung aus der Perspektive der Psychologie und der

---

[279] Vgl. Kap. 3.2 und 3.9.

Erziehungswissenschaft vorgenommen. Diese verweist auf die Notwendigkeit, formale Intentionen nicht losgelöst von Inhalten zu betrachten. Wie dies im fächerübergreifenden Unterricht umgesetzt werden kann, wird abschließend durch Beispiele aus den aktuellen und den historischen Konzepten verdeutlicht.

Die systematische Darstellung zeigt, dass die Intention, *Schlüsselqualifikationen* zu entwickeln, die formaler Art sind und flexibel eingesetzt werden können, einen Schwerpunkt der aktuellen Ansätze zum fächerübergreifenden Unterricht bildet. Die Vermittlung von Schlüsselqualifikationen ist insbesondere im Hinblick auf die sich schnell verändernde Arbeitswelt von Bedeutung und wird nicht nur von Erziehungswissenschaftlern, sondern auch von Vertretern der Wirtschaft gefordert. Weil diese Fähigkeiten nicht fachspezifisch sind, können sie nach Ansicht mehrerer Autorinnen und Autoren im fächerübergreifenden Unterricht besser als im Fachunterricht gefördert werden. Für wichtig befunden werden Qualifikationen wie Argumentationsfähigkeit, Eigenverantwortung, Empathie, Entscheidungskompetenz, Fantasie, Flexibilität, Kommunikationsfähigkeit, Kooperationsfähigkeit, Kreativität, Kritikfähigkeit, Lernkompetenz, Methodenkompetenz, Planungskompetenz, Problemerkenntnisfähigkeit, Reflexionsfähigkeit, Selbstständigkeit, Sozialkompetenz, Teamfähigkeit, Transferfähigkeit und vernetztes Denken.[280]

Die Notwendigkeit einer Vorbereitung auf die Berufstätigkeit, die die formalen Aspekte von Bildung in den Vordergrund stellt, wird in der Gesamtunterrichtskonzeption des LLV ebenfalls hervorgehoben. Insbesondere in *Arbeitsgemeinschaften* soll durch das gemeinschaftliche Tun eine entsprechende Qualifizierung erfolgen, wobei auch soziale und kommunikative Kompetenzen Berücksichtigung finden. Neben der Vorbereitung auf die menschliche Kulturarbeit führt der LLV die Erziehung zu „hingebender Pflichterfüllung im Dienste der Gesamtheit“ als Intention an (ERLER 1921, 8). Die Arbeitsgemeinschaften sind somit als Element der staatsbürgerlichen Erziehung zu sehen.[281] Auf die Konzeption des LLV wird jedoch in den aktuellen Publikationen zum fächerübergreifenden Unterricht nicht explizit Bezug genommen.

Hinter der Intention, bereichsunspezifische und damit formale Fähigkeiten zu vermitteln, ist kein einheitliches, allgemeindidaktisch oder psychologisch

---

[280] Vgl. 3.6.
[281] Vgl. Kap. 2.2.5, 2.2.6 und 2.2.9.

begründetes Konzept zu erkennen, das in der Schule umgesetzt werden kann. WEINERT betont, dass der theoretische Hintergrund der Schlüsselqualifikationskonzeption nur unzureichend geklärt ist:

> „Zum Thema ‚Schlüsselqualifikationen' sind begriffliche Präzisierungen, argumentative Differenzierungen, empirische Befunde oder gar theoretische Modelle nicht erkennbar. Dafür gibt es in der bildungspolitischen, berufspädagogischen und fachdidaktischen Diskussion immer neue Spekulationen über das, was man sich unter Schlüsselqualifikationen vorzustellen habe, warum sie notwendig und wozu sie gut sind, wie sie (vielleicht) erworben und (hoffentlich) vermittelt werden können." (WEINERT 1998, 23)

Diese Einschätzung verdeutlicht die Notwendigkeit einer *kritischen Auseinandersetzung*, wie sie in der Psychologie und der Erziehungswissenschaft geführt wird:

Im Rahmen der PISA-Studie wurden mit Problemlösekompetenzen, selbstreguliertem Lernen und sozialen Kompetenzen auch fächerübergreifende Fähigkeiten bzw. Schlüsselqualifikationen untersucht. KLIEME, ARTELT und STANAT (2001) sowie BAUMERT u.a. (2001) weisen darauf hin, wie komplex die Forschungsdesigns zur Untersuchung solcher Qualifikationen sind, und nehmen zugleich auf bereits vorliegende Forschungsergebnisse Bezug. KLIEME, ARTELT und STANAT kommen zu dem Schluss, dass die mit Schlüsselqualifikationen verbundenen konzeptionellen, diagnostischen und auch pädagogischen Fragen keineswegs gelöst seien. Bei der Suche nach Möglichkeiten des Kompetenztransfers sowie der schulischen Förderung sei Zurückhaltung angezeigt. In unserer Kultur habe die Schule großen Einfluss auf die Entwicklung von allgemeinen Kompetenzen. Es sei jedoch schwierig, konkrete Rahmenbedingungen oder Maßnahmen mit einer direkten und expliziten Wirkung auf solche Kompetenzen zu nennen. „Einfache Botschaften – etwa, dass fächerübergreifende Kompetenzen am besten durch fächerübergreifende Projektarbeit zu fördern seien – entbehren jeder empirischen Basis" (KLIEME/ARTELT/STANAT 2001, 218).

Auf der Grundlage psychologischer Forschungsergebnisse werden von WEINERT Schlussfolgerungen für die pädagogische Praxis gezogen, die zu einer Konkretisierung und wissenschaftlichen Fundierung des Schlüsselqualifikationskonzeptes beitragen sollen.[282] Er führt unter anderem aus, dass der Mensch als von Natur aus epistemisches Wesen beschrieben werde, das sowohl beim Erwerb als auch bei der Nutzung von Wissen Metawissen generiere. Dies sei

---

[282] Zu den einzelnen Forschungsergebnisse vgl. ausführlich WEINERT 1998.

jedoch für eine Gewährleistung des Erwerbs differenzierter Schlüsselqualifikationen nicht ausreichend. Dazu bedürfe es einer gezielten, systematischen Förderung. Diese müsse sich als „langfristiger, kumulativer Prozeß subjektiver Erfahrungsgewinnung und daraus abgeleiteter, zugleich angeleiteter Erfahrungsvergewisserung vollziehen" (WEINERT 1998, 41). Bei der inhaltlichen Vermittlung von Wissen und dem darauf bezogenen Aufbau metakognitiver Kompetenzen gebe es auch „dekontextuierte Gelegenheiten für systematische Erläuterungen und Übungen metakognitiver Kenntnisse" (ebd.). Aus didaktischer Sicht müsse man folglich zwischen dem Erwerb materialen Wissens und der Vermittlung formaler Schlüsselqualifikationen eine Balance finden, und zwar „auf unterschiedlichen Allgemeinheitsebenen" (ebd.). Explizit wird auf die Notwendigkeit hingewiesen, die Vermittlung von Schlüsselqualifikationen mit dem Erwerb von inhaltlichem Wissen zu verbinden (vgl. a.a.O., 38).

Ein weiterer Aspekt der Schlüsselqualifikationsdiskussion wird von TILLMANN im Rahmen seiner Ausführungen zur Möglichkeit einer ökonomischen Begründung von Projektunterricht angesprochen. Er thematisiert in diesem Zusammenhang die auch im Hinblick auf fächerübergreifenden Unterricht relevante Frage nach der beruflichen Verwertbarkeit von Kompetenzen, die in der Schule erworben werden (vgl. TILLMANN 1997, 152). Nachdem er zunächst Anforderungen an die Schule von Seiten der Pädagogik und der Wirtschaft vergleicht und dabei Übereinstimmungen konstatiert, stellt er kritische Rückfragen. Unter anderem wird aufgezeigt, dass es sich bei Schlüsselqualifikationen „um völlig formale, inhaltliche [sic] beliebig füllbare Kategorien handelt" (a.a.O., 159), die im betrieblichen Kontext in der Regel zu einer Optimierung der Arbeitsergebnisse beitragen sollen. Am Beispiel des Verantwortungsbewusstseins eines Mitarbeiters in einer Druckerei wird die Kritik konkretisiert:

> „[D]er Drucker ist dafür ‚verantwortlich', daß die technische Qualität des Produkts so gut ist, daß es auf dem Markt erfolgreich sein kann. Seine ‚Verantwortung' darf sich nicht auf das Nachdenken über verwerfliche Zwecke, auf die kritische Kontrolle der Arbeitsinhalte beziehen. Vielmehr wird der abhängig Arbeitende auf die Erfüllung der vorgegebenen Zwecke mit dem Appell an die ‚Verantwortung' auch noch moralisch festgelegt wird [sic]. Was wir hier finden, ist also bestenfalls eine ‚halbierte Verantwortlichkeit'. Soll die allgemeinbildende Schule darauf vorbereiten, oder ist es nicht gerade ihre Aufgabe, auch diesen Charakter der Halbierung und dahinter steckende Machtverhältnisse durchschaubar zu machen? Und gehört es nicht seit *Dewey* zum Konzept des Projektunterrichts, daß die Beteiligten auch die Zielsetzungen bestimmen, daß sie für das gesamte Vorhaben die Verantwortung übernehmen?" (TILLMANN 1997. 160)

Die modernen Sekundärtugenden werden, so TILLMANN, auf ökonomische Zwecke bezogen. Darüber hinausgehende Zusammenhänge, beispielsweise ökologische Folgen oder Auswirkungen auf Entwicklungsländer, sind seiner Meinung nach von der Schule zu thematisieren, werden jedoch in den Stellungnahmen von Wirtschaftsvertretern vernachlässigt (vgl. a.a.O., 160f.). Das Schlüsselqualifikationskonzept hat damit keinen genuin kritischen oder emanzipatorischen Ansatz, sondern entspricht eher der Intention des LLV, in Arbeitsgemeinschaften auf die „Pflichterfüllung im Dienste der Gesamtheit" vorzubereiten (ERLER 1921, 8).

Sowohl WEINERTS Schlussfolgerungen als auch TILLMANNS kritische Rückfragen verdeutlichen, dass es wichtig ist, die Vermittlung von *Schlüsselqualifikationen* nicht isoliert, sondern *in ihrer Beziehung zu Unterrichtsinhalten* zu sehen. Das Einüben formaler Fähigkeiten erfolgt in der Auseinandersetzung mit konkreten Themen und das Einsetzen dieser Fähigkeiten bezieht sich auf konkrete Aufgabenstellungen.

Der Zusammenhang von Intentionen und Inhalten wird auch in der allgemeinen Didaktik thematisiert. Von SCHULZ wird unter Rekurs auf HEIMANN hervorgehoben, dass diese Faktoren in einem besonderen Maß aufeinander bezogen sind und nur „zusammen eine vollständige Zielvorstellung ergeben" (SCHULZ 1997, 43). SCHULZ fasst diese Kategorien bei der Weiterentwicklung der lehrtheoretischen Didaktik zusammen und spricht von Unterrichtszielen. Folgende Begründung wird für diesen wechselseitigen Bezug angeführt: „Absichten werden anhand von Gegenstandsbereichen verfolgt, Gegenstände werden erst unter intentionalen Gesichtspunkten zu Themen" (ebd; vgl. a.a.O., 40).

Beispiele für einen Bezug von formalen Qualifikationen auf Unterrichtsinhalte, der einer einseitigen Instrumentalisierung und Funktionalisierung des fächerübergreifenden Unterrichts entgegenwirken kann, finden sich in einigen aktuellen Publikationen. Wenn PETERßEN Handlungsfähigkeit als formales Ziel des fächerverbindenden Unterrichts anführt, rekurriert er damit zwar nicht auf konkrete Inhalte, deutet jedoch den Zusammenhang durch die Komponente der Sachkompetenz an, die neben Sozial-, Methoden- und Moralkompetenz Bestandteil von Handlungsfähigkeit ist (vgl. 2000, 63-69). Die Bildungskommission NRW versteht unter Schlüsselqualifikationen allgemeine Befähigungen, die in unterschiedlichen Inhaltsbereichen Verwendung finden. Sie weist allerdings darauf hin, dass diese Fähigkeiten nicht auf direktem Wege entwickelt werden können, sondern „in Verbindung mit dem Erwerb von intelligentem Wissen aufgebaut werden“ müssen (Bildungskommission NRW 1995, 115). KLAFKI nennt mit Kritikbereitschaft und -fähigkeit, Argumentationsbereitschaft und -fähigkeit, Empathie und vernetztem Denken Qualifikationen, die seiner Meinung nach im Problemunterricht angeeignet werden sollen und stellt damit einen inhaltlichen Bezug zu epochaltypischen Schlüsselproblemen her (vgl. 1996, 63). Darüber hinaus betont er, dass die Vermittlung instrumenteller Fähigkeiten, die nichts über ihre Verwendung aussagen, im Zusammenhang unter anderem mit emanzipatorischen Inhalten erfolgen soll (vgl. a.a.O., 74f.).[283]

Hierbei sind Parallelen zur Konzeption der CIEL-Arbeitsgruppe zu erkennen. Das Team um GIEL und HILLER hat die Zielsetzung, die Handlungsfähigkeit der Lernenden zu entwickeln, die ohne Bezug auf konkrete Themen zunächst eine formale Qualifikation darstellt. Dies soll jedoch in der Auseinandersetzung mit gesellschaftlichen Handlungsfeldern erfolgen, sodass ein Zusammenhang von Intentionen und Inhalten gegeben ist. Handlungsfähigkeit wird im Unterschied zu PETERßEN auf die gesellschaftliche Partizipation bezogen. Der MPU soll demnach dazu beitragen, dass die Schülerinnen und Schüler an der Gesellschaft teilhaben und diese mitgestalten können.[284]

Sowohl in den aktuellen als auch in den historischen Konzepten lassen sich folglich, allerdings ohne direkte Bezugnahme, Beispiele für die Intention der Vermittlung gesellschaftlich relevanter, formaler Fähigkeiten finden. Werden diese Qualifikationen in der Auseinandersetzung mit beliebigen Inhalten entwickelt, besteht die Gefahr einer Instrumentalisierung insbesondere für ökonomische Zwecke. Es finden sich jedoch auch Beispiele für die Berücksichtigung des Bezugs auf konkrete Unterrichtsinhalte. Diese verdeutlichen, wie die kritische Auseinandersetzung mit dem Schlüsselqualifikationskonzept, die in der Erziehungswissenschaft und der Psychologie geführt wird, von Konzepten zum fächerübergreifenden Lehren und Lernen konstruktiv aufgenommen werden kann. Wenn über den allgemeinen Zusammenhang von Intentionen und Inhalten hinaus konkrete Themen genannt werden, wird auf deren gesellschaftliche Bedeutung oder emanzipatorischen Gehalt verwiesen. Dadurch wird ein reflektierter und kritischer Umgang mit den entsprechenden Fähigkeiten ermöglicht.

---

[283] Vgl. Kap. 3.6 und 3.7.2.
[284] Vgl. Kap. 2.4.6 und 2.4.7.

4.2.2.2 Gesellschaftlich relevante Themen

Die Forderung, gesellschaftlich relevante Fragestellungen als Inhalte des fächerübergreifenden Unterrichts zu wählen, findet sich in aktuellen und in historischen Konzepten. Hinsichtlich der konkreten Themen sind jedoch, wie im Folgenden gezeigt wird, Unterschiede festzustellen. Es wird ebenfalls dargestellt, auf welche Entwicklung diese Divergenzen zurückzuführen sind.

Die aktuellen Konzeptionen zum fächerübergreifenden Unterricht empfehlen vor allem die Behandlung so genannter epochaltypischer Schlüsselprobleme wie beispielsweise die Friedensfrage, die Umweltfrage oder gesellschaftlich produzierte Ungleichheit.[285] Im Zusammenhang mit Projekten wird außerdem auf die gesellschaftliche Praxisrelevanz hingewiesen, die unter anderem in der Auswahl entsprechender Themen zum Ausdruck kommt.[286] In den historischen Konzepten werden teilweise andere Schwerpunkte gesetzt. DEWEY wählt Inhalte aus, die für die Erhaltung und Weiterentwicklung der demokratischen Gesellschaft von Bedeutung sind.[287] Im MPU sollen „gesellschaftlich relevante Ausschnitte der Wirklichkeit" aufgegriffen werden (GIEL/HILLER/KRÄMER 1974a, 22), d.h. von Menschen gestaltete und daher auch veränderbare Handlungsfelder, in denen die Handlungsfähigkeit der Schülerinnen und Schüler gefördert werden kann.[288]

Die *inhaltliche Schwerpunktverlagerung* hin zu Schlüsselproblemen hängt mit einer *Entwicklung* zusammen, die BECK im Rahmen seiner Ausführungen zur Risikogesellschaft als reflexive Modernisierung beschreibt. Die einfache Modernisierung der Tradition wird von der reflexiven Modernisierung der Industriegesellschaft unterschieden, bei der sich der Modernisierungsprozess selbst zum Thema bzw. Problem wird (vgl. BECK 1986, 14; 26). Als ein Aspekt der fortgeschrittenen Moderne wird die Verbindung der gesellschaftlichen Produktion von Reichtum mit der gesellschaftlichen Produktion von Risiken angeführt. Dabei werden die Verteilungsprobleme durch die Probleme überlagert, „die aus der Produktion, Definition und Verteilung wissenschaftlich-technisch produzierter Risiken entstehen" (a.a.O., 25).

---

[285] Vgl. Kap. 3.7.2.
[286] Vgl. Kap. 3.8.2 und 3.9.
[287] Vgl. Kap. 2.3.7.
[288] Vgl. Kap. 2.4.7.

> „Die heutigen Risiken und Gefährdungen unterscheiden sich also wesentlich von den äußerlich oft ähnlichen des Mittelalters durch die *Globalität* ihrer Bedrohung (Mensch, Tier, Pflanze) und ihre *modernen* Ursachen. Es sind *Modernisierungs*risiken. Sie sind *pauschales Produkt* der industriellen Fortschrittsmaschinerie und werden *systematisch* mit deren Weiterentwicklung verschärft.“ (BECK 1986, 29)

Unter anderem wird betont, dass die modernen Risiken mit irreversiblen Schädigungen verbunden sind und neue internationale Ungleichheiten produzieren (vgl. a.a.O., 29f.).

Der Soziologe BECK weist darauf hin, dass seine Ausführungen nach den Regeln der empirischen Sozialforschung nicht als repräsentativ gelten können, dass sie jedoch als „ein Stück empirisch orientierter, projektiver Gesellschaftstheorie“ zu verstehen sind (a.a.O., 13; im Original hervorgehoben). Eine empirische Untersuchung der Risiken der Moderne findet sich in der Studie *Zukunftsfähiges Deutschland*, die unter der Beteiligung unterschiedlicher Disziplinen die aktuelle Situation analysiert und Möglichkeiten einer nachhaltigen Entwicklung aufzeigt. Das Konzept der Zukunftsfähigkeit enthält mit seinen Werturteilen eine normative Basis: Kommende Generationen sollen gleiche Lebenschancen und das gleiche Recht auf eine intakte Natur haben. Außerdem soll jeder Mensch innerhalb einer Generation das gleiche Recht auf eine intakte Natur und global zugängliche Ressourcen haben, solange die Umwelt dadurch nicht übernutzt wird (vgl. BUND/Misereor 1997, 24-28). In einem quantitativen Teil werden auf der Grundlage von Indikatoren der Ressourcenverbrauch und die Emissionssituation dargestellt sowie mittel- und langfristige Reduktionsziele ermittelt. In einem qualitativen Teil werden dann Leitbilder für eine zukunftsfähige Entwicklung entworfen und in einer Szenarioanalyse die Auswirkungen unterschiedlicher Handlungsstrategien aufgezeigt, die wiederum mit quantitativen Abschätzungen verbunden sind (vgl. a.a.O., 19-22).

Dass die Problematik der Risikogesellschaft bzw. der Zukunftsfähigkeit verstärkt die *schulpädagogische Diskussion* bestimmt, wird von KLAFKI beobachtet:

> „Seit etwa 10 Jahren zeichnet sich innerhalb der pädagogisch interessierten Öffentlichkeit, in der professionellen schultheoretischen und didaktischen Diskussion und innerhalb der reformorientierten Schulpraxis zunehmend stärker eine bedeutsame Entwicklung ab: Intensiver als je zuvor wird die Auffassung erörtert, die Schule müßte Kinder und Jugendliche dazu anregen und anleiten, im Blick auf ihre gegenwärtige Lebenswirklichkeit und im Vorblick auf die Zukunft die Einsicht in die Bedeutung zentraler, meistens internationaler Probleme der modernen Welt im Übergang vom 20. zum 21. Jahrhundert zu gewinnen und die Bereitschaft

zu entwickeln, für die Auseinandersetzung mit diesen Problemen und für die theoretische und praktische Arbeit an ihrer Lösung Mitverantwortung zu übernehmen. Wo das geschieht, wird die immer noch verbreitete Vorstellung aufgegeben, Schule müsse prinzipielle Distanz zur risikoreichen außerschulischen Realität wahren, müsse jenseits der Unsicherheiten, der Kontroversen, des Streits um ungelöste politische, gesellschaftliche, ökonomische, kulturelle, ethische, religiöse Probleme ihre pädagogische Arbeit verrichten." (KLAFKI 1997, 14)

Wegen des interdisziplinären Charakters der gesellschaftlichen Probleme und Risiken wird insbesondere in Publikationen zum fächerübergreifenden Unterricht auf diese Entwicklung Bezug genommen. Explizit wird dabei auf BECKS Ausführungen zur Risikogesellschaft rekurriert (vgl. beispielsweise ROMMEL 1999, 218; LANDOLT 1999a, 9; POPP 1997, 138; KLAFKI 1996, 64). Zur Studie *Zukunftsfähiges Deutschland* wurde ein eigenes Handbuch für die unterrichtliche Umsetzung herausgegeben, an dem auch KLAFKI mitgewirkt hat (vgl. Landesinstitut für Schule und Weiterbildung des Landes NRW 1997; KLAFKI 1997).

Der fächerübergreifende Unterricht eignet sich für die Thematisierung gesellschaftlich relevanter Fragestellungen, die wegen ihrer Komplexität im Allgemeinen mehrere Disziplinen tangieren. Welche Inhalte konkret zur Sprache kommen, hängt jeweils von der gesellschaftlichen Situation und den Intentionen ab. Weder die am Ende des neunzehnten und am Beginn des zwanzigsten Jahrhunderts von DEWEY für wichtig befundenen Themen noch die von der CIEL-Gruppe in den siebziger Jahren ausgewählten Handlungsfelder können in der aktuellen Situation unreflektiert übernommen werden. Hingegen sind DEWEYS Ziel der Weiterentwicklung der demokratischen Gesellschaft und das Ziel der CIEL-Gruppe, die Handlungsfähigkeit der Schülerinnen und Schüler zu fördern, auch in der gegenwärtigen Diskussion zum fächerübergreifenden Unterricht von Bedeutung.[289] Zur Realisierung dieser Ziele müssen jedoch aktuelle, gesellschaftlich relevante Inhalte ausgewählt werden. Auch bezüglich der Schlüsselprobleme kann keine auf Dauer gültige Festlegung erfolgen.

4.2.2.3 Konsequenzen für die gesellschaftlichen Funktionen der Schule

Schule hat nach Auffassung von Vertretern strukturell-funktionaler Schultheorien als gesellschaftliche Institution gesellschaftliche Funktionen zu erfüllen (vgl. FINGERLE 1993). Im Hinblick auf diese Aufgabenzuschreibung kann

---

[289] Vgl. Kap. 3.6.

zunächst ein grundsätzlicher Unterschied zwischen den historischen und den aktuellen Konzepten zum fächerübergreifenden Unterricht festgestellt werden, der bereits in den Ausführungen zur Gegenwartsorientierung und zu den gesellschaftlich relevanten Intentionen deutlich wurde. In den aktuellen Publikationen wird, abgesehen von den umfassenden Reformkonzepten, der Vermittlung von Schlüsselqualifikationen und damit der *Qualifikationsfunktion* eine große Bedeutung beigemessen. Schule soll, so die Forderung von Vertretern der Pädagogik und der Wirtschaft, durch die Vermittlung entsprechender Kompetenzen auf die Anforderungen der Arbeitswelt vorbereiten.[290]

Hingegen kritisieren die untersuchten historischen Konzepte übereinstimmend eine einseitige Qualifikationsfunktion, die sich vor allem an gesellschaftlichen Anforderungen und nicht an den Kindern orientiert. Dabei wird die Problematik einer Inhalts- oder Fächerwahl auf Grund einer nur vermuteten zukünftigen Nützlichkeit aufgezeigt. Stattdessen erfolgt eine stärkere Berücksichtigung der gegenwärtigen Bedürfnisse der Schülerinnen und Schüler, wobei DEWEY ausdrücklich darauf hinweist, dass die Vorbereitung auf die Zukunft nicht grundsätzlich, sondern nur als „*Hauptkraftquelle* für die gegenwärtigen Bemühungen" in Frage gestellt wird (2000, 82).[291]

Die umfassendere *Enkulturationsfunktion*, die über die Entwicklung arbeitsmarktrelevanter Qualifikationen hinaus den kulturellen Gesamtzusammenhang berücksichtigt, wird der Schule sowohl vom LLV als auch von einigen aktuellen Publikationen zugeschrieben. Der LLV betrachtet sie jedoch vor allem unter dem Aspekt der Kultur*arbeit* und reduziert sie damit zum Teil wieder auf ökonomische Faktoren. Hier ist zumindest ansatzweise ein Widerspruch zur Kritik an der Qualifikationsfunktion festzustellen.[292]

Mit der starken Betonung der Qualifikationsfunktion in den aktuellen Konzepten zum fächerübergreifenden Unterricht muss keine unkritische Haltung gegenüber der Gesellschaft verbunden sein. Zum einen wurde im Rahmen der Ausführungen zu den gesellschaftlich relevanten Intentionen bereits auf den Zusammenhang von Zielen und Inhalten hingewiesen. So besteht beispielsweise die Möglichkeit, formale Kompetenzen auch bei der Erarbeitung gesellschaftlich relevanter Fragestellungen zu erwerben, die einer einseitigen Instrumentali-

---

[290] Vgl. Kap. 3.6., 3.9, 4.2.1.3 und 4.2.2.1.
[291] Vgl. Kap. 2.1.9, 2.2.9, 2.3.9 und 2.4.9.
[292] Vgl. Kap. 2.2.9 und 3.9.

sierung von Schule und Unterricht auf Grund ökonomischer Interessen entgegenwirken kann.[293] Zum anderen wurde bei der Untersuchung der Schlüsselproblemthematik die Intention einer verantwortlichen Mitgestaltung der gesellschaftlichen Entwicklung verdeutlicht.[294] Damit wird dem fächerübergreifenden Unterricht zumindest implizit eine *emendatorische Funktion* zugeschrieben.[295] Allerdings werden diese Zusammenhänge nicht in allen aktuellen Publikationen berücksichtigt. Eine Thematisierung von Schlüsselqualifikationen erfolgt beispielsweise auch unabhängig von der Inhaltsfrage.

Explizit wird eine emendatorische Funktion der Schule in den Konzepten von DEWEY und der CIEL-Arbeitsgruppe benannt. Hierbei sind sowohl die Demokratisierung und Humanisierung der Gesellschaft als auch der Modellcharakter der Schule von Bedeutung.[296] Von der CIEL-Gruppe wird betont, dass es nicht ausschließlich um eine Reform der gesellschaftlichen Realität gehe, sondern um begründete Entscheidungen entweder für die Beibehaltung oder für die Veränderung des Status quo (vgl. GIEL/HILLER/KRÄMER 1974a, 22). Hervorzuheben ist, dass mit der formalen Emendationsfunktion noch keine Festlegung auf ein bestimmtes Gesellschaftsbild erfolgt.

Eine gesellschaftskritische Haltung kommt auch in den Ausführungen zu schicht- oder standesspezifischen Bildungsgängen bzw. zur *Selektionsfunktion* zum Ausdruck, insbesondere bei DEWEY, aber auch bei OTTO und dem LLV. Dezidiert werden unterschiedliche Bildungsgänge für unterschiedliche gesellschaftliche Klassen abgelehnt. Implizit findet sich eine solche Position auch bei der CIEL-Gruppe, da sie die Partizipation aller Kinder an der gesellschaftlichen Wirklichkeit intendiert und somit dem MPU eine emanzipatorische Funktion zuschreibt. In den aktuellen Publikationen zum fächerübergreifenden Unterricht finden sich andere gesellschaftskritische Tendenzen, etwa wenn MOEGLING Ganzheitlichkeit als Gegenbegriff zur aktuellen Entwicklung versteht oder wenn in interdisziplinären Projekten gesellschaftliche Wirklichkeit nicht nur über-

---

[293] Vgl. Kap. 4.2.2.1.
[294] Vgl. Kap. 4.2.2.2.
[295] Der Begriff *emendatorisch* ist auf die kritisch-kommunikative Pädagogik zurückzuführen, die sich, wenn sie der Schule die Aufgaben der Demokratisierung und Humanisierung zuschreibt, auf die comenianische *emendatio rerum humanarum*, d.h. die Verbesserung der menschlichen Dinge, bezieht (vgl. WINKEL 1997, 94). COMENIUS' pansophisches Hauptwerk trägt den Titel *De rerum humanarum emendatione consultatio catholica.*
[296] Vgl. Kap. 2.3.9 und 2.4.9.

nommen, sondern auch gestaltet und verändert werden soll. Von HILLER-KETTERER und HILLER werden außerdem kritische Fragen zum Verhältnis von Gesellschaft und Schule gestellt.[297] Im Gegensatz zu den historischen Konzepten erfolgt jedoch keine kritische Bewertung der Selektionsfunktion. Dies kann unter anderem damit zusammenhängen, dass die untersuchten Beiträge vor den Ergebnissen der PISA-Studie publiziert wurden, die die Problematik schichtspezifischer Benachteiligung wieder neu ins Bewusstsein gerückt hat.

Hinsichtlich der Funktionen, die der Schule zugeschrieben werden, können somit Divergenzen zwischen den aktuellen und den historischen Konzepten zum fächerübergreifenden Unterricht festgestellt werden. Der Schwerpunkt der aktuellen Ansätze, die sich unter anderem als Reaktion auf gesellschaftliche Veränderungen verstehen, liegt bei der Qualifikationsfunktion. Schule soll die Kompetenzen vermitteln, die auf Grund aktueller bzw. zukünftiger gesellschaftlicher Anforderungen benötigt werden. Demgegenüber wird der Verbesserung der gesellschaftlichen Verhältnisse eine geringere Bedeutung beigemessen. Im Vergleich dazu haben die historischen Konzeptionen eine kritischere Haltung. Die Qualifikations- und die Selektionsfunktion werden durchgehend beanstandet. Darüber hinaus weisen DEWEY und die CIEL-Arbeitsgruppe der Schule ausdrücklich eine emendatorische Funktion zu.

4.2.3 Fächerübergreifender Unterricht als Reaktion auf eine zunehmende Ausdifferenzierung des Wissens

Die Diskussion über Interdisziplinarität wird unter anderem von Begriffen wie Komplexität, Spezialisierung, vernetztes Denken, Lernen in Zusammenhängen und ganzheitliches Lernen bestimmt und nimmt damit auf eine aktuelle Entwicklung Bezug. Nicht nur das Wissen vermehrt sich, wie das Schlagwort Wissensexplosion andeutet, mit hoher Geschwindigkeit, auch die einzelnen Fachdisziplinen gliedern sich immer mehr auf. Fächerübergreifender Unterricht soll auf diesen Prozess reagieren und Orientierung ermöglichen. Durch die Überschreitung von Fachgrenzen sollen Verbindungen zwischen unterschiedlichen Inhalten oder (Fach-)Perspektiven aufgezeigt bzw. ein übergeordneter Gesamtkontext berücksichtigt werden. Zu untersuchen ist, ob sich bezüglich dieser Aufgaben

---

[297] Vgl. Kap. 2.1.9, 2.2.9, 2.3.9, 2.4.9 und 3.9.

Unterschiede zwischen den aktuellen und den historischen Konzepten feststellen lassen.

4.2.3.1 Inhaltliche Zusammenhänge

In den Konzepten zum fächerübergreifenden Lehren und Lernen werden verschiedene Aspekte der Problematik inhaltlicher Zusammenhänge erörtert. Neben der mit der gesellschaftlichen Entwicklung begründeten Notwendigkeit und der Art der Verbindungen wird auch deren anthropologische Dimension thematisiert. Bevor die einzelnen Positionen verglichen und erziehungswissenschaftlich eingeordnet werden, soll zunächst eine Begriffsbestimmung erfolgen.

NEUHÄUSLER nimmt eine *Klärung des diffusen Begriffs Zusammenhang* vor, die im Hinblick auf inhaltliche Verbindungen im fächerübergreifenden Unterricht relevant ist. Er versteht unter Zusammenhang „im weitesten Sinn das Miteinander-verbunden-Sein von Dingen materieller oder geistiger Art, so als ob sie auf irgendeine Weise aneinandergehängt, zumindest zueinandergefügt wären" (NEUHÄUSLER 1995, 59). Unterschieden werden echte und scheinbare Zusammenhänge, objektive und subjektive Zusammenhänge, Zusammenhänge durch Ähnlichkeiten sowie gesetzmäßige Zusammenhänge. Scheinbare Zusammenhänge beruhen auf subjektiven Deutungen, wobei nicht jeder vom Subjekt wahrgenommene Zusammenhang nur scheinbar ist. Auch wenn die gesamte Wahrnehmung subjektiv ist, ermöglicht sie doch laut NEUHÄUSLER in einem gewissen Maß die Abbildung der objektiven Wirklichkeit.[298] Grundlage des Zusammenhangs durch Ähnlichkeit ist das „Phänomen der ‚Assoziation'" (ebd.). Durch Assoziationen werden Vorstellungen, Erinnerungen oder Gedanken miteinander in Verbindung gebracht. Zu den gesetzmäßigen Zusammenhängen werden die logische und die kausale Gesetzlichkeit sowie der finale Zusammenhang gezählt. Für die logische Gesetzlichkeit ist die Widerspruchsfreiheit im Denken und in den Dingen selbst konstitutiv. Unter kausaler Gesetzlichkeit wird der Zusammenhang von Ursache und Wirkung verstanden, unter Finalität der Zusammenhang von Absicht, Zweck und Ziel. Finalität ist eine spezielle Art von Kausalität, „eine, in der Bewußtsein mitwirkt, sei es das denkende des Menschen oder das ‚nichtdenkende' und dennoch auf Ziele

[298] NEUHÄUSLER begreift folglich nicht die gesamte Realität im Sinne des radikalen Konstruktivismus als subjektives Konstrukt.

abzielende ‚Unbewußte'" (a.a.O., 61). Auf der Grundlage dieser Begriffsklärung sollen die unterschiedlichen Aspekte inhaltlicher Zusammenhänge in den Konzeptionen zum interdisziplinären Lehren und Lernen erörtert werden.

Das *Erschließen von Zusammenhängen* wird sowohl von den aktuellen als auch von den historischen Konzepten als wichtige Intention des fächerübergreifenden Unterrichts genannt. Die aktuellen Publikationen stellen im Rahmen ihrer Legitimation durch die veränderte gesellschaftliche Situation Hintergründe für diese Zielsetzung dar. Sie verweisen auf die Unterscheidung einer naturwissenschaftlichen und einer geisteswissenschaftlichen Kultur und die daraus resultierenden Verständigungsschwierigkeiten, auf die vermehrte Spezialisierung bzw. Überspezialisierung, auf die wachsende Komplexität sowohl der Wirklichkeit als auch des Wissens und darüber hinaus auf den Globalisierungsprozess mit seinen zunehmenden internationalen Verflechtungen.[299] Parallel dazu wird von einer Zersplitterung des Schulalltags gesprochen.[300]

Ähnliche Argumente finden sich in den historischen Konzepten. So spricht OTTO von einem Zeitalter der Trennung und beanstandet die damit verbundene Isolierung einzelner Wissensgebiete einschließlich der negativen Auswirkungen auf die Schule. Der Gesamtunterricht soll einer Zersplitterung entgegenwirken.[301] Ein Charakteristikum des DEWEY'schen Ansatzes ist die Kritik an Dualismen, beispielsweise an der Unterscheidung einer literarischen und einer technisch-naturwissenschaftlichen Bildungsauffassung. Die rigide Trennung, die nach Ansicht DEWEYS vor allem für die Schule und weniger für die Wissenschaften typisch ist, soll überwunden werden.[302] Die CIEL-Arbeitsgruppe erörtert die Separierung von naturwissenschaftlich-technischen und gesellschaftswissenschaftlich-kommunikativen Lernbereichen, wobei vor allem die gesellschaftliche Bedingtheit naturwissenschaftlich-technischer Themen fokussiert wird.[303]

Mit der Intention, Zusammenhänge zu erschließen, sind in den aktuellen und den historischen Konzepten zum fächerübergreifenden Unterricht vor allem komplexe, Fachgrenzen überschreitende gesetzmäßige Zusammenhänge

---

[299] Vgl. Kap. 3.3.1.
[300] Vgl. Kap. 3.3.5.
[301] Vgl. Kap. 2.1.3 und 2.1.6.
[302] Vgl. Kap. 2.3.3 und 2.3.9.
[303] Vgl. Kap. 2.4.3.

gemeint, die auf Grund der Entwicklung bzw. zunehmenden Ausdifferenzierung der Gesellschaft und des Wissens an Bedeutung gewinnen. Die logische Gesetzlichkeit, d.h. der widerspruchsfreie Zusammenhang, und die kausale Gesetzlichkeit, d.h. der Ursache-Wirkungs-Zusammenhang, sind direkt auf die Sache bzw. das eigentliche Thema bezogen. Darüber hinaus kann durch den finalen Zusammenhang, der Absicht, Zweck und Ziel umfasst, auch die gesellschaftliche Bedingtheit der Themen aufgezeigt werden.

In den Konzepten zum fächerübergreifenden Unterricht wird auch die *Art der inhaltlichen Verbindungen* diskutiert, die durch interdisziplinäres Lehren und Lernen hergestellt werden sollen. In den neueren Publikationen wird eine Unterscheidung von integrativen und additiven Verbindungen vorgenommen. Kritisiert werden additive Aneinanderreihungen, die primär auf sprachlichen Assoziationen beruhen und keinen thematischen Bezug erkennen lassen.[304]

Auch die historischen Konzepte erörtern die Problematik des inhaltlichen Zusammenhangs. Ein formaler Ansatz, der in dieser Form von den aktuellen Publikationen nicht aufgegriffen wird, findet sich bei OTTO. Er intendiert eine Verbindung über Kategorien, die jedem Thema des Gesamtunterrichts zu Grunde gelegt werden sollen und die seiner Meinung nach einer Zersplitterung entgegenwirken können.[305] Der LLV orientiert sich am Konzentrationsprinzip, wenn er möglichst viele Fächer organisch in eine Sacheinheit integrieren möchte, wobei jedoch auf natürliche Beziehungen Wert gelegt wird. Demnach kann nicht jedes Fach sinnvoll in eine Unterrichtseinheit einbezogen werden.[306] Die für DEWEYs Konzeption konstitutive Kategorie der Erfahrung begründet auch die Verbindung unterschiedlicher Inhalte, weil durch Erfahrungen Bezüge zwischen den einzelnen Aspekten eines Themas geschaffen werden können bzw. weil Erfahrungen mehrere Fachbezüge enthalten. Außerdem sind für DEWEY Projekte eine Lösung der Probleme, die sich aus der traditionellen Klassifikation des Wissens in Fächer ergeben. Dabei dient die Hauptfrage des jeweiligen Projekts als Magnet, der Inhalte aus verschiedenen Gebieten anzieht.[307] Die CIEL-Arbeitsgruppe hebt den konstruktiven Aspekt von Zusammenhängen hervor, die nicht als Gegebenheiten, sondern als erzeugte und daher hinterfragbare und zu

---

[304] Vgl. Kap. 3.7.1.
[305] Vgl. Kap. 2.1.7.
[306] Vgl. Kap. 2.2.2 und 2.2.7.
[307] Vgl. Kap. 2.3.3, 2.3.7 und 2.3.8.

legitimierende Konstrukte betrachtet werden. Hinzuweisen ist hier vor allem auf die unterschiedlichen Kommunikationsebenen. Auf der logisch-grammatischen Ebene soll das Wissen mit anderen Elementen in einen größeren Zusammenhang eingeordnet und zu qualitativ anderen Formen verknüpft werden. Die theoretisch-kritische Ebene dient dazu, Zusammenhänge als Konstrukte zu hinterfragen und Alternativen zu diskutieren.[308]

Die Unterscheidung von integrativen und additiven Verbindungen bzw. die Kritik an rein sprachassoziativen Zusammenhängen in den aktuellen Publikationen nimmt implizit Bezug auf die Konzentrationsidee, in deren Tradition der LLV steht (vgl. LINDE 1984, 78).[309] Das additive Aneinanderreihen von Inhalten, das häufig auf sprachassoziativen Verbindungen beruht, entspricht der so genannten Klebekonzentration.[310] Diese ist allerdings nicht mit der für den LLV typischen inhaltlichen Konzentration um eine Sacheinheit zu verwechseln, die auf natürlichen Beziehungen beruhen soll.

LINDE verweist auf ein 1895 dokumentiertes, besonders markantes Beispiel für die Klebekonzentration, in dem die Behandlung des Gedichtes *Peter in der Fremde* zu unterschiedlichen Personen mit Namen Peter führt, aber auch zum Trompeter und zu Salpeter und macht damit eindrücklich den ausschließlich begrifflichen, häufig überzogen wirkenden Zusammenhang deutlich (vgl. a.a.O., 61). Dies erinnert an eine von REKUS geschilderte Unterrichtseinheit, die – wie teilweise auch der Gesamtunterricht OTTOS[311] – auf sprachassoziativen Verbindungen beruht und für viele aktuelle Beispiele zum fächerübergreifenden Lehren und Lernen in der Grundschule charakteristisch ist:

> „Dabei wird von einem möglichst allgemeinen Begriff, wie etwa ‚Tier', ausgegangen. Zu diesem Leitbegriff werden dann in jedem Fach thematische Aspekte bestimmt, die sich mit dem Begriff ‚Tier' assoziieren lassen. So werden dann etwa ‚Fabeln' im Deutschunterricht behandelt, ‚Haustiere' im Sachunterricht beschrieben, der ‚Karneval der Tiere' im Musikunterricht einstudiert, ‚Franz von Assisi' im Religionsunterricht thematisiert, ‚Schafherden' in Mengendiagramme überführt und Teilmengen von weißen und schwarzen Schafen eingekreist, ‚Zootiere'

---

[308] Vgl. Kap. 2.4.5.

[309] Eine ausführliche Darstellung des Konzentrationsprinzips unter Einbeziehung der historischen Entwicklung findet sich bei LINDE 1984, 24-65.

[310] Vgl. Kap. 2.2.10.

[311] Ein Beispiel für einen auf Sprachassoziationen beruhenden Gesamtunterricht findet sich bei MEMMERT 1997, 23-25. Die unterschiedlichen Themen einer Gesamtunterrichtsstunde können jedoch auch unabhängig von sprachlichen Zusammenhängen je nach Interesse der Schülerinnen und Schüler gewählt werden.

im Kunstunterricht gemalt und im Textilunterricht ‚Schäfchen aus Naturwolle' gestaltet." (REKUS 1998b, 12)

REKUS verdeutlicht, dass beispielsweise Fabeln und Naturwolleschäfchen nur in einem auf Sprachassoziationen beruhenden und nicht in einem systematisch-logisch begründbaren Zusammenhang stehen (vgl. ebd.).[312]

Wenn sich die aktuellen Ansätze zum fächerübergreifenden Unterricht auf additive Zusammenhänge beschränken, stellen sie letztlich nicht nur eine Aktualisierung des heimatkundlichen Gesamtunterrichts Leipziger Prägung, sondern des Prinzips der Klebekonzentration dar. Der LLV grenzt sich mit dem Anspruch einer natürlichen, d.h. inneren Beziehung der zu integrierenden Fächer zunächst von einer solchen Art der Verbindung ab.[313] Dass auch die Konzentration um eine Sacheinheit insbesondere im Hinblick auf die Integration der Fächer Deutsch und Mathematik problematisch sein kann, wurde bereits im Rahmen der Ausführungen zur Lebensweltorientierung aufgezeigt. Formale Übungsaufgaben werden häufig nur durch die grafische Gestaltung oder konstruierte Aufgabenstellungen an das entsprechende Thema angepasst, ohne dass ein inhaltlicher Bezug ersichtlich ist.[314]

Die Konzepte zum fächerübergreifenden Lehren und Lernen verstehen unter integrativen und damit in der Sache begründeten Verbindungen im Allgemeinen objektive oder gesetzmäßige Zusammenhänge. Die Kritik an additiven oder sprachassoziativen Verbindungen bzw. an der Klebekonzentration bezieht sich nach NEUHÄUSLERs Begriffsklärung auf scheinbare, subjektiv bedingte oder auf Ähnlichkeiten beruhende Zusammenhänge (vgl. NEUHÄUSLER 1995, 59). Eine didaktische Grundlegung des fächerübergreifenden Unterrichts hat die Aufgabe, gerade wenn dieser in einem engeren Sinn verstanden wird und sich primär auf die Frage der Strukturierung von Wissen bezieht, solche Verbindungen als Konstrukte zu problematisieren. Diese können darüber hinaus auch im fächerübergreifenden Unterricht selbst erörtert werden und dadurch die Schülerinnen und Schüler für eigene und fremde subjektiv bedingte Zusammenhänge sensibilisieren.

---

[312] An dem fächerverbindenden Thema *Frühling* verdeutlicht GÖTZ exemplarisch, dass auch der baden-württembergische Bildungsplan für die Grundschule von 1994 die Inhalte einzelner Fächer additiv aneinander reiht (vgl. GÖTZ 1997, 196).
[313] Vgl. Kap. 2.2.7.
[314] Vgl. Kap. 4.2.1.2.

Die Intention, Zusammenhänge aufzuzeigen, wird in den aktuellen Publikationen zum fächerübergreifenden Unterricht auch aus einer *anthropologischen Perspektive* erörtert. Hervorzuheben ist, dass damit ein neuer Aspekt in die Diskussion eingebracht wird, den die historischen Konzepte in dieser Form nicht thematisieren. DUNCKER und die transzendentalkritische Pädagogik betonen die konstruktive Fähigkeit des Menschen, eigene Ordnungsstrukturen aufzubauen und damit Zusammenhänge zu schaffen, die sich nicht an traditionellen Fachgrenzen orientieren müssen. Darüber hinaus sieht GLÖCKEL den Menschen als sinnsuchendes und sinnverleihendes Wesen, das wegen seiner Sinnverwiesenheit nach Zusammenhängen sucht.[315] Die aktuellen Konzeptionen beziehen sich damit nicht nur auf gesetzmäßige, sondern auch auf subjektiv bedingte Zusammenhänge.

In den historischen Konzepten wird die anthropologische Dimension des Erschließens von Zusammenhängen nicht explizit erörtert. Dennoch kommen einzelne Aspekte wie der konstruktive Charakter von Zusammenhängen zur Sprache, wenn die CIEL-Arbeitsgruppe Unterrichtsgegenstände als Konstrukte betrachtet und sowohl deren Dekonstruktion als auch deren Rekonstruktion intendiert. Wie DUNCKER bezieht sie sich auf den französischen Strukturalismus.[316] Die subjektive Bedingtheit von Zusammenhängen wird mit DEWEYS Erfahrungsbegriff berücksichtigt, der die Gesamtheit der Beziehungen zwischen einem Menschen und seiner Umwelt umfasst und über den das Herstellen von Verbindungen ermöglicht werden soll. Weil Erfahrung für DEWEY auch eine anthropologische Grundkategorie ist, wird zumindest indirekt auf eine Vorstellung von Menschsein Bezug genommen.[317]

Eine *erziehungswissenschaftliche Einordnung* der anthropologischen Aussagen kann im Anschluss an BOLLNOW erfolgen, der versucht, die anthropologische Betrachtungsweise der Philosophie für die Pädagogik fruchtbar zu machen. Dabei wird der Blick zunächst auf die Erziehung gerichtet, die aus dieser Perspektive nicht als ein isoliertes Phänomen zu verstehen ist, sondern „als eine integrierende und für das Gesamtverständnis des Menschen entscheidende Bestimmung" (BOLLNOW 1983, 35). Darüber hinaus können auch andere

---

[315] Vgl. Kap. 3.4.
[316] Vgl. Kap. 2.4.8.
[317] Vgl. Kap. 2.3.3 und 2.3.4.

pädagogische Phänomene in ihrer Beziehung zum Wesen des Menschen betrachtet werden (vgl. a.a.O., 35f.).

Ein grundlegendes Charakteristikum dieses philosophisch-anthropologischen Ansatzes ist nach KAMPER die Orientierung am Prinzip der offenen Frage „und zwar in der Weise, daß von vornherein auf einen eindeutigen ‚Begriff' der Ganzheit des Menschen verzichtet wird" (1996, 85). Von Interesse sei vielmehr „das Verhältnis des einzelnen Phänomens zum Ganzen" bzw. „das Einzelne mit Rücksicht auf das Ganze" (ebd.). Eine abschließende anthropologische Theorie werde dezidiert zurückgewiesen (vgl. ebd.).[318]

Im Hinblick auf fächerübergreifenden Unterricht stellt sich nach der philosophisch-anthropologischen Betrachtungsweise die Frage, wie das Wesen des Menschen zu verstehen ist, damit sich dieses Konzept als zweckmäßig begreifen lässt. Von Bedeutung ist hierbei einerseits die Fähigkeit des Menschen, Zusammenhänge zu erschließen, d.h. Ordnungen und Strukturen zu verstehen und zu schaffen. Der Mensch kann sowohl bereits geschaffene Zusammenhänge nachvollziehen und hinterfragen als auch selbst Zusammenhänge konstruieren. Andererseits ist er auf den sich in diesen Zusammenhängen erschließenden Sinn verwiesen. Er benötigt einen Kontext, in den er das, was er erfährt und was ihm begegnet, einordnen und somit auch verstehen kann. Wenn sich Konzepte zum fächerübergreifenden Unterricht auf die Sinnverwiesenheit beziehen, geben sie damit noch keine Antwort auf die für das Menschsein konstitutive Sinnfrage. Sinnverwiesenheit stellt eine formale anthropologische Kategorie dar, die noch keine inhaltliche Festlegung vornimmt.[319]

Die Konzepte zum fächerübergreifenden Unterricht thematisieren die menschliche Fähigkeit, sowohl gesetzmäßige Zusammenhänge aufzuzeigen und nachzuvollziehen als auch selbst Zusammenhänge zu schaffen und deren subjektive Bedingtheit zu verstehen. Zusammenhänge als von Menschen geschaffene Ordnungen sind im Hinblick auf ein enges Verständnis von fächerübergreifendem Unterricht von Bedeutung, das die Frage der Strukturierung von Inhalten ins Zentrum stellt und damit auch diese Ordnungen aufgreift. Es wird deutlich, auf welche spezifischen Fähigkeiten des Menschen ein so verstandener interdisziplinärer Unterricht Bezug nimmt und welche Fähigkeiten entwickelt werden

---

[318] Vgl. hierzu ausführlich BOLLNOW 1983, 128-130.
[319] Zur Sinnverwiesenheit des Menschen vgl. ausführlich HAMANN 1993, 99-102.

können. Auf diese Weise kann eine Abgrenzung von Konzepten vorgenommen werden, die fächerübergreifendes Lehren und Lernen als umfassendes Reformkonzept verstehen und damit eine Förderung des ganzen Menschen verbinden. Aus einer solchen Auffassung können überhöhte Erwartungen hinsichtlich der Möglichkeiten von Interdisziplinarität resultieren.

Zusammenfassend kann festgestellt werden, dass sowohl die aktuellen als auch die historischen Konzepte zum fächerübergreifenden Unterricht die Intention haben, gesetzmäßige Zusammenhänge zu erschließen. Dabei wird auf die jeweilige Entwicklung Bezug genommen, die durch eine zunehmende Ausdifferenzierung des Wissens und der Wissenschaftsdisziplinen gekennzeichnet ist. Durch die Unterscheidung additiver und integrativer Verbindungen wird in den aktuellen Publikationen auf die Problematik scheinbarer oder subjektiver Zusammenhänge bzw. der Klebekonzentration aufmerksam gemacht, die nicht erst in neueren Unterrichtsbeispielen festzustellen ist. Dabei wird insbesondere der konstruktive Aspekt von Zusammenhängen hervorgehoben, der schon von der CIEL-Gruppe betont wird. Mit der anthropologischen Perspektive verweisen die aktuellen Konzeptionen darüber hinaus auf die Fähigkeit des Menschen, gesetzmäßige Zusammenhänge zu verstehen und eigene Sinnzusammenhänge zu schaffen. Gleichzeitig ist der Mensch auf solche Verbindungen angewiesen.

4.2.3.2 Übergeordneter Gesamtzusammenhang

Sowohl in den aktuellen als auch in den historischen Konzepten zum fächerübergreifenden Unterricht finden sich Positionen, die „einen Gesamtzusammenhang der Welt und des Wissens über sie“ voraussetzen (BERGER 2002, 168). Die einzelnen Themen sollen in diesen Gesamtkontext eingeordnet werden, wodurch sich automatisch eine Überschreitung der Fachgrenzen ergibt. Im Folgenden werden die unterschiedlichen Positionen zunächst verglichen. Nach einer Darstellung der aktuellen gesellschaftlichen Entwicklung, die eine solche Sicht erklären kann, erfolgt eine kritische Stellungnahme.

Der Begriff der Ganzheit, der in einigen aktuellen Konzepten als legitimatorische Kategorie fächerübergreifendes Lehren und Lernen begründen soll, kann einen übergeordneten Gesamtzusammenhang implizieren. Insbesondere wenn im Unterricht die Welt als geordnete Ganzheit zur Sprache kommen soll, wird ein solcher Gesamtkontext vorausgesetzt.[320] Von den historischen Ansätzen ist vor allem der Gesamtunterricht OTTOs zu nennen, der sein Konzept durch das volksorganische Denken legitimiert und sowohl den einzelnen Menschen als auch einzelne Geistesströmungen als Teil eines übergeordneten Volksganzen bzw. Volksgeistes interpretiert. Die Theorie des volksorganischen Denkens wird in den aktuellen Publikationen zum fächerübergreifenden Unterricht weder implizit noch explizit aufgegriffen. Wenn auf OTTOs Gesamtunterrichtskonzeption Bezug genommen wird, findet trotz der Übernahme zentraler Elemente wie der Berücksichtigung von Kinderfragen ausdrücklich eine Abgrenzung von dieser theoretischen Fundierung statt (vgl. GÖTZ 1997, 198).[321]

In der *aktuellen gesellschaftlichen Entwicklung* liegt eine mögliche Erklärung für die Orientierung am Begriff der Ganzheit. Der übergeordnete Gesamtzusammenhang, auf den einige Konzeptionen zum fächerübergreifenden Lehren und Lernen ausgerichtet sind, kann als Ausdruck eines Suchens nach Einheit und Sicherheit interpretiert werden, das aus dem zunehmenden Ausdifferenzierungsprozess der Gesellschaft resultiert. Deren entscheidendes Kennzeichen ist nach GROSS Offenheit, die letztlich zu einer Verunsicherung beitragen kann.

> „Wenn die Moderne oder Postmoderne, bei aller ihr nachgesagten Ambivalenz und Unentschiedenheit, einen Leitbegriff kennt, der uneingeschränkt herrscht und durchgesetzt wird, von der Persönlichkeitsbildung und dem Sozialverhalten bis zum Verhältnis von Geschlechtern, Generationen, gesellschaftlichen Gruppen, Nationen und Kontinenten, dann ist es die *Offenheit*. Offenheit heißt Zugänglichkeit, und Zugang will eröffnet, ermöglicht, erschlossen werden – von allen zu allem. Zu allem, was die Moderne gegenüber der Vormoderne an Erstrebenswertem anzubieten hat – und das ist *unendlich viel*." (GROSS 1994, 14)

Mit dieser Offenheit ist eine Steigerung von Optionen, d.h. von prinzipiell realisierbaren Handlungsmöglichkeiten, verbunden, weshalb GROSS von einer Multioptionsgesellschaft spricht (vgl. a.a.O., 14f.; 26). Mit der Optionssteigerung geht ein Traditionsverlust einher, sodass die Multioptions- auch als Miniobligationsgesellschaft bezeichnet werden kann (vgl. a.a.O., 16). Folglich besteht ein Ungleichgewicht zwischen Optionen und Obligationen, das „den Menschen von heute immer wieder auf *sich selbst zurückwirft*, zurückverweist" (a.a.O., 109). Er ist gezwungen, eigenverantwortlich mit den multiplen Optionen und der damit zusammenhängenden Individualisierung zurechtzukommen, wobei dieser

---

[320] Vgl. Kap. 3.3.3.
[321] Vgl. Kap. 2.1.3, 2.1.10 und 3.8.1.

Prozess sowohl positiv als „Erlösung“ als auch negativ als „Atomisierung und Vereinzelung“ gedeutet werden kann (a.a.O., 110).

Der Bezug auf einen übergeordneten Gesamtzusammenhang, der diese Entwicklung ausgleichen soll, ist kritisch zu sehen. Die daraus resultierenden *Probleme* werden teilweise auch in den Publikationen zum fächerübergreifenden Unterricht thematisiert. MOEGLING spricht bei seiner Begründung des interdisziplinären Lehrens und Lernens wie GROSS von einer Atomisierung des Menschen und führt Ganzheit als Gegenbegriff zu dieser Entwicklung in die aktuelle Diskussion ein (vgl. MOEGLING 1998, 14). Wenn er sich zugleich gegen einen unkritischen Umgang mit der Kategorie der Ganzheit wendet, der hinter die Leistungen der Aufklärung zurückfällt, macht er auf die Problematik der Irrationalität aufmerksam, die damit verbunden sein kann (vgl. a.a.O., 16). Weiterhin kann ein Hang zur Vereinfachung aus dem Wunsch nach Ganzheit resultieren, die in einer zunehmend komplexer werdenden Gesellschaft anders nicht zu erreichen ist.[322] Außerdem weisen einige Aspekte der aktuellen Diskussion auf fundamentalistische Tendenzen hin. Wichtige Kennzeichen fundamentalistischer Orientierungen sind deren Modernitätskritik, d.h. die „Kritik am Geltungsanspruch des aufklärerischen Denkens“ (KÜENZLEN 1991, 211), von der sich beispielsweise MOEGLING als entschiedener Befürworter der Begründung eines fächerübergreifenden Unterrichts durch den Ganzheitsbegriff ausdrücklich abgrenzt, sowie „die Formierung eines *geschlossenen Weltbildes*“ (a.a.O., 212). Wie bereits der Hinweis auf MOEGLING andeutet, sollen nicht alle Vertreter eines ganzheitlichen Unterrichtskonzeptes des Fundamentalismus verdächtigt werden. Wird jedoch Ganzheit im Sinne eines übergeordneten, alles umfassenden, vereinfachenden Gesamtzusammenhangs verstanden, besteht die Gefahr, in die Nähe solcher Bewegungen zu rücken. Fächerübergreifender Unterricht hingegen soll nach HILLER-KETTERER und HILLER gerade zu einer kritischen Auseinandersetzung mit Fundamentalismen befähigen (vgl. 1997, 192).

Auch wenn sich der Ganzheitsbegriff und das volksorganische Denken inhaltlich unterscheiden, sind beide Ausdruck einer Sehnsucht nach einem übergeordneten Gesamtzusammenhang. Eine Unterrichtskonzeption kann jedoch keine Gesamtorientierung menschlichen Handelns bieten, wenn sie sich nicht dem Verdacht der Ideologie aussetzen will. Es gehört nicht zu den Aufgaben der

---

[322] Eine ausführliche Darstellung des Zusammenhangs von Ganzheit und fächerverbindendem Unterricht findet sich bei BERGER 2002.

Erziehungswissenschaft, die aus der aktuellen gesellschaftlichen Entwicklung resultierenden Fragen und Probleme abschließend zu beantworten, selbst wenn sie sie als Bedingungen von Schule thematisiert. Im Hinblick auf die Unterrichtspraxis kann eine Integration der Fächer Religion oder Ethik in fächerübergreifende Einheiten den Schülerinnen und Schülern Lösungsansätze aufzeigen.

4.2.4 Beitrag zur pädagogischen Schulentwicklung

Mit der Möglichkeit, die Lernenden und ihr Umfeld zu berücksichtigen, der Reaktion auf gesellschaftliche Anforderungen und Problemstellungen sowie der Reaktion auf die zunehmende Ausdifferenzierung des Wissens wurden zentrale Kennzeichen der untersuchten Konzepte unter Berücksichtigung der historischen Dimension dargestellt. Im Folgenden soll nun der *spezifische Beitrag des fächerübergreifenden Unterrichts zur pädagogischen Schulentwicklung im Hinblick auf diese Merkmale* aufgezeigt werden.

Weil sich ein weites Verständnis von fächerübergreifendem Unterricht auf eine umfassende Veränderung von Schule und Unterricht bezieht und dementsprechend diffus ist, kann eine eigenständige Leistung kaum eruiert werden. Daher wird diesem Teil der Auswertung ein enges Begriffsverständnis zu Grunde gelegt, das die Frage der Strukturierung von Inhalten ins Zentrum rückt.[323]

Ein Beitrag einer Theorie des interdisziplinären Lehrens und Lernens zur pädagogischen Schulentwicklung liegt im Aufzeigen von *Kriterien für die Auswahl nicht fachgebundener Inhalte, die einen besonderen Bezug zu den Lernenden und ihrer Lebenswirklichkeit haben.*[324] Wichtig ist hierbei, dies verdeutlicht die kritische Auseinandersetzung mit den aktuellen und den historischen Konzepten, eine reflektierte Orientierung an der Lebenswelt, die sich nicht auf eine kindertümliche Abbildung oder eine Darstellung von Selbstverständlichkeiten beschränkt. Die grafische Gestaltung formaler Übungsaufgaben, die ein Thema aus dem Umfeld der Schülerinnen und Schüler aufgreift, reicht nicht aus, um einen solchen Bezug zur Lebenswirklichkeit zu gewährleisten.

Wird dem Prinzip der Lebensweltorientierung der Erfahrungsbegriff zu Grunde gelegt, der nach DEWEY die Gesamtheit der Beziehungen von Mensch und Umwelt umfasst, kann eine einseitige Reduktion auf kindertümliche Aspekte

---

[323] Vgl. Kap. 4.1.
[324] Vgl. Kap. 4.2.1.

vermieden werden. Sowohl die aktive und die passive Komponente der Erfahrung als auch der Zusammenhang von Handlungen und ihren Folgen ermöglichen es, die Vielschichtigkeit der Beziehungen von Subjekt und Objekt im Unterricht zu berücksichtigen.[325] Bei der Auswahl lebensweltbezogener Themen ist folglich aufzuzeigen, ob sie solche Erfahrungen ermöglichen bzw. aufgreifen und dadurch die Schülerinnen und Schüler zu einer bewussten Teilhabe an ihrer Umwelt befähigen.

Eine einseitige Ausrichtung des Unterrichts auf die Lebenswelt, die mit der Gefahr einer trivialisierenden Darstellung verbunden ist, lässt sich auch vermeiden, wenn die Orientierung an den Schulfächern als ergänzendes Prinzip beachtet wird. Bereits DEWEY weist auf die Notwendigkeit hin, die Erfahrungen der Kinder zu einer objektiveren Form weiterzuentwickeln, um so zu den traditionellen Fächern zu gelangen. Interdisziplinäres Lehren und Lernen befindet sich demnach – dies wird in den aktuellen Publikationen von KAHLERT und WOLTERS hervorgehoben – in einem Spannungsfeld von Lebenswirklichkeit und Fachdisziplin. Daher sind mögliche Themen auch auf ihren Fachbezug zu befragen. Fachwissen und Fachmethoden können einen wichtigen Beitrag zur Erschließung lebensweltlicher Themen leisten. In der Grundschule kann durch einen so verstandenen fächerübergreifenden Unterricht eine sukzessive Hinführung auf die einzelnen Schulfächer erfolgen.[326]

Dass die Lebenswelt der Kinder nicht nur eine biologische und geografische, sondern auch eine gesellschaftliche Dimension hat, zeigt der Begriff der Alltagswirklichkeit, unter dem die CIEL-Gruppe von Menschen erzeugte und veränderbare Zusammenhänge versteht. Dies macht auf die Gefahr aufmerksam, durch eine einseitige Inhaltsauswahl wichtige Aspekte der kindlichen Lebenswelt zu vernachlässigen. Im fächerübergreifenden Unterricht sind auch gesellschaftswissenschaftliche Themen und darüber hinaus die gesellschaftliche Dimension naturwissenschaftlicher Fragestellungen zu berücksichtigen.

Eine kritische und reflektierte Lebensweltorientierung zeichnet sich folglich durch die Beachtung von Erfahrungsmöglichkeiten, Fach- und Gesellschafts-

---

[325] Vgl. Kap. 2.3.3.

[326] Vgl. Kap. 2.3.7 und 3.7.1. In Kap. 4.3.1 wird aufgezeigt, dass das Spannungsfeld von Lebenswelt- und Wissenschaftsorientierung insbesondere von der Sachunterrichtsdidaktik thematisiert wird. Bei KAHLERT finden sich Parallelen zwischen seinen Veröffentlichungen zum fächerübergreifenden Unterricht und zum Sachunterricht.

bezügen bei der Auswahl von Inhalten aus. Dadurch werden sowohl Einseitigkeiten als auch Vereinfachungen vermieden, die der Komplexität lebensweltbezogener Themen nicht gerecht werden.

Eine Theorie des interdisziplinären Lehrens und Lernens kann zweitens *Kriterien für einen kritischen Umgang mit gesellschaftlichen Ansprüchen an Schule und Unterricht* erörtern. Angesichts der zunehmenden Komplexität der Gesellschaft wird die Schule verstärkt mit Aufgaben konfrontiert, die sich keinem Schulfach direkt zuordnen lassen. In der Grundschule werden beispielsweise Medienerziehung, Verkehrserziehung, Umwelterziehung, Gesundheitserziehung oder interkulturelle Erziehung als fächerübergreifende Herausforderungen benannt. Werden gesellschaftliche Anforderungen unreflektiert übernommen, besteht die Gefahr einer Instrumentalisierung oder Funktionalisierung sowie einer einseitigen Zukunftsorientierung.

Hinsichtlich der Forderung, im fächerübergreifenden Unterricht Schlüsselqualifikationen zu vermitteln, ist auf die Notwendigkeit zu verweisen, formale nicht fachgebundene Fähigkeiten auf Inhalte zu beziehen. Auch Schlüsselqualifikationen werden in der Auseinandersetzung mit Unterrichtsinhalten entwickelt, deren Auswahl nicht beliebig sein kann. Es stellt sich daher die Frage, welche Themen für den Erwerb dieser Kompetenzen geeignet sind. Wird ein kritischer Umgang mit Schlüsselqualifikationen intendiert, der unter anderem einer ökonomischen Instrumentalisierung vorbeugen kann, sind Themen zu wählen, die eine kritische Auseinandersetzung begünstigen. Eine Entscheidung für konkrete Inhalte ist jeweils vor dem Hintergrund der aktuellen gesellschaftlichen Situation zu treffen. Dies gilt auch für die Auswahl so genannter epochaltypischer Schlüsselprobleme. Soll eine Überforderung insbesondere von Grundschulkindern vermieden werden, sind die Prinzipien der Schüler- und Gegenwartsorientierung eine wichtige Ergänzung.[327]

Drittens kann eine Theorie des fächerübergreifenden Unterrichts in der aktuellen Schulreformdiskussion zu einer *differenzierten Sicht auf das Lernen von Zusammenhängen* beitragen. Diese ist angesichts der zahlreichen Unterrichtsbeispiele, in denen Fachgrenzen überschreitende Verbindungen allein auf sprachlichen Assoziationen beruhen und nicht sachlich begründet sind, von besonderer Bedeutung.

---

[327] Vgl. Kap. 4.2.1.1, 4.2.1.3 und 4.2.2.

Der fächerübergreifende Unterricht ist der Ort, an dem komplexe gesetzmäßige Zusammenhänge erschlossen werden können, d.h. logische und kausale Gesetzmäßigkeiten sowie finale Zusammenhänge. Intendiert werden damit widerspruchsfreies Denken, das Nachvollziehen von Ursache-Wirkungs-Zusammenhängen sowie das Beurteilen von Absichten, Zwecken und Zielen. Bei der Auswahl fächerübergreifender Themen bzw. thematischer Aspekte ist zu fragen, inwieweit solche sachlogischen Beziehungen bestehen. Lehrerinnen und Lehrer können sich dadurch ihrer eigenen Assoziationen bzw. subjektiven Konstrukte bewusst werden.[328]

Das Herstellen von (Sinn-)Zusammenhängen bleibt eine Aufgabe der Lernenden, die dem fächerübergreifenden Unterricht auf Grund seiner großen inhaltlichen Reichweite zugeordnet werden kann. Die Schülerinnen und Schüler müssen letztlich selbst für sie stimmige Verbindungen zwischen den unterschiedlichen Inhalten schaffen. Außerdem besteht im fächerübergreifenden Unterricht die Möglichkeit, subjektive Zusammenhänge zu problematisieren und als Konstrukte zu thematisieren. Hingegen kann ein umfassender Gesamtzusammenhang, der alle Aspekte eines komplexen Themas zu einem Ganzen verbindet, nicht hergestellt werden, auch wenn wegen der zunehmenden Ausdifferenzierung des Wissens die Verunsicherung und damit die Sehnsucht nach einem solchen zunimmt. Dies wäre mit einer antirationalen Vereinfachung bzw. ideologisierenden Verkürzung verbunden. Eine Theorie des fächerübergreifenden Unterrichts hat somit auch die Grenzen möglicher inhaltlicher Verbindungen aufzuzeigen.[329]

4.3 Fachdidaktische Bezüge: Sachunterricht als fächerübergreifender Lernbereich der Grundschule

Der Sachunterricht versteht sich als fächerübergreifender Gegenstandsbereich bzw. als Unterrichtsfach, das mehrere Fachbezüge in sich vereinigt. Daher sind die Konzepte zum fächerübergreifenden Lehren und Lernen auch aus sachunterrichtsdidaktischer Perspektive von Bedeutung.[330] Es stellt sich die Frage, ob sie

---

[328] Vgl. Kap. 4.2.3.1.
[329] Vgl. Kap. 4.2.3.2.
[330] In dem ab 2004 gültigen Bildungsplan von Baden-Württemberg wird der Sachunterricht durch die Fächer Kunst, Textiles Werken und Musik zum Fächerverbund Mensch, Natur und Kultur erweitert. Dadurch gewinnt die Interdisziplinarität zusätzlich an Bedeutung.

der Sachunterrichtsdidaktik weitgehend entsprechen oder neue Aspekte in die Diskussion einbringen.

Im Folgenden sollen *Konvergenzen und Divergenzen zwischen den allgemeinen und den sachunterrichtsspezifischen Ansätzen* eruiert werden, wobei der Fokus auf die zentralen Aspekte der Auswertung, d.h. auf den Vergleich der aktuellen und der historischen Konzepte zum fächerübergreifenden Unterricht, gerichtet wird. Damit können die grundlegenden Argumentationslinien unter Berücksichtigung der historischen Perspektive in einen fachdidaktischen Kontext eingeordnet werden. Darzustellen ist, inwieweit die Lernenden und ihr Umfeld, zentrale gesellschaftliche Anforderungen und Problemstellungen sowie die zunehmende Ausdifferenzierung des Wissens auch von der Sachunterrichtsdidaktik thematisiert werden und welche Schwerpunkte zu erkennen sind. Hierbei muss berücksichtigt werden, dass teilweise allgemeindidaktische Überlegungen zum fächerübergreifenden Lehren und Lernen im Hinblick auf den Sachunterricht konkretisiert werden bzw. fächerübergreifender Unterricht von der Sachunterrichtsdidaktik her konzipiert wird, wodurch sich unweigerlich Parallelen ergeben. KAHLERT beispielsweise beschreibt das Konzept der didaktischen Netze als Planungshilfe für den fächerübergreifenden Unterricht *und* den Sachunterricht (vgl. 1998; 2002, 203-261).[331]

4.3.1 Sachunterricht im Spannungsfeld von Lebenswirklichkeit und Fachbezug

Eine zentrale Aussage von Publikationen zur Fachdidaktik, aber auch von Lehrplänen und Richtlinien ist, dass Sachunterricht zur Aufklärung bzw. Erschließung der Alltagswelt, Lebenswelt oder Lebenswirklichkeit der Kinder beitragen soll. Weil sich diese nicht an Fachgrenzen orientiert, hat der Sachunterricht per se einen fächerübergreifenden Charakter. Im Folgenden wird zunächst eine Bestimmung des Begriffs der Lebenswelt im Rahmen einer Didaktik des Sachunterrichts dargestellt. Vor dem Hintergrund der historischen Entwicklung werden in einem weiteren Schritt unterschiedliche Ansätze aufgezeigt, im Sachunterricht das Spannungsfeld von Lebenswelt und Fachbezug konstruktiv aufzugreifen. Abschließend werden Bezüge zwischen Sachunterricht und fächerübergreifendem Unterricht eruiert.

---

[331] Vgl. Kap. 3.7.1 und 4.3.1.

Um eine *sachunterrichtsdidaktische Klärung des diffusen Begriffs der Lebenswelt* bemüht sich RICHTER, die dabei im Wesentlichen auf HABERMAS rekurriert. Zu unterscheiden sind zunächst die konkreten Lebenswelten einzelner Menschen von den Strukturen einer allgemeinen Lebenswelt. Diese werden von HABERMAS ausgehend von den mit jedem sprachlichen Handeln erhobenen Geltungsansprüchen entwickelt, wobei der Geltungsanspruch der Verständlichkeit die Voraussetzung aller Handlungen bildet. Den einzelnen Geltungsansprüchen werden unterschiedliche Handlungsarten und damit unterschiedliche Weltbezüge zugeordnet (vgl. RICHTER 1993a, 32f.): dem Geltungsanspruch Wahrheit zielgerichtetes Handeln und ein objektiver Weltbezug, dem Geltungsanspruch Richtigkeit normatives Handeln und ein sozialer Weltbezug sowie dem Geltungsanspruch Aufrichtigkeit dramaturgisches Handeln und ein subjektiver Weltbezug (vgl. RICHTER 2002, 81). Das kommunikative Handeln integriert alle drei Handlungsarten. Als gelungene Kommunikation hat es die Voraussetzung, dass die anderen als gleichberechtigte Kommunikationsteilnehmer anerkannt werden. Es umfasst Verständigung, d.h. die „Orientierung an Geltungsansprüchen" (RICHTER 1993a, 33), soziale Interpretation, d.h. die „Orientierung an Maßstäben für die Solidarität der Angehörigen der jeweiligen Welt" (ebd.), und Vergesellschaftung, d.h. die „Identität vergesellschafteter Subjekte" (ebd.). HABERMAS bezieht die Funktionen der Sprachverwendung auf die Strukturen der Lebenswelt. Er unterscheidet die Strukturen Kultur, Gesellschaft und Persönlichkeit und damit den symbolisch gespeicherten Wissensvorrat einer kulturellen Überlieferung, die Sphäre legitimer sozialer Ordnungen, die den Individuen zur Regelung ihrer Gruppenzugehörigkeit und zur Sicherung von Solidaritäten dient, sowie Sprach- und Handlungsfähigkeitskompetenzen und die Konstitution der individuellen Identität (vgl. ebd., 33). Bezogen auf den Sachunterricht heißt dies:

> „*Grundlegende Bildung im Sachunterricht klärt über die Lebenswelt auf, fördert Interaktionen und stärkt die Persönlichkeiten der Schüler/innen*, indem sie von den Sichtweisen der/des Schüler/in ausgehend in die Grundlagen z.B. biologischer, politischer oder historischer Bildung einführt, ihnen ihre eigenen Interaktionen durchsichtig macht sowie vorhandene Personale Kompetenzen differenziert und neue vermittelt:
>
> Intuitiv erworbene *kulturelle Überzeugungen* sind aufzuklären, zu ergänzen und zu differenzieren: Kulturelles Wissen ist in Form von *rationalem Wissen* zu erwerben, also in sachorientierter Auseinandersetzung mit Bildungswissen oder auch direkt mit Gegenständen oder Kontexten. Es ist auf *Wahrheit* bezogen und im Zweifelsfall darauf hin (diskursiv) zu *prüfen* und zu kritisieren. [...]

> *Sozial eingelebte Praktiken* sind aufzuklären und zu erweitern: *Soziales Wissen* ist handlungsorientiert in sozialen Praktiken wie Interaktionen zu erwerben. Die *Richtigkeit* der leitenden *Normen und Werte* in sozialen Prozessen wird unterstellt und ist im Konfliktfall (intersubjektiv) zu *hinterfragen*. [...]
>
> *Intuitives Wissen über Menschen und die eigene Person* ist aufzuklären, zu erweitern und zu differenzieren: *Personales Wissen* ist in aktiven symbolischen Handlungen anzueignen; es bezieht sich auf die (handlungsorientierte) Bildung eigener *Fertigkeiten und Fähigkeiten*, die in Prozessen der Selbstreflexion erworben wird. Gegenüber Anderen dient das Kriterium der *Aufrichtigkeit* zur Beurteilung der Zurechnungsfähigkeit von symbolischen Handlungen und ist bei Irritationen (mit Hilfe von Perspektivenübernahme) zu *bezweifeln*.“ (RICHTER 2002, 102)

Wenn der Begriff der Lebenswelt nicht differenziert betrachtet wird, führt dies nach RICHTER zu einer Neuauflage der traditionellen Heimatkunde (vgl. a.a.O., 78). Dass dies für einige Konzepte zum fächerübergreifenden Unterricht zutrifft, die sich bei der Erarbeitung lebensweltlicher Themen auf eine Abbildung der Alltagswirklichkeit beschränken, wurde im Rahmen der Auswertung bereits gezeigt. Damit wird implizit das Prinzip der Konzentration um eine Sacheinheit des LLV übernommen.[332]

Neben der Erschließung der Lebenswelt wird von der Sachunterrichtsdidaktik auch die Notwendigkeit des Fachbezugs und der gezielten Hinführung auf Schulfächer betont. Hintergrund dieser sich teils widersprechenden, teils ergänzenden Ansprüche ist die *historische Entwicklung* des Faches. Sowohl dessen Ursprünge in der traditionellen Heimatkunde als auch die Forderung nach einem wissenschaftsorientierten Unterricht, die vor allem während der Bildungsreform der sechziger und siebziger Jahre des zwanzigsten Jahrhunderts erhoben wurde, beeinflussen die aktuelle Diskussion und verweisen auf das Spannungsfeld, in dem sich der Sachunterricht befindet. Allerdings ist weder mit Heimatkunde noch mit Wissenschaftsorientierung ein einheitliches Konzept verbunden. Unter dem jeweiligen Begriff werden unterschiedliche, teilweise auch divergente Ansätze subsumiert.[333]

SCHAUB und ZENKE skizzieren die Entwicklung folgendermaßen: Der Begriff *Heimatkunde* wird auf das 19. Jahrhundert zurückgeführt und von HARNISCH und FINGER zunächst „für einen neu konzipierten Lernbereich der Volksschule verwendet, in dem die Inhalte verschiedener Realien integrativ verflochten

---

[332] Vgl. Kap. 4.2.1.2.

[333] Zu einer differenzierten Darstellung der historischen Entwicklung des Sachunterrichts vgl. beispielsweise KAHLERT 2002, 151-201; RICHTER 2002, 22-64; KAISER 1999, 13-101.

waren" (SCHAUB/ZENKE 2002, 254). Diese aufklärerisch-liberale Konzeption verursachte jedoch politische Widerstände und wurde verboten. Im wilhelminischen Obrigkeitsstaat wurde zwar die Heimatorientierung als Unterrichtsprinzip für alle Fächer der Volksschule aufgegriffen, aber „zum Kern einer affirmativen religiösen und nationalen Gesinnungsbildung umfunktioniert" (a.a.O., 254f.). 1921 erfolgte dann auf der Basis der Weimarer Verfassung von 1919 eine Verankerung der Heimatkunde als eigenständiges Fach in den Richtlinien und Lehrplänen der einzelnen Reichsländer, wodurch die „Grundschule bis 1933 ein relativ einheitliches Profil" gewann (a.a.O., 255). Nach einer völkischen Ausrichtung der Heimatkunde während des nationalsozialistischen Regimes wurden in der Nachkriegszeit für die BRD zunächst die Inhalte der Weimarer Grundschule übernommen (vgl. ebd.). Der heimatkundliche Gesamtunterricht des LLV hat diese Entwicklung entscheidend mitgeprägt. Dies ist vor allem darauf zurückzuführen, dass die Leipziger Erfahrungen in die Reichsgrundschulrichtlinien von 1921 mit eingeflossen sind.[334]

Als zentrale Kritikpunkte an der Heimatkunde werden von KAISER die emotionale Überfrachtung und die Irrationalität, die Vernachlässigung kognitiver Unterrichtskomponenten, die antiquierten Inhalte, die nicht auf eine von Wissenschaften und Technik bestimmte Welt abgestimmt sind, die zu geringe Orientierung an realen Sachstrukturen, die fehlende wissenschaftliche Orientierung, die ideologische Vorbelastung beispielsweise durch die Begriffe Heimatstolz und Volk, der Bezug auf naturalistische Begabungstheorien sowie die Fragwürdigkeit des Prinzips *vom Nahen zum Fernen* und des Ganzheitsprinzips angeführt (vgl. KAISER 1999, 46f.). Ein primär an Wissenschaften orientierter Unterricht sollte dem entgegenwirken und andere Schwerpunkte setzen. Im Zuge der Bildungsreform der sechziger und siebziger Jahre bekam der Sachunterricht somit eine neue Ausrichtung.

> „Ausgelöst durch den ‚Sputnik-Schock' hatte in den USA vom Beginn der 60er Jahre an eine umfassende Kampagne zur Förderung von Naturwissenschaft und Technik, insbesondere in den Schulen eingesetzt, um das Interesse der Jugendlichen an Naturwissenschaften zu stimulieren. Die Wettbewerbsnachteile bei der Weltraumforschung und -technologie gegenüber der Sowjetunion sollten wieder aufgeholt werden, insgesamt sollte ein Technologieschub die industrielle Entwicklung befördern. In den Schulen wurden die (Natur-)Wissenschaften ebenso zum ‚Motor' wie zur inhaltlichen und methodischen Richtschnur für die Entwicklung von Lehr- und Lernmaterialien." (FÖLLING-ALBERS 1993, 12)

[334] Vgl. Kap. 2.2.1.

Im Verlauf dieser Entwicklung sind unterschiedliche Konzepte für einen *wissenschaftsorientierten Sachunterricht* entstanden bzw. aus den USA übernommen worden. Zu nennen ist hier unter anderem der strukturorientierte Ansatz, der durch die „Einsicht in grundlegende Prinzipien naturwissenschaftlicher Erklärungsversuche" (KAHLERT 2002, 171) ein nachhaltiges Lernen erreichen wollte. Einzelne Basiskonzepte wie das Teilchenstrukturkonzept, das Wechselwirkungskonzept und das Erhaltungskonzept sollten die Struktur einer Disziplin verdeutlichen und dazu beitragen, Grundgedanken verstehen und Detailwissen in umfassendere Zusammenhänge einordnen zu können (vgl. ebd.).[335] Auch der verfahrensorientierte Ansatz wurde in diesem Kontext entwickelt. Mit ihm wurde die Intention verbunden, „Verfahren der naturwissenschaftlichen Bearbeitung von Umwelt und der Erkenntnisgewinnung zu üben" (a.a.O., 173). Die Schülerinnen und Schüler sollten beispielsweise durch Beobachtungen, Messungen und Klassifizierungen methodische Kompetenzen erwerben, die wegen der schnellen Wissensvermehrung der Vermittlung konkreter Inhalte vorgezogen wurden (vgl. ebd.). KAISER weist darauf hin, dass im Kontext der Demokratisierungsdebatte, die parallel zu der Bildungsreformdebatte verlief, auch sozialwissenschaftlich orientierte Ansätze konzipiert wurden (vgl. 1999, 81-87).

Die wissenschaftsorientierten Sachunterrichtskonzeptionen waren wie die traditionelle Heimatkunde der Kritik ausgesetzt. Für problematisch befunden wurden beispielsweise geschlossene Curricula, die sich nicht an den Schülerinnen und Schülern orientierten. Weiterhin wurden die unkritische, affirmative Haltung gegenüber den Wissenschaften, die Lebensferne und Abstraktheit der Inhalte, die häufig nur unzureichend wissenschaftsadäquate Elementarisierung der Inhalte durch die Lehrkräfte, die Vernachlässigung pädagogischer Aspekte und die damit verbundene einseitige kognitive Leistungsorientierung sowie die unhinterfragte Übernahme von Normen der Sekundarstufe für die Primarstufe kritisiert (vgl. RICHTER 2002, 40). Die CIEL-Arbeitsgruppe wollte sich mit der

---

[335] KAHLERT skizziert die Konzepte folgendermaßen: „Mit dem Teilchenstrukturkonzept sollte die Vorstellung aufgebaut werden, dass die materielle Welt aus unterschiedlichen kleinsten Teilchen bestehe und Eigenarten sowie Zusammenspiel der kleinsten Teilchen die Vielfalt von Eigenschaften und Beschaffenheiten der wahrnehmbaren Materie begründen. [...] Das Wechselwirkungskonzept sollte naturwissenschaftliche Vorgänge als Wirkung des Zusammenspiels von Interaktionspartnern verständlich machen [...]. Das Erhaltungskonzept sollte die Einsicht aufbauen, dass stoffliche und energetische Eigenschaften sich zwar verändern können, prinzipiell Materie und Energie aber nicht verloren gehen, sondern allenfalls in unterschiedliche Formen umgewandelt werden" (KAHLERT 2002, 171f.).

Konzeption des MPU von der traditionellen Heimatkunde *und* von der Wissenschaftsorientierung abgrenzen und thematisierte somit schon während der Bildungsreformphase der sechziger und siebziger Jahre des zwanzigsten Jahrhunderts die mit einem ausschließlich wissenschaftsorientierten Unterricht verbundenen Schwierigkeiten.[336]

In der aktuellen sachunterrichtsdidaktischen Diskussion werden sowohl die Orientierung an der Lebenswirklichkeit als auch an der Wissenschaft bzw. den Fächern berücksichtigt, wobei die Spannung, die zwischen diesen beiden Ausrichtungen besteht, durchaus wahrgenommen wird.

> „Einige DidaktikerInnen verstehen fachdidaktische Aspekte der Bezugsfächer, die in integrierenden Sichtweisen auf Gegenstände des Unterrichts zu beziehen seien, als die wichtigsten Bereiche dieses Faches, andere sehen in der Lebenswirklichkeit von Kindern die Basis des Sachunterrichts, von der auszugehen sei." (RICHTER 1993a, 5)

Es existieren unterschiedliche *Ansätze für die Integration von Lebenswirklichkeits- und Wissenschaftsorientierung im Sachunterricht.* Bereits 1976 hat BURK die Frage gestellt, ob die Grundschule eine Kinderschule oder eine Vorschule der Wissenschaft sei und in diesem Zusammenhang die Prinzipien der Kindgemäßheit und Wissenschaftsorientierung erörtert. Er favorisiert eine Lernbereichsdidaktik, die beide Grundsätze aufnimmt und dadurch produktiv mit der durch sie erzeugten Spannung umgeht (vgl. BURK 1976, 78-86). In der aktuellen Sachunterrichtsdidaktik werden mehrere Möglichkeiten aufgezeigt, Lebenswelt und Wissenschaft aufeinander zu beziehen:

KAHLERT verortet mit seinem *Konzept der didaktischen Netze* den Sachunterricht zwischen Erfahrungs- und Fachbezug und greift somit die Spannung zwischen Lebenswirklichkeit und Wissenschaft auf. Lebensweltliche Dimensionen und fachliche Perspektiven werden als polare Paare gesehen, die einerseits die potenziellen Erfahrungen der Lernenden und andererseits das allgemein gültige oder bewährte Wissen umfassen. Beide Aspekte sind seiner Meinung nach aufeinander verwiesen und kontrollieren sich wechselseitig. Das Risiko, sich im Sachunterricht „im Kreis von Banalitäten und Alltagswissen der Kinder" zu drehen (KAHLERT 2002, 226), werde durch den fachlich geschulten Blick reduziert. Durch die Orientierung an der Lebenswelt werde das Risiko eingegrenzt, „dass Fachorientierung zu erfahrungsleeren Begriffen und Merksätzen führt" (ebd.).

---

[336] Zu den einzelnen Kritikpunkten der CIEL-Arbeitsgruppe vgl. Kap. 2.4.1 und 2.4.2.

Die Begriffe Dimension und Perspektive verdeutlichen sowohl das unterschiedliche Abstraktionsniveau als auch die unterschiedliche Beobachtungsschärfe, mit der die Beziehungen eines Einzelnen in seiner jeweiligen Lebenswelt erfasst werden können (vgl. ebd.).

Folgende Paare führt KAHLERT an: mit anderen zusammenleben – soziologische Perspektive; kaufen, tauschen, herstellen und handeln – wirtschaftliche Perspektive; sich mit anderen verständigen – sprachliche Perspektive; wahrnehmen und empfinden, darstellen und gestalten – ästhetische Perspektive; natürliche Phänomene und Gegebenheiten – naturwissenschaftliche Perspektive; die bebaute und technisch gestaltete Umwelt – technische Perspektive; Räume hier und anderswo – geografische Perspektive; Wandel im Zusammenleben – geschichtliche Perspektive; Was ist erlaubt?, Was ist gut und richtig? – ethisch/philosophische Perspektive (vgl. a.a.O., 228-232).

KAHLERT hebt somit die Spannung zwischen Wissenschafts- und Lebensweltorientierung nicht in einer Kategorie auf, macht sie jedoch für die konkrete Planung von Sachunterricht und darüber hinaus auch von fächerübergreifendem Unterricht fruchtbar.[337]

1999 hat die Gesellschaft für die Didaktik des Sachunterrichts (GDSU) einen *Perspektivrahmen* entwickelt, um die so genannten Elementaria des Sachunterrichts zu konsolidieren (vgl. SCHREIER 2001, 332). In dem Perspektivrahmen werden die Erfahrungen der Kinder und die Sachwissenschaften nicht als eigenständige Pole dargestellt, sondern zusammengefasst.

> „Der Rahmen steckt den Bereich ab, der das Spezifikum des Sachunterrichts ausmacht. Er umreißt das Feld der Interaktion zwischen dem jeweiligen Erfahrungshorizont der Kinder mit den Wissensbeständen der wissenschaftlichen Bereiche. Er fungiert wie ein Filter für die Sachwissenschaften, indem er das Wissenswerte herausgreift, und wie ein Netz für die Interessen der Kinder in ihrer Situation, indem er die vermittelbaren Elemente hervorhebt." (SCHREIER 2001, 339f.)

Von der GDSU werden eine sozial- und kulturwissenschaftliche, eine historische, eine technische, eine naturwissenschaftliche und eine raumwissenschaftliche Perspektive vorgeschlagen (vgl. a.a.O., 345f.).

Daneben existieren auch Konzeptionen, die nicht das Spannungsverhältnis von Lebenswelt- und Fachorientierung in den Vordergrund stellen, sondern Teilhabe- und Teilnahmefelder, in die jedoch auch fachliche Perspektiven Eingang

---

[337] Vgl. Kap. 3.7.1.

finden. In diesem Zusammenhang nennt KÖHNLEIN die heimatliche Lebenswelt und kulturelle Vielfalt, die Geschichte des Gewordenen, die Landschaft und ihre Gestaltung, das wirtschaftliche Handeln, vielfältige soziale Bezüge und politische Regelungen, die Phänomene der physischen Welt, die technischen Einrichtungen und Nutzungsmöglichkeiten, die lebendige Natur, der wir angehören sowie die modernen ökologischen Einsichten und Handlungsimperative als sachunterrichtliche *Dimensionen* (vgl. 1998, 33).

> „Diese Dimensionen bezeichnen mögliche Ausdehnungen in bestimmte kulturell ausgeprägte Bereiche des praktischen und geistigen Lebens; in unserer Didaktik verstehen wir sie nicht als parzellierte Zweckrationalitäten, sondern als curriculare Perspektiven im Rahmen der *Einheit des Sachunterrichts*. Sachunterricht ist also nicht schon Geographie, Geschichte oder Physik, aber er hat in elementarer Weise teil an diesen Aspekten auf die Welt, die in unserer Kultur dominant sind und sich als Bereiche curricularer Ressourcen schon dadurch auszeichnen, daß sie prinzipiell verstehbar sind." (KÖHNLEIN 1998, 33).

Wie *Ordnungsstrukturen* sowohl aus Fachsystematiken als auch aus Erfahrungswelten gewonnen werden können, verdeutlicht BÄUML-ROßNAGL und rekurriert damit ebenfalls auf das für den Sachunterricht konstitutive Spannungsverhältnis von Wissenschaft und Lebenswelt. Sowohl die heuristische Funktion fachlicher Strukturen für die Ordnung der Erfahrungswelten als auch die Gewinnung neuer Ordnungskriterien für fachliche Inhalte aus den Erfahrungswelten sind ihrer Meinung nach von Bedeutung (vgl. BÄUML-ROßNAGL 1992, 52).

BÄUML-ROßNAGL versteht eine lebensweltlich begründete Empirie, die mit der Phänomenologie beginnt, als Weg zu den Schulfächern. Eine solche Empirie kann als Bildungsweg zu einem fachlichen, empirisch begründeten Ordnen hinführen (vgl. a.a.O., 54). Zugleich wird das Fachwissen in seiner erklärenden und ordnenden Funktion für Alltagserfahrungen sowie in seiner Möglichkeit, den Kontext von Objekt und Subjekt herzustellen, bedacht (vgl. a.a.O., 56). Als Problem der fachlichen Begriffsbildung gilt das Abstrahieren von den ganzheitlichen Erfahrungswelten. Man könne dies durch eine mehrperspektivische Analyse der Begriffe bildungswirksam bewältigen (vgl. a.a.O., 58). Abschließend weist BÄUML-ROßNAGL auch im Hinblick auf globale Gefährdungen auf die Notwendigkeit hin, lebensweltliche Ordnungsbedürfnisse in ihrer wechselseitigen Abhängigkeit mit naturwissenschaftlich-technischen Möglichkeiten zu entwickeln (vgl. a.a.O., 60).

Anhand der Konzepte von KAHLERT, der GDSU, KÖHNLEIN und BÄUML-ROßNAGL wird deutlich, dass sich die aktuelle Sachunterrichtsdidaktik ihrer historischen Entwicklung, d.h. des Spannungsverhältnisses von Lebenswirklichkeits- und Wissenschaftsorientierung, bewusst ist und versucht Einseitigkeiten zu vermeiden. Im Hinblick auf die Gewichtung bzw. das Verhältnis der beiden Aspekte existieren jedoch unterschiedliche Auffassungen.

Die sachunterrichtsdidaktischen Ansätze weisen *Unterschiede zu den Konzepten zum fächerübergreifenden Unterricht* auf. Die Polarität von Erfahrung und Fach bzw. Lebenswelt und Wissenschaft wird, wie bereits gezeigt wurde, auch in einigen Publikationen zum fächerübergreifenden Lehren und Lernen thematisiert, dem in diesem Zusammenhang die Aufgabe der Vermittlung zwischen beiden Extremen zugewiesen wird. Neben WOLTERs macht vor allem KAHLERT auf die Problematik einer einseitigen Orientierung aufmerksam,[338] die in seinen Ausführungen zum Sachunterricht ebenfalls thematisiert wird. Hinzuweisen ist außerdem auf Ansätze, die ein enges Verständnis von fächerübergreifendem Unterricht vertreten und mit der Frage der Strukturierung von Inhalten zugleich mögliche Fachbezüge berücksichtigen. Dennoch sind Konzepte zum fächerübergreifenden Unterricht auf Grund ihrer Legitimation sowohl durch die Kritik am Fachunterricht und der damit verbundenen Loslösung von der konkreten Alltagssituation als auch durch die Kategorie der Ganzheit[339] häufig durch eine einseitige Ausrichtung an der Lebenswirklichkeit gekennzeichnet. Das Spannungsfeld von Lebenswirklichkeit und Wissenschaft wird dann als Spannungsfeld von fächerübergreifendem Unterricht und Fachunterricht interpretiert. Hingegen ist der Sachunterricht – bedingt durch seine historische Entwicklung – im Allgemeinen um eine Zusammenschau der beiden Pole bemüht, die beispielsweise von KAHLERT auch im Hinblick auf den fächerübergreifenden Unterricht problematisiert, jedoch nicht generell übernommen wird. Die aktuelle Sachunterrichtsdidaktik versucht größtenteils die Lebenswelt der Kinder und fachliche Perspektiven aufeinander zu beziehen bzw. fachliche Perspektiven für die Aufklärung der Lebenswelt zu nutzen. So können die positiven Aspekte sowohl der Heimatkunde als auch der Wissenschaftsorientierung in der Sachunterrichtsdidaktik aufgehoben werden, ohne die Kritik an den beiden Ansätzen zu vernachlässigen. Während sich der fächerübergreifende Unterricht in der

[338] Vgl. Kap. 3.7.1 und 4.2.1.2.
[339] Vgl. Kap. 3.3.3 und 3.3.5.

aktuellen Debatte vielfach als Antithese zum wissenschaftsorientierten Fachunterricht versteht, stellt der Sachunterricht eher eine Synthese von lebensweltorientiertem Heimatkundeunterricht und wissenschaftsorientiertem Fachunterricht dar.

4.3.2 Sachunterricht als Ort der Thematisierung gesellschaftlich relevanter Probleme

Die Sachunterrichtsdidaktik nimmt wie die Konzepte zum fächerübergreifenden Unterricht Bezug auf aktuelle gesellschaftliche Anforderungen und Problemstellungen. Die Forderung, im Sachunterricht Schlüsselqualifikationen zu vermitteln wird eher kritisch gesehen. Hingegen scheinen epochaltypische Schlüsselprobleme als sachunterrichtsspezifische Inhalte weit gehend akzeptiert zu sein.

KÖHNLEIN weist darauf hin, dass die inhaltliche Auslegung des Sachunterrichts unter Berücksichtigung der über die Grundschule hinausreichenden Dimensionen dem Aufbau grundlegenden Wissens diene. Die Didaktik müsse sich dessen bewusst sein, dass man weder fehlendes Grundwissen durch Metawissen noch mangelnde Grundqualifikationen durch *Schlüsselqualifikationen* ersetzen könne (KÖHNLEIN 2001a, 323). An anderer Stelle betont er, dass sich die Intentionen des Sachunterrichts auf die Aufgabenbereiche und die Prinzipien des Bildungsprozesses beziehen. Als Leitziele werden Mündigkeit, Handlungskompetenz, Kommunikationsfähigkeit und Kooperationsbereitschaft genannt (KÖHNLEIN 2001b, 501). Die drei letztgenannten Leitziele können auch als Schlüsselqualifikationen bezeichnet werden, verlieren jedoch im Zusammenhang mit Mündigkeit ihren rein formalen Charakter und sind nicht mehr beliebig inhaltlich füllbar.

Die zunehmende Ersetzung des Begriffs der Qualifikation oder Schlüsselqualifikation durch den Begriff der Kompetenz und der damit verbundene Perspektivenwechsel werden von RICHTER im Rahmen ihrer Sachunterrichtsdidaktik betont. Qualifikationen seien im Allgemeinen flexibel und situationsunspezifisch einsetzbare Fähigkeiten, durch die man auf sich verändernde Bedingungen reagieren könne. Daher haben sie für RICHTER „einen technisch-instrumentellen Beigeschmack" (2002, 115). „Kompetenzen hingegen beziehen sich stärker auf das jeweilige Individuum und dessen Selbständigkeit in bestimmten inhaltlichen Bereichen" (ebd.).

In der aktuellen Sachunterrichtsdidaktik ist man sich folglich der Problematik einer rein formalen Vermittlung von Fähigkeiten bewusst und nimmt eine kritische Bewertung von Schlüsselqualifikationen vor, die teilweise in den Konzepten zum fächerübergreifenden Unterricht – auch unter Bezugnahme auf Forderungen von Seiten der Wirtschaft – als zentrale Intentionen angeführt werden.[340] Indem der Zusammenhang sowohl mit übergeordneten Zielsetzungen als auch mit Inhalten thematisiert wird, werden implizit Argumente der kritischen Auseinandersetzung mit dem Schlüsselqualifikationskonzept berücksichtigt, die beispielsweise WEINERT und TILLMANN geführt haben.[341] Dadurch wird zugleich die Möglichkeit einer Instrumentalisierung bzw. Funktionalisierung von Schule reduziert, die im Zusammenhang mit der Vermittlung formaler Qualifikationen besteht.

Von besonderer Relevanz für die Sachunterrichtsdidaktik sind die so genannten epochaltypischen *Schlüsselprobleme*, die wegen ihres interdisziplinären Charakters auch in den Konzepten zum fächerübergreifenden Lehren und Lernen als zentrale Inhalte angeführt werden. KLAFKI betont, dass sein Bildungsverständnis[342] – einschließlich der Schlüsselprobleme – auch für die Grundschule anerkannt werden müsste (vgl. 1992, 14). Er weist zunächst auf den gesellschaftlichen Kontext von (Grund-)Schule und Unterricht sowie die Beeinflussung von Kindern und Lehrern „durch einen gesellschaftlich bedingten Sozialisationsprozeß“ hin (a.a.O., 17). Außerdem lebten Kinder heute

> “viel weniger naiv, in harmonischer Einheit mit ihrer gegenständlichen und sozialen Umwelt und viel weniger in einer noch undifferenzierten Einheit ihrer kognitiven, emotionalen, praktischen und sozialen Möglichkeiten als das im klassisch-reformpädagogischen Bild vom Grundschulkind zum Ausdruck kam“ (KLAFKI 1992, 17).

Grundschule kann daher nach Ansicht KLAFKIS nicht als Modell einer heilen Welt, als pädagogische Kinderprovinz oder als abgesonderter Kindheitsschutzraum gestaltet werden, soll aber dennoch ein kindgemäßer Erfahrungsraum sein (vgl. a.a.O., 18). Unter diesen Voraussetzungen werden epochal-

---

[340] Dass in der Sachunterrichtsdidaktik nicht durchgängig eine kritische Haltung gegenüber Schlüsselqualifikationen vorherrscht, kann exemplarisch an den Ausführungen von STOLTENBERG verdeutlicht werden. Sie verweist jedoch auf den inhaltlichen und gesellschaftlichen bzw. politischen Kontext für den Erwerb der entsprechenden formalen Fähigkeiten (vgl. STOLTENBERG 2000, 204f.).

[341] Vgl. Kap. 4.2.2.1.

[342] Vgl. Kap. 3.3.2.

typische Schlüsselprobleme als inhaltliche Orientierungsdimension für den Sachunterricht verstanden. KLAFKI lehnt sich dabei in seiner Argumentation an die *Neuen Studien zur Bildungstheorie und Didaktik* (1996) an.[343] Im Hinblick auf die spezifische Situation von Grundschulkindern wird auf deren Lebensrealität sowie auf den Zusammenhang von Gegenwarts- und Zukunftsbezug verwiesen. Kinder seien von den Schlüsselproblemen betroffen und Schule müsse auch über noch nicht Bewusstgewordenes aufklären (vgl. KLAFKI 1992, 22). Wird der Schlüsselproblemansatz als ein mehrere Bildungsstufen übergreifendes Prinzip verstanden, kann die Auseinandersetzung im Sinne eines Spiralcurriculums schrittweise vertiefend und erweiternd stattfinden (vgl. a.a.O., 23f.).

Die Sachunterrichtsdidaktik führt Schlüsselprobleme als zentrale Themen bzw. Bildungsbereiche der Grundschule an. Zum Teil werden die Überlegungen KLAFKIs übernommen, beispielsweise von KÖHNLEIN, der sie als Zielperspektiven des Sachunterrichts bezeichnet (vgl. 2001b, 501; 1998, 34f.), oder von KAHLERT der über eine Aufzählung der einzelnen Schlüsselprobleme hinaus auch deren bildungstheoretische Einordnung darstellt, sich dabei aber an KLAFKIs Argumentation orientiert (vgl. KAHLERT 2002, 206-209). Zum Teil findet auch eine Erörterung der spezifischen didaktischen Konsequenzen eines Schlüsselproblemunterrichts in der Grundschule statt.

Ausgehend von der Kritik an KLAFKIs Ansatz, die sich im Wesentlichen auf die hohen Ansprüche und die Möglichkeit der Überforderung bezieht, betont KAISER, dass man Schlüsselprobleme nicht als bloße aneinander zu reihende Themenbereiche missverstehen dürfe. Sie seien ein Spektrum zentraler Inhalte, „die sich aus der gesellschaftstheoretischen Analyse mit der Perspektive gesellschaftlicher Humanisierung, Egalität und Solidarität begründen lassen“ (KAISER 1999, 151). Weiterhin weist sie auf die von KLAFKI selbst für notwendig erachtete Ergänzung durch eine allseitige Entfaltung der Kinder hin, die sich auf kognitive, emotionale, ästhetische, soziale und praktisch-technische Fähigkeiten bezieht. KLAFKI berücksichtigt ihrer Meinung nach die Pole Gesellschaft *und* Kind (vgl. a.a.O., 151f.).

KAISER konkretisiert KLAFKIs Überlegungen im Hinblick auf die spezifische Situation des Sachunterrichts in der Grundschule und stellt dabei den Schlüsselproblemen Kategorien gegenüber, die eine allseitige Entwicklung ermöglichen

---

[343] Vgl. Kap. 3.7.2.

sollen. Als Themen nennt sie Frieden, Umwelt, eine Welt, gerechte Verteilung in der Gesellschaft, Demokratisierung aller Lebensbereiche, Technikfolgen und Gleichheit in Verschiedenheit. Quer dazu liegen die Kategorien spielerisches Lernen entwickeln, Sinneswahrnehmung differenzieren, kommunikativ handeln, ästhetisch-kreativ tätig sein, technisch-praktisch handeln, entdeckend lernen, alltägliche Inhalte und Situationen verstehen, individuelle Sinndeutungen finden und verschiedene Bedeutungen akzeptieren (vgl. a.a.O., 152f.).

Für den Sachunterricht in der Risikogesellschaft werden folgende Konsequenzen formuliert:

> „Sachunterrichtsdidaktisch ist es [...] notwendig, den Kindern Gewißheit zu verschaffen, daß ihre Zukunft lebenswert ist und Lebensmöglichkeiten bietet. Von daher ist es notwendig, daß Kinder in begreifbaren Zusammenhängen Handlungsperspektiven erarbeiten und erproben, um in ihren Lebensräumen selbst aktiv eine sozial- und umweltverträgliche Entwicklung zu fördern. Dazu gehört insbesondere angesichts der zunehmenden ökologischen Probleme, den verantwortlichen Umgang mit Ressourcen in der Schule zu praktizieren und zu lernen.“ (KAISER 1999, 169)

Für FEIGE stellen Schlüsselprobleme ebenfalls zentrale Inhalte des Sachunterrichts der Grundschule dar, wobei er betont, dass bei ihrer Behandlung auch andere Fächer im Sinne eines fächerübergreifenden Unterrichts einbezogen werden müssten. So könnte der Sachunterricht “wieder stärker zur *Sinnmitte* der Grundschularbeit“ werden (FEIGE 2000, 73). Damit wird der Zusammenhang von fächerübergreifendem Unterricht im Allgemeinen und Sachunterricht im Besonderen verdeutlicht. Umfassende Sachunterrichtsthemen können auch in ihrer Beziehung zu anderen Schulfächern betrachtet werden und somit selbst Elemente eines fächerübergreifenden Unterrichts sein.

Im Hinblick auf die Thematisierung epochaltypischer Schlüsselprobleme finden sich viele Parallelen in der Argumentation zu den Beiträgen zum fächerübergreifenden Lehren und Lernen, wobei die Sachunterrichtsdidaktik verstärkt auch die Möglichkeiten und Grenzen einer grundschulspezifischen Umsetzung aufzeigt. Hierbei wird insbesondere die Gefahr einer Überforderung der Kinder durch Themen berücksichtigt, die sehr komplex sind und vor allem Gefährdungen und Risiken fokussieren. Somit kann die Sachunterrichtsdidaktik wichtige Ergänzungen bzw. Konkretisierungen zu einer Theorie des fächerübergreifenden Unterrichts in der Grundschule beitragen.

Der Konsens über die Bedeutung der Schlüsselproblemkonzeption scheint zu verbergen, dass ihre unterrichtliche Erarbeitung in der Grundschule bisher nur eine untergeordnete Rolle in der erziehungswissenschaftlichen Forschung spielt. Insbesondere zum Gesellschaftsverständnis von Kindern, das in engem Zusammenhang mit dem Verständnis von Schlüsselproblemen steht, fehlen Untersuchungen.

> „Obwohl also in der Fachwelt zunehmend über die direkte und indirekte politische Betroffenheit von Kindern diskutiert wird – seien dies allgemeinere Arbeiten, die sich auf die von Klafki [...] artikulierten epochaltypischen Schlüsselprobleme beziehen oder Arbeiten zu einzelnen Aspekten wie die Situation der Eltern, Kinder als Konsumenten oder vernetzt in Institutionen und Rechtssystemen bis hin zu medialen Einflüssen – fehlen entsprechende Forschungen. [...] [E]s werden weder gesellschaftstheoretische Kategorien subjektiver Dimensionen zur Untersuchung politischen Bewußtseins entwickelt, noch wird empirisch zur ‚Entwicklung des Gesellschaftsverständnisses bei Kindern' gearbeitet" (RICHTER 1997, 85).

Bezüglich der Umsetzung des Schlüsselproblemkonzeptes in der Primarstufe besteht folglich weiter Forschungsbedarf.

4.3.3 Sachunterricht als Möglichkeit der Gewinnung von Ordnungsstrukturen

Dem Sachunterricht wird – wie dem fächerübergreifenden Unterricht auch – die Aufgabe zugewiesen, Zusammenhänge zu erschließen und somit Ordnungsstrukturen zu gewinnen. Dies ist unter anderem auf den umfassenden Gegenstandsbereich des Sachunterrichts zurückzuführen, durch den sich jedoch nicht per se Bezüge zwischen einzelnen Aspekten eines Themas oder zwischen unterschiedlichen Themen ergeben. In der aktuellen Sachunterrichtsdidaktik werden neben der Notwendigkeit, inhaltliche Verbindungen herzustellen, und der Art dieser Verbindungen auch konkrete Möglichkeiten der unterrichtlichen Umsetzung diskutiert. Außerdem erfolgt eine Erörterung möglicher Probleme. Hingegen wird die anthropologische Dimension der Herstellung von Zusammenhängen nicht thematisiert. Im Folgenden werden die unterschiedlichen Positionen skizziert und auf die Diskussion zum fächerübergreifenden Unterricht bezogen.

Sachunterricht soll nicht nur Einzelwissen vermitteln, sondern das *Erschließen von Zusammenhängen* ermöglichen und scheint dafür auf Grund seiner Interdisziplinarität – wie der fächerübergreifende Unterricht – besonders geeignet zu sein. So verweist KÖHNLEIN im Hinblick auf die Grundlegung einer allgemeinen Bildung im Sachunterricht auf das Prinzip, zwischen den einzelnen Inhalten

Zusammenhänge herzustellen. Das Erkennen von Verknüpfungen ist seiner Meinung nach eine notwendige Voraussetzung des Verstehens. Dieses wiederum sei „ein zentrales Moment von Bildung“ (KÖHNLEIN 1998, 37). KAISER ist der Ansicht, dass der Sachunterricht der Zukunft über konkrete Phänomene und Probleme hinaus in unterschiedliche Bedeutungsschichten eindringen und systematisch Zusammenhänge erschließen müsse (vgl. 1999, 177).[344]

Weil der Sachunterricht unterschiedliche Bezugsfächer hat, die wiederum zu einem naturwissenschaftlichen und einem sozialwissenschaftlichen Lernbereich zusammengefasst sind, sollen nicht nur Verbindungen zwischen einzelnen Themen hergestellt werden. Es wird auch eine Integration der Fächer bzw. Lernbereiche intendiert. Dass allerdings das Zusammenwirken von Natur- und Sozialwissenschaften auch mehr als 30 Jahre nach der Grundschulreform von 1969 noch problematisch ist, wird von THIEL betont. Er verweist auf die ergänzende Funktion der beiden Bereiche im Sachunterricht (vgl. THIEL 2003, 288; 302). Von einer unbefriedigenden Integration der Einzelfächer spricht HOPF. Angesichts der aktuellen gesellschaftlichen Probleme sei eine enge Verbindung von Natur- und Sozialwissenschaften erforderlich (vgl. HOPF 1993, 24; 26). KÖHNLEIN geht davon aus, dass die Unterscheidung einer natur- und einer geisteswissenschaftlichen Kultur und darüber hinaus von einzelfachlichen Zugängen nicht mehr zeitgemäß ist:

> „Die Zweiteilung des Sachunterrichts in einen ‚gesellschaftlichen' oder ‚soziokulturellen' und in einen ‚naturwissenschaftlich-technischen Bereich' ist ein überholtes Modell. Noch mehr gilt das für eine binnenfachliche Aufsplitterung, also ein Nebeneinander von Biologie, Geschichte, Sozialkunde usw. innerhalb des Sachunterrichts. Unser Anfang liegt in der undifferenziert-pragmatischen Sichtweise der Kinder; die Sachfächer sind Spätprodukte, zu denen das Curriculum schließlich führt; als Wissenschaftsdisziplinen sind sie kulturelle Institutionen.“ (KÖHNLEIN 2000, 298)

Die Intention, im Unterricht Zusammenhänge zu erschließen, stellt eine Gemeinsamkeit der Publikationen zur Sachunterrichtsdidaktik und zum fächerübergreifenden Unterricht dar. Sie bezieht sich, wenn man NEUHÄUSLERS Begriffsbestimmung zu Grunde legt (vgl. 1995), im Wesentlichen auf komplexe

---

[344] Dass bereits Grundschulkinder die Fähigkeit oder Voraussetzung besitzen, Zusammenhangswissen zu erwerben, wird von EINSIEDLER unter Bezugnahme auf neuere kognitionspsychologische Forschungsergebnisse hervorgehoben. Auch Begriffs- und Phänomenwissen sei Wissen in Bedeutungszusammenhängen. „Kinder lernen Begriffe nicht als isolierte Definitionen mit Oberbegriff und Begriffsmerkmalen, sondern als Konzepte in vielfältig verflochtenen Bedeutungsrelationen“ (EINSIEDLER 2000, 73).

gesetzmäßige, d.h. logische, kausale und finale Zusammenhänge.[345] Wegen der Aufteilung des Sachunterrichts in einen naturwissenschaftlichen und einen gesellschaftswissenschaftlichen Lernbereich, wird der Verbindung zwischen diesen beiden Teilen von der Fachdidaktik eine besondere Bedeutung beigemessen. In den Beiträgen zum fächerübergreifenden Unterricht wird hingegen stärker auf die aktuelle gesellschaftliche Situation Bezug genommen.

Wenn unterschiedliche Themen, Fächer oder Lernbereiche zueinander in Beziehung gesetzt werden sollen, stellt sich die Frage nach der *Art dieser Verbindung*. Von der Sachunterrichtsdidaktik wird die additive Aneinanderreihung, die so genannte Klebekonzentration, problematisiert. Der Sachunterricht als spezifische Form des fächerübergreifenden Unterrichts scheint hierzu in einem besonderen Maß zu neigen. KÖHNLEIN beschreibt das Problem der Inhalte des Sachunterrichts unter Rekurs auf SCHREIER folgendermaßen:

> „Einerseits werden dem Sachunterricht immer neue Bereiche zugefügt – ein Beispiel sind die ‚Bindestrich-Erziehungen und -Bildungen' (Umwelt-, Gesundheits-, Geschlechts-, Verkehrserziehung, Computerbildung etc.) – und nur additiv, d.h. ohne hinreichende Bemühung um eine stimmige Gesamtstruktur und ohne überzeugende Integration in ein Konzept allgemeiner Bildung, angelagert. Sachunterricht gerät dann zu einem Sammelbecken für alles, was in anderen Fächern keinen Raum hat. Andererseits ist es die Befürchtung, daß ein auf diese Weise ufer- und strukturlos gewordener Sachunterricht seinen Gegenstand verliert, in Trivialitäten versandet und schließlich insgesamt für nachhaltiges Lernen belanglos wird" (KÖHNLEIN 1998, 30f.).

Von KAHLERT wird ausdrücklich eingestanden, dass sein Konzept der didaktischen Netze, durch das unterschiedliche fachliche Perspektiven und lebensweltliche Dimensionen aufeinander bezogen werden, eine Klebekonzentration begünstigen kann. Dies verweist seiner Meinung nach auf die Ambivalenz von Instrumenten, die nicht per se Nutzen garantieren, sondern einen professionellen und verantwortungsbewussten Umgang erfordern (vgl. KAHLERT 2002, 240).

Die Problematik der Klebekonzentration bzw. additiver Aneinanderreihungen wird in den Publikationen zum fächerübergreifenden Lehren und Lernen ebenfalls thematisiert. Dies erfolgt vor dem Hintergrund zahlreicher Unterrichtsbeispiele, die einzelne Inhalte allein auf der Grundlage eines begrifflichen Zusammenhangs in einer fächerübergreifenden Einheit miteinander verbinden.

---

[345] Vgl. Kap. 4.2.3.1.

Die Kritik nimmt in erster Linie auf scheinbare, subjektive oder auf Ähnlichkeiten beruhende Zusammenhänge Bezug.[346]

Von der Sachunterrichtsdidaktik werden im Unterschied zu den aktuellen Beiträgen zum fächerübergreifenden Lehren und Lernen auch konkrete grundschulspezifische *Möglichkeiten der Integration* aufgezeigt, die jeweils einen sachlich stimmigen Zusammenhang begründen sollen. Der Lebenswelt, aber auch Gesprächen, Fächern oder Themen wird eine integrative Funktion zugeschrieben:

Für RICHTER stellt das Konzept der Lebenswelt eine Möglichkeit dar, unterschiedliche Inhaltsaspekte integrativ zu verbinden.[347] Wichtig ist ihr die Orientierung an grundsätzlichen Zielvorstellungen. Die „*Aufklärung* der Lebenswelt, die *Emanzipation* der Lernenden in ihren Lebenswelten und ihre *Mündigkeit*“ (RICHTER 2002, 74) werden als oberste Bildungsziele angeführt, die wiederum mit den Strukturen der Lebenswelt *Kultur*, *Gesellschaft* und *Persönlichkeit* korrespondieren. „Mögliche Inhalte des Sachunterrichts sind mit diesen Zielen, bezogen auf die Strukturen hin zu durchforsten und mit Hilfe von *Leitideen* entsprechend zu Unterrichtsthemen zu transformieren“ (a.a.O., 75).

KAISER vertritt das Konzept eines kommunikativen Sachunterrichts, das dem Gespräch eine zentrale integrative Funktion zuweist, wobei kommunikative Prozesse nicht nur als Methoden, sondern auch als Inhalte relevant sind. Ein solcher Unterricht ist nicht wie der Gesamtunterricht OTTOs inhaltlich völlig offen, wählt aber Themen, die mehrdimensionale Deutungen zulassen, als Kommunikationsanlässe (vgl. KAISER 2000, 96; 99).

Fächer oder Themen werden auch unabhängig von ihrer kommunikativen Relevanz als mögliche Integrationskerne benannt. Als integratives Element wird beispielsweise Politik verstanden. Zunächst können in einem Sachunterricht, der nach den Prinzipien des offenen Unterrichts gestaltet wird, durchgängig politische Ziele realisiert werden.

> „Auf diese Weise führt der politische Anspruch des offenen Unterrichts zu Emanzipation und Mündigkeit der SchülerInnen, der durch einen demokratischen Erziehungsstil, ein verändertes Verständnis der LehrerInnenrolle, die Schaffung freiheitlicher Lern- und Lebenssituationen, Förderung des selbstbestimmten Lernens etc. realisiert wird, dazu, unabhängig von den fachlichen Inhalten die

---

[346] Vgl. Kap. 4.2.3.1.
[347] Vgl. Kap. 4.3.1.

einzelnen Fächer des Sachunterrichts auf der pädagogisch-didaktischen Ebene fächerübergreifend miteinander zu verbinden.“ (PROTE 2000, 176)

Wird den Schülerinnen und Schülern bei der Planung, Gestaltung und Auswertung eines integrierten und damit an ihren Fragen und Erfahrungen orientierten Sachunterrichts die Möglichkeit der Mitbestimmung gegeben, ist dies im Hinblick auf das Demokratie-Lernen ebenfalls politisch relevant. Darüber hinaus können sowohl Menschenrechte und demokratische Prinzipien sowie die dazugehörenden politischen Intentionen als auch die politische Dimension sachunterrichtlicher Themen eine integrierende Funktion haben (vgl. a.a.O., 177-184).

Im Hinblick auf Umweltbildung verweist STOLTENBERG auf die Möglichkeit der lokalen Partizipation von Kindern. Bei der Gestaltung des konkreten Umfeldes werden unterschiedliche Wissensbereiche, aber auch soziale und politische Aspekte aufeinander bezogen, sodass Fachbezug und Integration nicht mehr als Alternativen zu sehen sind (vgl. STOLTENBERG 2000).

Diese unterschiedlichen sachunterrichtlichen Integrationsmöglichkeiten gewährleisten nicht automatisch einen inneren Zusammenhang. KAHLERTs Hinweis auf die Ambivalenz von Instrumenten ist nicht nur auf das Konzept der didaktischen Netze zu beziehen, sondern auch auf die genannten Möglichkeiten der Integration. Dass beispielsweise in Unterrichtsgesprächen Inhalte auch additiv verbunden werden können, verdeutlichen Beispiele zum Gesamtunterricht OTTOs. Dabei reihen sich die einzelnen Beiträge mehr oder weniger zufällig aneinander (vgl. MEMMERT 1997, 23-25). Auch KAISERs kommunikativer Sachunterrichtsansatz, bei dem das Gespräch eine zentrale integrative Funktion wahrnehmen soll, schließt eine additive Aneinanderreihung der Gesprächsbeiträge nicht prinzipiell aus. Ebenso können die Lebenswelt, einzelne Fächer oder Themen sowohl integrative als auch additive Zusammenhänge ermöglichen. Somit bleibt die begründete Verbindung unterschiedlicher fachlicher oder thematischer Aspekte eine Aufgabe, die immer wieder aufs Neue in der didaktischen Theorie, aber auch von Lehrenden und Lernenden in der unterrichtlichen Praxis wahrzunehmen ist.

Neben der Notwendigkeit der Integration werden auch *mögliche Probleme* von der Sachunterrichtsdidaktik thematisiert. RICHTER zeigt zunächst mit den unterschiedlichen Bezugsfächern und den in ihren Zielen oft uneindeutigen Unterrichtsthemen sachunterrichtsspezifische Schwierigkeiten auf. Darüber hinaus verweist sie auf die mit dem Integrationsbegriff verbundene Sehnsucht, eine

Symbiose bzw. Harmonie wiederherzustellen, die im Laufe der Zeit verloren gegangen ist. In diesem Zusammenhang werden von ihr die zwei Aspekte der Ganzheit – die ganze Welt und die ganze Person – als Beispiele angeführt (vgl. RICHTER 2002, 65).[348] Von POPP wird der Begriff der Wechselwirkung favorisiert, da Integration im Sinne einer Vereinigung zu einem Ganzen seiner Meinung nach nicht möglich ist (vgl. 2000, 35).

Die Sachunterrichtsdidaktik nimmt somit die kritische Auseinandersetzung mit einem übergeordneten Gesamtzusammenhang auf, die in einigen Publikationen zum fächerübergreifenden Unterricht geführt wird. Es wird verdeutlicht, dass die (Wieder-)Herstellung einer nicht mehr existierenden Ganzheit durch Interdisziplinarität nicht möglich ist. Auch im Sachunterricht können nur Zusammenhänge zwischen einzelnen Aspekten eines Themas erschlossen werden.[349]

Am Beispiel des Faches Technik soll die Kritik an der Integration konkretisiert werden. Zunächst werden unterschiedliche fachdidaktische Ansätze einander gegenübergestellt. SCHMAYL beschreibt einen fachlichen Ansatz mit dem Schwerpunkt der Verdeutlichung von innertechnischen Zusammenhängen, der neben dem Sachunterricht, aber dennoch in Kontakt zu ihm steht. Weiterhin führt er einen mehrperspektivischen Ansatz an, der auch auf die Beziehungen, in denen Technik steht, eingeht und daher auf den Sachunterricht hin zu verstehen ist. Außerdem wird ein integrativer Ansatz genannt, der technische Themen in den Kontext umfassenderer Sachunterrichtsthemen einfügt und sich somit innerhalb des Sachunterrichts einordnen lässt (vgl. SCHMAYL 1994, 17).

SCHMAYL betont zunächst, dass alle drei Ansätze, auch der fachliche, kindgemäß sind und von den Erfahrungen und Erlebnissen der Kinder ausgehen, die nicht nur reproduziert, sondern geklärt und geordnet werden sollen. Uneinigkeit besteht hinsichtlich der Breite der Wirklichkeitsausschnitte, die im Unterricht behandelt werden. Außerdem vernachlässigt keiner der drei Ansätze das Prinzip der Selbsttätigkeit. Unterschiedlich bewertet wird, inwieweit die Schülerinnen und Schüler bei der Aneignung technischer Themen auch Führung benötigen (vgl. a.a.O., 20f.).

Für eine zumindest partielle Eigenständigkeit des technischen Unterrichts sprechen nach SCHMAYL folgende Gründe: Es sei für die Technik schwierig, im

---

[348] Vgl. Kap. 3.3.3.
[349] Vgl. Kap. 4.2.3.2.

Sachunterricht Fuß zu fassen, d.h. ausreichend berücksichtigt zu werden. Grundsätzlich könne man Technik nicht ignorieren, wenn die Grundschule auf eine qualitative Vollständigkeit ihres Unterrichtsangebots zu achten habe. Es sei nicht ausreichend, Technik nur manchmal zu streifen (vgl. a.a.O., 21) Sie sei ein „Konstitutivum des Menschseins und Grundlage modernen Lebens sowohl materiell wie geistig" sowie eine „zentrale Perspektive menschlichen Selbst- und Weltverständnisses" (ebd.). Ihre spezifische Sinnkategorie macht für SCHMAYL einen eigenen Unterrichtsschwerpunkt erforderlich (vgl. ebd.).

SCHMAYLs differenzierte Argumentation verdeutlicht, dass weder eine fachliche Gliederung noch eine integrative Verbindung einzelner Fachaspekte zwangsläufig mit bestimmten Unterrichtsprinzipien verbunden sein muss. Beispielsweise kann auch ein am Fach orientierter Technikunterricht durch Kindgemäßheit und Selbsttätigkeit charakterisiert sein. Diese Sichtweise korrespondiert mit einem engen Verständnis von Fach- bzw. fächerübergreifendem Unterricht, das sich auf die Frage der Strukturierung von Inhalten und damit zusammenhängende Faktoren konzentriert und unterschiedliche Prinzipien oder methodische Entscheidungen zur Folge haben kann.

Weiterhin betont SCHMAYL die Berechtigung einzelfachlicher Zugänge als spezifische Sinnkategorien. Schon die Diskussion der unterschiedlichen Modelle im Fach Technik zeigt jedoch, dass sich fachliche und integrative Ansätze nicht gegenseitig ausschließen müssen. So geht der mehrperspektivische Ansatz *auch* auf interdisziplinäre Zusammenhänge ein, ohne das spezifisch Technische zu vernachlässigen.[350] Die Perspektiven der einzelnen Fächer und darüber hinaus der Lernbereiche können aufeinander bezogen werden und dabei dennoch ihre Eigenart wahren. Eine solche Sicht von Sachunterricht verweist implizit auf die Komplementarität von Fach- und fächerübergreifendem Unterricht, über die in den aktuellen Publikationen zum interdisziplinären Lehren und Lernen im Allgemeinen Konsens besteht.[351]

Wie die Darstellung der unterschiedlichen Positionen zeigt, sind zwischen den aktuellen Konzepten zum fächerübergreifenden Unterricht und der Sachunterrichtsdidaktik Konvergenzen zu konstatieren. Beide thematisieren das Erschließen gesetzmäßiger Zusammenhänge, die Vermeidung subjektiver, allein auf

---

[350] Der mehrperspektivische Technikansatz ist nicht mit dem MPU der CIEL-Arbeitsgruppe zu verwechseln.
[351] Vgl. Kap. 3.1.

Ähnlichkeiten beruhender Zusammenhänge sowie die Problematik eines übergeordneten Gesamtzusammenhangs. Außerdem wird explizit oder implizit die Berechtigung von fachlichen *und* überfachlichen Zugängen erörtert. Es werden jedoch auch eigene Akzente gesetzt, die verdeutlichen, in welchen Bereichen sich die unterschiedlichen interdisziplinären Ansätze ergänzen können. Während einige Publikationen zum fächerübergreifenden Unterricht die anthropologische Dimension der Herstellung von Zusammenhängen erörtern, zeigt die Sachunterrichtsdidaktik konkrete Möglichkeiten der Integration unterschiedlicher Inhalte auf.

4.3.4 Beitrag zur pädagogischen Schulentwicklung

Der Vergleich der Publikationen zum fächerübergreifenden Unterricht und zum Sachunterricht verdeutlicht, dass – trotz teilweise unterschiedlicher Schwerpunktsetzungen – *weit reichende Übereinstimmungen* vorliegen, beispielsweise bezüglich der Forderung, gesellschaftlich relevante Schlüsselprobleme zu thematisieren,[352] oder der Intention, komplexe Zusammenhänge zu erschließen.[353] Die Konzeptionen zum fächerübergreifenden Lehren und Lernen bringen somit im Hinblick auf diese Aspekte keinen genuin neuen Ansatz in die aktuelle Schulreformdiskussion ein, sondern zeigen vielmehr, wie sachunterrichtsdidaktische Prinzipien für andere Fächer und ihre Zusammenarbeit fruchtbar gemacht werden können.

Weil die Sachunterrichtsdidaktik auch Hinweise für eine unterrichtliche Konkretisierung des interdisziplinären Lehrens und Lernens gibt, stellt sie eine im Hinblick auf die pädagogische Schulentwicklung bedeutsame *Ergänzung der Konzeptionen zum fächerübergreifenden Unterricht* dar. So ist bei einer grundschulspezifischen Umsetzung des Schlüsselproblemansatzes darauf zu achten, dass die Schülerinnen und Schüler nicht überfordert werden. Dies ist möglich, wenn bei der Erarbeitung zentraler gesellschaftlicher Problemstellungen zugleich die allseitige Entwicklung der Lernenden – beispielsweise durch spielerisches Lernen, kommunikatives oder technisch-praktisches Handeln – und die Entwicklung von Handlungsperspektiven gefördert werden.[354]

---

[352] Vgl. Kap. 4.3.2.
[353] Vgl. Kap. 4.3.3.
[354] Vgl. Kap. 3.7.2 und 4.3.2.

Außerdem kann die Sachunterrichtsdidaktik zu einer *Verstärkung kritischer Ansätze* in den Konzeptionen zum fächerübergreifenden Unterricht beitragen. Sie zeigt im Zusammenhang mit der Schlüsselqualifikationsdiskussion wie eine Instrumentalisierung bzw. Funktionalisierung von Schule, die bisweilen mit der rein formalen Vermittlung von Fähigkeiten verbunden ist, vermieden werden kann. Nicht nur der Bezug auf Inhalte, der in einzelnen Beiträgen zum fächerübergreifenden Lehren und Lernen angeführt wird, sondern auch der Bezug auf übergeordnete Leitziele wie Mündigkeit oder auf die Lernenden und ihre Selbstständigkeit kann verhindern, dass die Qualifikationen unreflektiert in völlig beliebigen Bereichen eingesetzt werden. Ein solcher Ansatz ermöglicht die Einordnung der zum Teil einseitigen Forderungen von Seiten der Wirtschaft, die in einigen Publikationen zum fächerübergreifenden Unterricht unkritisch übernommen werden, in einen pädagogischen Kontext.[355]

Die Sachunterrichtsdidaktik kann darüber hinaus wichtige *Impulse für die Weiterentwicklung einer Theorie des interdisziplinären Lehrens und Lernens* geben und so einen Beitrag zur pädagogischen Schulentwicklung leisten. Beispielsweise finden sich in den aktuellen fachdidaktischen Publikationen weniger Polarisierungen als in den Konzepten zum fächerübergreifenden Lehren und Lernen. Reformkonzepte wie der fächerübergreifende Unterricht werden häufig aus der Kritik am Bestehenden entwickelt, grenzen sich davon dezidiert ab und bilden eine Gegenposition. Dass eine solche Einseitigkeit mit Problemen verbunden sein kann, zeigt WEINERT:

> „In der Pädagogik wird Richtiges oft dadurch falsch, daß man es polarisiert, radikalisiert und damit ideologisiert. Das gilt für die Formulierung einseitiger Bildungsziele ebenso wie für die Behauptung, nur eine bestimmte Form des Lernens und Lehrens sei die beste oder gar die einzig richtige. Die realen Verhältnisse und die wissenschaftlichen Erkenntnisse sind komplizierter." (Weinert 1997, 12)

Eine kritische Auseinandersetzung mit Position und Gegenposition kann eine Synthese ermöglichen, die beide im HEGEL'schen Sinne aufhebt, d.h. sowohl Positives aufbewahrt als auch Negatives beseitigt.[356] Dies kann exemplarisch an der Forderung veranschaulicht werden, die Lernenden und ihr Umfeld zu berücksichtigen. Der fächerübergreifende Unterricht versteht sich wegen seiner Legitimation durch die Kritik am Fachunterricht häufig als Gegenpol zu den

---

[355] Vgl. Kap. 4.2.2.1 und 4.3.2.

[356] PETERßEN zeigt am Beispiel des fächerverbindenden Unterrichts, wie eine solche Synthese konkret aussehen kann (vgl. 2000, 15-54).

Fächern und versucht, im Gegensatz zu diesen, die Distanz zur Lebenswelt der Schülerinnen und Schüler zu reduzieren.[357] Hingegen beachtet der Sachunterricht, weil er aus der Auseinandersetzung mit der traditionellen Heimatkunde und dem sich davon abgrenzenden wissenschaftsorientierten Unterricht entstanden ist, das Spannungsfeld von Lebenswirklichkeit und Schulfächern bzw. von Erfahrung und Wissenschaft und stellt somit eine mögliche Synthese dieser beiden Pole dar.[358] Indem der Sachunterricht auf Grund seiner historischen Entwicklung solche Einseitigkeiten vermeidet, gewinnt er für die Weiterentwicklung der Konzepte zum fächerübergreifenden Lehren und Lernen an Bedeutung. Die Sachunterrichtsdidaktik zeigt – auch an Hand zahlreicher Unterrichtsbeispiele –, dass sich Lebenswelt- und Fachbezug nicht ausschließen müssen, sondern sich ergänzen und aufeinander bezogen werden können.

Die Sachunterrichtsdidaktik kann folglich zu einer differenzierteren Sicht auf das fächerübergreifende Lehren und Lernen in der aktuellen Schulreformdiskussion beitragen bzw. eine solche bekräftigen. Dadurch werden unterrichtliche Spannungsfelder stärker berücksichtigt und Einseitigkeiten vermieden.

---

[357] Vgl. Kap. 3.3.5.
[358] Vgl. Kap. 4.3.1.

5 Resümee

Mit fächerübergreifendem Lehren und Lernen wird in der aktuellen Schulreformdiskussion im Allgemeinen die Erwartung verknüpft, Unterricht zu verbessern oder weiterzuentwickeln. Allerdings werden unter dem Begriff *fächerübergreifend* zahlreiche, zum Teil sehr unterschiedliche Vorschläge subsumiert. Der spezifische Beitrag eines Konzeptes zur pädagogischen Schulentwicklung lässt sich jedoch nur dann eruieren, wenn genau definiert wird, worauf es sich bezieht. Dies ist durch ein *enges, klar abgegrenztes Verständnis von fächerübergreifendem Unterricht* zu erreichen, das sich auf die Überschreitung von Fachgrenzen konzentriert. Es stellt die Frage der Strukturierung von Unterrichtsinhalten und damit unmittelbar zusammenhängende Faktoren in den Mittelpunkt. In diesem und für diesen Bereich können konkrete Veränderungsmöglichkeiten einschließlich ihrer Konsequenzen aufgezeigt werden. Sowohl Chancen als auch Grenzen der Konzeption in Bezug auf die pädagogische Entwicklung von Schule und Unterricht werden so ersichtlich. Weitere Reformen sind dadurch nicht ausgeschlossen, bedürfen aber einer expliziten Begründung.

Hingegen umfasst ein *weites Verständnis von fächerübergreifendem Unterricht* ein Konglomerat unterschiedlichster Vorschläge, die in der aktuellen Reformdiskussion auch in anderen Kontexten gemacht werden. Fächerübergreifender Unterricht wird dann in der Regel als umfassender Gegenentwurf zum traditionellen Fachunterricht verstanden, der starker Kritik ausgesetzt ist. Zum einen wird der Begriff dadurch zu einem wenig konkreten Schlagwort; zum anderen kann er überhöhte Erwartungen wecken, die letztlich nicht durch eine Veränderung der Fachstruktur zu erfüllen sind.

Bezüglich anderer Unterrichtskonzepte, die zu einer pädagogischen Weiterentwicklung von Schule beitragen sollen und zum Teil ähnlich unscharf definiert sind, ist ein enges Begriffsverständnis ebenfalls von Vorteil. Sie erweisen sich dann in der Regel zwar nicht mehr als umfassende Reformansätze, gewinnen dafür jedoch an Profil. Je exakter eine erziehungswissenschaftliche Begriffsbestimmung erfolgt, desto leichter kann die spezifische Leistung einer Konzeption eruiert werden. Zugleich wird Lehrerinnen und Lehrern die Umsetzung von Reformideen erleichtert, wenn sie genau wissen, worauf diese sich beziehen und welche Intentionen damit verbunden sind. Sie können sich so gezielt für

Veränderungen in einem konkreten Bereich entscheiden und diese dann gegebenenfalls – auch durch andere Unterrichtskonzeptionen – ergänzen.

Das Konzept des fächerübergreifenden Lehrens und Lernens fokussiert – einem engen Begriffsverständnis gemäß – die Neu- bzw. Umstrukturierung von Unterrichtsinhalten. Es ermöglicht folglich sowohl die Behandlung komplexer Fragestellungen, die sich den traditionellen Schulfächern nicht zuordnen lassen, als auch die Erörterung der inhaltlichen Strukturierung als solcher. In der aktuellen Schulreformdiskussion werden insbesondere Themen vorgeschlagen, die auf die Lebenswelt der Schülerinnen und Schüler oder auf gesellschaftliche Probleme bezogen sind. Außerdem sollen Schlüsselqualifikationen vermittelt werden, die wegen ihres formalen Charakters nicht an ein bestimmtes Schulfach gebunden sind. Diese Forderungen sind jedoch nicht unreflektiert zu übernehmen, sondern aus einer erziehungswissenschaftlichen Perspektive kritisch zu hinterfragen. Eine Theorie des fächerübergreifenden Unterrichts kann so zu einer *differenzierten Sicht auf die Inhaltsproblematik* beitragen.

Im Hinblick auf die *Orientierung an der nicht fachbezogenen Lebenswirklichkeit* der Schülerinnen und Schüler besteht die Gefahr einer Simplifizierung bzw. Trivialisierung. Die Komplexität lebensweltbezogener Themen sowie die vielfältigen Bezüge über eine konkrete Situation hinaus erfordern jedoch eine kritische und reflektierte Lebensweltorientierung, die sich nicht auf eine kindertümliche Abbildung reduzieren lässt. Dies ist dann zu realisieren, wenn mit der Lebenswirklichkeit zugleich umfassende Erfahrungsmöglichkeiten, die die Vielschichtigkeit der Beziehungen von Subjekt und Objekt aufgreifen, sowie Fach- und Gesellschaftsbezüge berücksichtigt werden. Im Hinblick auf die Forderung, *flexibel einsetzbare Schlüsselqualifikationen* zu vermitteln, ist auf die Gefahr einer vor allem ökonomischen Instrumentalisierung zu verweisen. Dieser kann jedoch durch übergeordnete Zielsetzungen wie Mündigkeit oder durch die Auswahl von Themen, die beim Erwerb der entsprechenden formalen Fähigkeiten eine kritische inhaltliche Auseinandersetzung ermöglichen, begegnet werden. Insbesondere die Behandlung gesellschaftlich relevanter Fragestellungen ist hierbei zu nennen. Welche Themen gewählt werden, ist in der jeweils aktuellen gesellschaftlichen Situation neu zu entscheiden.

Eine Theorie des fächerübergreifenden Unterrichts hat außerdem die Aufgabe, die *Qualität inhaltlicher Verbindungen* zu thematisieren, die vor allem bei der Behandlung komplexer Themen relevant ist. Dabei ist eine Differenzierung von objektiven bzw. gesetzmäßigen Zusammenhängen, die auf sachlogischen Beziehungen beruhen, und subjektiven (Sinn-)Zusammenhängen vorzunehmen. Beide können Bestandteil eines interdisziplinären Unterrichts sein, sind jedoch unterschiedlich aufzugreifen. Während gesetzmäßige Zusammenhänge erschlossen oder nachvollzogen werden können, sind subjektive Zusammenhänge als Konstrukte zu problematisieren. Insbesondere haben sich Lehrerinnen und Lehrer bei der Vorbereitung fächerübergreifender Inhalte ihrer eigenen subjektiven Konstrukte zu vergewissern. So ist zu vermeiden, dass sich Fachgrenzen überschreitende Themen allein auf Grund von Ähnlichkeiten oder sprachlichen Assoziationen ergeben, die letztlich auch für Schülerinnen und Schüler nicht oder nur schwer zu durchschauen sind.

Viele der aktuellen Publikationen zum fächerübergreifenden Unterricht verstehen sich als Beitrag zu einer Reform der Schule. Sie bringen jedoch größtenteils keinen genuin neuen Aspekt in die Diskussion ein, wie sowohl die historischen als auch die sachunterrichtsdidaktischen Bezüge verdeutlichen. Bereits während der reformpädagogischen Bewegung und der Bildungsreform der sechziger und siebziger Jahre des zwanzigsten Jahrhunderts wurde versucht, durch ein Überschreiten bzw. Aussetzen von Fachgrenzen Schule zu verändern. In der aktuellen Reformdebatte finden sich vor allem in der Sachunterrichtsdidaktik zahlreiche Parallelen zum Konzept des fächerübergreifenden Unterrichts. Dennoch kann eine Theorie des fächerübergreifenden Lehrens und Lernens zu einer *pädagogischen Weiterentwicklung von Schule und Unterricht* beitragen. Sie kann dabei sowohl die historischen als auch die sachunterrichtsdidaktischen Erkenntnisse kritisch aufnehmen, für interdisziplinäres Lehren und Lernen im Allgemeinen fruchtbar machen und konkretisieren. So wird zugleich verhindert, dass sie hinter ein bereits erreichtes Reflexionsniveau zurückfällt.

Literaturverzeichnis

ALBERTS, Helmut (1925): Aus dem Leben der Berthold-Otto-Schule. Berlin: Schwetschke & Sohn

BALLSTAEDT, Steffen-Peter (1995): Interdisziplinäres Lernen: Aspekte des fächerverbindenden Unterrichts. Tübingen: DIFF

BALMER, Heinrich (Hrsg.) (1976): Die Psychologie des 20. Jahrhunderts. Bd. 1. Die europäische Tradition. Tendenzen – Schulen – Entwicklungslinien. Zürich, Kindler

BALTZ-OTTO, Ursula (1988): Öffnungen von Fächern und Fachgrenzen in Richtung „Bildung". In: Bildung – Die Menschen stärken, die Sachen klären. Friedrich-Jahresheft VI, S. 20-23

BÄR, Rudolf ([2]1920a): Der Spieltrieb und die erste unterrichtliche Tätigkeit. In: Methodische Abteilung des Leipziger Lehrervereins (Hrsg.) ([2]1920), S. 30-36

BÄR, Rudolf ([2]1920b): Das Darstellen. In: Methodische Abteilung des Leipziger Lehrervereins (Hrsg.) ([2]1920), S. 92-96

BASTIAN, Johannes (1996): Autonomie konkret. Vier Thesen zu einer neuen Balance von Schulreform und Bildungspolitik. In: Pädagogik 48. Jg., He. 1, S. 6-10

BASTIAN, Johannes (1997): Pädagogische Schulentwicklung. Von der Unterrichtsreform zur Entwicklung der Einzelschule. In: Pädagogik 49. Jg., He. 2, S. 6-11

BASTIAN, Johannes/GUDJONS, Herbert (Hrsg.) ([3]1991): Das Projektbuch. Theorie – Praxisbeispiele – Erfahrungen. Hamburg: Bergmann + Helbig

BASTIAN, Johannes u.a. (Hrsg.) (1997): Theorie des Projektunterrichts. Hamburg: Bergmann + Helbig

BAUMERT, Jürgen (1998): Fachbezogenes-fachübergreifendes Lernen/Erweiterte Lern- und Denkstrategien. In: Bildungskongress 1998, München (Hrsg.) (1998), S. 213-231

BAUMERT, Jürgen u.a. (2001): PISA – Programme for International Student Assessment. Zielsetzung, theoretische Konzeption und Entwicklung von Messverfahren. In: WEINERT, Franz E. (Hrsg.) (2001), S. 285-310

BÄUML-ROßNAGL, Maria-Anna (1992): Ordnungsstrukturen gewinnen: aus Fachsystematiken oder aus Erfahrungswelten. In: LAUTERBACH, Roland u.a. (Hrsg.) (1992a), S. 51-62

BECK, Ulrich (1986): Risikogesellschaft. Auf dem Weg in eine andere Moderne. Frankfurt a.M.: Suhrkamp

BERGER, Albert (2002): Bildung und Ganzheit. Normkritisch-skeptische und prinzipienwissenschaftliche Untersuchung zur Einheit von Unterricht und Erziehung. Frankfurt a. M. u.a.: Lang (Zugl. Karlsruhe, Pädag. Hochsch., Diss., 2001)

BERGNER, Reinhard (1999): Die Berthold-Otto-Schulen in Magdeburg. Ein vergessenes Kapitel reformpädagogischer Schulgeschichte von 1920 bis 1950. Frankfurt a.M.: Lang (Zugl. Magdeburg, Univ., Diss., 1997)

BETTI, Emilio (1962): Die Hermeneutik als allgemeine Methodik der Geisteswissenschaften. Tübingen: Mohr

Bildungskommission NRW (1995): Zukunft der Bildung – Schule der Zukunft. Denkschrift der Kommission „Zukunft der Bildung – Schule der Zukunft" beim Ministerpräsidenten des Landes Nordrhein-Westfalen. Neuwied, Kriftel, Berlin: Luchterhand

Bildungskongress 1998, München (Hrsg.) (1998): Wissen und Werte für die Welt von morgen. Dokumentation zum Bildungskongress des Bayerischen Staatsministeriums für Unterricht, Kultus, Wissenschaft und Kunst. 29./30. April 1998 in der Ludwig-Maximilians-Universität, München. München: Bayerisches Staatsministerium für Unterricht, Kultus, Wissenschaft und Kunst

BÖHM, Winfried ([15]2000): Wörterbuch der Pädagogik. Begründet von Wilhelm Hehlmann. Stuttgart: Kröner

BÖHM, Winfried/OELKERS, Jürgen (Hrsg.) (1995): Reformpädagogik kontrovers. Würzburg: Ergon

BOHNSACK, Fritz (1976): Erziehung zur Demokratie. John Deweys Pädagogik und ihre Bedeutung für die Reform unserer Schule. Ravensburg. Maier

BOLLNOW, Otto Friedrich ([3]1983): Anthropologische Pädagogik. Bern, Stuttgart: Haupt

BONIN, Werner F. (1983): Die großen Psychologen. Von der Seelenkunde zur Verhaltenswissenschaft. Forscher, Therapeuten und Ärzte. Düsseldorf: Econ

BOVET, Gislinde/HUWENDIEK, Volker (Hrsg) ([3]2000): Leitfaden Schulpraxis. Pädagogik und Psychologie für den Lehrberuf. Berlin: Cornelsen

BRACHT, Ulla ([4]1996): Fach – Fächerkanon. In: LENZEN, Dieter (Hrsg.) ([4]1996), S. 578-588

BRANDT, Manfred (2000): Von der Umwelt zur Mitwelt. Zur Fundierung eines neuen pädagogischen Paradigmas auf der Basis der Philosophie John Deweys. Frankfurt a.M.: Lang (Zugl. Hamburg, Univ., Diss., 1999)

BRAUN, Karl-Heinz u.a. (Hrsg.) (1998): Schule mit Zukunft. Bildungspolitische Empfehlungen und Expertisen der Enquete-Kommission des Landtages von Sachsen-Anhalt. Opladen: Leske + Budrich

BÜHLER, Hans/GIEL, Klaus/HEINEN, Hans-Gerd (1977): Stücke zu einem mehrperspektivischen Unterricht. Bd. 13. Teilcurriculum: Fernsehen (Kommunikation). Stuttgart: Klett

(Bund für Schulreform Allgemeinen Deutschen Verbandes f. Erziehungs- u. Unterrichtswesen) (1912): Erster Deutscher Kongreß für Jugendbildung und Jugendkunde zu Dresden am 6., 7. und 8. Oktober 1911 – Erster Teil: Die Arbeitsschule. Vorträge und Verhandlungen am Freitag, dem 6. Okt. 1911. Leipzig, Berlin: Teubner

BUND/Misereor (Hrsg.) ([4]1997): Zukunftsfähiges Deutschland. Ein Beitrag zu einer global nachhaltigen Entwicklung. Studie des Wuppertal Instituts für Klima, Umwelt, Energie GmbH. Basel, Boston, Berlin: Birkhäuser

BURK, Karlheinz (1976): Grundschule: Kinderschule oder Vorschule der Wissenschaft. Frankfurt a.M.: Arbeitskreis Grundschule

CIEL Arbeitsgruppe Reutlingen (1976): Stücke zu einem mehrperspektivischen Unterricht. Einführung, Übersicht, Nutzungsvorschläge, Implementationsprogramm. Stuttgart: Klett

CLASEN, Gerd u.a. (1997): Formen und Methoden fächerübergreifenden Arbeitens. Kronshagen: IPTS

DALHOFF, Benno (1998): Fächerübergreifender Unterricht. In: Schulmagazin 5 bis 10, 13. Jg., He. 7-8, S. 4-9

DANNENBERG, Hartmut/KRÄMER, Hermann/NESTLE, Werner (1976): Stücke zu einem mehrperspektivischen Unterricht. Bd. 5. Teilcurriculum: Post (Dienstleistung). Stuttgart: Klett

DANNENBERG, Hartmut u.a. (1974): Vorveröffentlichung Grundschulkongreß '73 Baden-Württemberg. In: GIEL, Klaus u.a.: (1974), S. 41-53

DANNENBERG, Hartmut u.a. (1976): Zielsetzung des Teilcurriculums. In: DANNENBERG, Hartmut/KRÄMER, Hermann/NESTLE, Werner (1976), S. 15-40

DANNENBERG, Uta/NESTLE, Werner/RIEDLINGER, Johanna (1975): Einführung in die didaktische Konzeption des mehrperspektivischen Unterrichts. In: NESTLE, Werner u.a. (1975), S. 82-95

DANNENBERG, Uta u.a. (1976): Stücke zu einem mehrperspektivischen Unterricht. Bd. 7. Teilcurriculum: Supermarkt 2 (Handel und Gewerbe). Stuttgart: Klett

DANNER, Helmut (1981): Überlegungen zu einer ‚sinn'-orientierten Pädagogik. In: LANGEVELD, Martinus J./DANNER, Helmut (1981), S. 107-160

DANNER, Helmut ([4]1998): Methoden geisteswissenschaftlicher Pädagogik. Einführung in Hermeneutik, Phänomenologie und Dialektik. München, Basel: Reinhardt

DECI, Edward L./RYAN, Richard M. (1993): Die Selbstbestimmungstheorie der Motivation und ihre Bedeutung für die Pädagogik. In: Zeitschrift für Pädagogik 39. Jg., He 2, S. 223-238

DETHLEFS, Beate (1995): Fächerübergreifender Unterricht. In: Musik und Unterricht 6. Jg., He. 33, S. 4-8

DEUTSCH, Petra/KLEINDIENST-CACHAY, Christa (2001): Der Beitrag des Sportunterrichts zum fächerübergreifenden Unterricht in der Grundschule. In: Sportunterricht 50. Jg., He. 5, S. 132-137

DEWEY, John (1905): Schule und öffentliches Leben. Aus dem Englischen übersetzt von Else Gurlitt. Mit einleitenden Worten von Ludwig Gurlitt. Berlin: Walther

DEWEY, John (1935a): Der Ausweg aus dem pädagogischen Wirrwarr. In: DEWEY, John/KILPATRICK, William Heard (1935) , S. 85-101

DEWEY, John (1935b): Die Quellen einer Wissenschaft von der Erziehung. In: DEWEY, John/KILPATRICK, William Heard (1935), S. 102-141

DEWEY, John (1935c): Das Kind und der Lehrplan. In: DEWEY, John/KILPATRICK, William Heard (1935), S. 142-160

DEWEY, John (1935d): Das Problem der Freiheit in den neuen Schulen. In: DEWEY, John/KILPATRICK, William Heard (1935), S. 199-205

DEWEY, John (1951): Wie wir denken. Eine Untersuchung über die Beziehung des reflektiven Denkens zum Prozeß der Erziehung. Mit einer Einleitung von Leopold Deuel. Zürich: Morgarten Verlag Conzett & Huber

DEWEY, John (1954): Deutsche Philosophie und Deutsche Politik. Meisenheim/Glan: Westkulturverlag A. Hain

DEWEY, John (1963): Erfahrung und Erziehung. In: DEWEY, John/HANDLIN, Oscar/CORRELL, Werner 1963, S. 27-99

DEWEY, John (1974): Psychologische Grundfragen der Erziehung. Eingeleitet und herausgegeben von Werner Correll. München, Basel: Reinhardt

DEWEY, John (1974a): Der Mensch und sein Verhalten. In: DEWEY, John (1974), S. 23-245

DEWEY, John (1980): Kunst als Erfahrung. Übersetzt von Christa Velten u.a. Frankfurt a.M.: Suhrkamp

DEWEY, John (1986): Erziehung durch und für Erfahrung. Eingeleitet, ausgewählt und kommentiert von Helmut Schreier. Stuttgart: Klett-Cotta

DEWEY, John (1989): Die Erneuerung der Philosophie. Aus dem Englischen von Martin Suhr. Hamburg: Junius

DEWEY, John (1995): Erfahrung und Natur. Übersetzt von Martin Suhr. Frankfurt a.M.: Suhrkamp

DEWEY, John (1996): Die Öffentlichkeit und ihre Probleme. Aus dem Amerikanischen von Wolf-Dietrich Junghanns. Herausgegeben und mit einem Nachwort versehen von Hans-Peter Krüger. Bodenheim: Philo

DEWEY, John (1998): Die Suche nach Gewißheit. Eine Untersuchung des Verhältnisses von Erkenntnis und Handeln. Übersetzt von Martin Suhr. Frankfurt a.M.: Suhrkamp

DEWEY, John (2000/[3]1964): Demokratie und Erziehung. Eine Einleitung in die philosophische Pädagogik. Aus dem Amerikanischen von Erich Hylla. Herausgegeben und mit einem Nachwort von Jürgen Oelkers. Weinheim, Basel: Beltz

DEWEY, John/HANDLIN, Oscar/CORRELL, Werner (1963): Reform des Erziehungsdenkens. Eine Einführung in John Deweys Gedanken zur Schulreform. Herausgegeben und übertragen von Werner Correll. Weinheim: Beltz

DEWEY, John/KILPATRICK, William Heard (1935): Der Projekt-Plan. Grundlegung und Praxis. Weimar: H. Böhlaus Nachfolger

DOLCH, Josef (1959): Lehrplan des Abendlandes. Zweieinhalb Jahrtausende seiner Geschichte. Ratingen: Henn

DUNCKER, Ludwig (1987): Erfahrung und Methode. Studien zur dialektischen Begründung einer Pädagogik der Schule. Langenau-Ulm: Vaas

DUNCKER, Ludwig (1994): Lernen als Kulturaneignung. Schultheoretische Grundlagen des Elementarunterrichts. Weinheim, Basel: Beltz

DUNCKER, Ludwig (1995): Der Erkenntniswert des Ordnens. Über Kreativität und fächerübergreifendes Lernen. In: Pädagogik 47. Jg., He. 4, S. 39-43

DUNCKER, Ludwig (1997): Vom Sinn des Ordnens. Zur Rekonstruktion der Wirklichkeit in und zwischen den Schulfächern. In: DUNCKER, Ludwig/POPP, Walter (Hrsg) (1997), S. 119-134

DUNCKER, Ludwig/POPP, Walter (Hrsg.) (1994): Kind und Sache. Zur pädagogischen Grundlegung des Sachunterrichts. Weinheim, München: Juventa

DUNCKER, Ludwig/POPP, Walter (Hrsg.) (1997): Über Fachgrenzen hinaus. Chancen und Schwierigkeiten des fächerübergreifenden Lehrens und Lernens. Bd. I: Grundlagen und Begründungen. Heinsberg: Dieck

DUNCKER, Ludwig/POPP, Walter (1997a): Die Suche nach dem Bildungssinn des Lernens – eine Einleitung. In: DUNCKER, Ludwig/POPP, Walter (Hrsg.) (1997), S. 7-13

DUNCKER, Ludwig/POPP, Walter (Hrsg.) (1998): Über Fachgrenzen hinaus. Chancen und Schwierigkeiten des fächerübergreifenden Lehrens und Lernens. Bd. II: Anregungen und Beispiele für die Grundschule. Heinsberg: Dieck

DUNCKER, Ludwig/Popp, Walter (1998a): Vorwort der Herausgeber. In: DUNCKER, Ludwig/POPP, Walter (Hrsg.) (1998), S. 7-10

ECKENSBERGER, Lutz/KELLER, Heidi (1998): Menschenbilder und Entwicklungskonzepte. In: KELLER, Heidi (Hrsg.) (1998), S. 11-56

EINSIEDLER, Wolfgang (2000): Der Sachunterricht in der Grundschule als Voraussetzung für Allgemeinbildung. In: HINRICHS, Wolfgang/BAUER, Herbert F. (Hrsg.) (2000), S. 68-80

EINSIEDLER, Wolfgang u.a. (Hrsg.) (2001): Handbuch Grundschulpädagogik und Grundschuldidaktik. Bad Heilbrunn/Obb.: Klinkhardt

ERLER, Otto (1908): Der Unterricht in der Elementarklasse im Lichte des Arbeitsprogrammes der Deutschen Schulpraxis. In: Deutsche Schulpraxis. Wochenblatt für Praxis, Geschichte und Literatur der Erziehung und des Unterrichts 28. Jg., Nr. 36, S. 292-294

ERLER, Otto ([2]1910a): Sellerhausen vor hundert und vor tausend Jahren. In: Leipziger Lehrerverein (Hrsg.) ([2]1910), S. 194-202

ERLER, Otto ([2]1910b): Schulspaziergänge. In: Leipziger Lehrerverein (Hrsg.) ([2]1910), S. 203-207

ERLER, Otto (1920): Arbeitsschule und staatsbürgerliche Erziehung. In: Leipziger Lehrerzeitung 27 Jg., Nr. 38, S. 689-692

ERLER, Otto (1921): Bilder aus der Praxis der Arbeitsschule. Leipzig: Julius Klinkhardt

ERLER, Otto (Hrsg.) (1923a): Arbeitspläne für den Gesamtunterricht in der Arbeitsschule. Mit Begründung und Unterrichtsbeispielen. 1. Heft: Die Grundschule (1.-4. Schuljahr). Leipzig: Julius Klinkhardt

ERLER, Otto (Hrsg.) (1923b): Arbeitspläne für den Gesamtunterricht in der Arbeitsschule. Mit Begründung und Unterrichtsbeispielen. 2. Heft: Das 5.-6. Schuljahr. Leipzig: Julius Klinkhardt

ERLER, Otto (Hrsg.) (1924): Arbeitspläne für den Gesamtunterricht in der Arbeitsschule. Mit Begründung und Unterrichtsbeispielen. 3. Heft: Das 7. und 8. Schuljahr. Leipzig: Julius Klinkhardt

FEES, Konrad (1996): Fachüberschreitender Unterricht – Projektunterricht. Ein Literaturbericht. In: engagement He. 3, S. 277-286

FEIGE, Bernd (2000): Integrativer und fächerübergreifender Sachunterricht – historische, fachdidaktische und allgemeindidaktische Orientierungen. In: LÖFFLER, Gerhard u.a. (Hrsg.) (2000), S. 63-79

FEND, Helmut (1980): Theorie der Schule. München, Wien, Baltimore: Urban & Schwarzenberg

FINGERLE, Karlheinz ([2]1993): Von Parsons bis Fend – strukturell-funktionale Schultheorien. In: TILLMANN, Klaus-Jürgen (Hrsg.) ([2]1993), S. 47-59

FISCHER, Hans-Joachim (2001): Fach- und welterschließendes Lernen als ästhetischer Prozess. In: Sache – Wort – Zahl 29. Jg., He. 39, S. 40-46

FLITNER, Andreas ([3]1996): Reform der Erziehung. Impulse des 20. Jahrhunderts. Jenaer Vorlesungen. Mit einem Beitrag von Doris KNAB. München, Zürich: Piper

FLITNER, Andreas/GIEL, Klaus/HILLER, Gotthilf G. (1974): Vorwort. In: GIEL, Klaus/HILLER, Gotthilf G./KRÄMER, Hermann (1974), S. 6f.

FLITNER, Wilhelm ([4]1966): Das Selbstverständnis der Erziehungswissenschaft in der Gegenwart. Heidelberg: Quelle & Meyer

FLITNER, Wilhelm ([15]1997): Allgemeine Pädagogik. Stuttgart: Klett-Cotta

FÖLLING-ALBERS, Maria (1993): Der Sachunterricht in der Grundschule – Auf der Suche nach einem Profil. In: RICHTER, Dagmar (Hrsg.) (1993), S. 9-19

FROMMER, Helmut (1997): Über das Fach hinaus. Perspektiven fächerübergreifenden Unterrichts. In: KEUFFER, Josef/MEYER, Meinert A. (Hrsg.) (1997), S. 115-127

GEIßLER, Georg (Hrsg.) ([2]1967): Quellen zur Unterrichtslehre. Band 8: Der Gesamtunterricht. Bearbeitet von Franz VILSMEIER. Weinheim: Beltz

GIEL, Klaus (1974a): Perspektiven des Sachunterrichts. In: GIEL, Klaus/HILLER, Gotthilf G./KRÄMER, Hermann (1974), S. 34-66

GIEL, Klaus (1974b): Probleme des Sachunterrichts. In: GIEL, Klaus u.a. (1974), S. 9-27

GIEL, Klaus (1975a): Vorbemerkungen zu einer Theorie des Elementarunterrichts. In: GIEL, Klaus u.a. (1975), S. 8-181

GIEL, Klaus (1975b): Mehrperspektivische Curricula für die Grundschule – Probleme der Lehrerbildung. In: GIEL, Klaus u.a. (1975), S. 193-198

GIEL, Klaus (1997): Zur Philosophie der Schulfächer. In: DUNCKER, Ludwig/POPP, Walter (Hrsg.) (1997), S. 33-71

GIEL, Klaus (2001): Zur Revision des „Mehrperspektivischen Unterrichts“ (MPU). In: KÖHNLEIN, Walter/SCHREIER, Helmut (Hrsg.) (2001), S. 201-216

GIEL, Klaus/HILLER, Gotthilf G./KRÄMER, Hermann (1974): Stücke zu einem mehrperspektivischen Unterricht. Bd. 1. Aufsätze zur Konzeption 1. Stuttgart: Klett

GIEL, Klaus/HILLER, Gotthilf G./KRÄMER, Hermann (1974a): Probleme der Curriculumkonstruktion in Vor- und Grundschule. In: GIEL, Klaus/HILLER, Gotthilf G./KRÄMER, Hermann (1974), S. 12-33

GIEL, Klaus u.a. (1974): Stücke zu einem mehrperspektivischen Unterricht. Bd. 6. Teilcurriculum: Supermarkt 1. (Handel und Gewerbe). Stuttgart: Klett

GIEL, Klaus u.a. (1975): Stücke zu einem mehrperspektivischen Unterricht. Bd. 2. Aufsätze zur Konzeption 2. Stuttgart: Klett

GIESECKE, Hermann (1997): Was ist ein „Schlüsselproblem“? Anmerkungen zu Wolfgang Klafkis „neuem Allgemeinbildungskonzept“. In: Neue Sammlung. Vierteljahres-Zeitschrift für Erziehung und Gesellschaft 37. Jg., He. 4, S. 563-583

GIESECKE, Hermann (1998): Pädagogische Illusionen. Lehren aus 30 Jahren Bildungspolitik. Stuttgart: Klett-Cotta

GIRG, Ralf (1996): Vernetztes Denken – ein zentraler Begriff von Bildung. In: Schulmagazin 5 bis 10, 11. Jg., He. 4, S. 55-58

GLÖCKEL, Hans (1996): Lernen in Zusammenhängen. In: Pädagogische Welt 50. Jg., He. 2, S. 80-83

GÖTZ, Margarete (1997): Die Fragen der Schüler und die Grenzen der Fächer. In: DUNCKER, Ludwig/POPP, Walter (Hrsg.) (1997), S. 196-205

GÖTZ, Margarete (1998): Bauen Maikäfer Nester? Zum unterrichtspraktischen Umgang mit Schülerfragen. In: DUNCKER, Ludwig/POPP, Walter (Hrsg.) (1998), S. 37-43

GRÖMMINGER, Arnold/SCHWANDER, Michael (1995): Fächerverbindende Themen für das 1. und 2. Schuljahr. Leipzig, Stuttgart, Düsseldorf: Klett Grundschulverlag

GRÖMMINGER, Arnold/SCHWANDER, Michael (1997): Fächerverbindende Themen für das 3. und 4. Schuljahr. Leipzig, Stuttgart, Düsseldorf: Klett Grundschulverlag

GROSS, Peter (1994): Die Multioptionsgesellschaft. Frankfurt a.M.: Suhrkamp

GRUSCHKA, Andreas (1992): Kennt die Bildungstheorie die Bildungsprozesse junger Erwachsener. In: Neue Sammlung 32. Jg., He. 3, S. 355-370

GUDJONS, Herbert ([3]1991): Was ist Projektunterricht? In: BASTIAN, Johannes/GUDJONS, Herbert (Hrsg.) ([3]1991), S. 14-27

GUDJONS, Herbert/WINKEL, Rainer (Hrsg.) ([9]1997): Didaktische Theorien. Mit Beiträgen von: Wolfgang Klafki, Wolfgang Schulz, Felix von Cube, Christine Möller, Rainer Winkel und Herwig Blankertz. Hamburg: Bergmann + Helbig

HAHN, Manfred (1996): Lernen in Zusammenhängen. Anforderungen an die Schule von heute und mögliche Antworten darauf. In: Pädagogische Welt 50. Jg., He. 3, S. 134-138

HAHN, Regine/HAHN, Walter (1975): MINERALY. In: WOHLER, Gerhard u.a. (1975), S. 125-142

HAHN, Regine u.a. (1975): Einzelarrangements und Arbeitsvorschläge. In: HILLER, Gotthilf G. u.a. (1975), S. 99-137

HAHN, Walter/HILLER, Gotthilf G. (1975): Mehrperspektivischer Sachunterricht – Vier Aspekte eines Begründungszusammenhangs. In: GIEL, Klaus u.a. (1975), S. 182-192

HAHN, Walter/KRÄMER, Hermann (1975): Vorwort. In: GIEL, Klaus u.a. (1975), S. 6f.

HAMANN, Bruno ([2]1993): Pädagogische Anthropologie. Theorien – Modelle – Strukturen. Eine Einführung. Bad Heilbrunn/Obb.: Klinkhardt

HÄNSEL, Dagmar (1980): Didaktik des Sachunterrichts. Frankfurt a.M.: Diesterweg

HÄNSEL, Dagmar (Hrsg.) ([2]1999): Projektunterricht. Ein praxisorientiertes Handbuch. Weinheim, Basel: Beltz

HÄNSEL, Dagmar ([2]1999a): Projektmethode und Projektunterricht. In: HÄNSEL, Dagmar (Hrsg.) ([2] 1999), S. 54-92

HÄTTICH, Manfred (1999): Der Polisgedanke und seine Anwendung auf die Schule. In: HEPP, Gerd/SCHNEIDER, Herbert (Hrsg.) (1999), S. 178-183

HEIMANN, Paul/OTTO, Gunter/SCHULZ, Wolfgang ([6]1972): Unterricht. Analyse und Planung. Hannover u.a.: Schroedel

HEITGER, Marian (Hrsg.) (1984): Die Vielheit der Fächer und die Einheit der Bildung. Innere Schulreform III. Wien, Freiburg, Basel: Herder

HEITGER, Marian (1984a): Die Vielheit der Fächer und die Einheit der Bildung. In: HEITGER, Marian (Hrsg.) (1984), S. 9-33

HEMMINGER, Hansjörg (Hrsg.) (1991): Fundamentalismus in der verweltlichten Kultur. Stuttgart: Quell

HENTIG, Hartmut von (1990): Bilanz der Bildungsreform. In: Pädagogik 42. Jg., He. 6, S. 49-51

HENTIG, Hartmut von (1993): Die Schule neu denken. Eine Übung in praktischer Vernunft. München, Wien: Hanser

HENTIG, Hartmut von (1996): Bildung. Ein Essay. München, Wien: Hanser

HEPP, Gerd/SCHNEIDER, Herbert (Hrsg.) (1999): Schule in der Bürgergesellschaft. Demokratisches Lernen im Lebens- und Erfahrungsraum der Schule. Schwalbach: Wochenschau-Verlag

HEROLD, Corrina (1998): Berufsethos zwischen Institutionalisierung und Professionalisierung: Studien zur Rolle des Sächsischen Lehrervereins im Professionalisierungsprozeß sächsischer Volksschullehrer zwischen 1848 und 1873. Leipzig: Leipziger Universitätsverlag (Zugl. Leipzig, Univ., Diss., 1998)

HILLER, Gotthilf G. (1974a): Die Elaboration von Handlungs- und Lernfähigkeit durch eine kritische unterrichtliche Rekonstruktion von Themen des öffentlichen Diskurses. In: GIEL, Klaus/HILLER, Gotthilf G./KRÄMER, Hermann (1974), S. 67-81

HILLER, Gotthilf G. (1974b): Sachunterricht und Sprache. In: GIEL, Klaus u.a. (1974), S. 28-40

HILLER, Gotthilf G./POPP, Walter (1994): Unterricht als produktive Irritation – oder: Zur Aktualität des Mehrperspektivischen Unterrichts. In: DUNCKER, Ludwig/POPP, Walter (Hrsg.) (1994), S. 93-115

HILLER, Gotthilf G. u.a. (1975): Stücke zu einem mehrperspektivischen Unterricht. Bd. 3. Teilcurriculum: Schule/Einschulung (Erziehung). Stuttgart: Klett

HILLER-KETTERER, Ingeborg/HILLER, Gotthilf G. (1997): Fächerübergreifendes Lernen in didaktischer Perspektive. In: DUNCKER, Ludwig/POPP, Walter (Hrsg.) (1997), S. 166-195

HINRICHS, Wolfgang/BAUER, Herbert F. (Hrsg.) (2000): Zur Konzeption des Sachunterrichts. Donauwörth: Auer

HOPF, Arnulf (1993): „Der Sachunterricht hat die Aufgabe, dem Schüler Ausschnitte der Lebenswirklichkeit zu erschließen, soweit sie für ihn bedeutsam und zugänglich sind" – (erkenntnis-)theoretische Überlegungen und persönliche Schlußfolgerungen. In: RICHTER, Dagmar (Hrsg.) (1993), S. 21-30

HORNEY, Walter/RUPPERT, Johann Peter/SCHULTZE, Walter (Hrsg.) (1970): Pädagogisches Lexikon in zwei Bänden. Bd. 1. Gütersloh: Bertelsmann

HÜBER, Heinz-Georg/KIMBERGER, Rolf (1996): Lernen in Zusammenhängen – aufgezeigt am Heimat- und Sachkundeunterricht. In: Pädagogische Welt 50. Jg., He. 3, S. 128-133

HUBER, Ludwig (²1999): Vereint, aber nicht eins: Fächerübergreifender Unterricht und Projektunterricht. In: HÄNSEL, Dagmar (Hrsg.) (²1999), S. 31-53

HUBER, Ludwig/EFFE-STUMPF, Gertrud (1994): Der fächerübergreifende Unterricht am Oberstufen-Kolleg. Versuch einer historischen Einordnung. In: KRAUSE-ISERMANN, Ursula/KUPSCH, Joachim/SCHUMACHER, Michael (Hrsg.) (1994), S. 63-86

HÜLLEN, Jürgen (1982): Pädagogische Theorie – Pädagogische Hermeneutik. Bonn: Bouvier

IGL, Peter (1995): Lernen in Zusammenhängen aus der Sicht der Lehrplanentwicklung in Bayern. In: Katholische Erziehergemeinschaft (Hrsg.) (1995), S. 17-33

JANK, Werner/MEYER, Hilbert (³1994): Didaktische Modelle. Frankfurt a. M.: Cornelsen Scriptor

JOAS, Hans (Hrsg.) (2000): Philosophie der Demokratie. Beiträge zum Werk von John Dewey. Frankfurt a.M.: Suhrkamp

KAHLERT, Joachim (1997): Vielseitigkeit statt Ganzheit. Zur erkenntnistheoretischen Kritik an einer pädagogischen Illusion. In: DUNCKER, Ludwig/POPP, Walter (Hrsg.) (1997), S. 92-118

KAHLERT, Joachim (1998): Didaktische Netze knüpfen – Ideen für die thematische Strukturierung fächerübergreifenden Unterrichts. In: DUNCKER, Ludwig/POPP, Walter (Hrsg.) (1998), S. 12-34

KAHLERT, Joachim (2001): Sachverhalte in unterschiedlichen Perspektiven entfalten – der fächerübergreifende Anspruch im Sachunterricht. In: Sache – Wort – Zahl 29. Jg., He. 40, S. 47-51

KAHLERT, Joachim (2002): Der Sachunterricht und seine Didaktik. Bad Heilbrunn/Obb.: Klinkhardt

KAISER, Astrid (⁵1999): Einführung in die Didaktik des Sachunterrichts. Baltmannsweiler: Schneider Verlag Hohengehren

KAISER, Astrid (2000): Sachunterrichtsdidaktik der Vielfalt – implizite Strukturen der Integration. In: LÖFFLER, Gerhard u.a. (Hrsg.) (2000), S. 91-107

KAMPER, Dietmar (⁴1996): Anthropologie, pädagogische. In: LENZEN, Dieter (Hrsg.) (⁴1996), S. 82-88

KARST, Theodor/VENTER, Joachim (1994): Natur und Literatur. Fächerverbindender Unterricht in der Grundschule. Baltmannsweiler: Schneider Verlag Hohengehren

Katholische Erziehergemeinschaft (Hrsg.) (1995): Vernetztes Lernen. Donauwörth: Auer

KATZENBERGER, Lothar F. (2000): Konzeptionelle Geschichte des Sachunterrichts in der Grundschule 1969-1980. In: HINRICHS, Wolfgang/BAUER, Herbert F. (Hrsg.) (2000), S. 162-191

KELLER, Heidi (Hrsg.) (1998): Lehrbuch Entwicklungspsychologie. Bern u.a.: Huber

KERSCHENSTEINER, Georg ([4]1979): Begriff der Arbeitsschule. In: REBLE, Albert (Hrsg.) ([4]1979), S. 28-41

KEUFFER, Josef/MEYER, Meinert A. (Hrsg.) (1997): Didaktik und kultureller Wandel. Aktuelle Problemlagen und Veränderungsperspektiven. Weinheim: Deutscher Studienverlag

KLAFKI, Wolfgang (1989): Perspektiven einer humanen und demokratischen Schule. In: SCHWÄNKE, Ulf (Hrsg.) (1989), S. 47-72

KLAFKI, Wolfgang (1992): Allgemeinbildung in der Grundschule und der Bildungsauftrag des Sachunterrichts. In: LAUTERBACH, Roland u.a. (Hrsg.) (1992b), S. 11-31

KLAFKI, Wolfgang (1995a): „Schlüsselprobleme" als thematische Dimension einer zukunftsbezogenen „Allgemeinbildung" – Zwölf Thesen. In: Die Deutsche Schule, 3. Beiheft, S. 9-14

KLAFKI, Wolfgang (1995b): Schlüsselprobleme und fachbezogener Unterricht. Kommentare aus bildungstheoretischer und didaktischer Sicht. In: Die Deutsche Schule, 3. Beiheft, S. 32-46

KLAFKI, Wolfgang ([5]1996): Neue Studien zur Bildungstheorie und Didaktik. Zeitgemäße Allgemeinbildung und kritisch-konstruktive Didaktik. Weinheim, Basel: Beltz

KLAFKI, Wolfgang (1997): Zukunftsfähiges Deutschland – zukunftsfähige Schule. Didaktische Überlegungen. In: Landesinstitut für Schule und Weiterbildung des Landes Nordrhein-Westfalen (Hrsg.) (1997), S. 14-19

KLAFKI, Wolfgang (1998a): Fächerübergreifender Unterricht – Begründungsargumente und Verwirklichungsstufen. In: POPP, Susanne (Hrsg.) (1998), S. 41-57

KLAFKI, Wolfgang (1998b): Schlüsselqualifikationen/Allgemeinbildung – Konsequenzen für Schulstrukturen. In: BRAUN, Karl-Heinz u.a. (Hrsg.) (1998), S. 145-208

KLAFKI, Wolfgang (1998c): „Schlüsselprobleme" in der Diskussion – Kritik einer Kritik. Zu Hermann Gieseckes Aufsatz „Was ist ein ‚Schlüsselproblem'? Anmerkungen zu Wolfgang Klafkis neuem Allgemeinbildungskonzept". In: Neue Sammlung. Vierteljahres-Zeitschrift für Erziehung und Gesellschaft 38. Jg., He. 1, S. 103-124

KLAFKI, Wolfgang (1999): Schlüsselprobleme und Schlüsselqualifikationen – Schwerpunkte neuer Allgemeinbildung in einer demokratischen Kinder- und Jugendschule. In: HEPP, Gerd/SCHNEIDER, Herbert (Hrsg.) (1999), S. 30-49

KLAFKI, Wolfgang (2001): Hermeneutische Verfahren in der Erziehungswissenschaft (1971). In: RITTELMEYER, Christian/PARMENTIER, Michael (2001), S. 125-148

KLAUTKE, Siegfried (2000): Bedingungen eines fächerübergreifenden Unterrichts – Beispiel: Naturwissenschaftliche Fächer. In: Biologie in der Schule 49. Jg., He. 2, S. 65-70

KLEINSCHMIDT-BRÄUTIGAM, Mascha (1998): Das neue Haus des Lernens und die Rolle der Fächer darin. In: Schulverwaltung. Ausgabe Brandenburg, Mecklenburg-Vorpommern, Sachsen, Sachsen-Anhalt, Thüringen und Berlin 8. Jg., He. 10, S. 327-331

KLEMM, Klaus/ROLFF, Hans-Günter/TILLMANN, Klaus-Jürgen (1985): Bildung für das Jahr 2000. Bilanz der Reform, Zukunft der Schule. Reinbek bei Hamburg: Rowohlt

KLIEME, Eckhard/ARTELT, Cordula/STANAT, Petra (2001): Fächerübergreifende Kompetenzen: Konzepte und Indikatoren. In: WEINERT, Franz E. (Hrsg.) (2001), S. 203-218

KNOLL, Michael (1991): Europa – nicht Amerika. Zum Ursprung der Projektmethode in der Pädagogik, 1702-1875. In: Pädagogische Rundschau 44. Jg., He. 1, S. 41-58

KNOLL, Michael (1992): John Dewey und die Projektmethode. Zur Aufklärung eines Mißverständnisses. In: Bildung und Erziehung 45. Jg., He. 1, S. 89-108

KNOLL, Michael (1993): 300 Jahre Lernen am Projekt. Zur Revision unseres Geschichtsbildes. In: Pädagogik 45. Jg., He. 7-8, S. 58-63

KNOLL, Michael (1995a): Die Projektmethode – ein altes Konzept mit internationaler Wirkung. In: Bildungsforschung und Bildungspraxis 17. Jg., He. 1, S. 27-41

KNOLL, Michael (1995b): Wie sie entstand: die Projektmethode. Ihr Anfang an der amerikanischen Grundschule. In: Grundschule 27. Jg., He. 7-8, S. 12f.

KNOLL, Michael (1997): Projektmethode und fächerübergreifender Unterricht. Eine historisch-systematische Betrachtung. In: DUNCKER, Ludwig/POPP, Walter (Hrsg.) (1997), S. 206-225

KÖHNLEIN, Walter (1998): Grundlegende Bildung – Gestaltung und Ertrag des Sachunterrichts. In: MARQUARDT-MAU, Brunhilde/SCHREIER, Helmut (Hrsg.) (1998), S. 27-46

KÖHNLEIN, Walter (2000): Ansätze naturwissenschaftlichen Denkens – Wahrnehmung des Ganzen. In: HINRICHS, Wolfgang/BAUER, Herbert F. (Hrsg.) (2000), S. 291-302

KÖHNLEIN, Walter (2001a): Innovation Sachunterricht – Auswahl und Aufbau der Inhalte. In: KÖHNLEIN, Walter/SCHREIER, Helmut (Hrsg.) (2001), S. 299-329

KÖHNHLEIN, Walter (2001b): Aufgaben und Ziele des Sachunterrichts. In: EINSIEDLER, Wolfgang u.a. (Hrsg.) (2001), S. 493-504

KÖHNLEIN, Walter/MARQUARDT-MAU, Brunhilde/SCHREIER, Helmut (Hrsg.) (1997): Kinder auf dem Wege zum Verstehen der Welt. Bad Heilbrunn/Obb.: Klinkhardt

KÖHNLEIN, Walter/SCHREIER, Helmut (Hrsg.) (2001): Innovation Sachunterricht – Befragung der Anfänge nach zukunftsfähigen Beständen. Bad Heilbrunn/Obb.: Klinkhardt

KRÄMER, Hermann (1974a): Redaktionelle Bemerkungen. In: GIEL, Klaus/HILLER, Gotthilf G./KRÄMER, Hermann (1974), S. 8-11

KRÄMER, Hermann (1974b): Themengitter für das Curriculum: Grundschule. In: GIEL, Klaus/HILLER, Gotthilf G./KRÄMER, Hermann (1974), S. 82-118

KRÄMER, Hermann (1975): Geburtstag als Thema von Unterricht in der Grundschule. In: KRÄMER, Hermann u.a. (1975), S. 11-38

KRÄMER, Hermann u.a. (1975): Stücke zu einem mehrperspektivischen Unterricht. Bd. 8. Teilcurriculum: Geburtstag (Fest und Feier). Stuttgart: Klett

KRAUSE-ISERMANN, Ursula (1994): Einleitung. In: KRAUSE-ISERMANN, Ursula/KUPSCH, Joachim/SCHUMACHER, Michael (Hrsg.) (1994), S. 1-9

KRAUSE-ISERMANN, Ursula/KUPSCH, Joachim/SCHUMACHER, Michael (Hrsg.) (1994): Perspektivenwechsel. Beiträge zum fächerübergreifenden Unterricht für junge Erwachsene. Bielefeld: Ambos

KREITMAIR, Karl (1963): Berthold Ottos Leben und sein pädagogisches Wirken. In: OTTO, Berthold (1963), S. 253-269

KRETSCHMANN, Johannes ([2]1948): Natürlicher Unterricht. Neubearbeitet von Otto HAASE. Darmstadt, Hannover, Boppard: Schroedel

KRETSCHMANN, Johannes (o.J.): Freier Gesamtunterricht in der Dorfschule. Berlin: Union Deutsche Verlagsgesellschaft

KRON, Friedrich W. (1999): Wissenschaftstheorie für Pädagogen. München, Basel: Reinhardt

KÜENZLEN, Gottfried (1991): Fundamentalismus und die säkulare Kultur der Moderne. In: HEMMINGER, Hansjörg (Hrsg.) (1991), S. 196-221

KUHN, Hans-Werner (Hrsg.) (2003): Sozialwissenschaftlicher Sachunterricht. Konzepte, Forschungsfelder, Methoden. Herbolzheim: Centaurus

LAHMER, Karl (1990): Grundlegendes zum fächerübergreifenden Unterricht. In: Erziehung und Unterricht 140. Jg., He. 5, S. 258-265

LAMMERS, Astrid (1998): Zur Möglichkeit und Notwendigkeit fach-überschreitenden Unterrichts. In: REKUS, Jürgen (Hrsg.) (1998), S. 193-212

Landesinstitut für Schule und Weiterbildung des Landes Nordrhein-Westfalen (Hrsg.) (1997): Die Zukunft denken – die Gegenwart gestalten. Handbuch für Schule, Unterricht und Lehrerbildung zur Studie „Zukunftsfähiges Deutschland". Weinheim, Basel: Beltz

LANDOLT, Hermann (1999a): Grundlagen fächerintegrierenden Unterrichts. In: LANDOLT, Hermann u.a. (1999), S. 7-24

LANDOLT, Hermann (1999b): Konsequenzen. In: LANDOLT, Hermann u.a. (1999), S. 90-92

LANDOLT, Hermann u.a. (1999): Fächerintegrierender Unterricht. Handbuch zum fächerintegrierenden Unterricht. Anleitung für Lehrpersonen. Aarau: Sauerländer

LANGEVELD, Martinus J./DANNER, Helmut (1981): Methodologie und ‚Sinn'-Orientierung in der Pädagogik. München: Reinhardt

LAUTERBACH, Roland (2001): „Science – A Process Approach" revisited – Erinnerungen an einen „Weg in die Naturwissenschaft". In: KÖHNLEIN, Walter/SCHREIER, Helmut (Hrsg.) (2001), S. 103-131

LAUTERBACH, Roland u.a. (Hrsg.) (1992a): Wege des Ordnens. Kiel: IPN

LAUTERBACH, Roland u.a. (Hrsg.) (1992b): Brennpunkte des Sachunterrichts. Kiel: IPN

Leipziger Lehrerverein (Hrsg.) (^{2}1910): Die Arbeitsschule. Beiträge aus Theorie und Praxis. Leipzig: Hahn

LENZEN, Dieter (Hrsg.) (^{4}1996): Pädagogische Grundbegriffe. Bd. 1. Reinbek bei Hamburg: Rowohlt

LENZEN, Dieter (Hrsg.) (^{4}1997): Pädagogische Grundbegriffe. Bd. 2. Reinbek bei Hamburg: Rowohlt

LINDE, Gerhard (1984): Untersuchungen zum Konzept der Ganzheit in der deutschen Schulpädagogik. Frankfurt a.M.: Lang

LÖFFLER, Gerhard u.a. (Hrsg.) (2000): Sachunterricht – Zwischen Fachbezug und Integration. Bad Heilbrunn/Obb.: Klinkhardt

MANDL, Heinz/GRUBER, Hans/RENKL, Alexander (1993): Das träge Wissen. In: Psychologie Heute 20. Jg., He. 9, S. 64-69

MARAS, Rainer (1996a): Lernen in Zusammenhängen. Teil I: Grundlegung. In: Grundschulmagazin 11. Jg., He. 2, S. 38-41

MARAS, Rainer (1996b): Lernen in Zusammenhängen. Teil II: Hinweise zum Unterricht. In: Grundschulmagazin 11. Jg., He. 3, S. 62-66

MARQUARDT-MAU, Brunhilde/SCHREIER, Helmut (Hrsg.) (1998): Grundlegende Bildung im Sachunterricht. Bad Heilbrunn/Obb.: Klinkhardt

MATALIK, Silvia/SCHADE, Diethard (Hrsg.) (1998): Entwicklungen in Aus- und Weiterbildung. Anforderungen, Ziele, Konzepte. Beiträge zum Projekt „Humanressourcen". Baden-Baden: Nomos

MEIER, Richard/UNGLAUBE, Henning/FAUST-SIEHL, Gabriele (Hrsg.) (1997): Sachunterricht in der Grundschule. Frankfurt a.M.: Arbeitskreis Grundschule – Der Grundschulverband e.V.

MEMMERT, Wolfgang (1997): Über den Umgang mit den Fächern. Sechs historische Modelle. In: DUNCKER, Ludwig/POPP, Walter (Hrsg.) (1997), S. 14-32

MERKENS, Hans ([4]1996): Forschungsmethode. In: LENZEN, Dieter (Hrsg.) ([4]1996), S. 614-632

Methodische Abteilung des Leipziger Lehrervereins (Hrsg.) ([2]1920): Gesamtunterricht im 1. und 2. Schuljahr. Zugleich ein Bericht über die Leipziger Reformklassen. Leipzig: Brandstetter

MEYER, Hilbert ([3]1990): Unterrichtsmethoden. I: Theorieband. Frankfurt a. M.: Scriptor

Ministerium für Schule und Weiterbildung des Landes Nordrhein-Westfalen (Hrsg.) (1997): „Fächerübergreifendes Arbeiten" – Bilanz und Perspektiven. Dokumentation der landesweiten Fachtagung im Rahmen des Dialogs über die Denkschrift der Bildungskommission NRW „Zukunft der Bildung – Schule der Zukunft". Frechen: Ritterbach

MOEGLING, Klaus (1998): Fächerübergreifender Unterricht – Wege ganzheitlichen Lernens in der Schule. Bad Heilbrunn/Obb.: Klinkhardt

MÖLLER, Christine ([9]1997): Die curriculare Didaktik. Oder: Der lernzielorientierte Ansatz. In: GUDJONS, Herbert/WINKEL, Rainer (Hrsg.) ([9]1997), S. 75-92

MÜNZINGER, Wolfgang (1995): Das Verhältnis von Fachwissenschaften, Fachdidaktiken und Schulpraxis. In: Die Deutsche Schule 3. Beiheft, S. 15-31

MUTHIG, Bernd (1978): Gesamtunterricht der Grundschule. Konzeptionen – Entwicklung – Problematik. Bad Heilbrunn/Obb.: Klinkhardt

NESTLE, Werner (1974a): Curriculare Innovationen durch mehrperspektivische Unterrichtsmodelle. In: NESTLE, Werner u.a. (1974), S. 12-35

NESTLE, Werner (1974b): Mehrperspektivische Unterrichtsmodelle als konstruktive Beiträge zur Curriculumforschung und -entwicklung. In: NESTLE, Werner u.a. (1974), S. 58-73

NESTLE, Werner (1975): Überlegungen zur Didaktik des Verkehrs. In: NESTLE, Werner u.a. (1975), S. 7-44

NESTLE, Werner u.a. (1974): Stücke zu einem mehrperspektivischen Unterricht. Bd. 4. Unterrichtsmodelle: Wohnen/Fahrplan. Stuttgart: Klett

NESTLE, Werner u.a. (1975): Stücke zu einem mehrperspektivischen Unterricht. Bd. 9. Teilcurriculum: Technischer Überwachungsverein (Verkehr). Stuttgart: Klett

NEUHAUS, Elisabeth (1977): Gesamtunterricht, Fächerübergreifender Unterricht. In: Wörterbuch der Pädagogik. Bd. 2. (1977), S. 7-9

NEUHÄUSLER, Anton (1995): „Unterricht in Zusammenhängen" Erläuterung von Begriffen. In: Grundschulmagazin 10. Jg., He. 12, S. 59-63

NORTHEMANN, W(olfgang) (1970): Fächerübergreifender Unterricht. In: HORNEY, Walter/RUPPERT, Johann Peter/SCHULTZE, Walter (Hrsg.) (1970), S. 837-839

OELKERS, Jürgen ([3]1996): Reformpädagogik. Eine kritische Dogmengeschichte. Weinheim, München: Juventa

OELKERS, Jürgen (2000a): Demokratie und Bildung: Über die Zukunft eines Problems. In: Zeitschrift für Pädagogik 46. Jg., He. 3, S. 333-347

OELKERS, Jürgen (2000b): John Deweys Philosophie der Erziehung: Eine theoriegeschichtliche Analyse. In: JOAS, Hans (Hrsg.) (2000), S. 280-315

OELKERS, Jürgen (2000c): Nachwort zur Neuausgabe. Dewey in Deutschland – ein Mißverständnis. In: DEWEY, John (2000), S. 489-509

OLBERTZ, Jan-Hendrik (Hrsg.) (1998): Zwischen den Fächern – Über den Dingen? Universalisierung versus Spezialisierung akademischer Bildung. Opladen: Leske + Budrich

OLBERTZ, Jan-Hendrik (1998a): Neugier – Nutzen – Not. Vom Wandel unseres Wissenschaftsbegriffs, den Fächern und den Folgen für die Bildung. In: OLBERTZ, Jan-Hendrik (Hrsg.) (1998), S. 11-34

OLBERTZ, Jan-Hendrik (1998b): Wissenschaftspropädeutik/Wissenschaftsorientierung/ Fächerübergreifendes Lernen in der Schule (sowie lebenslanges Lernen). In: BRAUN, Karl-Heinz u.a. (Hrsg.) (1998), S. 209-229

OSTERWALDER, Fritz (1995): Demokratie in den Konzepten der deutschen Reformpädagogik. In: BÖHM, Winfried/OELKERS, Jürgen (Hrsg.) (1995), S. 139-174

OTTO, Berthold (1903): Beiträge zur Psychologie des Unterrichts. Leipzig: Scheffer

OTTO, Berthold (1905): Hauslehrerbestrebungen. Altersmundart und ihre Gegner. Eine Streitschrift. Leipzig: Scheffer

OTTO, Berthold (1907): Deutsche Erziehung und Hauslehrerbestrebungen. Ein Reformprogramm. Großlichterfelde: Verlag des Hauslehrers

OTTO, Berthold (1908): Kindesmundart. Berlin: Modern-Pädagogischer und Psychologischer Verlag

OTTO, Berthold (1910): Der Zukunftsstaat als sozialistische Monarchie. Berlin: Puttkammer & Mühlbrecht

OTTO, Berthold (1912): Die Reformation der Schule. Großlichterfelde: Verlag des Hauslehrers

OTTO, Berthold (1914): Volksorganische Einrichtungen der Zukunftsschule. Berlin-Lichterfelde: Verlag des Hauslehrers

OTTO, Berthold (1925a): Volksorganisches Denken. Vorübungen zur Neubegründung der Geisteswissenschaften. Erster Teil: Aufgaben. Berlin-Lichterfelde: Verlag des Hauslehrers

OTTO, Berthold (1925b): Volksorganisches Denken. Vorübungen zur Neubegründung der Geisteswissenschaften. Zweiter Teil: Lebendiges Denken und Schriftdenken. Berlin-Lichterfelde: Verlag des Hauslehrers

OTTO, Berthold (1925c): Volksorganisches Denken. Vorübungen zur Neubegründung der Geisteswissenschaften. Dritter Teil: Vom Gelddenken und der Befreiung davon. Berlin-Lichterfelde: Verlag des Hauslehrers

OTTO, Berthold (1926): Volksorganisches Denken. Vorübungen zur Neubegründung der Geisteswissenschaften. Vierter Teil: Nachlese, Schürfungen, Zusammenfassungen. Berlin-Lichterfelde: Verlag des Hauslehrers

OTTO, Berthold ([3]1928): Der Lehrgang der Zukunftsschule. Formale Bildung ohne Fremdsprache. Berlin-Lichterfelde: Verlag des Hauslehrers

OTTO, Berthold (1963): Ausgewählte pädagogische Schriften. Besorgt von Karl KREITMAIR, Paderborn: Schöningh

OTTO, Berthold (1963a): Die Schulreform im 20. Jahrhundert. In: OTTO, Berthold (1963), S. 24-44

OTTO, Berthold (1963b): Geistiger Verkehr mit Schülern im Gesamtunterricht. In: OTTO, Berthold (1963), S. 105-119

OTTO, Berthold (1963c): Gesamtunterricht. In: OTTO, Berthold (1963), S. 120-132

OTTO, Berthold (1963d): Die Spracherziehung. In: OTTO, Berthold (1963), S. 202-231

OTTO, Berthold (1963e): Was ich erstrebe. In: OTTO, Berthold (1963), S. 232-238

OTTO, Berthold (1965): Ratschläge für häuslichen Unterricht. Besorgt und eingeleitet von Hermann HOLSTEIN. Heidelberg: Quelle & Meyer

Pädagogische Zentrale des Deutschen Lehrervereins (Hrsg.) (1911): Pädagogisches Jahrbuch 1911. Leipzig, Berlin: Klinkhardt

PETERßEN, Wilhelm H. ([5]1996): Lehrbuch Allgemeine Didaktik. München: Ehrenwirth

PETERßEN, Wilhelm H. (2000): Fächerverbindender Unterricht. Begriff – Konzept – Planung – Beispiele. München: Oldenbourg

PETERSEN, Susanne (1996): Wie alles ineinandergreift. Beispiele fächerübergreifenden Unterrichts für die Grundschule. Donauwörth: Auer

Philosophisches Wörterbuch ([22]1991). Begründet von Heinrich SCHMIDT. Neu bearbeitet von Georgi SCHISCHKOFF. Stuttgart: Kröner

PICHT, Georg (1964): Die deutsche Bildungskatastrophe. Olten: Walter

POPP, Susanne (Hrsg.) (1998): Grundrisse einer humanen Schule. Innsbruck, Wien: Studien-Verlag

POPP, Walter (1997): Die Spezialisierung auf Zusammenhänge als regulatives Prinzip der Didaktik. In: DUNCKER, Ludwig/POPP, Walter (Hrsg.) (1997), S. 135-154

POPP, Walter (2000): Common Sense, Fachbezug und Lebensbezug. In: LÖFFLER, Gerhard u.a. (Hrsg.) (2000), S. 20-40

POTTHOFF, Willy ([2]1994): Einführung in die Reformpädagogik. Von der klassischen zur aktuellen Reformpädagogik. Freiburg: Reformpäd. Verlag Jörg Potthoff

PROTE, Ingrid (2000): Politik als integratives Element des Sachunterrichts. In: LÖFFLER, Gerhard u.a. (Hrsg.) (2000), S. 170-184

REBEL, Karlheinz (1995): Lehrerqualifikation und Unterrichtsqualität mit besonderem Blick auf fächerverbindendes Arbeiten. In: Lehren und Lernen 21. Jg., He. 7, S. 3-17

REBLE, Albert (Hrsg.) ([4]1979): Die Arbeitsschule. Bad Heilbrunn/Obb.: Klinkhardt

REBLE, Albert ([14]1987): Geschichte der Pädagogik. Stuttgart: Klett-Cotta

REKUS, Jürgen (1994): Lernen in Bezügen. Vom Sinn fachüberschreitend-fächerverbindenden Unterrichts. In: Schulmagazin 5 bis 10, 9. Jg., He. 9, S. 8-11

REKUS, Jürgen (1995): Fach-Unterricht oder fächerübergreifender Unterricht? Versöhnliche Anmerkungen zu einer aktuellen Kontroverse. In: Schulmagazin 5 bis 10, 10. Jg., He. 4, S. 4-9

REKUS, Jürgen (1996a): Lernen in Zusammenhängen – aber Wer oder Was hängt zusammen? In: unterrichten/erziehen 15. Jg., He. 1, S. 6-9

REKUS, Jürgen (1996b): Zur Einheit von fachlichen und fachüberschreitenden Bildungsaufgaben im Unterricht. In: engagement He. 3, S. 205-219

REKUS, Jürgen (Hrsg.) (1998): Grundfragen des Unterrichts. Bildung und Erziehung in der Schule der Zukunft. Weinheim, München: Juventa

REKUS, Jürgen (1998a): Vorwort. In: REKUS, Jürgen (Hrsg.) (1998), S. 9-13

REKUS, Jürgen (1998b): Über die Macht fremder Motive. Wie Lernthemen in die Schule kommen. In: Grundschule 30. Jg., He. 7-8, S. 12-15

RICHTER, Dagmar (Hrsg.) (1993): Grundlagen des Sachunterrichts. Lebensweltliche und fächerübergreifende Aspekte in fachdidaktischer Perspektive. Oldenburg: Carl v. Ossietzky Universität

RICHTER, Dagmar (1993a): Bildungsprozesse im Sachunterricht als Aufklärung von Lebenswelten. In: RICHTER, Dagmar (Hrsg.) (1993), S. 31-46

RICHTER, Dagmar (1997): Kinder und politische Bildung. In: KÖHNLEIN, Walter/MARQUARDT-MAU, Brunhilde/SCHREIER, Helmut (Hrsg.) (1997), S. 76-89

RICHTER, Dagmar (2002): Sachunterricht – Ziele und Inhalte. Ein Lehr- und Studienbuch zur Didaktik. Baltmannsweiler: Schneider Verlag Hohengehren

RITTELMEYER, Christian/PARMENTIER, Michael (2001): Einführung in die pädagogische Hermeneutik. Mit einem Beitrag von Wolfgang KLAFKI. Darmstadt: WBG

ROBINSOHN, Saul B. ([5]1975): Bildungsreform als Revision des Curriculum und Ein Strukturkonzept für Curriculumentwicklung. Neuwied, Berlin: Luchterhand

RÖHRS, Hermann ([5]1998): Die Reformpädagogik. Ursprung und Verlauf unter internationalem Aspekt. Weinheim: Deutscher Studien Verlag

ROMMEL, Herbert (1999): Fächerverbindender Unterricht und wissenschaftstheoretische Reflexionen. Didaktische Konsequenzen für eine moderne Allgemeinbildung. In: Bildung und Erziehung 52. Jg., He. 2, S. 217-235

ROMMEL, Herbert (2001): Wozu fächerverbindend unterrichten? Eine kritische Grundlagenreflexion zur „Einheit der Bildung". In: Pädagogische Rundschau 55. Jg., He. 3, S. 357-373

RÖßGER, Karl (1921a): Die Grundlagen des ersten Unterrichts. Des freien Elementarunterrichts erster Teil. Leipzig: Verlag der Dürr'schen Buchhandlung

RÖßGER, Karl (1921b): Die Techniken des ersten Unterrichts. Des freien Elementarunterrichts zweiter Teil. Leipzig: Verlag der Dürr'schen Buchhandlung

RÖßGER, Karl (1921c): Aus der Praxis des ersten Unterrichts. Des freien Elementarunterrichts dritter Teil. Leipzig: Verlag der Dürr'schen Buchhandlung

SANDER, Wolfgang (1999): Erziehung zur Demokratie als Aufgabe fächerübergreifenden Unterrichts. In: HEPP, Gerd/SCHNEIDER, Herbert (Hrsg.) (1999), S. 216-225

SCHÄFER, Karl-Hermann ([4]1997): Pragmatismus. In: Lenzen, Dieter (Hrsg.) ([4]1997), S. 1264-1270

SCHÄFER, Karl-Hermann/SCHALLER, Klaus ([2]1973): Kritische Erziehungswissenschaft und kommunikative Didaktik. Heidelberg: Quelle & Meyer

SCHALLER, Klaus ([2]1973): Einführung in die kritische Erziehungswissenschaft. In: SCHÄFER, Karl-Hermann/SCHALLER, Klaus ([2]1973), S. 9-74

SCHAUB, Horst/ZENKE, Karl G. ([5]2002): Wörterbuch Pädagogik. München: dtv

SCHELTEN, Andreas (1998): Schlüsselqualifikationen/Vorbereitung auf die Arbeitswelt/ lebenslanges Lernen. In: Bildungskongress 1998, München (Hrsg.) (1998), S. 283-293

SCHIFFLER, Horst/WINKELER, Rolf ([5]1998): Tausend Jahre Schule. Eine Kulturgeschichte des Lernens in Bildern. Stuttgart, Zürich: Belser

SCHILMÖLLER, Reinhard (1997): „Fächerübergreifender Unterricht" – Recht und Grenzen einer bildungspolitischen Forderung. In: Vierteljahrsschrift für wissenschaftliche Pädagogik 73. Jg., He. 1, S. 90-115

SCHLAFFKE, Winfried (1998): Das Konzept der Schlüsselqualifikationen: Forderungen der Wirtschaft – Herausforderungen für die Hochschulen. In: OLBERTZ, Jan-Hendrik (Hrsg.) (1998), S. 187-198

SCHLOMS, Christiane (1995): Vernetzter Unterricht – Ein Modell für fächerübergreifenden Unterricht in der Grund- und Hauptschule. In: Katholische Erziehergemeinschaft (Hrsg.) (1995), S. 70-83

SCHMAYL, Winfried (1994): Technik in der Grundschule. Ansätze technischen Elementarunterrichts. In: Zeitschrift für Technik im Unterricht. 19. Jg., He. 4, S. 16-22

SCHMIDBAUER, Wolfgang (1976): Von der Massenpsychologie zur Gruppendynamik. In: BALMER, Heinrich (Hrsg.) (1976), S. 897-931

SCHNABEL, Paul (²1920a): Aus dem Straßenleben. In: Methodische Abteilung des Leipziger Lehrervereins (Hrsg.) (²1920), S. 46-61

SCHNABEL, Paul (²1920b): Lesenlernen. In: Methodische Abteilung des Leipziger Lehrervereins (Hrsg.) (²1920), S. 97-109

SCHNABEL, Paul (²1920c): Allgemeinbericht über eine Versuchsklasse. In: Methodische Abteilung des Leipziger Lehrervereins (Hrsg.) (²1920), S. 118-125

SCHREIER, Helmut (1986): Einleitung. In: DEWEY, John (1986), S. 9-86

SCHREIER, Helmut (2001): Perspektiven für den Sachunterricht. In: KÖHNLEIN, Walter/SCHREIER, Helmut (Hrsg.) (2001), S. 331-350

SCHULZ, Wolfgang (⁶1972): Unterricht – Analyse und Planung. In: HEIMANN, Paul/OTTO, Gunter/SCHULZ, Wolfgang (⁶1972), S. 13-47

SCHULZ, Wolfgang (²1980): Unterrichtsplanung. München, Wien, Baltimore: Urban & Schwarzenberg

SCHULZ, Wolfgang (⁹1997): Die lehrtheoretische Didaktik. Oder: Didaktisches Handeln im Schulfeld. Modellskizze einer professionellen Tätigkeit. In: GUDJONS, Herbert/WINKEL, Rainer (Hrsg.) (⁹1997), S. 35-56

SCHUSSER, Walter H./BÖS, Gunther/PRECHTL, Christof (2000): Für das Leben lernen. Ein Plädoyer für mehr ökonomische Bildung in der Schule. In: unterrichten/erziehen 19. Jg., He. 5, S. 246-248

SCHÜTTE, Sybille/HALLER, Waltraut (1998): Alltagswirklichkeit und Mathematikunterricht – Was kann die Schule leisten. In: DUNCKER, Ludwig/POPP, Walter (Hrsg.) (1998), S. 79-95

SCHWÄNKE, Ulf (Hrsg.) (1989): Innere und äußere Schulreform: Carl-Ludwig Furck zum 3. November 1988. Hamburg: Hamburger Buchwerkstatt

SIEBER, Rudolf (²1910a): Die Arbeitsschule. In: Leipziger Lehrerverein (Hrsg.) (²1910), S. 15-54

SIEBER, Rudolf (²1910b): Die intellektuelle Bildung in der Arbeitsschule. In: Leipziger Lehrerverein (Hrsg.) (²1910), S. 55-117

SIEBER, Rudolf (²1910c): Arbeitsschule und Willensbildung. In: Leipziger Lehrerverein (Hrsg.) (²1910), S. 118-132

SNOW, Charles P. (1967): Die zwei Kulturen. Literarische und naturwissenschaftliche Intelligenz. Stuttgart: Klett

SPETH, Martin (1997): John Dewey und der Projektgedanke. In: BASTIAN, Johannes u.a. (Hrsg.) (1997), S. 19-37

SPRECKELSEN, Kay (2001): SCIS und das Konzept eines strukturbezogenen naturwissenschaftlichen Unterrichts in der Grundschule. In: KÖHNLEIN, Walter/SCHREIER, Helmut (Hrsg.) (2001), S. 85-102

STOLTENBERG, Ute (2000): „Weißt du, ...“ Integration und Bedeutsamkeit von Umweltwissen für Kinder durch lokale Partizipation. In: LÖFFLER, Gerhard u.a. (Hrsg.) (2000), S. 201-217

STRUCK, Peter (1996): Die Schule der Zukunft. Von der Belehrungsanstalt zur Lernwerkstatt. Darmstadt: WBG

SUHR, Martin (1994): John Dewey zur Einführung. Hamburg: Junius

TAUBERT-STRIESE, Annett (1996): Der Leipziger Lehrerverein, ein bedeutender Vertreter der Reformpädagogik: eine Studie zu seiner geschichtlichen Entwicklung, seinen pädagogischen Leistungen und seinen praktischen Erfolgen. Frankfurt a.M. u.a.: Lang (Zugl. Passau, Univ., Diss., 1996)

THIEL, Siegfried (2003): Die Verbindung von Natur- und Sozialwissenschaften im Sachunterricht. In: KUHN, Hans-Werner (Hrsg.) (2003), S. 287-303

TILLMANN, Klaus-Jürgen (Hrsg.) (²1993): Schultheorien. Hamburg: Bergmann + Helbig

TILLMANN, Klaus-Jürgen (²1993a): Theorie der Schule – eine Einführung. In: TILLMANN, Klaus-Jürgen (Hrsg.) (²1993), S. 7-18

TILLMANN, Klaus-Jürgen (1997): Gibt es eine ökonomische Begründung für Projektunterricht? In: BASTIAN, Johannes u.a. (Hrsg.) (1997), S. 151-164

TROMMER, Gerhard (1997): Ganzheit, Einheit und Einzigartigkeit der Natur – Anmerkungen zum fächerübergreifenden und fachdidaktischen Unterricht. In: Biologie in der Schule 46. Jg., Sonderheft, S. 2-8

ULLRICH, Heiner (1991): Vom Kinde lernen. Betrachtungen über die fortdauernde Aktualität des romantischen Blicks auf das Kind in einer veränderten Kindheit. In: ULLRICH, Heiner/HAMBURGER, Franz (Hrsg.) (1991), S. 91-112

ULLRICH, Heiner (1999): Das Kind als schöpferischer Ursprung. Studien zur Genese des romantischen Kindbildes und zu seiner Wirkung auf das pädagogische Denken. Bad Heilbrunn: Klinkhardt

ULLRICH, Heiner/HAMBURGER, Franz (Hrsg.) (1991): Kinder am Ende ihres Jahrhunderts. Pädagogische Perspektiven. Langenau-Ulm: Vaas

VILSMEIER, Franz (²1967): Einleitung In: GEIßLER, Georg (Hrsg.) (²1967), S. 9-39

VOGEL, Paul (²1910): Einleitung. In: Leipziger Lehrerverein (Hrsg.) (²1910), S. 7-14

VOGEL, Paul (1911): Der Unterricht im ersten Schuljahre als Gesamtunterricht. In: Pädagogische Zentrale des Deutschen Lehrervereins (Hrsg.) (1911), S. 20-49

VOGEL, Paul (1912): Das Prinzip der Arbeitsschule angewendet auf den Gesamtunterricht der Unterstufe. In: Bund für Schulreform Allgemeinen Deutschen Verbandes f. Erziehungs- u. Unterrichtswesen (1912), S. 36-43

VOGEL, Paul (²1920a): Einleitung. In: Methodische Abteilung des Leipziger Lehrervereins (Hrsg.) (²1920), S. 1-18

VOGEL, Paul (²1920b): Der Eintritt in die Schule. In: Methodische Abteilung des Leipziger Lehrervereins (Hrsg.) (²1920), S. 19-23

VOGEL, Paul (²1920c): Übergang vom Haus zur Schule. In: Methodische Abteilung des Leipziger Lehrervereins (Hrsg.) (²1920), S. 24-29

VOGEL, Paul (²1920d): Sprachliche Bildung im Gesamtunterricht. In: Methodische Abteilung des Leipziger Lehrervereins (Hrsg.) (²1920), S. 82-91

VOGEL, Paul (²1920e): Die Stellung der „Fächer" im Gesamtunterricht. In: Methodische Abteilung des Leipziger Lehrervereins (Hrsg.) (²1920), S. 110-117

VOGEL, Paul/RÖßGER, Karl (²1910): Zur Reform des Elementarunterrichtes. In: Leipziger Lehrerverein (Hrsg.) (²1910), S. 133-157

WATZLAWICK, Paul/BEAVIN, Janet H./JACKSON, Don D. (⁴1974): Menschliche Kommunikation. Formen, Störungen, Paradoxien. Bern, Stuttgart, Wien: Huber

WEINERT, Franz E. (1986): Lernen ... gegen die Abwertung des Wissens. In: Friedrich Jahresheft IV, S. 102-104

WEINERT, Franz E. (1997): Thesenpapier zum Vortrag „Ansprüche an das Lernen in der heutigen Zeit". In: Ministerium für Schule und Weiterbildung des Landes Nordrhein-Westfalen (Hrsg.) (1997), S. 12-17

WEINERT, Franz E. (1998): Vermittlung von Schlüsselqualifikationen. In: MATALIK, Silvia/SCHADE, Diethard (Hrsg.) (1998), S. 23-43

WEINERT, Franz E. (Hrsg.) (2001): Leistungsmessungen in Schulen. Weinheim, Basel: Beltz

WERNER, Hans-Joachim (1992): Die Wiederentdeckung der Ganzheit. In: Beiträge pädagogischer Arbeit 35. Jg., He. 2, S. 74-90

WIATER, Werner (1995): Didaktische Überlegungen zum fächerübergreifenden Unterricht. In: Katholische Erziehergemeinschaft (Hrsg.) (1995), S. 10-16

WIATER, Werner (1996): Phänomene halten sich nicht an Fächergrenzen. Didaktische Überlegungen zu mehrperspektivischen Lerninhalten. In: Pädagogische Welt 50. Jg., He. 3, S. 122-127

WINKEL, Rainer ([9]1997): Die kritisch-kommunikative Didaktik. In: GUDJONS, Herbert/WINKEL, Rainer (Hrsg.) ([9]1997), S. 93-112

WITTMANN, Erich Ch./MÜLLER, Gerhard N. (1990): Handbuch produktiver Rechenübungen. Bd. I. Vom Einspluseins zum Einmaleins. Stuttgart u.a.: Klett

WOHLER, Gerhard u.a. (1975): Stücke zu einem mehrperspektivischen Unterricht. Bd. 10. Teilcurriculum: Sprudelfabrik (Produktion). Stuttgart: Klett

WOLTERS, Angelika (1989): Fächerübergreifender Unterricht: Erziehungswissenschaftliche und bildungspolitische Aspekte – Versuch einer didaktischen Standortbestimmung. In: Lehren und Lernen 15. Jg., He. 12, S. 48-75

WOLTERS, Angelika ([3]2000): Projekt- und Fächerübergreifender Unterricht. In: BOVET, Gislinde/HUWENDIEK, Volker (Hrsg.) ([3]2000), S. 92-121

Wörterbuch der Pädagogik. Bd. 2. (1977) Herausgegeben vom Willmann-Institut München-Wien. Leitung der Herausgabe: Prof. Dr. Heinrich ROMBACH. Freiburg, Basel, Wien: Herder

YOUNISS, James E. (1994): Soziale Konstruktion und psychische Entwicklung. Frankfurt a.M.: Suhrkamp